사이버 안보의 국가전략 3.0
16개국의 전략형성과 추진체계 비교

사이버 안보의 국가전략 3.0
16개국의 전략형성과 추진체계 비교

2019년 12월 19일 초판 1쇄 인쇄
2019년 12월 27일 초판 1쇄 발행

엮은이 김상배
지은이 김상배, 유지연, 김주희, 김도승, 양정윤, 유인태, 차정미,
      이해원, 이승주, 이종진, 홍지영, 쉬만스카 알리나

편집 김천희
디자인 김진운
마케팅 최민규

펴낸이 윤철호·김천희
펴낸곳 ㈜사회평론아카데미
등록번호 2013-000247(2013년 8월 23일)
전화 02-2191-1133
팩스 02-326-1626
주소 03978 서울특별시 마포구 월드컵북로12길 17

이메일 editor@sapyoung.com
홈페이지 www.sapyoung.com
ISBN 979-11-89946-42-5 93340

사이버 안보의 국가전략 3.0
16개국의 전략형성과 추진체계 비교

김상배 엮음

사회평론아카데미

* 이 저서는 2016년 대한민국 교육부와 한국연구재단의 지원을 받아 수행된 연구임(NRF-2016S1A3A2924409); 이 저서는 2018년 서울대학교 국제문제연구소의 지원으로 연구를 수행하였음.

책머리에

2010년대로 접어드는 무렵에 시작했으니 사이버 안보의 국제정치학에 대한 공부도 이제 어느덧 10년이 다 되어 가는 것 같다. 그 전에도 정보세계정치학 연구의 일부로 정보보호나 인터넷 보안 등의 문제를 둘러보기는 했지만 국가안보의 시각에서 사이버 안보 문제를 본격적으로 다루기 시작한 것은 그 뒤의 일이었다. 최근 사이버 안보라는 이슈가 현실 국제정치에서 차지하는 위상이 크게 높아진 만큼 국제정치학 연구에서도 사이버 안보는 새로운 연구 어젠다로 빠르게 자리 잡아가고 있다. 국내 학계에서도 기술과 공학, 법학 등의 분야가 주도하던 사이버 안보 연구에 국제정치학자들도 이제는 명패를 내걸 정도는 되었다. 이러한 연구의 여정에서 보면 이 책은 '사이버 안보의 세계정치 공부모임(일명 사세공)'에 참여한 국제정치학도들이 수행한 네 번째 공동연구의 결과물이다.

첫 번째 공동 작업은 2017년 5월에 펴낸 『사이버 안보의 국가전략: 국제정치학의 시각』(사회평론아카데미)이었다. '1.0 버전'이라고 부를 수 있을 것 같다. 사이버 안보의 국제정치를 군사전략론과 국제규범론, 글로벌 거버넌스론의 시각에서 살펴보고, 미-중-일-러 주변4국의 사이버 안보전략과 외교를 분석하였으며, 이를 바탕으로 남북한의 사이버 안보 역량과 전략 및 외교를 살펴보았다. 다소 교과서의 톤을 지닌 이 책이 기성학자들을 중심으로 사이버 안보에 대한 국제정치학적 연구의 물꼬를 트는 작업이었다면, 2018년 6월에 펴낸 『사이버 안보의 국제정치학적 지평: 전략과 외교 및 규범』(사회평론아카데미)은 서울대학교와 이화여자대학교의 대학원생들이 참여하여 수행한, 일종의 '1.5 보완 버전'이었다. 학문후속세대의 참신한 발상을 바탕으로 미국과 중국의 사이버 안보전략과 법제도를 살펴보고, 이를 유럽 국가들의 규범형성 경험과 대비시켜보는 응용 주제들을 탐구했다.

교과서의 틀을 벗어나 사이버 안보의 세계정치와 국가전략을 좀 더 입체적인 각도에서 분석하려는 시도는 소장 국제정치학자들의 작업으로도 결실을 맺었는데, 그러한 공동작업의 결과는 2019년 6월에 『사이버 안보의 국가전략 2.0: 국제규범의 형성과 국제관계의 동학』(사회평론아카데미)이라는 책으로 세상에 나왔다. '웹2.0'을 연상시키는 '사이버 안보의 국가전략 2.0'이라는 제목을 붙인 이유는 2017년 미국 트럼프 행정부의 출범 이후 새로운 국면에 접어든 사이버 안보 세계정치의 면모를 담고자 했기 때문이다. 다층적이고 복합적인 양상을 띠고 있는 사이버 안보 분야의 규범경쟁, 그리고 일국 차원의 전략 모색을 넘어서 나타난 양자 간의 사이버 안보 경쟁과 협력의 양상에 주목하였다. 아울러 '사이버 안보의 국가전략 2.0'은 사이버 안보의 세계정치와 국제규범을 주도하는 강대국들의 전략을 넘어서 한국을 포함한 다양한 중견국들의 사례에 대한 연구가 필요함을 제기하였다.

이 책의 필자들은 이러한 문제의식을 이어받아 그 동안 진행한 공동 작업을 묶어 『사이버 안보의 국가전략 3.0: 16개국의 전략형성과 추진체계 비교』라는 제목의 책을 세상에 내놓게 되었다. 사실 이 책이 '3.0'이라는 버전으로 명명할 정도로 업그레이드된 연구이냐에 대해서는 논란의 여지가 없지 않다. 어쩌면 일종의 '2.5 보완 버전' 정도로 자리매김하는 것이 맞을지도 모르겠다. 그럼에도 미-중-일-러로 대변되는 강대국들의 사례에만 주목하는 관성에서 벗어나 기타 주요국들, 특히 중견국들의 사례로 시야를 넓히자는 문제제기를 살리는 차원에서 '3.0 버전'을 내거는 용기를 내게 되었다. 실제로 이 책에는 영국, 독일, 프랑스로 대변되는 서유럽 국가들, 북유럽(또는 동유럽) 지역의 에스토니아, 네덜란드, 핀란드, 스웨덴, 아태지역의 캐나다, 호주, 대만, 싱가포르, 이스라엘 등의 사이버 안보전략과 추진체계에 대한 분석을 비교연구의 시각에서 담았다. 이들 연구가 중견국으로서 한국이 모색할 사이버 안보전략과 추진체계에 대한 중요한 시사점을 제공하고 있음은 물론이다.

　이 책이 나오기까지 많은 분들의 도움을 받았다. 무엇보다도 2018년 6월부터 시작된 연구에 참여하여 이 책이 나오기까지의 여정을 같이해 주신 필자 선생님들께 깊은 감사의 말씀을 전한다. 이 책에 실린 글들의 최종원고 발표를 위해서 2019년 5월에 개최된 '세계 주요국의 사이버 안보전략: 16개국 사례의 비교연구' 컨퍼런스에 사회자와 토론자로 참여해 주신, 조현석(서울과기대), 채재병(국가안보전략연구원), 김규동(국가보안기술연구소), 박재적(한국외대), 배영자(건국대), 이기태(통일연구원), 조한승(단국대) 등의 선생님들께 감사의 마음을 전한다. 이 책의 마무리 과정에서 교정의 번거로운 작업을 총괄해준 서울대학교 석사과정의 김지이 양에게도 감사한다. 사이버 안보 연구의 첫 번째 버전에서부터 꾸준히 출판을 맡아주시는 사회평론아카데미 관계자들에 대한 감사의 마음도 잊을 수 없다.

2019년 11월 29일
김상배

차례

제2부 중견국의 사이버 안보전략(1): 북유럽

제3부 중견국의 사이버 안보전략(2): 아시아·태평양

제1장

사이버 안보전략의 분석틀:
형성배경과 추진체계의 비교연구

김상배 | 서울대학교

I. 머리말

최근 국가안보의 핵심 영역으로 사이버 안보의 중요성이 확대되고 있으며, 세계 각국은 국가 차원에서 사이버 안보전략을 마련하고 있다. 사이버 안보의 기술적 특성상 전통안보와 같은 위협에 대응하던 조직체계와 운용방식으로는 충분한 방어에 한계가 있으며, 기술, 법제도, 국제협력 등을 통한 복합적이고 종합적인 대응전략이 필요하다. 사이버 안보의 확고한 보장을 위해서는 민간, 공공, 국방 영역이 각 분야별로 보안체계를 확립하여 대응할 필요가 있는데, 특히 최근 분야를 가리지 않고 동시 다발적으로 발생하는 사이버 공격에 대처하기 위해 민·관·군이 좀 더 긴밀하게 협력할 필요성이 제기된다. 그럼에도 세계적으로 사이버 안보전략이나 추진체계와 관련된 일반 모델이 정립되어 있지 않고, 각국이 처한 상황에 따라 다양한 대응전략과 추진체계를 마련해 가고 있는 실정이다(김상배 2014; 2018a; 2018b; 2019; 김상배 편 2017; 2019; 김상배·민병원 편 2018).

강조컨대, 사이버 안보의 특성상 기술적으로 철벽방어를 구축하려는 단순발상만으로는 해법을 찾을 수 없으며, 사전예방과 사후복원까지도 고려하는 복합적인 대응이 필요하다. 정책내용 면에서 기술과 국방 또는 법제도와 국제협력에 이르기까지 다양한 노력이 필요하며, 추진주체 면에서도 어느 한 기관이 전담하는 모델보다는 해당 주체들이 역할과 책임을 다하는 가운데 그 상위에 총괄·조정역을 설계하는 중층모델이 적합하다. 물론 각국마다 차이는 있을 수밖에 없다. 정치·사회·문화의 차이가 있기 때문이고, 여타 정책이나 제도와의 관계 또는 역사적 경로의존성의 제약을 받기 때문이다. 더 중요하게는 국가마다 사이버 위협의 기원과 성격, 그리고 각국이 처한 국제적 위상 등이

다르기 때문에 각기 상이한 해법을 모색하는 것은 당연하다. 그럼에도 지난 10여 년 동안 세계 각국이 사이버 위협에 대처하기 위해서 모색해 온 해법들은 전통안보의 경우와는 다른 복합적인 내용과 형식을 지니고 있다.

이 책은 미국·일본·중국·러시아 등 한반도 주변4국은 물론 영국·독일·프랑스 등 서유럽 3개국, 에스토니아·네덜란드·핀란드·스웨덴 등 북유럽 4개국, 캐나다·호주·대만·싱가포르·이스라엘 등 아시아·태평양 지역 5개국의 사이버 안보전략과 추진체계에 대한 비교분석의 작업을 수행하였다. 각국 사이버 안보전략의 형성배경과 대내외적 정책 지향성을 비교 분석하고, 각국 사이버 안보의 추진체계 및 법제도를 비교 검토함으로써 한국에 주는 함의를 도출하고자 하였다. 이러한 과정에서 각국의 사이버 안보전략과 추진체계에 대한 유형 구분을 시도하였으며, 이를 바탕으로 한국이 여태까지 취해왔고 향후 모색해 갈 전략과 제도의 방향을 가늠하고자 했다.

이 장은 크게 네 부분으로 구성되었다. 제2절은 16개국의 사이버 안보전략과 추진체계를 비교하기 위한 분석틀을 기능적 측면에서 본 대내외 정책지향성과 구조적 측면에서 본 추진주체로 나누어 제시하고, 이를 바탕으로 각국의 사례를 이론적 시각에서 유형을 구분하기 위한 논의의 기초를 마련하였다. 제3절은 16개국 사이버 안보전략의 형성배경을 주변4국, 서유럽 국가, 북유럽 국가, 아태지역 국가 등의 네 그룹으로 나누어 살펴보았다. 제4절은 16개국 사이버 안보전략의 추진체계를 동일한 네 가지 그룹의 국가 사례를 통해서 살펴보았다. 제5절은 16개국 비교분석이 사이버 안보전략과 추진체계에 대한 논의에 주는 함의를 도출하였다. 끝으로, 맺음말은 이 장의 논의가 한국에 주는 함의를 지적하였다.

II. 사이버 안보전략의 분석틀

사이버 안보전략뿐만 아니라 사이버 공간전략 전반을 염두에 두고 볼 때, 각국이 취하고 있는 사이버 안보전략의 방향과 추진체계의 내용을 이론적으로 구분해서 보려는 노력이 필요하다. 이러한 이론적 구분의 작업을 통해서 각국의 사이버 안보전략 사례에 대한 유형화를 시도하는 것은 분석틀의 마련이라는 점에서 매우 유용할 것이기 때문이다. 이러한 문제의식을 바탕으로 이 절은 각국의 사이버 안보전략에서 나타나는 국가변환의 추세와 국가별 차이를 분석적으로 이해하기 위해 두 가지의 기준을 제시하고자 한다.

첫째, 국가의 기능적 측면에서 본 대내외 정책지향성인데, 이는 주로 사이버 위협에 대한 기본인식과 역량강화의 전략, 사이버 국방의 전략과 역량 및 조직, 사이버 안보 분야 국제협력에 임하는 원칙 등을 고려하여 판단하였다. 특히 사이버 안보전략의 형성배경을 파악하기 위해서 다음과 같은 질문들을 세부적으로 제기하였다. 국가 안보전략 전반에서 사이버 안보전략이 차지하는 위상, 방향, 강조점, 내용은 무엇인가? 사이버 안보 위협의 원인(예: 주적 개념)에 대한 인식과 그 실천전략과 대응태세의 특징은 무엇인가? 사이버 안보 분야에서 주변국과의 공조체제 구축 및 지역 차원의 국제협력에 참여, 그리고 국제규범 형성 과정에 대한 입장은 어떠한가?

이러한 요소들의 복합 정도를 고려하여 사이버 안보전략의 대내외 정책지향성은 크게 세 가지로 유형을 구분해서 이해할 수 있을 것이다. 대내외 정책지향성의 스펙트럼의 한쪽 끝에는 기술경제적 논리를 바탕으로 정보 인프라와 지적재산의 보호를 위한 글로벌 메커니즘을 지향하는 '글로벌 거버넌스(Global Governance) 프레임'을 놓을 수 있을 것이다. 다른 한편에는 정치사회적 논리를 바탕으로 내정불간섭과 국가주권의 원칙에 입각해 국내체제의 안전을 관철하려는 '국가주권(National Sovereignty) 프레임'을 위치할 수 있다. 그리고 이러한 양 극단의 중간 지대에 두 가지의 프레임이 적절한 방식으로 복합되는 일종의 '지역협력(Regional Cooperation) 프레임'을 상정해 볼 수 있다.

둘째, 국가의 구조적 측면에서 본 추진주체의 구성원리인데, 이는 주로 범정부 컨트롤타워의 설치 여부와 소재, 전담지원기관의 설치 여부, 각 실무부처의 역할과 상호 업무분장의 형태, 관련법의 제정 및 운용 방식, 프라이버시 보호의 비중 등을 고려하여 판단하였다. 특히 사이버 안보전략의 추진체계의 형식과 내용을 파악하기 위해서 다음과 같은 질문들을 세부적으로 제기하였다. 사이버 안보 분야의 업무를 조정할 컨트롤타워의 설치 여부 및 실무 전담기관과의 관계설정, 그리고 실무 전담기관의 설치 위치는 어떠한가? 사이버 안보 대응력 강화를 위한 법제도의 정비여부 및 그 형태, 즉 사이버안보법의 형태가 단일법인가 옴니버스법인가? 사이버 위협정보 공유를 위한 민관협력 시스템이나 사이버 안보와 개인정보 보호의 조화로운 발전을 추구하는 방식은 어떠한가?

이러한 요소들의 복합 정도에 따라서 볼 때, 사이버 안보전략의 추진체계는 크게 세 가지로 유형을 구분해서 이해할 수 있을 것이다. 추진체계 구성원리의 스펙트럼 한쪽 끝에는 범정부 컨트롤타워 또는 전담지원기관이 존재하는 '컨트롤타워 총괄형'의 추진체계를 놓을 수 있다. 다른 한편에는 실무부처들의 상위에 총괄기관을 설치하지 않고 실무부처 중의 한두 부처가 총괄하거나 또는 각 실무부처의 개별 거버넌스를 상호 간에 조정하는 '실무부처 분산형'을 위치할 수 있다. 그리고 이러한 양 극단의 중간 지대에 두 가지 유형의 추진체계가 적절한

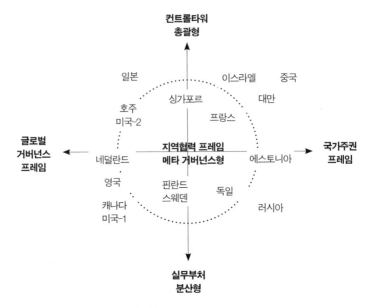

그림 1-1. 사이버 안보전략의 유형 구분
출처: 김상배(2018), p.151의 응용

방식으로 복합되거나 중첩되는 일종의 '메타 거버넌스형' 추진체계를 상정해 볼 수 있다.

　이러한 두 가지 분석기준을 바탕으로 볼 때, 이 책에서 다룬 16개 국의 사이버 안보전략과 추진체계의 유형은 대략 〈그림 1-1〉과 같이 구분하여 위치시켜 볼 수 있다. 이 책의 각 장에서 자세히 설명하고 있을 뿐만 아니라 이하에서 간략히 요약하고 있는 바와 같이, 이들 16개 국의 사례들은 크게 다섯 개 정도의 그룹으로 나누어 이해할 수 있다.

　첫 번째 그룹은 국가주권 프레임을 지향하는 가운데 컨트롤타워 총괄형 추진체계를 갖추고 있는 국가군으로서 중국, 이스라엘, 프랑스 등이 여기에 해당한다. 두 번째 그룹은 국가주권 프레임을 지향하는 가운데 실무부처 분산형 추진체계를 갖추고 있는 국가군으로서 러시아, 독일, 에스토니아 등이 여기에 해당한다. 세 번째 그룹은 글로벌 거버넌스 프레임을 지향하는 가운데 컨트롤타워 총괄형 추진체계를 갖추고 있는 국가군으로서 일본, 싱가포르, 호주, 미국(오바마 행정부) 등이 여기에 해당한다. 네 번째 그룹은 글로벌 거버넌스 프레임을 지향하는 가운데 실무부처 분산형 추진체계를 갖추고 있는 국가군으로서 미국(부시 행정부와 트럼프 행정부), 캐나다, 영국, 네덜란드 등이 여기에 해당한다. 마지막으로 다섯 번째 그룹은 지역협력 프레임을 지향하는 가운데 메타 거버넌스형 추진체계를 갖추고 있는 국가군으로서 핀란드, 스웨덴 등이 여기에 해당한다.

이 절에서 시도한 사이버 안보전략의 유형 구분은 고정적인 것이 아니라 시간이 지남에 따라 진화를 거듭하고 있는 중이다. 실제로 미국의 사례는 2000년대 부시 행정부 시기의 〈미국-1〉 유형에서 2010년대 오바마 행정부의 〈미국-2〉 유형으로 진화했다. 트럼프 시대의 미국은 다시 〈미국-1〉로 돌아가는 경향을 보이고 있다. 게다가 최근 많은 국가들이 각기 사정에 따라서 편차가 있기는 하지만, 글로벌 거버넌스 및 국가주권 프레임, 그리고 컨트롤타워 총괄형 및 실무부처 분산형 추진체계가 복합되는 형태로 수렴되는 경향을 보이고 있다. 그럼에도 이 절에서 시도한 사이버 안보전략의 유형 구분은 비교분석의 효율성이나 실천적 함의 도출의 편의성이라는 측면에서 나름대로 유용하며, 각국의 사례를 비교분석하는 기준으로서 활용 가능하다. 이상에서 도출한 비교분석의 틀을 활용하여 16개국의 사이버 안보전략의 내용과 이상에서 제시한 유형 구분의 근거를 살펴보면 아래와 같다.

III. 사이버 안보전략의 형성배경

각국의 사이버 안보전략을 이해하는 데 있어 그 형성배경이나 대내외적 정책 지향성을 살펴보는 작업은 일차적으로 중요하다. 이는 주로 국가안보전략이나 국방전략의 맥락에서 온라인 공간을 중심으로 발생하는 사이버 안보의 위협을 어떻게 인식하고 사이버 안보전략의 위상을 어떻게 설정하는지의 문제로 나타난다. 이러한 인식은 대내적인 사이버 안보전략의 수립이나 이 분야에서 주변국과의 공조체제 구축 및 지역 차원의 국제협력에 참여, 그리고 글로벌 차원의 국제규범 형성과정에 대한 입장으로도 나타난다.

1. 주변4국의 경우

미국은 자국의 정보 인프라와 지적재산의 보호를 위해서 일찌감치 사이버 안보를 강조하며 국가전략의 일부로서 사이버 안보 문제를 보는 포괄적인 전략을 추진해왔다. 더불어 억지 역량의 강화라는 명목으로 군사적인 공세전략도 병행하였다. 사실 사이버 안보 분야의 '군사화'를 선도한 나라는 미국이다. 이러한 과정에서 중국, 러시아, 이란, 북한 등 4개국의 지원을 받는 것으로 알려진 해킹의 양적 증가가 큰 영향을 미쳤다. 이러한 맥락에서 선제적 대응 개념을 도입하기도 했다. 2017년 8월에는 사이버사령부를 독자적인 지휘체계를 갖춘 10번째 통합 전투사령부로 격상시키는 조치를 단행했다. 국제협력도 양자·지역 동맹 강화를 통해 아태지역과 유럽지역에서 미국이 주도하는 사이버 안보 방위전략을 구축하려는 시도와 함께 ICANN와 같이 민간 이해당사자들이 참여하는 글로벌 거버넌스와 동시에 정부 간 프레임을 활용한 국제협력도 지향하였다. 사이버 위협정보의 공유체계를 구축하는 과정에서 프라이버시 보호를 고려하는 법제도를 마련한 것은 인상적이다. 요컨대, 미국의 대내외 정책지향성은 기본적으로 글로벌 거버넌스 프레임에 기반을 두고 있다고 보아야 할 것이다.

2010년대 접어들어 일본의 사이버 안보전략은 날로 늘어나고 있는 사이버 위협을 중대하게 인식하고 국가안보의 차원에서 적극적으로 대응하여 기존의 반응적 정책에서 선제적 정책으로, 수동적 정책에서 주도적 정책으로 변화를 꾀하였다. 특히 일본은 2013년 6월 『사이버시큐리티전략』 발표 이후 사이버 안보전략을 독자적 영역으로 설정하고 강조하고 있다. 사이버 국방전략의 차원에서도 자위대 산하에 사이버방위대를 창설하는 등 적극적인 대응책을 모색했으며, 자체적으로 감행하기 벅찬 위험을 분담하기 위해서 전통적인 우방인 미국과의 국제협력을 강화하였다. 일본이 벌이는 사이버 안보 분야의 양자 협력이나 다자외교의 양상은 미국이 주도하는 아태지역 전략과 글로벌 거버넌스의 구상 내에서 파악할 수 있다. 또한 일본은 아세안 지역 국가들과의 협력에도 주력하고 있다. 요컨대, 일본의 대내외적 정책지향성은 대체로 미국과 같은 글로벌 거버넌스 프레임으로 파악할 수 있다.

중국의 사이버 안보전략은 자국 핵심 기반시설에 대한 사이버 공격의 위협뿐만 아니라 정치체제의 안전과 미국에 의한 국가주권의 침해(또는 미국의 기술패권)에 대한 방어적 태도를 바탕에 깔고 있다. 그러나 시진핑 시대에 접어들어 공세적인 방향으로 전략이 설정되고 있는데 이는 국방전략의 구체화나 사이버 공격을 군작전 개념의 일부로 포함시키고 사이버전을 담당하는 전략지원부대의 창설 및 사이버사령부(인터넷기초총부) 설치 등을 통해서 가시화되었다. 국제협력 전략의 지향성도 미국이 주도하는 글로벌 거버넌스의 질서구축에 대항하여 중국 주도의 새로운 사이버 질서를 모색하는데, 중국의 입장에 동조하는 국가들과 지역협력과 국제기구 활동의 보조를 맞추고 있다. 상하이 협력기구(SCO)나 세계인터넷대회(WIC) 등이 대표적 사례이다. 요컨대, 중국의 대내외 정책지향성은 전형적인 국가주권 프레임에 기반을 두고 있다고 할 수 있다.

러시아 사이버 안보전략의 기본방향은 정보 인프라나 지적재산의 보호보다는 러시아 정치사회체제의 안전을 확보하는 데 두어져 있었다. 그러나 2010년대 들어서 사이버 환경의 변화에 직면하여 국방전략의 관점에서 본 사이버 안보 대책들을 강조하는 방향으로 진화하고 있다. 특히 여타 국가에 비해서 일찌감치 시작한 사이버 부대의 운영이나 사이버사령부의 창설 논의 등을 통해서 적극적이고 공세적인 대책들을 마련하고 있다. 최근 나토를 상대로 한 러시아의 정보전/심리전의 수행이 관건이다. 국제협력의 추구에 있어서는 유엔 정부전문가그룹(GGE)과 같은 기존의 국제기구 활동이나 지역협력체(CSTO, SCO, CIS 등)의 틀을 활용하여 주권국가들이 협의하는 사이버 안보 국제질서 모색의 선봉에 나서고 있다. 요컨대, 전반적으로 러시아 사이버 안보전략의 대내외 정책지향성은 개인권리보다는 국가주권이 강조되는 전형적인 국가주권 프레임으로 파악된다.

2. 서유럽 국가들의 경우

영국의 사이버 안보전략은 핵심 기반시설의 안전을 확보하고 사이버 공격, 특히 사이버 범죄에 대응하는 역량과 정보공유 및 네트워크의 복원력을 강조하는 기조를 유지하고 있다. 민간 부문의 사이버 활동과 경제 활성화를 우선시하지만, 최근에는 국방부문에서 보복공격까지 언급할 정도로 강경한 태도를 드러내고 있다. 미국의 대테러 전쟁 수행에 공조하는 차원에서 사이버 안보 부문의 '안보화'를 추구하는 경향이 강하다. 대외적인 방어를 위해서 국방부와 외교부 산하 정보통신본부(Government Communications Headquarters, GCHQ)가 특별 프로그램을 수립하고, 사이버 부대를 창설하는 대응책을 마련하였지만, 아직 사이버사령부를 창설하는 수준에는 이르지 않고 있다. 최근에는 사후적 반응이 아닌 선제적 대응 개념을 도입하는 경향을 보인다. 국제협력의 지향성은 이른바 런던 프로세스로 알려진 사이버공간총회의 추진이나 최근 유사입장국회의 추진 등에서 드러난 바와 같이, 신뢰구축과 자발적이고 비구속적인 규범의 도출에 중점을 둔다. 요컨대, 영국의 대내외 정책지향성은 다소 복합적인 양상을 보이기는 하지만 기본적으로는 글로벌 거버넌스 프레임으로 볼 수 있다.

독일의 사이버 안보전략은 정보통신산업이나 프라이버시 보호보다는 주요 기반시설에 대한 사이버 방위에 상대적으로 더 많은 관심을 기울이고 있다. 사이버 위협의 원인으로서 러시아를 상정할 수밖에 없는 독일의 상황이 사이버전을 포함한 하이브리드 위협에 맞서 군사 담론과 정책이 주도하는 국가사회적 분위기를 창출한 것으로 판단된다. 사이버 안보전략을 독자적으로 내놓고 있으며, 나토의 일원으로서 러시아와의 하이브리드전을 염두에 둔 군 역할에 대한 관심은 사이버 맞대응 부대 창설로 나타났다. 이러한 경향은 독일의 국제협력 전략에서도 나타나는데, 유럽 차원에서의 사이버 안보 협력을 위해서 외교안보뿐만 아니라 범죄예방과 단속 등의 분야에서 주체적인 역할을 자임하고 있다. 미국보다는 유럽 국가들과 협력, 국가 단위보다는 유럽 지역을 우선시하는 모델로 파악된다. 요컨대, 독일의 전략은 기본적으로 민간이 주도하여 글로벌 차원의 이슈에 참여하는 모델보다는 전통안보 분야에서 정부가 주도적 역할을 담당하는 지역협력의 국가주권 프레임에 입각하고 있는 것으로 볼 수 있다.

프랑스의 사이버 안보전략은, 대내외 정책지향성의 측면에서 볼 때, 러시아나 중국과 같은 국가 행위자로부터의 위협보다는 중동지역 이슬람 세력을 더 심각한 위협으로 인식하고 대응하는 과정에서 형성되었다. 따라서 프랑스가 국방 차원에서 구축한 사이버 방위의 시스템은 전통적인 군사안보의 시각에서 본 대응이라기보다는 국가업무 전반을 강조하는 신흥안보(emerging security)의 관점으로 이해할 필요가 있다. 사이버 안보전략에 대한 내용도 포괄적인 의미에서 본 국방정책의 일부 또는 사이버/디지털 전략 일부로서 나타나고 있다. 사이버 안보의 국제협력을 추진하는 방향도 글로벌 차원의 국제규범 형성 과정에 대한 참여 이외에도 유럽 차원에서 진행되는 다자간 협상에의 참여와 그 과정에서 프랑스의 역할 설정에 관심을 두고 있다. 요컨대, 프랑스의 전략은 국가주권 프레임 경향을 기본으로 하면서 글로벌 거버넌스 프레임이 복합되는 형태라고 할 수 있다.

3. 북유럽 국가들의 경우

에스토니아는 일찌감치 독자적인 사이버 안보전략을 마련하였는데, 2007년 러시아의 사이버 공격이 직접적인 계기를 제공하였다. 이후 에스토니아의 대응은 주로 군사적 접근을 취했는데, 그 기저에는 러시아에 대항하기 위해 나토라는 동맹을 활용하려는 전략적 의도가 깔려 있었다. 다시 말해 구소련 연방에서 탈피하여 독자적인 발전전략을 추구하는 과정에서 친서방적인 노선을 취하려는 구조적 상황이 에스토니아의 사이버 안보전략에 반영되었다. 이러한 군사동맹의 관점에서 사이버 안보에 접근한 에스토니아의 행보는 오프라인 공간의 국제법, 특히 전쟁법 규범을 사이버 공간의 공격 행위에 적용하여 사이버전의 교전수칙을 마련하려는 시도로 나타났는데, 그 대표적인 사례가 나토 CCDCOE(Cooperative Cyber Defence Centre of Excellence)의 총괄 하에 작성되어 2013년에 발표된 '탈린 매뉴얼'이었다. 이러한 일련의 과정에서 에스토니아가 취하고 있는 사이버 안보 분야의 국제협력과 국제규범 모색의 정향성은 전통안보의 경험에서 추출된 동맹모델을 사이버 안보 분야에서 적용하려는 일종의 현실주의적 태도라고 할 수 있다. 요컨대, 에스토니아의 대내외 정책지향성은 기본적으로는 국가주권 프레임에 기반으로 두고 국제협력을 모색하는 모습으로 이해할 수 있다.

네덜란드는 사이버 공간을 안전하고 자유롭고 사회경제적 이익이 보장되는 공간으로 만들어야 한다는 인식을 바탕으로 사이버 안보전략을 독자적인 국가안보전략의 중요한 부분으로 자리매김해 왔다. 사이버 국방을 강조한 에스토니아의 경우와는 달리 네덜란드는 사이버 안보를 비(非)안보적·외교적 문제로 상정하고 접근한다. 이러한 네덜란드의 접근은 미국과 영국으로 대변되는 서방 진영과 러시아와 중국으로 대변되는 비(非)서방 진영의 사이에서 담당하고 있는 일종의 친(親)서방 외교선봉대의 역할로 나타난다. 예를 들어, 네덜란드는 영국과 헝가리, 한국에 이어 제4차 사이버공간총회를 헤이그에서 개최한 바 있으며, '사이버전(cyber warfare)에 적용 가능한 국제법'을 논한 탈린 매뉴얼 1.0과는 달리, 전쟁의 수준에는 미치지 않는 공격 행위에 대한 국제법 적용 문제를 다룬 탈린 매뉴얼 2.0을 회람한 '헤이그 프로세스'를 주도하기도 했다. 이러한 네덜란드의 행보는 자유주의적 시각에 입각하여 다중이해당사자들의 이익을 반영하는 정부 간 레짐의 모색 과정으로 이해할 수 있다. 요컨대, 네덜란드의 대내외 정책지향성은 기본적으로 정부 간 외교 네트워크를 적극적으로 활용하여 국제레짐을 추구하는 글로벌 거버넌스 프레임으로 볼 수 있다.

핀란드의 사이버 안보전략은 국방이나 외교의 관점보다는 사회의 필수 기능을 안전하게 유지한다는 관점에서 접근한다. 이러한 핀란드의 비(非)정치적 접근은 유럽과 러시아 사이에서 핀란드가 차지하고 있는 독특한 지정학적 위치에서 기인하는 바가 없지 않다. 냉전 이후 핀란드는 '핀란드화'로 불리는 '종속적 중립'을 넘어서 피(避)러, 친(親)유럽의 전략을 추구했는데, 이러한 경향이 사이버 안보 분야에도 반영된다. 이러한 과정에서 핀란드는 전통적인 비(非)나토 노선을 넘어서 나토 회원국들과의 양자 간 파트너십을 늘려왔다. 그럼에도 핀란드가 취한 사이버 안보전략은 에스토니아와 같은 사이버 국방의 맥락이라기보다는 사이버 범죄나 기술 등 분야에서 유럽 국가들과 협력하는 형태로 나타났다. 이러한 행보는 구체적으로 유럽연합 차원에서 2017년 10월 헬싱키에 유럽하이브리드위협대응센터가 설립되는 것으로 나타났다. 이러한 과정에서 드러나는 핀란드의 정책지향성은 범유럽 차원 지역공동체의 공동안보라는 맥락에서 사이버 안보를 보는 입장이며, 이는 냉전기 CSCE(Conference on Security and Cooperation in Europe) 과정에서 나타났던 역할을 했던 헬싱키 프로세스를 연상케 하는 중립모델이다. 요컨대, 핀란드의 대내외 정책지향성은 기본적으로 국가주권 프레임을 넘어서는 지역협력의 프레임으로 볼 수 있다.

스웨덴의 사이버 안보전략은 핀란드의 경우와 다소 유사한 패턴으로 이해할 수 있다. 기본적으로 스웨덴의 국방전략은 주로 러시아의 위협과 도발에 대한 대응을 상정하고 형성되었는데, 특히 2014년 러시아의 크림반도 병합 이후 스웨덴의 경계심이 더 커졌다. 이에 따라

스웨덴이 취했던 전통적인 비(非)나토 전략은 나토 회원국들과의 양자
간 협력을 증대시키는 방향으로 변하고 있으며, 전통적인 군사적 중립
국의 노선에도 변경 조짐이 보인다. 이렇듯 스웨덴의 사이버 안보전
략이 러시아에 대한 대응이라는 맥락에서 이해되어야 하는 것은 사실
이지만, 그렇다고 국방전략 일변도로만 볼 수는 없다. 좀 더 엄밀하게
살펴보면 스웨덴의 사이버 안보전략은 네트워크 보안이나 사이버 범
죄 예방 및 시스템의 복원력 등까지도 고려하는 포괄적인 접근을 펼치
고 있는 것으로 이해되어야 한다. 이러한 맥락에서 본 스웨덴의 사이
버 안보 분야 국제협력의 기조는 아직까지는 미국을 중심으로 한 나토
동맹에의 적극적 참여보다는 자국력을 바탕으로 하는 중립전략을 모
색하는 가운데 유럽 주요 국가들과의 파트너십을 늘려가고 있으며, 주
변의 노르딕 국가들과 사이버 공동훈련이나 CERT협력을 벌이는 지역
협의체의 틀을 활용하는 데 두어져 있다고 판단된다. 요컨대 스웨덴의
대내외 정책지향성은, 핀란드의 경우와 유사하게, 기본적으로 국가주
권 프레임을 넘어서는 지역협력 프레임으로 볼 수 있다.

4. 아태지역 국가들의 경우

캐나다의 사이버 안보전략은 2010년 CCSS(Canada's Cyber Security
Strategy)에서 시작하여 2018년 NCSS(National Cyber Security Strat-
egy)에 이르는 과정에서 독자적인 안보전략의 형체를 갖추어 갔다. 이
과정에서 드러난 주요 관심사는 사이버 공간에서의 다중이해당사자들
의 권리와 자유 및 경제활동의 안전성을 보장하기 위해 연방정부의 리
더십을 발휘하는 것이었다. 경제·사회·정치 분야에 광범위하게 구축
되어 있는 핵심 정보통신 인프라에 대해서 가해지는 다양한 차원의 사

이버 공격이 우려의 대상이었는데, 최근에는 온라인상의 지적재산에 대한 중국 해커들의 공격이 주요 관심사로 부상하였다. 그럼에도 캐나다의 사이버 안보전략은 전통적인 군사안보의 사안보다는 신흥안보의 관점에서 이해되며, 따라서 국방전략이나 안보전략이라기보다는 정보보호나 시스템의 보안전략 차원에서 자리매김 되는 것으로 보는 것이 적절하다. 한편 캐나다가 추진하는 사이버 안보 분야의 국제협력은 미국, 영국, 호주 등 이른바 파이브 아이즈(Five Eyes) 국가들과의 정보공유와 공조를 통해서 진행되고 있으며, 유엔이나 나토, G8 등과 같은 서방 진영과의 다자외교의 장에서도 활발한 활동을 펼치고 있다. 요컨대, 캐나다의 대내외 정책지향성은 기본적으로는 미국의 경우와 매우 유사한 글로벌 거버넌스 프레임으로 볼 수 있다.

호주의 사이버 안보전략은 국가안보전략이나 국방전략의 맥락보다는 전반적인 사이버 공간의 안전을 추구하는 전략의 특징을 지닌다. 특히 호주는 국제적으로 중견국 외교의 리더십을 발휘할 아이템 중의 하나로 사이버 안보 문제의 위상을 설정하고 있는 점이 눈에 띈다. 14년 만에 발간된 2017년 호주 외교백서에서도 "개방되고 자유롭고 안전한 사이버 공간을 위하여 국제사회에서의 책임을 다할 것이며, 사이버 공간에서의 악의적 행동 및 범죄를 방지하고 대응하기 위하여 다른 나라들과 협력할 것"이라고 선언한 바 있다. 이러한 연속선상에서 본 호주의 사이버 안보 분야 국제협력은 미국, 영국, 뉴질랜드 등과 같은 이른바 파이브 아이즈 국가들과의 협력을 중심으로 활발하게 진행되고 있다. 이 밖에도 인도·태평양 지역 국가들과의 네트워킹도 강화 및 확장하고 있으며, 아태지역 CERT인 APCERT에서의 활동도 벌이고 있다. 2018년 4월에는 남태평양 주변국들과 PcCSON(Pacific Cyber Security Operation Network)을 구성하여 해당 국가들의 사이버 안보 대응능력을 향상시키기 위한 지원을 벌이고 있다. 요컨대, 호주의 대내외 정책지향성은 기본적으로는 정부 간 협력을 기반으로 하는 글로벌 거버넌스 프레임에 입각해 있다고 볼 수 있다.

　대만은 국제사회에서 주권국가의 지위를 인정받지 못하는 사례이지만 중국과의 관계가 갖는 독특성으로 인해 주목할 필요가 있는 경우이다. 대만에서 사이버 안보의 문제는, 중국 해커들의 사이버 공격이 빈발하고 있는 상황에서, 국가안보 문제이자 필수불가결한 국방의 문제와 직결된 것으로 인식될 수밖에 없다. 특히 양안관계의 변화에 따라서 중국으로부터 사이버 공격의 양과 질이 변화한다는 점에서 대만에서 사이버 안보의 문제는 객관적인 위협인 동시에 주관적인 '안보화'를 야기하는 정치적 쟁점으로 작동해 왔다. 그러나 대만에서 사이버 안보의 문제는 자주국방의 주요한 요소로 인식되면서 정부와 군 차원의 사이버 안보 대응체계를 강화하는 것은 물론, 미래성장과 국가브랜드의 문제로 인식되면서 사이버 안보 관련 글로벌 기술경쟁력, 산업발전에 주력하고 있다. 중국의 '하나의 중국정책'으로 인해 국제적·정치적으로 제약적 환경을 가진 대만의 사례는 대체로 다자적 외교협력과 국제규범 창출에 역할을 하고자 하는 기타 중소국가들의 사이버 안보전략과 일정한 차이를 보이며, 자체적인 군사력과 기술강국, 산업발전을 추구하는 이스라엘의 사례와 유사한 측면을 가지고 있다고 볼 수 있다. 대만의 사이버 안보 분야 국제협력은 최근 미국 트럼프 행정부와의 관계가 호전되면서 미-대만 협력이 진행되고 있지만, 대만의 주권적 지위가 지니는 특수성으로 인해서 국제기구에서의 다자외교 활동은 매우 협소할 수밖에 없는 상황이다. 요컨대, 대만의 대내외 정책지향성은 기본적으로 국가주권 프레임으로 볼 수 있다.

　싱가포르의 사이버 안보전략은 국방전략이나 국가안보전략의 관점보다는 초국적 차원에서 발생하는 신흥안보 문제에 대한 대응전략의 일환으로 이해되는 경향이 강하다. 상대적으로 정치적 성격이나 가치가 탈색된 기술경제 모델로서 실용성과 효율성을 추구하는 모델이라고 할 수 있다. 싱가포르가 동남아 지역의 무역, 금융, 물류의 허브 기능을 담당하는 점을 고려할 때, 주요 정보 인프라의 안전과 복원력의 강화는 싱가포르뿐만 아니라 동남아 지역 차원에서도 매우 중요한 사안이다. 싱가포르는 이러한 명성을 유지하는 차원에서 사이버 안보를 위한 국내정책 및 지역협력에 적극성을 보이고 있으며, 사이버 범죄 분야에서도 인터폴과의 협력도 활발히 진행하고 있다. 이러한 노력을 인정받아 싱가포르의 사이버 안보 지수는 세계 1위를 차지할 정도로 높은 수준이다. 싱가포르의 사이버 안보 분야 국제협력은 아세안 지역 차원의 협력을 촉진하는 포럼을 제공하는 모델의 형태를 취하고 있는데, 아세안지역안보포럼(ASEAN Regional Forum, ARF)은 싱가포르가 주도적인 역할을 담당하는 동남아 지역 사이버 안보 협력 플랫폼의 대표적 사례이다. 요컨대, 싱가포르의 대내외 정책지향성은 기본적으로 국가주권 프레임을 넘어서는 지역협력 프레임으로 볼 수 있다.

이스라엘은 국방 및 안보 문제를 국가존립의 심각한 현안으로 인식하는 맥락에서 사이버 안보 문제를 인식하고 접근하고 있다. 아랍국가, 이란 등으로부터 오는 사이버 위협에 대한 인식이 사이버 안보정책의 동인으로 작동하고 있으며, 이러한 맥락에서 사이버 국방전략과의 연계성이 발생한다. 이스라엘에서는 국방이나 안보를 담당하는 부처가 아닐지라도 수행하는 업무의 궁극적인 목적은 이스라엘의 보안 및 안보 능력 강화로 연결되는 경우가 많다. 가령 경제산업부의 사이버 보안 산업 육성이나 교육부와 국방부에서 우수한 인재 양성의 궁극적인 목적은 핵심 기술과 인적 자원을 확보함으로써 국가안보를 강화하는 데로 귀결된다. 그러나 이러한 이스라엘의 사이버 안보전략이 모두 국방전략으로 관심사에만 머무는 것은 아니고, 정부와 민간 기업 간의 균형점을 찾는 데도 주력하고 있는데, 산업과 벤처 및 대학 부문과의 연계를 통해서 국가안보와 경제번영을 동시 추구하는 국가전략을 채택하였다. 사이버 안보 분야에서 이스라엘이 취하는 국제협력 전략의 방향은 주로 미국과 협력하고 공조하는 쪽으로 설정되어 있다. 요컨대, 이스라엘의 대내외 정책지향성은 기본적으로 국가주권 프레임에 기반을 두고 있다고 보아야 할 것이다.

IV. 사이버 안보전략의 추진체계

사이버 안보위협에 대한 각국의 인식과 대응이 상이하게 나타나는 만큼, 이를 추진하는 각국의 정책과 제도적 사정도 각기 다르게 나타난다. 이러한 차이는 주로 범정부 컨트롤타워의 설치 여부와 소재, 전담 지원기관의 설치 여부, 각 실무부처의 역할과 상호 업무분장의 형태, 관련법의 제정 및 운용 방식, 프라이버시 보호와 국가안보 추구의 비중 등에서 드러난다. 그리고 특히 역사적 맥락에서 본 각국의 행정 및 법제도의 상황 및 문화가 다르기 때문에 사이버 안보를 추진하는 구체적인 체계와 법제도를 구비하는 방식도 다르게 나타난다.

1. 주변4국의 경우

미국에서는 실무부처들이 소관 업무를 담당하는 가운데 국토안보부(DHS)가 주도하던 모델(그림 1-1의 좌하단)로부터 백악관의 사이버안보조정관(Cybersecurity Coordinator)이 컨트롤타워 역할을 수행하는 모델(그림 1-1의 좌상단)로 진화했다. 그러나 트럼프 행정부 출범 이후에는 사이버안보조정관의 직이 폐지되고 국가안보보좌관이 컨트롤타워의 역할을 담당하는 상황이다. 이보다 더 중요하게는 정부 부처들의 시스템 자체의 사실상(de facto) 운용을 통해서 컨트롤타워의 역할이 작동되는 것으로 파악된다. 법제정 차원에서 볼 때 미국은 개별 실무부처의 업무를 조정하는 시스템을 갖추거나 개별법들을 집합적으로 조정하여 적용하는 일종의 메타 거버넌스형의 추진체계를 구비한 나라로서 여러 가지 부분법을 집합한 옴니버스법의 형태를 운용 중이다. 요컨대, 미국의 추진체계는 실무부처의 역할을 강조하는 가운데 컨트롤타워의 총괄·조정 기능이 중층적으로 작동하는 메타 거버넌스형으로 파악할 수 있다.

일본은 미국보다는 좀 더 집중적인 형태를 갖추고 있다. 2014년 사이버시큐리티기본법 제정을 통해서 컨트롤타워의 역할을 하는 내각관방 산하의 사이버시큐리티전략본부와 전담지원기관인 내각사이버시큐리티센터(National center of Incident readiness and Strategy for Cybersecurity, NISC)를 설치하여 정부기관뿐만 아니라 지방자치단체와 독립행정법인, 국립대학, 특수법인, 인가법인 등의 사이버 안보를 총괄·조정하는 체계를 갖춤으로써, 상대적으로 집중적인 컨트롤타워 총괄형을 유지하고 있는 것으로 판단된다. 이러한 추진체계를 실행함에 있어 필요한 각 행위주체들 간의 역할분담을 단일법 형태의 사이버시큐리티법(2014) 제정을 통해서 규정하는 것이 특징이다. 요컨대, 일본의 추진체계는 단일법 제정을 기반으로 작동하는 전형적인 컨트롤타워 설치형으로 볼 수 있다.

중국의 사이버 안보전략의 추진체계는 국가주석이 조장을 맡는 중앙인터넷안전정보화위원회의 지도 하에 작동하는 전형적인 컨트롤타워 총괄형이며, 국가안전부, 공안부, 공업정보화부, 국가보밀국 등의 각 실무부처가 사이버 안보와 인터넷 통제의 업무를 담당하고 있다. 실무전담기관은 국무원 내 국가인터넷정보판공실(사무기구)이 담당한다. 최근 제정된 〈인터넷안전법〉은, 미국의 경우처럼 프라이버시 보호나 자유의 보장이라는 가치를 추구하기보다는, 국내사회의 통제와 외국기업에 대한 규제 등을 목적으로 한다. 요컨대, 중국의 추진체계는 단일법 제정을 기반으로 작동하는 전형적인 컨트롤타워 설치형으로 볼 수 있다.

　　러시아의 사이버 안보 추진체계는 범정부적으로 총괄하는 컨트롤타워를 제도적으로 설치하기보다는 정보기관인 연방보안부(FSB)와 그 산하의 정보보안센터(ISC)가 주도하는 사실상(*de facto*)의 총괄 메커니즘이 작동하는 모습이다. 이러한 과정에서 연방보안부(FSB)의 컨트롤타워 역할에 주목할 필요가 있다. 연방보안부(FSB) 내 정보보안센터(ISC)가 실무전담기관의 역할을 맡고 있다. 한편 러시아에서 정보보안 관련 법제도는 아직 독립법 체계를 갖추는 데까지 나가고 있지는 않으며, 정보보안 독트린과 같은 러시아만의 독자적인 형식을 고수하고 있다. 요컨대, 러시아의 추진체계는 전반적으로 공식 컨트롤타워가 없는 실무부처 분산형의 사례로 보는 것이 맞다.

2. 서유럽 국가들의 경우

영국의 사이버 안보전략은 정부기관들의 사이버 안보 업무는 내각부가 총괄하지만 범정부 컨트롤타워가 설치된 것으로 보기는 어렵고, 사이버 안보 대응체계의 대외부문은 2016년 10월 GCHQ 산하에 신설된 국가사이버안보센터(National Cyber Security Center, NCSC)를 통해서 관련 기관들과 협력하는 체계를 운영하고 있는 것이 특기할 만하다. 국내 공공 부문은 내각부 내 사이버보안청(OCSIA)이 담당한다. 일종의 이원시스템을 이루고 있다. 최근에는 사이버 위협정보에 대한 규정을 담은 수사권 법안(investigatory Powers Bill)이 2016년에 통과됨으로써 프라이버시 보호보다는 테러와 범죄를 막는 권한강화에 무게중심을 두고 있다. 그러나 최근에는 이 법마저도 근거를 잃고 있다. 요컨대, 영국 모델은 이원모델 또는 메타모델의 성격이 없지 않지만, 굳이 따지자면 실무부처 분산형의 응용모델이라고 보는 것이 맞다.

독일의 사이버 안보 추진체계는 컨트롤타워를 따로 두기보다는 실무부처 차원에서 연방 내무부가 사이버 안보 정책 전반을 총괄하는 가운데 다른 정부기관들이 영역별로 소관 업무를 관장하는 구조이며, 그 산하의 연방정보기술보안청(BSI) 내 국가사이버방어센터(Cyber-AZ)가 전담지원기관의 역할을 한다. 사이버 안보 관련법의 형태는 IT안보법(2015)이 있기는 하나 기본적으로 다양한 법의 옴니버스적 운영을 보인다. 연방정부와 주정부 사이에 사이버 위협정보 이전을 의무화한 점은, 이전의 사이버 안보 추진체계가 상대적으로 분산적이었기 때문에 긴급 상황에 대처하기 어려웠다는 지적을 반영한 것이다. 요컨대, 독일의 추진체계는 대체로 실무부처 분산형의 형태를 띠고 있는 것으로 파악된다.

프랑스의 사이버 안보전략은 추진체계의 구성은 전문기관으로써 총리 국방안보보좌관 산하 국가정보시스템보안국(Agence Nationale de Sécurité des Systèmes d'information, ANSSI)이 총리를 보좌하며 총괄·조정 기능을 담당하고, 각 실무부처들은 소관 업무에 속하는 사이버 안보 관련 사항에 대응하는 구조이다. 2009년과 2013년 두 차례에 걸쳐서 범정부 컨트롤타워로서의 국가정보시스템보안국의 지위와 역할이 강화되면서 점점 더 컨트롤타워 총괄형의 모습을 갖춰가는 것으로 판단된다. ANSSI 내 정보시스템보안운영센터(COSSI)가 실무전담기관을 맡고 있다. 프랑스는 국가와 국방법전, 디지털국가 등과 같이 국방 전반을 포괄적으로 규정한 법에서 사이버 안보를 규정하고 있다. 요컨대, 프랑스의 사이버 안보 추진체계는 대체로 포괄적인 법제도를 기반으로 하여 작동하는 컨트롤타워 총괄형의 모습으로 파악된다.

3. 북유럽 국가들의 경우

에스토니아의 경우 사이버안보위원회(Cybersecurity Council)가 컨트롤타워의 역할을 담당하고 있다. 사이버 안보의 실무전담기관은 2011년 국방부(Ministry of Defence)에서 경제통신부(Ministry of Economic Affairs and Communications)로 이관되었는데, 현재 사이버안보위원회의 지휘 하에 경제통신부 산하의 RIA(Riigi Infosüsteemi Amet, Estonian Information System Authority)가 실무전담기관을 맡고 있다. RIA는 국가 주요 기반시설과 주요 정보시설을 보호하고 위험 분석을 진행하며 대응책을 사전 준비하는 업무를 담당한다. RIA 내에 설치된 CERT-EE는 RIA에서 관리하는 정보통합시스템과 정부 포털을 보호하며, 에스토니아의 정보통신 네트워크에서 발생한 사건을 최대한 빠른 시간 내에 해결하는 임무를 맡고 있다. 한편 2018년 5월 에스토니아 의회는 최초로 사이버안보법(Cybersecurity Act)을 통과시켰다. 요컨대, 에스토니아의 사이버 안보 추진체계는 컨트롤타워가 총괄하는 가운데 그 산하에서 실무전담기관이 운용되는 메타 거버넌스형으로 파악된다.

 네덜란드에서는 사이버안보위원회(Cyber Security Council, De Cyber Security Raad, CSR)가 사이버 안보의 컨트롤타워 역할을 맡고 있으며, 치안법무부 산하 국가사이버안보센터(NCSC)가 실무전담기관의 역할을 수행한다. NCSC의 주요업무는 사이버 위협 모니터링, 사고 대응, 위기관리, 사이버 안보 협력 플랫폼 제공 등이다. 또한 NCSC는 국가 CERT를 운영하며 정부기관과 국가 주요 기반시설에 대한 보호를 수행한다. 법제도적 측면에서는 네트워크 및 정보시스템보안법(Wet beveiliging netwerk-en informatiesystemen, Wbni)이 2018년 11월 9일 발효되었다. 동 법률에 따라 필수 서비스 운영자 및 디지털 서비스 공급자는 네트워크 및 정보시스템에 대한 보안위험을 관리, 예방 및 최소화하기 위해 적절한 조치를 취하여야 하며 보안 요구사항을 준수하여야 하고 심각한 사이버안보 침해사건 발생 시 국가사이버안보센터 및 감독기구에 보고하여야 할 의무가 발생한다. 요컨대, 네덜란드의 사이버 안보 추진체계는 컨트롤타워가 총괄하는 가운데 그 산하에서 실무전담기관이 운용되는 메타 거버넌스형으로 파악된다.

 핀란드는 기본적으로 각 정부부처, 공공기관, 지자체 등이 자신의 관할 영역의 사이버 안보 문제를 직접 담당한다. 2013년 2월에 국방부 산하에 설치된 안보위원회(Security Committee)가 상설협력기구로 운용되고 있지만 이를 컨트롤타워라 볼 수는 없으며, 오히려 각 정부부처가 국가적 목표에 맞는 사이버 안보 정책을 실행한다. 사이버 안보의 실무전담기관으로는 교통통신부 산하의 핀란드교통통신국(Finnish Transportation and Communications Agency, TRAFICOM)을 들 수 있다. TRAFICOM은 기존의 핀란드통신규제국(Finnish Communications Regulatory Authority, FICORA)과 핀란드교통안전국(Finnish Transportation Safety Agency, TRAFI) 등을 통합하여 2019년 1월에 출범했다. 기존에 FICORA 안에서 사이버 보안을 담당하던 업무들은 TRAFICOM으로의 합병 이후에도 계속 수행된다. FICORA 내부 조직 중 NCSC-FI(National Cyber Security Center Finland) 역시 기존의 업무를 그대로 유지한 채 독립적인 위치를 가지고 취약점 보고 및 대응, 보안공지, 사이버위협 탐지 및 대응, 기술 지원 등의 서비스를 제공 등의 사이버보안 관련 실무 업무를 담당한다. 사이버 안보 관련법은 현재 국방부와 내무부가 함께 추진 중인 것으로 알려져 있다. 요컨대, 핀란드의 사이버 안보 추진체계는 범정부 컨트롤타워가 부재하고, 각 실무부처의 역할이 각각의 관할로 나뉘어 있는 실무부처 분산형으로 파악된다.

스웨덴은 국방부, 법무부, 민간부문 등이 권한을 갖고 사이버 안보 업무를 담당하는 추진체계를 운영하고 있으며, 별도의 컨트롤타워를 설치하고 있지는 않고 있다. 사이버 안보의 실무전담기관은 국방부 산하의 MSB(Myndigheten för samhälskydd och bereskap, Civil Contingencies Agency)가 담당하고 있다. MSB는 민간보호, 공공안전, 위기관리, 민방위 등의 책임을 지면, 사이버 안보전략서(*Strategy for Information Security in Sweden 2010-2015*)를 발간하기도 했다. 스웨덴 정부는 2018년 6월 IT 보안 관련법을 통과시켰으며, 이는 2018년 8월 1일에 발효되었는데, 이 법은 국가적으로 중요한 부문의 네트워크 운영자에게 적용되는데, 각 운영자들은 네트워크를 보호할 수 있는 적절한 보호 조치를 취해야 하며, 심각한 사고에 대해 관계 당국에 보고하도록 규정하였다. 요컨대, 스웨덴의 사이버 안보 추진체계는, 핀란드의 경우와 유사한 형태의 실무부처 분산형으로 파악된다.

4. 아태지역 국가들의 경우

캐나다에서는 공공안전부(Public Safety Canada, PSC)가 사이버 안보전략의 시행을 조정하는 역할을 맡고 있는데, 이는 미 국토안보부의 역할과 비슷하다. 2018년 이전에는 PSC 내의 GOC(Government Operations Centre)는 국가긴급위기대응시스템의 허브 역할을 담당하며, 그 안에 설치된 CCIRC(Canadian Cyber Incident Response Center)가 사이버 위협의 감시, 자문 제공, 국가적 대응의 지휘 등을 담당했다. 2018년부터는 캐나다 사이버안보센터(Canadian Cyber Security Center, CCSC)가 설립되며 사이버 안보 관련 사안들을 통괄하여 처리하는 구심점으로 작동한다. 사이버안보센터는 기존의 세 부서, 즉 PSC(Public Safety Canada), SSC(Shared Services Canada), CSE(Communications Security Establishment)가 담당하고 있던 사이버 안보 역할을 통합하여 책임진다. 비록 캐나다의 국가보안법이라 불리는 C-59 법안(Bil)가 입법되어, CSE(Communications Security Establishment)와 안보정보청(Canadian Security Intelligence Service)의 역할이 강조되었지만, 아직까지 캐나다에서는 사이버 안보 관련 단일법이 제정되지는 않았다. 요컨대, 캐나다의 사이버 안보 추진체계는 실무부처 분산형의 모습으로 파악된다.

호주에서는 총리가 임명한 사이버 안보 특별보좌관(Special Advisor on Cyber Security)이 컨트롤타워의 역할을 하며 사이버 안보 정책 및 전략 수립을 이끌어가면서, 각 정부 부처 및 기관에 사이버 안보 관련 목표와 우선순위를 설정하는 역할을 수행하고 있으며, 2014년 11월 출범한 ACSC(Australian Cyber Security Center)의 수장도 맡고 있다. ACSC는 사이버 안보 실무를 집행하는 실무전담기관인

데, 2018년 7월부터 통신정보수집, 감청 등을 담당하는 정보기관인 ASD(Australian Signals Directorate)의 부서로 편입되었다. ASD는 2 차 대전 이후 설립된 정보기관으로 국방부의 감독을 받으며, 2018년 3 월 법정기관이 되었다. 사이버 안보 관련 단일법은 아직 제정되지 않고 있는데, 법률을 제정하기보다는 정부 내의 행정계획, 가이드라인 등에 의존하려는 것으로 보인다. 요컨대, 호주의 사이버 안보 추진체계는 별도의 단일법을 제정하고 있지는 않지만 컨트롤타워 총괄형의 모습으로 파악된다.

대만에서 사이버 안보 컨트롤타워의 역할은 2001년 1월 설치되어 그 기능이 보강되고 있는 NICST(National Information and Communication Security Task force)가 담당하고 있다. NICST의 업무를 지원하기 위해서 2001년 3월 설치된 NCCST(National Center for Cyber Security Technology)가 사이버 안보 관련 기술개발과 지원을 담당하고 있다. 2016년 차이잉원 총통 취임 이후 국가안보 차원에서 사이버 안보전략이 수행되면서 사이버 안보 리더십이 격상되었는데, 2016년 8월에는 NICST의 실질적 운영을 총괄하는 실무기구로서 사이버 안보부(Department of Cyber Security, DCS)가 행정원 내에 설치되었으며, 2017년 1월에는 독립적인 사이버 안보부대인 ICEF(Information Communication Electronic Force Command)가 설치되어 사이버전에 대응하는 국방역량을 강화했다. 한편 대만은 2018년 5월 최초의 사이버 안보법인 사이버안보관리법(Cybersecurity Management Act)을 통과시켰는데, 이는 2019년 1월 발효되었다. 요컨대, 대만의 사이버 안보 추진체계는 단일법을 제정한 컨트롤타워 총괄형의 모습으로 파악된다.

싱가포르의 사이버 안보전략은 2015년 총리실 직속으로 설치되었으며 행정편제상으로는 통신정보부의 관리를 받는 사이버안보청(Cyber Security Agency of Singapore, CSA)을 중심으로 추진된다. CSA의 설치로 인해 이전에는 SingCERT(Singapore Computer Emergency Response Team), IDA(Info-communication Development Authority), SITSA(Singapore Technology Security Authority) 등의 3개 부서로 산재되었던 사이버 안보 기능이 하나로 통합되었다. CSA는 사이버 안보 정책의 개발, 주요 정보 인프라의 핵심 서비스의 보호, 대규모 사이버 사고에 대한 정책 조정 등의 업무를 담당한다. 싱가포르는 2018년 2월 사이버 안보 법안을 통과시켰는데, 이 법안은 CSA와 통신정보부의 주도로 작성된 것으로 사이버 안보를 적극적으로 실천할 수 있는 법적 프레임워크의 의미를 갖는다. 사이버안보위원장직(Commissioner)을 신설하여 사이버 안보 관련 사고를 조사할 수 있는 권한을 부여하고, 주요 정보 인프라 소유자들이 시설 보호를 위해 능동적인 조치를 취하도록 하는 등 한층 선제적이고 능동적인 사이버 안보 프레임워크를 수립하였다. 요컨대, 싱가포르의 사이버 안보 추진체계는 단일법 제정을 바탕으로 한 컨트롤타워 총괄형의 모습으로 파악된다.

이스라엘의 경우에는 총리실 산하 국가사이버국(National Cyber Bureau, NCB)이 사이버 안보의 컨트롤타워 역할을 담당하고 있다. NCB는 사이버 공격 대응, 보안 산업 투자촉진, 대학 R&D·교육·산업·경제 성장 엔진으로 사이버 기술 개발, 국제협력 등 모든 사이버 안보 관련 업무를 총괄한다. 한편 총리실 산하 국가사이버보안국(National Cyber Security Authority, NCSA)이 실무전담기관의 역할을 담당하고 있다. 2014년 총리실 산하에 사이버보안 관할 전담기관(NCSA)이 독립적으로 설치된 것은 이스라엘이 설정한 사이버 안보 이슈의 중요도를 가늠케 한다. NCSA는 공공기관, 각종 정부 기관 및

장관실, 중요 부문, 사회 기반 시설, 국방 산업 등은 물론 민간 기업과
국민 개인이 최대한의 보안을 누리게 하는 책임을 지고 있다. 이들 기
관과의 업무연계 속에서 경제산업부, 국방부 등의 실무기관이 사이버
안보 업무를 담당한다. 요컨대, 이스라엘의 추진체계는 별도의 법을
제정하고 있지는 않지만 정부기구 내에서 명시적인 컨트롤타워를 설
치한 유형으로 파악할 수 있다.

V. 16개국 비교분석의 함의

이 책에서 시도한 비교분석의 함의를 도출하기 위해서 앞서 제기했던
질문들을 다시 한 번 환기해 보자. 사이버 안보전략의 대내외적 정책
지향성과 관련하여, 우선적으로 제기했던 질문은 각국의 국가안보전
략 전반에서 사이버 안보전략이 차지하는 위상과 방향 및 강조점은 무
엇인가의 문제였다. 좀 더 구체적으로 국방전략과의 관련 속에서 사이
버 안보위협의 원인에 대한 인식과 이에 대응하는 실천전략과 대응태
세의 특징은 무엇이며, 주변국들과의 사이버 안보 공조체제의 구축양
식이나 지역 차원의 국제협력에의 참여형태 및 글로벌 차원의 국제규
범 형성 과정에 대한 외교적 입장에 대해서도 탐구하였다. 한편 사이
버 안보전략의 추진체계와 관련하여, 사이버 안보 분야의 업무를 총괄
하는 컨트롤타워와 실무를 맡은 실무전담기관의 설치 여부 및 양자의
관계설정은 어떠하며, 사이버 안보의 대응력 강화를 위해 마련된 법제
정의 여부 또는 관련법의 존재형태 등에 대해서도 문제를 제기하였다.
이 장에서는 16개국을 다섯 그룹으로 구분하였으며, 그러한 구분의 근
거가 되는 내용을 개괄하여 살펴보았다. 이러한 분석을 바탕으로 도출

되는 16개국 비교분석의 함의는 다음과 같은 여섯 가지로 요약된다.

첫째, 모든 국가들이 점점 더 사이버 위협의 문제를 국가안보의 시각에서 인식하고, 이에 대한 대비책을 한층 강화하고 있다는 사실이다. 물론 각국별로 국가안보전략 전반에서 사이버 안보전략이 차지하는 위상과 방향 및 강조점 등은 다르게 나타난다. 그럼에도 사이버 안보의 전략적 우선순위를 높이고 이를 실현하기 위한 물적·인적 역량의 강화와 법제도 정비에 박차를 가하고 있다는 공통점이 있다. 이 책에서 살펴본 각종 전략서나 기구의 설치 및 법 제정 등의 사례는 이러한 추세를 잘 보여준다. 또한 이들 국가는 모두 사이버 안보의 문제를 단순한 '안보화'의 차원을 넘어서 '군사화'하는 경향을 보이고 있다. 사이버 위협에 대한 군사적 대응태세의 강화는 군 차원의 사이버 역량강화, 사이버전을 수행하는 부대의 창설과 통합지휘체계의 구축, 사이버 자위권 개념의 도입, 사후적 반응이 아닌 선제적 대응 개념의 도입 등에서 나타나고 있다. 그런데 여기서 주목할 점은 이러한 인식과 실천이 모두 동일한 형태의 추진체계 도입이나 법제도의 제정으로 수렴하고 있지는 않다는 사실이다. 아무리 사이버 공격의 피해 가능성이 높더라도 모든 국가들이 집중적인 형태의 컨트롤타워를 설치하거나 단일법 형태의 사이버 안보 관련법을 제정하는 형태로 반영하지는 않고 각국의 사정에 적합한 다양한 형태의 추진체계와 법을 도입하고 있다.

둘째, 국방전략 전반의 맥락에서 사이버 안보 위협의 원인을 어떻게 인식하고 있으며, 이에 대비한 구체적인 대응전략을 어떻게 갖추고 있느냐의 문제는 사이버 안보전략의 중요한 관건이다. 이와 관련하여 북유럽 및 서유럽 국가들의 사이버 안보전략은 러시아의 사이버 위협을 전통적인 군사적 위협과 더불어 매우 심각하게 인식하고 있다. 특히 에스토니아, 핀란드, 스웨덴 등이 그러하고, 독일, 영국 등도 러시아를 사이버 공격의 주적으로 상정한다. 아태 지역 국가들의 사이버 안보전략에서 중국도 주요 사이버 위협으로 상정된다. 중국을 주적으로 삼는 가장 대표적인 사례는 대만이다. 미국과 일본도 중국의 사이버 위협에 대응한다는 명문으로 사이버 안보전략을 강화해 왔다. 이들 국가의 국내정치에서 사이버 안보는 개관적으로 실재하는 위협인 동시에 주관적으로 구성되는 '안보화'의 변수이다. 사이버 안보의 군사적 성격과 함께 산업기술적 측면을 강조한 민군겸용기술의 시각에서 접근하는 시도는 이스라엘과 대만에서 두드러진다. 이들 국가에게 사이버 안보 문제는 기술경쟁력과 국가브랜드를 의미한다. 한편 싱가포르, 프랑스, 캐나다 등은, 전통안보의 군사적 위협보다는, 신흥안보의 초국적 위협이라는 관점에서 사이버 안보에 접근하고 있으며, 핀란드와 스웨덴은 좀 더 포괄적인 의미에서 이해한 사회안보(societal security)의 차원에서 사이버 안보의 문제를 본다. 군사보다는 외교의 관점이 더 많이 가미된 사이버 안보전략의 추진 국가로는 네덜란드와 호주가 있다.

셋째, 사이버 안보 국제협력과 외교전략의 추진이라는 관점에서 주변국과의 공조체제를 어떻게 구축하고 있으며, 지역 차원의 국제협력에는 어떻게 참여하고, 더 나아가 글로벌 차원의 국제규범 형성 과정에 대해 어떠한 입장을 취하느냐의 문제도 사이버 안보전략의 지행성을 이해하는 중요한 관건이다. 에스토니아, 일본, 이스라엘, 대만 등은 동맹협력의 관점에서 사이버 안보에 접근한다. 그 이면에는 미국이 주도하는 사이버 안보 분야의 동맹전략이 있다. 영국, 캐나다, 호주 등과의 파이브 아이즈 동맹도 매우 중요한 국제협력의 형식이다. 영국과 네덜란드는 서방 진영의 우방국들이 형성하는 정부 간 네트워크의 틀을 빌어 사이버 안보의 국제협력 전략을 추구한다. 이에 대항하여 중국과 러시아가 주도하는 정부 간의 지역협력체의 사이버 안보 협력에도 주목해야 한다. 한편 핀란드, 독일, 프랑스 등은 유럽연합 차원에서 사이버 안보의 국제협력을 추진하고 있으며, 스웨덴은 유럽연합보다는 작은 범위에서 노르딕 국가들의 지역협력을 주도하고 있다. 아세안 지역협력을 주도하는 싱가포르의 전략이나, 남태평양 지역협력의 맹주 역할을 하는 호주의 사례에도 주목해야 한다.

넷째, 일견 컨트롤타워를 두는 것이 전반적인 추세로 파악되고 있을지라도, 사이버 안보를 추진하는 각국의 체계, 특히 각국의 사이버 안보 컨트롤타워의 현황과 거버넌스 아키텍처는 각기 다르게 나타나고 있다. 각국의 정부기구의 성격에 따라서 컨트롤타워에 해당하는 공식적(*de jure*) 기구를 설치하는 경우, 즉 중국의 중앙인터넷안전정보화위원회, 일본의 사이버시큐리티전략본부, 프랑스의 국가정보시스템보안국(ANSSI), 호주의 사이버안보특별보좌관, 네덜란드의 사이버안보위원회(CSR), 이스라엘의 국가사이버국(NCB), 대만의 국가정보통신안보태스크포스(NICST) 등과 같은 경우도 있지만, 싱가포르의 사이버안보청(CSA)처럼 독립기관을 설치하여 컨트롤타워의 역할을 맡기거나, 사실상(*de facto*)의 컨트롤타워 역할을 하는 정부기능이 있는 경우, 즉 미국 오바마 2기의 사이버안보조정관, 러시아의 정보보안부(FSB), 독일의 연방내무부 등과 같은 경우도 있으며, 굳이 법제도적 접근을 하지 않고 운영의 묘를 살려서 이원시스템이 작동하는 경우, 즉 영국의 내각부 내 사이버보안청(OCSIA)과 외교부 내 정보통신본부(GCHQ)의 이원 시스템과 같은 경우도 있다. 결국 사이버 안보에 대처하는 방식에는 획일적으로 공식적 컨트롤타워를 설치하는 것만이 능사는 아니고, 경우에 따라서 관련 기관들의 역할을 조율하면서 운영의 묘미를 살리는 부분도 중요하다.

다섯째, 대체로 사이버 안보 정책을 담당하는 실무전담기관(주로 NCSC)의 설치하는 추세이지만, 이러한 실무전담기관의 유무 및 설치 위치가 나라마다 조금씩 다르다. 다시 말해, 실무전담기관을 컨트롤타워에 두느냐, 아니면 사이버 안보전략을 총괄 수행하는 실무기관들을 설치하고 그 안에 두느냐 등의 문제는 나라마다 다르다. 컨트롤타워 산하에 실무전담기관이 설치된 경우로는 일본 총리 산하 사이버시큐리티전략본부 내 내각사이버시큐리티센터(NISC), 중국 국무원 내 국가인터넷정보판공실(사무기구), 프랑스 국가정보시스템보안국(ANSSI) 내 정보시스템보안운영센터(COSSI), 호주 ACSC(사이버안보특별보좌관이 수장을 맡음, 2018년 7월부터 ASD의 부서로 편입), 대만 NICST 내의 NCCST(2016년 이후 DCS), 이스라엘 NCB 산하(?)의 NCSA 등의 사례를 들 수 있다. 사이버 안보전략을 총괄 수행하는 실무기관들에 설치되는 경우로는 미국 국토안보부(DHS) 산하 CISA내의 NCCIC, 영국 외교부 산하 정보통신본부(GCHQ) 내 국가사이버안보센터(NCSC), 독일 연방내무부 산하 연방정보기술보안청(BSI) 내 국가사이버방어센터(Cyber-AZ), 러시아 연방보안부(FSB) 내 정보보안센터(ISC), 에스토니아 경제통신부 내의 RIA, 네덜란드 치안법무부 내의 NCSC, 핀란드 교통통신부 산하의 FICORA(2019년 1월 TRA-FICOM으로 병합), 스웨덴 국방부 산하의 MSB, 캐나다 공공안전부 내 CCIRC 등을 사례로 들 수 있다.

끝으로, 사이버 위협에 효과적으로 대응하기 위한 법제도를 제정하는 문제에 있어서도, 최근 미국, 일본, 중국 등 주요국들이 모두 사이버 안보와 관련된 국내법을 제정하는 추세이지만. 모든 나라가 획일적으로 단일법 제정을 도모하는 것은 아니고 각 나라의 사정에 따라 필요한 법을 어떤 내용과 형식으로 제정·운영할 것인가가 다르다. 범정부 차원에서 정책을 관장하는 컨트롤타워를 설치하고 그 업무를 지원하는 단일법을 제정하는 나라(일본 사이버시큐리티법, 중국 인터넷안전법, 에스토니아의 사이버안보법, 네덜란드의 사이버안보법, 대만 사이버안보관리법, 싱가포르 사이버안보법)가 있는가 하면, 국가와 국방 전반을 포괄적으로 규정한 법에서 사이버 안보를 규정하는 나라(프랑스 국방법전과 디지털국가법)도 있고, 실무부처들이 각기 소관 영역의 법으로 사이버 안보 업무를 담당하는 나라(독일 IT안보법, 핀란드, 스웨덴, 이스라엘)도 있으며, 새로이 법을 제정하지 않고 대통령 명령이나 독트린에 의거해서 정책을 추진하는 나라(러시아의 사례)도 있다. 이상의 양식들을 적절히 아울러서 개별 실무부처의 업무를 조정하는 시스템을 갖추거나 개별법들을 집합적으로 조정하여 적용하는 일종의 메타 거버넌스형의 추진체계를 구비한 나라(미국 CISA, 영국 수사권법, 캐나다, 호주)도 있다.

VI. 맺음말

이들 16개국의 사례에 대한 비교분석은 한국의 사이버 안보전략에 주는 일반론적 함의를 던진다. 사실 이들 국가의 사례는 사이버 안보전략 분야의 세계적인 선도국들로서 한국에게는 일종의 '모델'로서의 의미가 있다. 그러나 이들이 아무리 이 분야의 선도국이라 할지라도, 그 어느 나라도 한국이 그대로 베낄 수 있는 벤치마킹의 사례는 아니다. 각국의 정치·사회·문화와 역사적 경로의존성이 다르고, 각기 당면한 사이버 위협의 종류와 이들을 둘러싼 국제안보 환경의 성격이 다르기 때문이다. 이러한 맥락에서 볼 때 사이버 위협의 성격을 정확히 이해하고 한국의 현실에 적합한 사이버 안보의 추진체계 모델을 모색하는 것이 필요하다. 이러한 맥락에서 볼 때, 향후 연구과제로 한국과 유사한 처지에 있는 사례를 살펴본 작업의 유용성이 있다. 그럼에도 궁극적으로 필요한 것은 한국의 현실에 맞는 사이버 안보전략을 스스로 고민하는 성찰적 노력일 것이다.

특히 이상의 비교분석은 한국의 사이버 안보 추진체계 정비와 관련하여 중요한 시사점을 준다. 이상의 내용을 종합해서 판단해 볼 때, 사이버 안보의 경우는 기본적으로 각 부문이 알아서 사이버 안보의 대응체계를 마련하고 그러한 체계의 추진과정에서 발생하는 문제들을 컨트롤타워(또는 조종타워)의 차원에서 대응하는 이원적 시스템이 적합한 것으로 판단된다. 이는 추진체계의 구조상으로는 분산형의 구조를 갖추면서도 추진체계가 운영되는 과정에서 필요에 따라서 집중형 거버넌스를 도입하는 형태이다. 사실 사이버 안보 분야에서는 전통안보에 대응하는 경우처럼, 국가가 나서서 통제하고 자원동원을 집중하려는 위계조직의 발상은 효과적이지 않다. 다시 말해, 어느 한 주체가 나서서 집중적인 해법을 제시하기보다는 오히려 이해당사자들이 각기 책임지고 자신의 시스템을 보호하는 분산적 대책이 효과적일 수도 있다. 대응주체라는 점에서 국가 행위자 이외에도 민간 행위자도 참여하는 네트워크 모델이 필요하고, 동원하는 수단이라는 면에서도 기술과 인력, 국방의 역량을 강화하는 것뿐만 아니라 법제도 정비와 국제협력 등을 포괄하는 복합적인 대응이 필요하다. 그리고 난 연후에 해당 당사자들이 담당할 수 없는 '구조적 공백'을 메워주는 총괄·조정의 역할이 빛을 발한다. 비유컨대, '네트워크 위협'에는 '네트워크 해법'을 찾아야 한다.

48

참고문헌

김상배. 2014. 『아라크네의 국제정치학: 네트워크 세계정치이론의 도전』, 한울.
_____. 2018a. 『버추얼 창과 그물망 방패: 사이버 안보의 세계정치와 한국』, 한울.
_____. 2018b. "트럼프 행정부의 사이버 안보전략: 국가지원 해킹에 대한 복합지정학적
   대응." 『국제ㆍ지역연구』 27(4), pp.1-35.
_____. 2019. "동아태 사이버 안보 거버넌스: 국제협력과 지역규범의 모색." 김상배ㆍ신범식
   편. 『동북아 신흥안보 거버넌스: 복합지정학의 시각』, 사회평론
김상배 편. 2017. 『사이버 안보의 국가전략: 국제정치학의 시각』, 사회평론.
_____. 2019. 『사이버 안보의 국가전략 2.0: 국제규범의 형성과 국제관계의 동학』,
   사회평론.
김상배ㆍ민병원 편. 2018. 『사이버 안보의 국제정치학적 지평: 전략과 외교 및 규범』,
   사회평론.

제1부

선진국의 사이버 안보전략

제2장

미·일·중·러의 사이버 안보전략*

김상배 | 서울대학교

* 이 장은, 이 책에서 시도한 16개국 비교분석의 전체구도를 보여주기 위한 목적으로, 김상배(2018a)의 제5장에서 다룬 미국, 일본, 중국, 러시아의 사이버 안보전략에 대한 내용을 바탕으로 하여, 최근 미국의 변화를 살펴본 김상배(2018b)의 일부 내용을 반영하여 작성되었다.

I. 머리말

2010년대 중후반을 거치면서 사이버 안보는 중요한 국가전략적 사안으로 자리매김을 해가고 있다. 한국의 핵심 기반시설을 겨냥한 북한의 사이버 공격은 핵실험과 미사일 발사에 못지않게 중요한 위협이 아닐수 없다. 지난 수년 동안 부쩍 거세지고 있는 미중 사이버 갈등은 사이버 안보라는 문제가 이미 두 강대국의 주요 현안이 되었음을 보여준다. 적대국의 해킹이 원인으로 지목되는 가짜뉴스와 선거개입 논란이 국내정치의 쟁점이 되었다. 이러한 강대국들 간의 사이버 공방으로부터 한국도 자유로울 수 없다. 최근 들어 중국과 러시아의 해커들이 한국을 공격하는 일도 잦아졌다. 국가지원 해킹으로 의심되는 사건들 외에도 크고 작은 해킹 사건들이 공개적으로 알려지지 않으면서도 끊임없이 발생하고 있다. 이러한 다양한 사이버 위협에 대응하여 각국은 기술적으로 방어역량을 강화하는 외에도 공세적 방어의 전략을 제시하고 법제도를 정비하거나 국제협력을 강화하는 등의 대책 마련에 힘쓰고 있다. 그야말로 사이버 안보는 단순히 정보보안 전문가들의 기술개발 문제를 넘어서 다양한 분야를 아울러 종합적인 대응책을 마련해야 하는 21세기 국가전략의 문제가 되었다.

이러한 문제의식을 바탕으로 이 장은 세계 주요국, 특히 한반도 주변4국으로 대변되는 미국, 일본, 중국, 러시아의 사이버 안보전략과 추진체계를 살펴보았다. 사실 이 나라들은 오랫동안 한국이 정책과 제도모델을 고민하는 과정에서 일종의 '일반모델'로서 참조되었던 대표적인 나라들이다. 이들 국가의 행보를 이해하는 것이 중요한 이유는 현 시점에서 한국이 모색할 사이버 안보전략의 기본방향과 구성내용을 검토하고 이를 토대로 구체적인 실천방안을 궁리하려는 필요성 때문이다. 더 나아가 기존의 산업화 및 정보화 전략의 경우처럼 사이버 안보 분야에서도 한국이 스스로 '모델'을 개발하려는 기대 때문이기도 하다. 한국의 현실에 맞는 '한국형 사이버 안보전략 모델'을 장차 스스로 추구해야 맞겠지만, 그 준비단계에서 주변 4개국의 사례를 살펴보는 작업의 의미는 충분하다.

이 장은 다음과 같이 구성되었다. 제2절은 사이버 안보 분야의 전략형성과 제도화를 주도하고 있는 미국의 사례를 오바마 행정부 시기의 형성과정과 트럼프 행정부 시기의 변화를 중심으로 살펴보았다. 사이버 안보전략의 형성배경과 컨트롤타워의 구성과 변화, 그리고 백악관과 구체적인 정책과 법안 제정의 노력 등을 다루었다. 제3절은 일본의 사이버 안보전략을 전략 형성, 사이버 국방, 국제협력, 추진체계, 법제정 상황 등에 초점을 맞추어 살펴보았다. 제4-5절은 미국 주도의 질서에 도전하는 비서방 국가의 대표격인 중국과 러시아의 사이버 안보전략을 앞서의 미국과 일본의 사례를 살펴본 분석틀에 준하여 살펴보았다. 맺음말에서는 주변4개국의 비교분석이 던지는 함의를 짚어보았다.

II. 미국의 사이버 안보전략과 추진체계

1. 사이버 안보 국가전략의 형성배경

미국에서는 1990년대에서부터 사이버 안보를 '안보화'하는 정책적 논의가 시작되었는데 2000년대 들어 9·11 테러가 발생하면서 더욱 본격화되었다. 부시 행정부는 2002년 11월 국토안보법, 12월 연방정보

보안관리법(FISMA)을 제정하고 사이버 공격에 대해서 국토안보부
(DHS)가 주도하는 대응체계를 갖추었다. 부시 행정부는 2003년 2월
*National Strategy to Secure Cyberspace(NSSC)*라는 전략서를 발표
한 데에 이어(White House 2003), 2008년 1월 국가안보 차원에서 사
이버 안보 문제를 인식하고 대응책을 마련한 최초의 작업으로 평가받
는 *Comprehensive National Cybersecurity Initiative(CNCI)*를 발표
했다(White House 2008).

　　CNCI의 기조는 오바마 행정부에도 이어졌는데, 2009년 5월 미
국 사이버 안보전략의 근간을 형성한 전략서인 *Cyberspace Policy
Review(CPR)*를 발표했다(U.S. Department of Homeland Security
2009). CPR은 연방 정부기관에게 각기 역할과 책임을 명확히 분담하
는 동시에 사이버 안보 대응체계의 중심을 기존의 국토안보부로부터
백악관으로 이전시켰는데, 백악관 컨트롤타워로서 사이버안보조정관
(Cybersecurity Coordinator)을 신설하였다. 엄밀하게 보면 사이버안
보조정관의 역할을 한 백악관 특보는 2003년부터 활동했다. 국무부에
도 대외협력을 담당한 사이버조정관(Coordinator for Cyber Issues)이
국무장관 산하에 설치되었다.

　　이 무렵 미국의 사이버 안보전략에는 '군사화' 담론이 강하게 가
미되기 시작했는데, 이는 관련 기구의 설치와 예산증액 등으로 이어졌
다. 그 중에서 가장 대표적 사례는 오바마 행정부 출범 이후 2009년 6
월 창설된 사이버사령부(Cybercom)이다. 2011년 7월 국방부는 *DoD
Strategy for Operating in Cyberspace*를 통해서 사이버 국방의 중요
성과 능동적 방어의 필요성을 강조했다(U.S. Department of Defense
2011).

　　2012년 이후 일련의 전개과정에서 주목할 것은, 사이버 공격을

억지하기 위해서 그 진원지를 찾아 선제공격하겠다는 결연한 입장
이 등장했다는 사실이다. 미 국방부는 2012년 5월 플랜-X 프로젝트
를 발표했는데, 이 프로젝트는 미 국방부의 사이버 안보전략을 증강하
는 차원에서 사이버 무기 개발을 본격화하고, 전 세계 수백억 대에 달
하는 컴퓨터의 위치를 식별하기 위한 사이버 전장지도를 개발하는 계
획을 담고 있었다. 2012년 10월 사이버 예비군의 창설이 발표되었으
며, 2013년에는 〈국방수권법(National Defense Authorization Act)〉을
통해 사이버 공간에서 군의 위상과 역할 및 권한을 강화하였다. 이러
한 공세적 대응으로의 전환 구상들은 2015년 4월 발표된 *DoD Cyber
Strategy*에서 더욱 구체화되었다(U.S. Department of Defense 2015).

이러한 '안보화'와 '군사화'의 득세와 병행하여 미국은 국제협력의
전략도 적극적으로 추구하였다. 오바마 행정부는 2011년 5월 *Inter-
national Strategy for Cyberspace(ISC)*를 발표하여 사이버 공간에서
의 기본적 자유와 재산권의 존중, 프라이버시의 보호, 사이버 범죄 색
출, 사이버 공격에 대한 자위권 행사 등을 위해서 국제협력이 필요하
다고 역설하였다(White House 2011). 아울러 미국은 양자 및 지역협
력 차원에서 기존의 동맹을 사이버 공간에도 적용하는 전략을 추구했
다. 유럽지역에서는 나토나 EU, 특히 영국과의 사이버 협력을 강화했
다. 아태지역에서도 일본, 호주, 한국 등과 사이버 안보 협력을 도모
했다.

미국은 국제기구와 다자외교의 장에서도 사이버 안보 분야의 국
제규범 형성과정에 참여했는데, 유엔 GGE나 ITU 등과 같은 기성 국
제기구의 틀을 활용하기보다는, ICANN이나 사이버공간총회, 유럽사
이버범죄협약 등과 같이 민간 이해당사자들이나 선진국 정부들이 주
도하는 글로벌 거버넌스의 메커니즘에 좀 더 주력하는 모습을 보였다.

이러한 미국의 접근은, 이하에서 살펴보는 바와 같이, 중국이나 러시아로 대변되는 비서방 진영 국가들의 입장과 대립했다.

2. 사이버 안보의 추진체계 및 법제

사이버 위협정보의 공유과정에서 발생하는 프라이버시와 자유의 침해 문제가 큰 논란거리였는데, 2015년 12월 위협정보의 공유를 주요 내용으로 하는 〈사이버안보법(Cybersecurity Act)〉이 최종 통과되면서 해결의 실마리를 찾았다. 사이버안보법은 단일법이 아니라 2015년 10월 상원에서 통과된 〈CISA(Cybersecurity Information Sharing Act)〉를 중심으로, 하원을 통과한 여타 법안들을 통합·조정한 수정안이다. 이 법의 제정을 통해서 사이버 안보를 위해 필요한 경우 민간 분야가 소유한 방대한 양의 개인정보를 연방 정부기관에 자발적으로 넘기도록 하는 정보공유체계가 구축되었다. 그 핵심 내용으로는 기관들 간의 사이버 안보 정보공유의 절차와 가이드라인 마련, 특정 개인을 식별할 수 있는 정보를 심사·삭제하는 절차 확보, 이 법에 따라 정보를 제공한 민간기관에 대한 면책 규정, 연방기관은 공유 받은 정보를 제한적으로만 사용한다는 규정 등이 포함되었다. 법안이 최초 발의된 2009년 이후 프라이버시 침해를 우려하는 정치권과 시민사회의 반대의견과 개인정보 침해에 대한 책임 부과를 우려하는 민간 기업들의 반발에 의해 법안 통과가 지연되다가 2015년에야 통과되었다.

 미국의 사이버 안보 추진체계는 기본적으로 연방정부의 각 기관이 각기 역할과 책임을 다하는 분산 시스템을 운영하는 가운데, 정책의 통합성을 제고하고 각 기관들의 유기적 협력을 도모하기 위한 총괄·조정 기능을 갖추는 형태로 진화했다(그림 2-1 참조). 부시 행정부

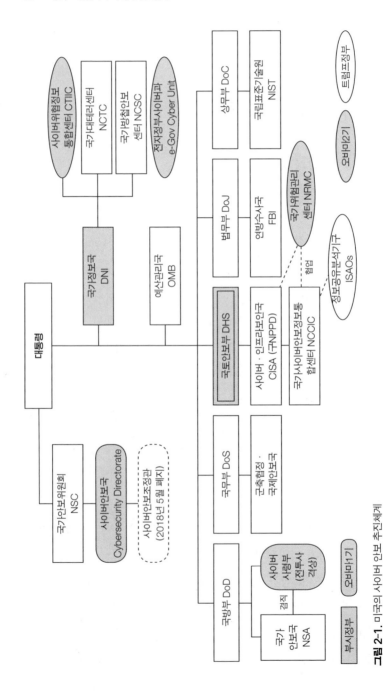

그림 2-1. 미국의 사이버 안보 추진체계

출처: 김상배(2018a), p.155를 보완·수정

에서는 국토안보부(DHS)와 국가정보국(DNI)이 총괄 기능을 수행했
다. 오바마 행정부 1기에 접어들어 국가안보위원회(National Security
Council, NSC) 산하 사이버안보국(Cybersecurity Directorate) 내의 사
이버안보조정관이 국토안보부, 국가안보국, 연방수사국, 국무부, 상무
부 등 실무부처들이 개별적으로 수행하는 사이버 안보 업무를 총괄하
도록 하였다.

　이후 오바마 행정부 2기에는 실무부처 업무의 통합성과 민관협력
의 실현을 위해서 세 개의 기관이 추가로 설치되었다. DNI 산하에는
사이버위협정보통합센터(Cyber Threat Intelligence Integration Cent-
er, CTIIC)가 설치되어 사이버 위협과 사고를 종합적으로 분석하여 유
관기관에 정보를 제공케 했다. 국가방첩안보센터(National Counterin-
telligence and Security Center, NCSC)는 사이버 위협 및 공급망 보안,
주요기반시설에 관한 역할을 수행한다. 예산관리국(OMB) 내에는 전
자정부사이버과(E-Gov Cyber Unit)를 설치하여 연방기관의 업무를 감
독 · 조율하게 했다. 민관협력 촉진을 위해 정보공유분석기구(Informa-
tion Sharing and Analysis Organizations, ISAOs)를 설치하여, 국토안
보부 산하에서 민관 정보공유를 담당하는 국가사이버안보정보통합센
터(National Cybersecurity and Communications Integration Center,
NCCIC)와 협력하도록 했다(김상배 2018a, 155-156).

3. 사이버 안보 컨트롤타워의 변화

이러한 추진체계는 트럼프 행정부에서 변화를 겪었는데, 가장 큰 변
화는 2018년 5월 NSC 산하 사이버안보국 내의 사이버안보조정관 직
을 폐지한 조치였다. 이에 앞서 2018년 4월 토머스 보서트(Tomas

Bossert) 국토안보보좌관이 사임했는데, 그는 백악관에서 미국 국내안보, 테러리즘, 사이버 문제를 관장하는 역할을 맡아왔었다. 그의 사임이 새로이 백악관 국가안보보좌관에 강경파인 존 볼턴(John Bolton) 전 유엔대사가 취임한 지 하루 뒤에 이루어졌다는 점에서 구설수에 오르기도 했다(『뉴시스』, 2018.04.11). 보서트 보좌관 사임 며칠 후 롭 조이스(Rob Joyce) 사이버안보조정관은 사직하고 국가안보국(NSA)으로 복귀했다(*Nextgov*, April 16, 2018). 2018년 5월에는 사이버 안보 업무의 컨트롤타워 역할을 담당했던 사이버안보조정관의 직책 자체가 폐지되었다(*Hepnetsecurity*, 2018.05.16).

이러한 추진체계의 변화는 미국의 사이버 안보전략의 약화로 비춰질 수도 있지만, 그 내용은 오히려 공세적으로 나타나고 있는 것으로 해석 가능하다. 이러한 변화는 볼턴 보좌관이 주도한 것으로 보이는데, 이후 볼턴 보좌관의 행보를 보면 국가안보전략 전반의 맥락에서 사이버 안보전략을 통괄하려는 의도로 해석할 수 있기 때문이다. 이러한 양상은 2018년 11월 중간선거를 앞두고 백악관이 자국 안보를 위협하는 사이버 공격에 대해 대응하는 과정에서 드러났다. 2018년 8월 19일 볼턴 보좌관은 러시아를 비롯해 중국·이란·북한 등 네 나라가 중간선거에 개입할 가능성이 있으며, 이들 국가들의 선거개입을 막기 위해 사이버 안보를 강화할 필요성을 강조했다. 그는 폴 나카소네 국가안보국(NSA) 국장이 외부로부터의 선거개입에 대응하여 공격적인 사이버 작전을 진행한다고 밝힌 사실을 인용하며, "선거뿐만 아니라 모든 범위의 취약한 시스템을 보호하기 위해 총 역량을 동원하는 것이 최우선 과제"라고 강조했다. 아울러 그는 사이버 안보를 보장하기 위한 억지력 있는 조직을 만들어서 미국에 대해서 사이버 작전을 수행했거나 또는 고려하고 있는 국가들이 큰 대가를 치르도록 하겠다는 엄포를 놓기도 했다(『조선일보』, 2018.08.20).

4. 행정명령과 국가사이버전략 발표

2017년 출범 이후 트럼프 행정부의 사이버 안보전략이 즉시 공세적으로 추진되어 러시아, 중국 등과의 관계가 악화될 가능성이 전망되었으나, 실제로 2017년에는 미러, 미중 등 강대국 관계는 다소 소강국면을 보였다. 2016년 미 대선에 대한 러시아의 개입으로 긴장되었던 미러 관계는, 오히려 2017년 7월 10일 G20에서 미러 정상의 사이버 안보 동맹 체결의 가능성 거론이 와전되는 등 혼란을 겪었다. 미중 간에도 다양한 채널을 통해서 사이버 안보 협의가 지속되었으나, 2017년 11월 10일 미중 정상회담에서도 사이버 안보에 대한 합의를 도출하지는 못했다. 그러한 와중에도 국내 차원에서는 사이버 안보전략을 정비하였는데, 2017년 5월 11일 트럼프 대통령은 연방네트워크 및 주요 기반시설의 보안강화를 목적으로 사이버 안보의 책임이 각 정부기관의 수장들에게 있다는 내용을 골자로 하는 사이버 안보 관련 '행정명령 13800'을 공표했다. 이 행정명령은 장기적인 사이버 안보의 역량 강화 등을 포함한 3대 분야에 걸쳐서 15개의 실태평가 및 계획보고서의 제출을 지시하였다(Presidential Executive Order 13800, May 11, 2017).

트럼프 행정부의 공세적 태도 변화는 2018년 9월 15일 트럼프 대통령이 지난 수년 동안 미국 사이버 안보정책의 가이드라인을 제시했던 오바마 대통령의 정책지침 PPD-20을 폐지하는 행정명령에 서명하면서 나타났다(*Security Newspaper*, September 15, 2018). 오바마 행정부는 2012년 국방부 등에서 외국을 겨냥한 사이버 공격을 수행할 경우 정부 유관부처들의 사전 승인을 받도록 했었다. 그러나 트럼프 대통령은 이를 뒤집는 내용의 행정명령에 서명함으로써 "사이버 보안 관련 업무를 수행하는 정부기관들은 외국의 적들을 공격하는 데 더 많은 권한을 갖게 됐다"(『뉴스1』, 2018.09.21). 이 행정명령은 2018년 11월 6일 중간선거를 두 달여 앞둔 시점에서 나왔는데, 소셜 미디어를 이용한 각종 유언비어 살포나 해킹 등 악의적인 사이버 공격 시도에 대해 단호하게 맞대응하려는 트럼프 행정부의 의지를 엿볼 수 있는 것으로 해석되었다.

또한 2018년 9월 20일 트럼프 행정부는 2003년 이후 15년 만에 처음으로 연방 차원의 '국가사이버전략'을 발표했다. 이 '전략'은 사이버 공간에서도 '힘을 통한 평화 유지'를 기치로 내걸고, 국가지원 해커들의 악의적인 사이버 활동을 억지하고, 더 나아가 사이버 공간에서 책임 있는 국가행동을 보장하기 위한 규범 마련에 앞장서겠다고 천명했다. 이 '전략'은 연방네트워크 및 기반시설 보안강화를 규정했던 2017년 5월 11일의 '행정명령 13800'과 그 골자가 동일한데, 미국 내 네트워크와 시스템 및 데이터의 안보를 강화하고, 이렇게 강화된 사이버 안보 환경에서 디지털 경제와 기술혁신을 증진하며, 국제평화와 미국의 국가안보를 보장할 뿐만 아니라, 국제 인터넷 환경과 기술 분야에서 미국의 리더십을 확대하는 등의 핵심 목표를 제시했다. 이 '전략'은 이전보다 사이버 공격에 대한 좀 더 공세적인 미국의 태도 변화를 보여줬는데, 악의적인 사이버 공격에 대응하는 국방부의 운신 폭을 넓혀줬다는 점에서 앞서 2018년 9월의 행정명령과도 맥이 닿는다(White House 2018).

5. 실무부처 차원의 복합적 대응

이러한 행정명령들과 '국가사이버전략'에 의거하여 미국 정부는 실무
부처 차원에서 국가지원의 사이버 공격에 대한 다양한 대응전략을 모
색하고 있다. 우선, 국토안보부 차원의 대응전략과 관련하여 제일 눈
에 띄는 것은 2018년 7월 31일 국토안보부가 뉴욕에서 최초로 개최한
전국사이버안보서미트(National Cybersecurity Summit)이다. 이 서미
트에는 마이크 펜스 부통령, 키어스텐 닐슨 국토안보부장관 이외에 행
정부와 정보기관의 고위관리 및 업계의 CEO 등이 참석하였다. 이 서
미트에서 닐슨 장관은 국가핵심 기반시설의 보호 업무를 조정하기 위
한 국가위험관리센터(National Risk Management Center, NRMC)의
창설을 발표했다.

　이 센터는 연방정부와 민간부문이 공동으로 국가위험 전반을 관
리하기 위해 세 가지 업무를 수행하기로 되어 있다고 했다. 첫째, 국가
핵심기능에 대한 전략적 위험을 식별하고 우선순위를 선정하며, 둘째,
위험관리 전략 개발에 대한 정부 및 업계 활동을 통합하고, 끝으로, 업
계부터 정부까지 동시에 작동 가능하도록 위험관리 활동의 보조를 맞
추는 업무를 담당한다는 것이다. 이 센터는 국토안보부 사이버 작전의
중앙 허브인 국가사이버안보정보통합센터(NCCIC)와 긴밀히 협업해
나갈 예정이라고도 했다. 또한 닐슨 장관은 ICT공급망의 위험관리를
위한 태스크포스(TF)를 국가위험관리센터 내에 설치한다고 발표했는
데, 이는 글로벌 ICT공급망 관련 위험을 식별하고 관리하는 데 필요한
행동 권고사항을 개발할 예정이라고 했다.

　한편 2018년 11월 16일 트럼프 대통령이 CISA(Cybersecurity and
Infrastructure Security Agency Act)에 서명함으로써 미국 국토안보부

산하 국가보안프로그램국(NPPD)이 '사이버·인프라보안국(Cyberse-curity and Infrastructure Security Agency, 이하 CISA)'으로 승격되었다. 이로써 미국의 사이버 안보 문제를 국토안보부의 CISA가 담당하게 된 것이다. CISA는 외부의 물리적 위협과 사이버 공격으로부터 기반시설의 방호하는 국가적 노력을 주도하며 정부 여러 부처와 공조할 뿐만 아니라 민간 부문과 협력하여 위협에 대처하는 임무를 맡았다. 이렇게 발족하는 CISA는 사이버 보안, 기반시설 보안, 응급 커뮤니케이션을 담당하는 세 부서로 구성되었다.

둘째, 국방부 차원에서는 사이버 작전을 위한 공세적인 대응태세를 강화하고 있다. 세계 주요국들이 사이버 공격에 능동적으로 대응하기 위해 군대를 신설하거나 확대 및 격상하는 추세 속에 미국도 2017년 8월 18일 사이버사령부를 독자적인 지휘체계를 갖춘 10번째 통합전투사령부로 격상시키는 조치를 단행했다. 국방부는 2018년 9월 새로운 '국방부 사이버전략'을 발표했는데, 이는 2011년 7월과 2015년 9월의 '전략' 발표에 이은 세 번째였다(Department of Defense 2018). 새로운 전략서는 공공·민간 부문에 대한 중국의 기밀정보 절취와 미국 등 서방 국가에 대한 러시아의 선거개입을 비판했다. 또한 악의적 사이버 활동의 근본적 예방을 위해 선제적 사이버 공격을 감행할 의지도 천명하였으며, 해커에 대한 응징공격을 위한 사이버 작전 수행을 강화했다. 이러한 입장의 천명은 최근 미국이 북한을 상대로 벌인 사이버 작전과 맥을 같이 하는 것으로 평가되는데, 실제로 미국은 2014년 12월 북한의 소니 해킹에 대한 보복으로 북한 인터넷망을 10시간 동안 마비시켰으며, 북한 미사일 발사를 교란시키기 위한 전자기파 공격도 감행한 것으로 알려졌다.

한편 2018년 8월 13일 트럼프 대통령은 2019년 국방수권법(National Defense Authorization Act, NDAA)에 서명했다. 트럼프 대통령이 "현대 역사상 (미국) 군과 전사를 위해 이뤄진 가장 중요한 투자"라고 평가하기도 했던 이 법안은, 사이버 안보와 관련하여, 특히 중국의 통신장비를 정조준하고 있다. 2019년 국방수권법 889조는 미국은 중국이 소유·통제하거나 그렇다고 추정되는(believed) 기업의 통신 장비 및 서비스를 미국 행정기관이 조달 또는 계약하는 것을 금지했다. 중국의 통신장비업체 ZTE과 화웨이 같은 곳들이 해당된다. 이 같은 금지 조치는 트럼프 대통령이 국방수권법에 서명한 날로부터 1년 뒤 시행되며, 2년 뒤에는 각 행정기관의 보조금을 수령하는 기관들로까지 확대 시행될 예정이다(『보안뉴스』, 2018.08.20).

셋째, 법무부 차원의 대응은 중국, 러시아, 이란, 북한 해커들을 추적, 수사, 기소, 제재하는 것이었다. 2014년 5월 미 법무부가 미국 내 기관들에 대해서 해킹을 감행한 것으로 지목한 중국군 61398부대 장교 5인을 철강무역 비밀을 캐내려고 미국 회사를 해킹한 혐의로 미국에서 기소했으며, 2017년 11월에는 보유섹(Boyusec)으로 알려진 중국 IT기업에 의해 고용된 것으로 보이는 중국인 3명을 해킹 및 지적재산 도용 혐의로 기소했다(『뉴시스』, 2017.11.28). 2018년 10월 30일 미국 법무부는 2010년부터 2015년까지 5년간 미국과 프랑스의 우주항공 업체 컴퓨터를 해킹해 기술을 빼낸 혐의로 중국인 10명을 기소했다(『MK뉴스』, 2018.10.31). 한편 2018년 1월에는 러시아 군정보국(GRU) 해커 포함 정보요원 7명을 화학무기금지기구(OPCW), 미 웨스팅하우스, FIFA 등에 대한 해킹과 2016년 미 대선 개입 혐의로 기소했다. 2018년 2월에는 GRU 소속 해커 13명과 단체 3곳을 기소 및 제재했다.

또한 2016년 3월에는 이란 혁명수비대 소속 해커 7명을 2011-13

년간 뉴욕 금융시장 등 주요 금융기관, 뉴욕댐 산업제어시스템에 대한 해킹 혐의로 기소했으며, 2018년 3월에는 이란 혁명수비대 소속 해커 9명과 연구소 1곳을 기소 및 제재했는데, 미 정부기관, 유엔 등 국제기구, 민간회사 및 320개의 미국을 비롯한 각국 대학에 대한 해킹 혐의였다. 더 나아가 2018년 9월 6일 미국 법무부는 '워너크라이' 랜섬웨어 공격과 소니 픽처스, 방글라데시 중앙은행, 미 방위산업업체 록히드 마틴 등을 해킹한 혐의로 북한 해커 조직인 '라자루스'의 일원인 박진혁을 기소했다. 이와 동시에 미 재무부는 같은 혐의로 박진혁과 그가 소속된 '조선엑스포합영회사'를 독자 제재 명단에 올렸다. 미국의 독자 제재 대상에 오르면 미국 내 자산이 동결되고 미국 개인·기업과 이들 간의 거래가 금지된다.

넷째, 상무부 또는 재무부, 특히 재무부 산하 '외국인투자심의위원회(CFIUS)' 차원에서 진행된 사이버 안보 관련 IT제품의 수출입 및 기업 인수합병 규제 조치에도 주목할 필요가 있다. 최근 가장 큰 화두는 화웨이다. 2012년 당시 미국 하원 정보위원회가 중국의 스파이 활동에 화웨이가 협조한다는 의혹을 제기한 뒤 미국 행정부에 화웨이 통신장비 구매금지를 요구했다. 2014년 ZTE와 화웨이의 설비 구매를 금지한다고 발표했으며, 2018년 1월 미국 AT&T가 중국 화웨이 스마트폰을 판매하려던 계획이 전격적으로 취소되기도 했다. 2018년 2월 미국 정보기관(CIA, FBI, NSA)들이 나서서 중국의 전자업체인 화웨이 스마트폰과 통신장비업체 ZTE의 제품을 사용하지 말라고 경고했다.

이 밖에도 2014년 6월 레노버가 IBM의 x86서버 사업을 인수하는 것을 지연했다. 2017년 9월 CFIUS는 중국 펀드인 캐넌브리지가 미국의 래티스 반도체를 인수하는 것을 차단했다. DJI(드론), 하이크비전(CCTV) 등의 미국 시장 진출에 대한 우려도 제기되었으며, 2017년 7

월 미국은 러시아 보안업체 카스퍼스키랩을 제재하기도 했다. 2018년 1월 알리바바 계열 앤트파이낸셜이 미국 송금서비스 기업 머니그램을 인수하는 것을 제지했다. 2018년 7월 차이나모바일의 미국 진입을 불허했다. 한편 2018년 10월 미 상무부는 미국 기업들이 중국의 D램 메모리 업체 푸젠진화와 거래하는 것을 금지했다. 푸젠진화가 기술을 훔쳤다는 것이 제재 이유였다(『OBS 뉴스』, 2018.10.31).

끝으로, 국무부 차원의 대응전략에도 주목할 필요가 있다. 각 분야의 실태평가와 계획보고서 제출을 지시했던 2017년 5월의 대통령 행정명령에 의거하여 2018년 5월 국무부는 '사이버위협 전략적 대응 옵션 보고서'를 제출하였다. 이 보고서는 사이버 공격이나 기타 악의적 활동에 대해서 적극 대응하겠으며, 이 과정에서 우방국과 정보공유, 공격주체의 공동지목, 대응행위의 지지선언 등과 같은 공동대응을 취하겠다고 했다. 국가 행위자들이 지원하는 사이버 공격의 성격을 고려한 맞춤형 억지전략을 개발하고 비국가 행위자에 대해서는 제재와 기소 등의 대가를 부과하는 조치를 복합적으로 활용한다고 했다.

한편 2018년 5월 국무부는 '국제협력 참여전략 보고서'도 제출했는데, 이 보고서에는 외교, 대외원조, 합동 군사훈련 등과 같은 정부 간 활동, 비(非)국가 포럼을 통한 정책 및 기술표준 설정에의 참여, 동반자 국가들의 위협 대응을 위한 역량 구축의 지원 등과 같은 내용들이 담겼다. 이 밖에도 국무부는 다양한 사이버 안보의 국제규범 형성 과정에 참여하고 있다. 최근 미국의 사이버 안보외교와 관련하여 주목을 받은 것은, 중국의 사이버 공격과 화웨이의 IT보안제품에 대한 의혹이 확산되는 분위기 속에서 이른바 '파이브 아이즈(Five Eyes)' 국가들(특히 영국과 호주, 캐나다)과의 국제공조를 추진하고 있는 현상이다.

6. 사이버 억지 및 대응 법안의 통과

이상에서 언급한 트럼프 행정부의 전략은 2018년 9월 6일 미 하원을 통과한 '사이버 억지와 대응 법안(H.R.5576)'의 내용과도 일맥상통한 다. 2018년 9월 6일 미 하원은 사이버 공격에 관여한 제3국의 개인과 기관 및 정부에 추가 제재를 가하는 법안을 통과시켰다. 이 법안은 러시아, 중국, 이란, 북한 등과 같은 국가의 지원을 받는 사이버 공격을 미국에 대한 심각한 위협으로 규정하고 이에 통합적으로 대응하기 위한 체계 마련을 골자로 한다. 미국을 겨냥한 악의적 사이버 활동에 대해서 사이버 위협국 지정이나 경제적 추가제재 및 안보 지원의 중단 등과 같은 조치를 동원해서하도 대응하겠다는 것이다. 특히 이들 법안은 북한을 적시하고 있는데 2017년 5월 발생한 사이버 공격 '워너크라이' 사태의 배후로 북한이 지목됐으며 전 세계 150여 개국에 걸쳐 컴퓨터 시스템 30만 대 이상을 감염시켰다고 지적했다. 이들 법안의 내용은 세 가지 측면에서 파악된 사이버 공격 대응 체계 구축이 핵심이다.

먼저 대통령이 해외 정부가 지원하는 악의적인 사이버 활동에 관여한 제3국의 개인 또는 기업을 '심각한 사이버 위협'으로 지정하도록 했다. 이는 테러지원국을 지정해 이들에게 제재를 부과하는 체계와 유사한데, 북한이 테러지원국에 이어 사이버 위협국으로도 지정될지 주목된다. 둘째, 좀 더 구체적으로 이들이 미국에 사이버 공격을 가할 경우 경제적 추가 제재를 부과해 대응하도록 했다. 이에 따라 대통령은 제재의 일환으로 이들 개인이나 기업이 국제금융기관으로부터 차관을 받지 못하도록 각 국제금융기구의 미국 대표에게 미국의 영향력과 투표권을 행사하도록 지시할 수 있다. 또한 사이버 위협으로 지정

된 개인 또는 기업에 미국의 수출입은행이나 해외민간투자공사와 같
은 미 정부기관이 보증이나 보험, 신용장 등의 증서를 발급할 수 없도
록 지시할 수 있다. 끝으로, 이외에도 사이버 공격에 관여한 것으로
판단되는 제3국에 추가 제재를 부과해야 하며 이런 제재에는 미국의
인도주의와 무관한 지원과 안보 지원을 제한 또는 중단하는 조치가 포
함됐다.

　이러한 미국의 행보는 최근 러시아, 중국, 이란, 북한 등 국가지원
해킹에 대한 적극적인 대응의 일환으로 이해되며 미국의 독자적 위협
대응 조치에 법적 근거를 제공하려는 노력으로 파악할 수 있다. 사이
버 공격에 대한 사이버 맞공격을 규정하기보다는 사이버 위협국 지정,
경제제재, 안보지원중단 등의 조치를 취하는 선에 대응하려는 점이 특
기할 점이다. 이는 미국과 상호의존 관계에 있는 제3국에 대해서 일
정한 정도의 효과 있는 압력이 될 것이며 일종의 '비군사적 억지(non-
military deterrence)'의 의미가 있을 것이다. 한편, 2018년 8월 23일
미 상원에서도 '사이버 억지와 대응 법안(S.3378)'을 발의했는데 이는
하원 법안과 거의 동일한 내용을 담고 있으며, 곧 통과될 것으로 전망
되고 있다. 다만 하원법안과 달리 해외정부가 지원하는 사이버 활동에
관한 행정부의 브리핑을 요구하는 내용은 포함되지 않았다.

III. 일본의 사이버 안보전략과 추진체계

1. 사이버 안보 국가전략 형성의 배경

일본은 2000년대 초반부터 'e-Japan전략'을 발표하기 시작했는데,

2006년부터는『시큐어재팬』(2006~2009),『정보재팬』(2010~2012),『사이버시큐리티』(2013~) 등으로 이름을 바꾸어 가며 '정보보호 전략'을 발표했다. 2013년 6월에 이르러서는『사이버시큐리티전략』을 발표하면서 기존의 '정보보호 전략'을 '사이버 안보전략'으로 개명하는 인식의 변화를 보였다(情報セキュリティ政策会議 2013a).

그 후 2015년 6월 일본연금기구에 대한 대규모 해킹 사건의 발생에 따른 충격과 2020년 개최 예정인 도쿄올림픽의 안전한 운영에 대한 우려 등이 반영되어 2015년 9월에는 기존 전략의 일부 내용을 수정하여『사이버시큐리티전략』을 발표하기도 했다(閣議決定 2015). 내각의 명의로 발표된 새로운 사이버 안보전략은 자유롭고 공정한 사이버 공간의 실현을 목표로 내걸고 정보의 자유로운 유통, 법의 지배, 개방성, 자율성, 다양한 주체의 제휴 등을 제시하였다. 특히 컨트롤타워의 역할을 담당하는 내각사이버시큐리티센터(National center of Incident readiness and Strategy for Cybersecurity, NISC)의 기능을 강화하고, 조사 및 감시대상을 정부뿐만 아니라, 독립행정법인 및 특수법인으로 확대하는 내용을 담았다.

일본 방위성과 자위대는 사이버 공격에 대응하는 군사적 역량강화와 군조직 개편의 노력을 펼치고 있다. 2011년 통합막료감부 예하 지휘통신시스템부에 사이버 공간 방위대를 설치했으며, 2014년 3월 사이버 전문 인력 90명으로 구성된 사이버방위대를 새로 창설하였다. 이는 육상, 해상, 항공자위대 소속 사이버 전문 인력과 NISC의 전문 인력이 파견되어 편성된 것이었다. 이러한 조직개편의 결과로 자위대는 단순한 방어의 차원을 넘어 공격수단을 개발하고 군사작전의 일부로 사이버전을 적극 활용할 수 있는 길을 연 것으로 평가되었다(조성렬 2016, 413~414).

한편 2016년 일본 『방위백서(防衛白書)』는 중국, 러시아, 북한이 일본의 핵심 기반시설을 상대로 한 사이버 공격을 벌이고 있으며, 기술적으로 더욱 교묘해지고 있다고 인식을 천명하였다(防衛省· 自衛隊 2016). 이렇듯 사이버 방어 태세를 증진시키는 노력을 펼쳐왔음에도 일본은 자원의 부족과 부처 간 조정의 어려움을 노정했으며, 좀 더 중요하게는 국가적 차원에서 사이버 안보의 위험성을 과소평가하거나 때로는 과도하게 보수적인 접근을 한다는 비판을 받기도 했다(이승주 2017, 228-229).

이러한 맥락에서 2013년 2월 일본이 발표한 『사이버시큐리티국제협력전략(サイバ_セキュリティ国際連携取組方針: j-initiative for Cybersecurity』은 미국을 포함한 주변국들과의 협력을 강조한 의미가 있다(情報セキュリティ政策会議 2013b). 자국 내의 정책만으로는 모든 위협에 대응할 수 없다는 판단 하에, 타국 정부와의 협력을 통한 공조체제 구축, 국제법에 입각한 공통된 대응체계의 마련을 강조하였다. 이러한 연속선상에서 2015년 4월 미일 정상회담에서 양국은 사이버 협력이 포함된 방위협력지침 개정안에 합의했으며, 뒤이어 미일 사이버 안보 정책 실무 워킹그룹의 공동성명을 발표하기도 했다. 이러한 행보는 일본이 미국과의 협력을 통해 자체적인 사이버 안보 역량강화는 물론, 미국의 사이버 방위능력을 직접 활용하여 일본의 사이버 안보를 보장받으려는 것으로 비춰졌고, 내외신 언론에서는 이를 일본이 미국의 '사이버 우산'에 포괄되었다고 표현했다.

이러한 구도 하에서 일본은 2015년 7월 호주와 사이버 안보 협력에 합의했으며, 이밖에도 다양한 채널을 통한 양자 및 다자협력을 추구했다. 에스토니아, 영국, 프랑스, 이스라엘, 한국, EU, 인도 등과 사이버 정책대화를 진행했으며, 아세안과도 사이버 안보 협력을 강화했

고, 유엔, OECD, APEC 등에서의 다자외교에도 적극적으로 임하고
있다(이승주 2017, 229-236).

2. 사이버 안보 관련 법제정 및 추진체계

일본은 2014년 11월 〈사이버시큐리티기본법〉을 제정하고, 2015년 1
월부터 시행 중이다. 이 법은 사이버 안보 정책의 기본원칙을 규정하
고, 중앙정부와 지방정부 및 기타 공공기관의 책임을 명시함으로써
사이버 안보전략의 추진 기반을 포괄적으로 마련했다는 평가를 받았
다. 특히 이 법의 제정을 통해서 일본의 사이버 안보 추진체계는 큰 변
화를 맞이하였다. 그 중에서 핵심은 2015년 1월 컨트롤타워의 역할
을 담당하는 사이버시큐리티전략본부와 그 산하에 전담지원기관의 역
할을 수행할 내각사이버시큐리티센터(NISC)를 설치한 것이었다. 〈그
림 2-2〉에서 보는 바와 같이, NICS는 사이버 안보의 전략안을 작성하
고 국가안전보장회의(NSC)와 고도정보통신네트워크사회추진전략본
부와 협력해 정부차원의 사이버 안보 정책에 대한 조정과 통제뿐만 아
니라 정보 시스템에 대한 부정 활동을 감시·분석하여 대응하는 역할
을 담당하고 있다(박상돈 2015, 158-159). NISC가 사이버 안보전략을
총괄·조정하는 가운데, 방위성과 자위대는 사이버 국방, 외무성은 사
이버 국제협력, 경제산업성은 IT산업정책, 총무성은 통신 및 네트워크
정책, 경시청은 사이버 범죄 대응 등의 분야를 맡아서 실무부처 차원
의 소관 업무를 실행하는 구도를 형성하고 있다.

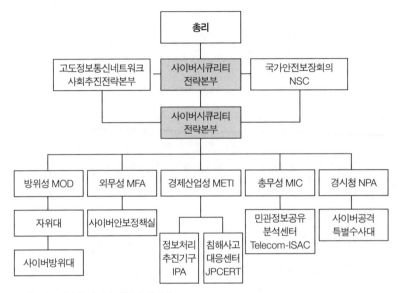

그림 2-2. 일본의 사이버 안보 추진체계
출처: 김희연(2015), p.52를 기반으로 보완하여 작성

IV. 중국의 사이버 안보전략과 추진체계

1. 사이버 안보 국가전략 형성의 배경

중국에서는 1990년대 후반부터 금순공정(金盾工程, Golden Project)
이라는 이름으로 사이버 안보 관련 정책을 추구해 왔는데, 시진핑 체
제가 본격적으로 자리를 잡으면서 좀 더 공격적으로 사이버 안보전
략을 추구하고 있다. 시진핑 주석은 2014년 2월 안전한 네트워크 구
축이 향후 중국 국가이익의 핵심이 될 것이라고 전망했다(『新华网』,
2014.2.27). 이러한 기조를 이어받아 2016년 12월 중국의 사이버 안

보 이념과 정책을 명확히 담은 최초의 전략서인『국가사이버공간안전
전략(国家网络空间安全战略)』을 발표했다. 이 전략서는 사이버 주권의
중요성을 강조하면서 국가안전 유지, 정보 기반시설 보호, 사이버 문
화 건설, 사이버 범죄와 테러 예방, 사이버 거버넌스 체제 개선, 사이
버 안전기초 마련, 사이버 방어력 향상, 그리고 사이버 국제협력 강화
등 9개의 전략목표를 제시하였다. 특히 해킹으로 인한 국가분열이나
반란선동 기도, 국가기밀 누설 등의 행위를 중대 불법행위로 간주하고
이를 막기 위해 군사적인 수단까지 동원하겠다고 천명했다(国家互联网
信息办公室 2016).

　　이러한 기조는 사이버 국방 분야에서도 구체화되어 왔다. 2013년
국방백서(『中国武装力量的多样化运用白皮书』)와 2015년 국방백서(『中国
的军事战略白皮书』)를 통해서 기존의 방어적인 개념으로부터 사이버 공
격에 대한 보복공격까지도 포함하는 '적극적 방어' 전략으로 이행을
천명한 바 있다(国务院新闻办公室 2013; 2015). 이러한 전략의 변화는
사이버전 수행 군부대의 변천과 연동해서 이해할 필요가 있다. 중국
에서는 1997년 4월 컴퓨터 바이러스 부대, 2000년 2월 해커부대(Net
Force), 2003년 7월에는 4개 군구 예하에 전자전 부대가 창설되었다.
2010년 7월에는 인민해방군 총참모부 산하에, 미국의 사이버사령부
에 해당하는, 인터넷기초총부를 창설했다. 총참모부 산하 3부서는 사
이버 작전을 수행하고 있는데, 지난 수년간 미국 정부기관과 기업 등
을 해킹한 것으로 의심을 받고 있는 61398부대가 이 3부서 소속이다
(정종필·조윤영 2017, 182-183). 2015년 10월에는 중국군이 군 개혁
의 일환으로 사이버전통합사령부를 창설할 것을 천명했다(『연합뉴스』,
2015.10.26). 그리고 2016년 1월에는 군구조 개혁에 따라 사이버군이
포함된 전략지원부대가 창설되어 정보수집, 기술정찰, 전자대항, 사이

버 방어 및 공격, 심리전을 수행하게 되었다(『腾讯新闻』, 2016.1.1).

중국이 추진하는 사이버 안보 분야 국제협력 전략의 기조는 사이버 주권과 내정불간섭의 원칙을 기반으로 미국의 사이버 패권에 대항하는 국제 연합전선의 구축이다. 특히 2013년 스노든 사건 이후 중국은 글로벌 인터넷 거버넌스를 주도하는 미국을 견제하며, 중국이 중심이 되는 사이버 진영 건설을 목표로 국제협력을 강화하고 있다. 대표적인 사례가 중국이 주도하여 2014년부터 2018년까지 중국 우전에서 개최한 세계인터넷대회(World Internet Conference)인데, 중국은 각국의 사이버 주권을 강조하며 안전한 사이버 공간의 구축을 위한 국제 연대를 주창했다. 중국은 상하이협력기구(SCO), 아세안지역안보포럼(ARF) 등과 같은 지역협력기구에서의 사이버 안보에 대한 논의에도 적극적으로 참여할 뿐만 아니라 유엔 GGE나 ITU 등과 같은 전통 국제기구의 틀을 빌어서 진행되는 국제규범 형성과정에도 적극적으로 나서고 있다. 이러한 중국의 국제협력 전략 기조는 2017년에 발표된 『사이버공간국제협력전략(网络空间国际合作战略)』에서도 강조되었다(国家互联网信息办公室 2017).

2. 사이버 안보의 추진체계 및 법제

사이버 안보와 관련된 중국의 국가주권 수호의 의지는 관련법의 제정과정에서도 나타났다. 2015년 7월 중국 전국인민대표대회가 〈신국가안전법〉을 통과시키면서 사이버 공간의 테러와 해킹에 대응하는 중국의 주권수호 활동의 명분을 마련하였다(『보안뉴스』, 2015.7.6). 발표 직후 〈신국가안전법〉은 서방 언론으로부터 사이버 안보 강화라는 명분으로 "사회에 전방위적인 통제를 가하고… 공산당 정권의 안전을 보호하기 위한 기반"을 마련함으로써, 외국계 기업의 활동을 통제하려 한다는 비판을 받았다(『한겨레』, 2015.7.1).

한편 2016년 12월에는 〈인터넷안전법〉이 제정되었다. 〈인터넷안전법〉은 핵심 기반시설의 보안 심사 및 안전 평가, 온라인 실명제 도입, 핵심 기반시설 관련 개인정보의 중국 현지 서버 저장 의무화, 인터넷 검열 및 정부당국 개입 명문화, 사업자의 불법정보 차단 전달 의무화, 인터넷 관련 제품 또는 서비스에 대한 규제 등을 주요 내용으로 하고 있다(『KOTRA 해외시장뉴스』, 2016.11.28).

중국에서는 2014년 2월 공산당 정치국 및 상무위원회 산하에 국가주석을 조장으로 하는 중앙인터넷안전정보화영도소조가 신설되어 사이버 안보와 인터넷 관리·단속을 총괄하고 있으며, 사무기구로 중앙인터넷안전정보화영도소조판공실이 설치되었다(그림 2-3). 국무원 차원에서는 2011년 설립된 국가인터넷정보판공실은, 사이버 관련 정부 부처들이 인터넷 정보 관리를 강화하도록 지도·감독하고, 인터넷 뉴스 및 기타 업무에 대한 허가 및 감독권을 갖고 있다.

실무부처 차원에서는 국가안전부가 국내적 차원에서 사이버 안보 업무를 총괄하는 한편, 산하의 기술정찰국을 통해 사이버 보안정책을 수립하는 역할을 수행하고 있다. 공안부는 주로 국가 기밀 보호를 위한 역할을 수행하는데, 그 산하의 인터넷 경찰은 사이버 범죄 퇴치와 인터넷 반체제 운동에 대한 감시 활동을 하고 있다. 공업정보화부는 장비개발과 자주혁신을 통해 정보화를 추진하는데, 그 산하의 침해사고대응센터(CN-CERT)는 민간분야의 사이버 침해사고 조사 및 대응 활동을 벌인다. 국가보밀국은 보안 감사, 보안정책 수립, 통제 감독 등 공공기관의 보안 업무 전반을 관장하고 있으며, 그 산하에 국가보안과학기술연구소를 운영하고 있다(양정윤·배선하·김규동 2015).

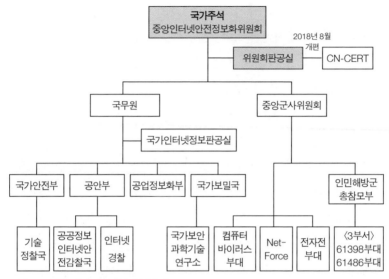

그림 2-3. 중국의 사이버 안보 추진체계
출처: 김희연(2015), p.49를 수정 · 보완

3. 사이버 안보 추진체계의 최근 변화

2018년 3월 중국공산당 중앙위원회는 『당과 국가기구 개혁 심화방안(深化黨和國家機構改革方案)』을 발표하였으며 당과 국무원의 여러 기관과 부서에 대한 개혁을 실시하였다. 중앙인터넷안전정보화영도소조는 중앙인터넷안전정보화위원회(中央網絡安全和信息化委員會)로 바꾸었다. 이와 더불어 중국 공산당은 중앙전면심화개혁영도소조, 중앙재경영도소조, 중앙외사업무영도소조 등도 모두 위원회로 바꾸는 조치를 단행했는데, 새롭게 설치된 위원회는 관련 영역에서의 중요한 업무의 최상위급 디자인, 총체적인 업무 포석, 통합과 협조, 전면적인 추진, 그리고 감독과 시행 등 총괄적인 업무를 담당하게 되었다. 기존의 '영도소조'는 당의 공식적인 기구라기보다는 특정 업무를 효율적으로 처리하기 위한 임시적 성격이 강하며, 그 권한도 업무에 대한 논의와 협조에 그치지만, '위원회'는 당의 최고 의결기구인 당중앙위원회 산하의 공식적인 기구로 실질적인 사업 추진의 권한을 갖고 있어서, '영도소조'일 때나 '위원회'일 때나 구성원은 거의 같지만 당 안에서 기구의 공식성이나 권한이 한층 강화되었다고 볼 수 있다.

한편 기존에는 공업정보화부 산하에 있던 국가인터넷비상센터(CN-CERT)를 중앙인터넷안전정보화위원회판공실 밑으로 이동시켰다. CN-CERT의 핵심 업무는 직능부문에 대한 조기 경비와 인터넷 데이터 지원 등이 있으며, 크게는 은행, 전기 등 인터넷 시스템을 지키는 것에서부터 작게는 피싱 사이트를 식별하여 개인의 정보안전을 보호하는 업무를 담당한다. 뿐만 아니라 CN-CERT는 인터넷과 정보안전의 기술연구에도 일정한 역할을 하고 있다. 이러한 CN-CERT의 소속 변화는 중앙인터넷안전정보화위원회와 공업정보화부 사이에서 서로의 직권 배분가 더욱 뚜렷하고 명확해진 것으로 평가할 수 있다. 중앙인터넷안전정보화위원회는 국가 인터넷 안보를 지키는 데 관련 직능을 더욱 강화시켰다. 그리고 2018년 8월 15일 중앙인터넷안전정보화위원회가 주관하고 CN-CERT가 주최한 제15회 중국 인터넷 안전 연례회의(中国互联网安全年会)가 베이징 국가회의센터에서 개최되었는데, 이는 CN-CERT가 인터넷안전정보화위원회의 지도를 받고 있는 상하관계에 놓여 있음을 보여주는 일이었다.

V. 러시아의 사이버 안보전략과 추진체계

1. 사이버 안보 국가전략 형성의 배경

사이버 안보에 관한 러시아의 전략은, 서방 국가들의 경우와 같이, 문서로 정리되어 발표된 것이 없다. 2000년 9월에 발표된 『러시아연방 정보보안 독트린(*Doctrine of the Information Security of the Russian Federation*)』 정도가 있을 뿐이다(President of the Russian Federation 2000). 러시아의 사이버 안보에 대한 관심이 본격화된 시점은 2010년 미국과 이스라엘이 스턱스넷으로 이란의 핵 시설을 공격한 이후라고 알려져 있다(『Russia포커스』, 2016.12.14). 이후 2016년 12월 푸틴 대통령은 러시아 연방보안부(FSB)가 작성한 새로운 정보보안 독트린을 승인했다(President of the Russian Federation, 2016). 신 독트린에는 러시아가 직면한 주요 위협 중 하나가 "주변국이 군사적 목적으로 러시아의 정보 인프라에 대한 영향력을 확대하는 것"이라는 우려를 표명했다. 신 독트린은 "국가 정보기관들이 주권을 훼손하고 다른 국가의 영토 보전에 손상을 입히며 세계에 불안정한 상황을 몰고 오는 사이버 심리전을 이용하고 있다"고 명시했다. 신 독트린은 법률이 아니어서 직접적인 효력은 없지만, 2013년 FSB가 마련한 법안이 뒷전으로 밀려 있는 상황에서, 후속 문건이나 법률을 만드는 데 필요한 기반이 될 것이라는 평가이다(『Sputnik 코리아』, 2016.12.6).

　　러시아는 2002년 세계에서 처음으로 해커부대를 창설하였으며 사이버 전문 인력의 양성과 기술개발을 적극 추진하여 물리적 전쟁을 위한 지원역량으로 사이버 공격을 활용해왔다. 2008년 8월 조지아에 대한 군사작전에서 사이버전을 병행했으나 제대로 이루어지지 못

했다는 자체 평가에 따라 러시아군 내에 사이버전을 전담하는 사이버
전 부대를 창설하였는데, 이는 러시아가 적극적인 공세정책으로 전환
하는 상징적 사건으로 이해되었다(신범식 2017, 260). 그 뒤 2013년
에는 국방장관의 검토 지시에 따라 '사이버사령부' 창설 논의가 진행
된 것으로 알려졌다. 2014년 5월에는 러시아 군지휘통신체계 보안을
위한 사이버전 부대가 창설됐다는 발표가 있었다. 이후 2015년 2월에
는 『2020 러시아군 정보통신기술 발전구상』이 서명되었으며, 동년 3
월에는 스마트 무기에 기반을 두고 러시아군의 사이버전 역량을 더욱
강화한다는 발표가 있었다. 또한 러시아 국방부는 2015년 10-11월 크
림 반도에 독립 사이버 부대를 창설할 계획을 밝혔다(『Russia포커스』,
2015.6.26).

사이버 안보 국제협력과 관련하여 러시아는 스노든 사건 이후
인 2013년 7월 러시아 대통령 명령으로 『2020년 국제정보안보정책기
본원칙』을 발표하여 주권국가의 내정간섭을 포함한 극단주의적 목적
으로 감행되는 사이버 위협에 대응하기 위한 국제협력을 강조하였다
(President of the Russian Federation, 2013). 스노든 사태에도 불구하
고 러시아는 미국과의 상호협력을 계속하다가, 2014년 2월 우크라이
나 사태 이후 미러관계가 악화되면서 소강상태를 맞고 있다. 이에 비
해 러시아와 중국의 협력은 진전되어, 2015년 5월 양국은 사이버 안보
협약을 체결하였다. 러시아는 서방 진영의 입장에 반대하여 사이버 공
간에서도 국가주권이 존중되어야 한다는 주장을 펼치고 있으며, 이를
지원하는 우호세력의 확보를 위해서 집단안보조약기구(CSTO), 상하
이협력기구(SCO), 독립국가연합(CIS) 등과 같은 지역협력기구 활동
에 참여하고 있다. 이외에도 러시아는 브릭스(BRICS) 국가들과도 사
이버 안보 분야의 공동보조를 맞추기 위한 협의도 진행해 왔으며, 유

럽안보협력기구(OSCE)나 아세안지역안보포럼(ARF)의 사이버 안보 협의에도 적극 참여하고 있다(신범식 2017, 262-266).

2. 사이버 안보의 추진체계 및 법제

러시아에서 정보보안 관련 법제도의 발전은 국제적 기준에 맞추기보다는 오히려 러시아의 독자적인 발전방향을 모색해 왔다. 러시아는 1996년 2월 독립국가연합(CIS) 구성원들과 협력하여 기본형법을 채택하는 과정에서 컴퓨터 범죄에 대한 형사상의 책임을 적시하였다. 이러한 형사규정은, 타자의 컴퓨터 정보에 관한 불법적 접근, 유해 컴퓨터 프로그램의 제작, 사용 및 유포 등을 처벌하는 법적 근거가 되고 있으며, 컴퓨터 시스템 및 네트워크 운용을 위한 규정 위반에도 적용된다. 이외의 사이버 안보와 관련하여 러시아가 원용하고 있는 관련 법률로 2006년 7월 발효된 러시아 연방 법률인 〈정보, 정보기술 및 정보보호법〉을 들 수 있는데, 이는 각급 기관에서 정보시스템을 구축할 때에 보안시스템에 대한 대책을 마련하고, 이밖에도 접근이 제한된 정보의 비밀성을 지키고, 동시에 적절한 정보 접근을 실현하기 위한 법률적·기술적 조치들을 담고 있다. 그러나 아직 러시아는 독립적인 사이버안보법을 제정하지 않고 있으며, 앞서 언급한 정보보안 독트린이 이를 대체하고 있다(신범식 2017, 255-256).

　러시아의 사이버 안보 추진체계는 연방보안부(FSB)가 관련 기관을 총괄하는 구조로 되어 있다(그림 2-4). FSB는 국가비밀을 포함한 주요 정보에 대한 통제와 예방 조치는 물론, 관련 기관에 대해 기술 및 암호 서비스를 제공한다. FSB 산하 정보보안센터(ISC)는 통신보안 업무와 정보보호 시스템의 평가 및 인증을 총괄·조정하고, 침해사

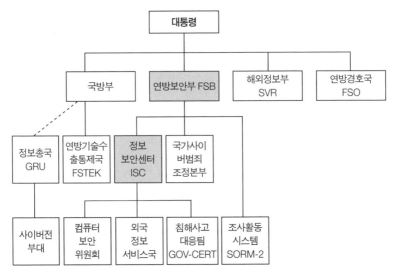

그림 2-4. 러시아의 사이버 안보 추진체계
출처: 조성렬(2016), p.405를 수정·보완

고대응팀(GOV-CERT)을 운영하며, 비밀리에 공격기술을 개발하고 각급 정보를 수집하는 업무까지도 담당하고 있다고 한다. 한편 FSB 산하에는 국가사이버범죄조정본부라는 특수분과가 설치돼 러시아 연방 기관들의 인터넷 홈페이지 보안을 담당하고 있는 것으로 알려져 있다 (『Russia포커스』, 2015.6.26). 정보 및 보안기관 중에서 예산을 가장 많이 사용했던 연방통신정보국(FAPSI)는 2003년 해체되고, 그 기능이 연방보안국(FSB) 이외에도 해외정보국(SVR), 연방경호국(FSO) 등으로 이관되었다. FSB는 조사활동시스템(SORM-2)의 프로그램을 이용해 러시아 내의 인터넷 서비스망을 통해 광범위한 정보를 수집하고 있다. 그리고 국방부 산하 연방기술수출통제국(FSTEK)에서는 국가정책의 시행과 부처 간 정책 조정 및 협조 그리고 정보보호 문제 등에 대한 통제 기능을 수행하고 있다(신범식 2017, 255). 이 밖에 해킹 및 정보

활동을 담당하는 내무부의 K국(Directorate K)에도 주목할 필요가 있다(조성렬 2016, 403).

VI. 맺음말

최근 사이버 공격이 단순한 컴퓨터 보안과 정보보호의 문제가 아니라 국가안보의 문제로 인식되면서 이에 대응하는 각국의 전략도 군사, 외교, 경제, 정치, 사회 등을 아우르는 총체적인 국가전략으로서 이해되기 시작했다. 게다가 끊임없이 진화하는 복잡한 환경을 배경으로 발생하는 사이버 공간의 위협은 그 성격상 전통안보의 경우와는 크게 달라서 예전과 같은 단순발상을 넘어서는 새로운 안보 거버넌스를 요구하고 있다. 이러한 문제의식을 바탕으로, 이 장은 사이버 위협에 대응하는 전략과 제도를 마련하고 있는, 한반도 주변4개국, 즉 미국·일본·중국·러시아의 사례를 비교의 시각에서 살펴봄으로써 향후 한국이 사이버 안보 분야에서 모색할 국가전략의 방향을 가늠하고자 하였다.

이들 국가가 지난 10여 년 동안 추진해온 사이버 안보전략을 살펴보면 뚜렷한 공통점을 찾을 수 있다. 무엇보다도 모든 국가들이 점점 더 사이버 위협의 문제를 국가안보의 시각에서 인식하고, 이에 대한 대비책을 한층 강화하고 있다는 사실이다. 사이버 안보의 전략적 우선순위를 높이고 이를 실현하기 위한 물적·인적 역량의 강화와 법제도 정비에 박차를 가하고 있다. 이 장에서 살펴본 각종 전략서의 발표나 기구의 설치 및 법 제정 등의 사례는 이러한 추세를 잘 보여준다. 또한 이들 국가는 모두 사이버 안보의 문제를 단순한 '안보화'의 차원을 넘어서 '군사화'하는 경향을 보이고 있다. 사이버 위협에 대한 군사적 대응태세의 강화는 군 차원의 사이버 역량강화, 사이버전을 수행하는 부대의 창설과 통합지휘체계의 구축, 사이버 자위권 개념의 도입, 사후적 반응이 아닌 선제적 대응 개념의 도입 등에서 나타나고 있다.

그러나 이들의 사이버 안보전략의 내용을 좀 더 자세히 살펴보면, 그 대내외적 정책지향성이라는 측면에서 본 차이도 무시할 수 없다. 민간 주도로 기술경제적 인프라와 지적재산 및 사회적 권리의 보호를 중시하는, 이른바 '글로벌 거버넌스 프레임'의 국가들이 있는가 하면, 정부 주도로 정치 논리를 앞세워 자국체제의 이데올로기를 고수하려는 '국가주권 프레임'을 강조하는 국가들도 있으며, 이 두 프레임이 형성하는 스펙트럼의 중간지대에 위치하는 '복합 프레임'의 정책을 펴는 국가들도 있다. 이 장의 분석에 따르면, 이러한 차이는 대략 미국과 일본으로 대변되는 서방 진영의 프레임과 중국과 러시아로 대변되는 비서방 진영의 프레임의 대립 구도로 나타난다.

사이버 안보의 추진체계 측면에서 본 각국의 차이도 간과할 수 없다. 대체로 사이버 안보 정책을 담당하는 기관의 설치나 이를 지원하는 법을 제정하는 추세이다. 이 글에서 다룬 국가들은 형태와 명칭이 다르지만, 미국의 DHS, 일본의 NISC, 중국의 '위원회,' 러시아의 FSB, 영국의 NCSC 등과 같이 사이버 안보전략을 총괄 수행하는 기관들을 설치하고 있다. 그러나 어떤 기관을 어떻게 설치하고, 필요한 법을 어떤 내용과 형식으로 제정·운영할 것인가에 대해서는 국가들마다 다르다. 범정부 차원에서 정책을 관장하는 컨트롤타워를 설치하고 그 업무를 지원하는 단일법을 제정하는 국가가 있는가 하면(일본, 중국), 새로이 법을 제정하지 않고 대통령 명령이나 독트린에 의거해서 정책을 추진하는 나라(러시아)도 있으며, 이 두 양식을 아울러서 개별 실무부처의 업무를 조정하는 시스템을 갖추거나 개별법들을 집합적으로 조정하여 적용하는 일종의 메타 거버넌스형의 추진체계를 구비한 국가(미국)도 있다.

이들 국가의 사례에 대한 비교분석은 한국의 사이버 안보전략에 주는 일반론적 함의를 던진다. 오늘날 한국의 사이버 안보 현실을 보면, 인터넷 인프라 강국이라고 하면서도 사이버 안보는 취약국임을 자탄하게 된다. 북한발 사이버 공격, 최근에는 중국과 러시아의 사이버 공격마저 증가하여 사이버 위협도는 세계적으로 유례가 없을 정도로 높은데, 관련 법제도는 제대로 구비되지 못한 상황이다. 컨트롤타워의 설치와 사이버 안보 관련법의 제정을 둘러싸고 과잉 안보화와 과잉 정치화 담론 사이에서 표류하고 있기 때문이다. 게다가 대외적인 차원에서도 미중 사이버 갈등의 틈바구니에 낄 가능성이 다분하다. 글로벌 차원에서도 서방 진영과 비서방 진영의 사이에서 중견국의 이익을 주장하는 외교적 목소리를 내기도 쉽지 않다. 이러한 상황인식을 바탕으로 볼 때, 지금 우리에게 시급히 필요한 것은, 한국이 추구할 전략의 대내외적 정책지향성을 제대로 파악하고, 한국의 현실에 맞는 추진체계의 구축과 법제정에 대한 정치사회적 합의를 도출하는 일이다.

참고문헌

김상배. 2014. 『아라크네의 국제정치학: 네트워크 세계정치이론의 도전』, 한울.

_____. 2018a. 『버추얼 창과 그물망 방패: 사이버 안보의 세계정치와 한국』, 한울엠플러스.

_____. 2018b. "트럼프 행정부의 사이버 안보전략: 국가지원 해킹에 대한 복합지정학적 대응." 『국제·지역연구』 27(4), pp.1-35.

김상배. 편. 2017. 『사이버 안보의 국가전략: 국제정치학의 시각』, 사회평론.

김희연. 2015. "한중일 침해사고 대응체계 비교에 관한 연구: 사이버보안 법규, 대응기관, 대응절차를 중심으로." 『정보보호학회지』 25(2), pp.43-57.

『뉴스1』, 2018-09-21. "美 '사이버위협에 공격적 대응'…北·中·러 등 겨냥."

『뉴시스』, 2017-11-28. "美 법무부, 해킹·지적재산권 도용 혐의로 중국인 3명 기소."

_____, 2018-04-11 "트럼프 핵심참모 또 백악관 떠나... 보서트 국토안보 보좌관 사임."

『보안뉴스』, 2018-08-20, "中 통신장비 정조준 美국방수권법, 韓 5G 장비 수출 '기대'."

송은지. 2016. "이스라엘의 사이버보안 정책 및 시사점: 인력양성 및 산업육성 정책을 중심으로." 『정보통신방송정책』 28(18), 정보통신정책연구원, pp.1-18.

신범식. 2017. "러시아의 사이버 안보전략과 외교." 김상배 편. 『사이버 안보의 국가전략: 국제정치학의 시각』, 사회평론, pp.241-277.

양정윤·배선하·김규동. 2015. "중국 사이버 역량 현황 연구." 국가보안기술연구소.

이승주. 2017. "일본의 사이버 안보전략과 외교." 김상배 편. 『사이버 안보의 국가전략: 국제정치학의 시각』, 사회평론, pp.211-240.

정종필·조윤영. 2017. "중국의 사이버 안보전략과 외교." 김상배 편. 『사이버 안보의 국가전략: 국제정치학의 시각』, 사회평론, pp.177-210.

『조선일보』, 2018-08-20. "볼턴 '중국·북한도 美 중간선거 개입 우려'."

조성렬. 2016. 『전략공간의 국제정치: 핵, 우주, 사이버 군비경쟁과 국가안보』, 서강대학교출판부.

『MK뉴스』, 2018-10-31. "이번엔 미 법무부가 중 압박."

『OBS 뉴스』, 2018-10-31. "서방, 중 패권 핵심 'IT굴기' 봉쇄 박차."

Department of Defense. 2018. *DoD Cyber Strategy*. United States of America.

『Hepnetsecurity』, 2018-05-16. "White House Eliminates Cybersecurity Coordinator Role."

『Nextgov』, April 16, 2018. "White House Cybersecurity Coordinator Leaving Office."

President of the Russian Federation. 2000. *Information Security Doctrine of the Russian Federation*. September.

_____. 2013. *Basic Principles for State Policy of the Russian Federation in the Field of International Information Security*. July.

_____. 2016. *Information Security Doctrine of the Russian Federation*. December, 5.

Presidential Executive Order 13800. 2017. "Presidential Executive Order on Strengthening

the Cybersecurity of Federal Networks and Critical Infrastructure." May 11, 2017.
『Security Newspaper』, September 15, 2018. "New Trump's Executive Order against Possible Election Intervention."
U.S. Department of Defense. 2011. *Department of Defense Strategy for Operating in Cyberspace.* July.
_____. 2015. *The DoD Cyber Strategy.* April.
U.S. Department of Homeland Security. 2009. *Cyberspace Policy Review: Assuring a Trusted and Resilient Information and Communications Infrastructure.* May.
White House. 2003. *The National Strategy to Secure Cyberspace.* February.
_____. 2008. *The Comprehensive National Cybersecurity Initiative.* January.
_____. 2011. *International Strategy for Cyberspace: Prosperity, Security, and Openness in a Networked World.* May.
_____. 2018. *National Cyber Strategy of the United States of America.* September, 2018.

国家互联网信息办公室(국가인터넷정보판공실). 2016. 『国家网络空间安全战略(국가사이버공간안전전략)』12月 27日.
_____. 2017. 『网络空间国际合作战略(사이버공간국제협력전략)』3月 1日.
国务院新闻办公室(국무원신문판공실). 2013. 『中国武装力量的多样化运用白皮书(중국군사역량다양화운용백서)』.
_____. 2015. 『中国的军事战略白皮书(중국국방전략백서)』.

閣議決定(각의결정). 2015. 『サイバ_セキュ…リテイ戦略(사이버시큐리티전략)』. 9月 4日.
防衛省·自衛隊(방위성·자위대). 2016. 『防衛白書(방위백서)』. 防衛省·自衛隊.
情報セキュリテイ政策会議(정보시큐리티정책회의). 2013a. 『サイバ_セキュリテイ戦略(사이버시큐리티전략)』. 6月 10日.
_____. 2013b. 『サイバ_セキュリテイ国際連携取組方針(사이버시큐리티국제협력전략): j-initiative for Cybersecurity』10月 2日.

제3장

영국의 사이버 안보전략

유지연 | 상명대학교

I. 머리말

안보 환경이 변화함에 따라 많은 국가들이 사이버 안보전략을 수립하는 등 다양한 방면으로 노력하고 있다. 최근 제4의 영토로 사이버 공간이 언급되는 만큼 각 국가에서는 사이버 공간에 대한 접근방법과 보호방법에 대한 관심이 높다. 사이버 공간을 통해 국가적 이익 및 국제관계 등의 긍정적인 요인과 무분별하게 증가하는 사이버 위협과 같은 부정적인 요인이 모두 발생한다. 따라서 이를 제어하기 위한 전략이 필요하다.

그 중 영국은 2008년 금융위기 이후 경제 분야의 성장 동력을 문화 콘텐츠 중심에서 ICT 산업으로 변화시키는 등 ICT에 큰 기대를 걸고 있다. 그러나 영국이 ICT 기술과 사이버 공간을 국가의 핵심 가치로 인식하는 만큼, 영국을 대상으로 하는 사이버 위협 및 피해 규모 또한 정부, 기업, 개인을 구분하지 않고 꾸준히 증가하는 추세이다. 따라서 사이버 안보의 중요성에 대한 정부의 인식이 확대되었고, 2011년 이후로 ICT 기술발전과 함께 사이버 공간 내 범죄 예방을 위해 다양한 안보전략이 수립되었으며 2016년 사이버 영역에 대한 영향력을 인지하고 새로운 안보전략을 꾸렸다. 영국의 사이버 안보전략의 기반에는 외무부와 내각부 중심의 이원화된 사이버 안보의 컨트롤 타워가 있으며, 산하기관으로 수행하는 조직이 다원화되어 있다. 특히 주요 기반시설 보호 조직이 별도로 수립되어 있으며 각 핵심기관의 산하조직인 안보 조직은 독립적인 성향을 띠고 있는 것이 특징적이다. 꾸준히 안보 역량 강화를 위해 관련 정책 및 제도를 제·개정하고 있는 와중에 영국은 브렉시트(Brexit)를 결정하였다. EU를 중심으로 안보를 비롯한 다양한 분야에서의 정책 및 전략을 추진하고 있던 영국은

이에 대한 전면적인 수정 및 새로운 관계를 맺기 위한 노력이 필요해
지고 있다.

이에 본 글은 최근에 발생한 미국발 금융위기와 브렉시트로 인하
여 영국이 자국의 안전을 위해 수립한 사이버 안보전략에 대해 살펴보
고자 한다. 변화하는 외부 환경에 따라 영국은 사이버 안보 역량 강화
를 위해 어떤 조치를 취했는지, 어떠한 사이버 안보전략을 수립해 운
영하고 있으며 환경의 변화로 인해 전략적 차원에서는 무슨 변화가 있
는지, 영국 내의 추진체계와 국내외 협력을 위한 노력에 대해 알아보
고자 한다. 2절에서는 환경 변화에 따라 변화하는 영국의 상황을 알아
보고, 3절에서는 영국에서 현재 시행중인 국가 방위전략 및 사이버 안
보 전략/정책을, 4절에서는 안보 역량 강화를 위해 내부 조직적 차원
과 추진 법 및 협력 체계에 대해 알아본다. 끝으로 맺음말에서는 한국
의 사이버 안보 역량을 강화하기 위하여 포함되어야 할 요소들에 대해
제언하고자 한다.

II. 영국 사이버 안보전략 형성의 배경

1. 글로벌 금융위기(2007)

2007년 미국에서 발생한 서브프라임 모기지(subprime mortgage) 사
태로 인해 전 세계에 대규모의 금융위기 사태가 발생했다. 1929년의
경제 대공황에 버금가는 세계적 수준의 경제적 혼란으로 기록되는 이
위기는 영국에도 영향을 미쳤고 2009년 영국에서 열린 G20 정상회의
에서도 논의된 바와 같이 당시 전 세계에 금융 개혁의 바람이 불었다.

영국은 글로벌 금융위기를 기점으로 경제 분야에서의 성장 동력이 문화콘텐츠 중심에서 ICT 산업 중심으로 변화하였고, 그 결과 EU 내 유·무선 브로드밴드 서비스 경쟁력이 가장 높은 국가 5개국(영국, 프랑스, 독일, 스페인, 이탈리아) 중 하나로 선정되었다. 이처럼 영국은 국가 경제 성장을 견인할 신(新)성장 동력의 수단으로 ICT를 활용함과 동시에 경제 구조에 있어 ICT가 차지하는 비중이 높은 국가 중 하나가 되었다. 글로벌 컨설팅 회사 BCG(Boston Counsulting Group)에 따르면, 2016년 영국의 인터넷 경제 비중은 약 2.8조 달러(약 2,800조 원)로 전체 GDP 대비 약 12.4%를 차지할 것으로 전망하며, 이러한 결과는 조사대상인 G-20 국가에서도 가장 큰 비중을 차지하고 있는 것으로 나타났다.

그러나 영국이 ICT 기술 및 사이버 공간을 중점적으로 인식하는 만큼, 영국을 대상으로 하는 사이버 위협 및 피해 규모 또한 꾸준히 증가하는 추세를 보이고 있다. 2014년 영국기업 중 대기업의 81%가, 그리고 중소기업의 60%가 악의적인 침해 공격을 받은 것으로 나타났으며, 대기업의 66%가, 중소기업의 50%가 심각한 침해사고를 경험한 것으로 조사되었다. 이들이 겪은 사이버 위협의 유형으로는 바이러스와 악성 소프트웨어에 의한 감염 피해가 가장 많은 것으로 조사되었다. 그러나 영국통신(British Telecom)의 IT 의사 결정자를 대상으로 조사한 설문 결과를 살펴보면, 조사 대상자의 17%만이 사이버 보안을 정책 의사결정 시 우선순위로 고려하고 있는 것으로 나타나 사이버 위협에 대한 인식은 매우 미흡하다고 조사되었다.

이처럼 영국의 국가기반시설을 위협하는 사이버 공격이 계속해서 증가함에 따라, 사이버 보안의 중요성에 대한 정부의 인식이 확대되었고, 이후 ICT 기술발전과 함께 증가하는 사이버 공간 내 범죄 예방을 위해 2011년 사이버 보안 전략과 함께 전략 목표에 따른 계획 및 진행 현황에 관한 보고서를 발표하며 사이버 안보에 대해 국가적 차원에서 본격적으로 관심을 갖기 시작하였다.

2. 브렉시트(2016)

2016년 6월 23일 영국에서 일어난 국민투표는 전 세계를 놀라게 할 결과를 가져왔다. 이 투표에서 대부분의 영국 유권자는 EU를 떠나는 것을 지지하였고 결과적으로 영국은 EU 탈퇴를 결정하였다. 투표 결과에 따라 영국은 2019년 3월 29일을 기준으로 EU에 속하지 않게 되며 1975년 EU에 가입한 이후로 약 44년 만에 연합체에서 탈퇴하게 된다.

영국의 EU 탈퇴는 영국의 경제, 무역, 수산업, 금융/비금융 서비스, 환경, 이민, 안보 등 다양한 국가 정책에 영향을 미치게 된다. 지금까지 영국은 EU 지침에 따라 다양한 전략 및 정책, 법제도를 수립 및 개정해왔으므로 이에 대한 수정이 이루어져야 한다. 특히 EU에서 영국이 국제적 영향력을 위해 사이버 방위 체제에 대해 노력하고 있었으나 역할을 다 하지 못하게 되어 EU와의 새로운 관계 정립을 비롯해 새로운 협력 체제의 마련이 필요하다.

영국이 EU에서 탈퇴한다고 유럽 지역을 떠나는 것은 아니므로 유럽에서의 협력은 이어지기 때문에 최근 영국은 EU와의 관계를 다시금 돈독히 다지겠다고 발표하였다. 유럽 국가 중 EU에 속하지 않은 국가도 많은 만큼 브렉시트로 인한 다양한 이점 또한 동반되겠지만 국제적 영향력의 차원에서 영국은 보다 적극적인 노력이 필요하게 되었다. 이러한 맥락에서 영국은 브렉시트 이후 중국, 일본, 싱가포르 등 아시아

지역과의 사이버 보안 관련 협력을 맺음으로써 아시아 시장으로의 영향력 확대를 노리고 있다.

3. 소결

영국은 세계적으로 변화하는 정세에 큰 영향을 받았다. 2008년 금융위기 후 선택한 ICT는 지속적인 발전과 함께 다양한 위협이 발생하였다. 당시 영국을 공격하던 대부분의 위협은 외부적 위협으로 정의하였으나 점차 그 범위가 확장되어 외부뿐만 아니라 내부에서 발생하는 위험도 관리 범주로 포함하였다. 영국이 범주를 넓힌 사이버 안보의 정의는 정보시스템(하드웨어, 소프트웨어, 관련 인프라)과 그 데이터 및 서비스를 비인가된 접근이나 침해, 오용으로부터 보호하는 것이며, 시스템 이용자가 보안 절차를 밟지 않고 의도적으로 또는 실수로 일으킨 침해도 포함시킨다.

그리고 브렉시트의 발발은 영국이 다시 한 번 위험의 개념을 국제적 차원으로 확장하는 계기가 되었다. 단순히 사이버 위협은 지리적으로 인접한 국가로부터 발생하지 않고 국경이 없는 사이버 공간의 특성상 전 세계가 그 범위에 속한다. 따라서 영국은 브렉시트를 통해 EU와의 협력 관계보다 다른 국가(특히 아시아)와의 협력을 강화해 자국의 국제적 영향력을 증진시킴으로써 사이버 안보 역량을 강화하고자 한다. 이처럼 영국에서 정의하는 사이버 안보의 개념은 위험 이론 차원에서의 사이버 위험 논의와 함께 개념이 확장되었다.

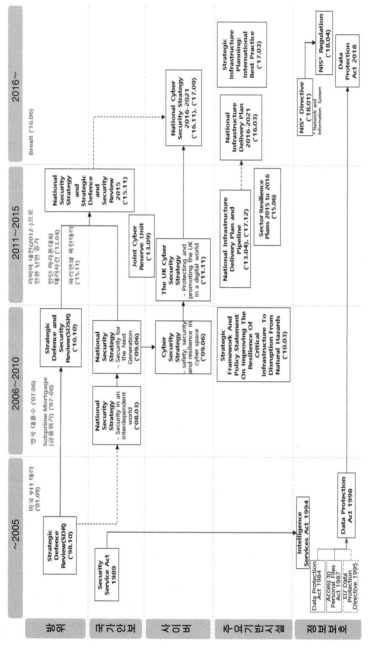

그림 3-1. 영국의 주요 전략 흐름

III. 영국 사이버 안보전략

1. 사이버 안보의 국가전략

1) 국가전략에서 사이버 안보전략의 위상

국가별로 다른 환경과 입장에 따라 다양한 조직적, 법적 체계를 통해 사이버 안보 역량 강화에 힘쓰고 있으며, 이는 사이버 안보전략의 체계 및 내용에 반영되어 나타난다. 영국은 국가 안보 및 방위적 차원에서 꾸준히 시행해 온 전략이 사이버 영역으로 확장되는 형태를 띤다. 이에 기본적으로 사이버 안보전략이 국가 안보 및 경제 번영을 목적으로 국가안보전략, 디지털전략, 사이버 보안전략 전체를 아우르고 조정하는 역할을 하는 것으로 보인다. 2007년 전 세계에 영향을 미친 금융위기 이후 ICT를 국가의 핵심가치로 선정한 이후 이러한 노력이 더욱 뚜렷하게 나타난다. 국가 안보 차원에서 2009년부터 사이버 안보전략을 수립하였으나 영국 정부 차원에서 본격적으로 사이버 보안을 위해 수립한 전략은 2011년에 수립된 사이버 안보전략(The UK Cyber security Strategy 2011)으로 볼 수 있으며 이때에도 정보시스템 및 정보통신망 등 기술적인 사이버 보안 문제로 여겨져 최소한의 정부 개입만을 고려하였다. 이어서 2016년에 수립한 사이버 안보전략과 함께 국가 전체적 차원에서 대응해야 하는 안보 문제로 인식하기 시작하였다.

영국은 2009년 국가 안보전략을 수립해 영국에 대한 위협의 요인과 위협 행위자, 위협의 영역을 중심으로 분석하고, 군대, 법 집행 기관, 보안 및 정보기관, 외교 역량, 국제 개발 활동 등을 포함하여 광범위한 영역을 포함하였다. 2009년 당시 디지털과 사이버는 모든 환경에 이미 영향을 미치고 있어, 국가 안보전략에서도 위협의 영역 중 하나로 사이버 영역이 언급되었고, 이를 기반으로 사이버 안보전략이 2009년 별도로 수립되었다. 이렇게 수립된 사이버 안보전략(Cyber Security Strategy 2009: Safety, Security, and Resilience in Cyber Space)은 사이버 보안의 기술적 보호 조치 및 역량 강화를 위한 차원이며, 2009년 6월에 'Digital Britain' 전략과 함께 제시되었다. 이듬해 국방·안보 리뷰(Strategic Defense and Security Review 2010)에서 사이버 공격을 국가 안보 최고수준의 위협(tier 1)으로 평가하는 등 국가 안보에 사이버 안보를 포함하였다.[1]

이후 2011년 보다 탄력적인 영국을 위하여 사이버 안보전략을 개정하였으며, "온라인 활동을 영위하는 데 있어 가장 안전한 나라 영국(To make the UK the safest place to live and work on-line)"이라는 슬로건을 내걸고 국가 안보와 경제적 번영, 양 측면을 강조하였다. 해당 전략은 민간의 사이버 안보 대책은 시장에 맡기고 정부의 지원(개입)은 최소로 하는 것을 기본자세로 삼고 8억 6000만 파운드(1조 3000억 원)의 예산을 확보하여 5개년 계획을 수립하였다. 4가지 목표에 따른 구체적인 목표와 실행계획을 정하여 해당 전략을 시행, 이에 따른 개인, 민간, 정부 각각의 역할과 책임을 명확히 제시하고 접근방법과 활동을 제시한 뒤 매년 평가하는 체계로 구성된다.

2011년 전략은 다음의 4가지 목표를 가진다.

① 목표 1: 사이버 범죄에 대처하고 영국을 세계에서 가장 안전한 장소로 만드는 것

---

1   이후 개정된 2015년 국방·안보 리뷰(Strategic Defense and Security Review 2015)에서도 사이버 공격은 공중 건강(Public health) 및 정치 불안(Instability overseas) 등과 함께 6대 tier1 위협으로 인식되고 있음

② 목표 2: 영국을 사이버 공격에 더욱 탄력적으로 만들고 사이버 공간에서 우리의 이익을 보다 잘 보호하는 것

③ 목표 3: 영국 시민들이 안전하게 사용할 수 있는 개방된 사회를 지원하는 개방적이고 활기차고 안정적인 사이버 공간의 형성 지원

④ 목표 4: 모든 사이버 안보 목표를 지원할 수 있는 영국의 영역을 초월한(cross-cutting) 지식, 기술, 역량 구축

그러나 2011년 사이버 안보전략 수립 시 기대했던 만큼 기업과 국민들의 사이버 안보 인식은 개선되지 않았다.[2] 이에 5개년 계획이 종료된 후 2016년에 수립한 사이버 안보 전략(UK National Cyber Security Strategy 2016 to 2021)은 국가 전체 차원의 사이버 안보 역량 강화를 위한 새로운 시도를 추진하면서 19억 파운드(약 2조 9000억 원)로 증액한 예산을 편성하였다. 특히 2016년 전략에서는 '사이버 공격은 100% 방지할 수 없다'는 기본 전제를 가지고 정부가 주도권을 가진 채 적극적으로 시장에 개입하도록 정책의 방향이 변경되었다.[3] 그 일환으로 사고 발생 시 피해를 최소화하고 대응 방법, 의무 규정, 벌

---

2   UK The Joint Committee on the National Security Strategy, "Cyber Security of the UK's Critical National Infrastructure - Third Report of Session 2017－19," (Last updated: 2019.1.30) https://publications.parliament.uk/pa/jt201719/jtselect/jtnatsec/1708/1708.pdf

3   이러한 배경에는 영국의회를 노린 악성코드(Malware) 공격, DDoS 공격, IoT 기기 봇넷(BOTNET), 선거 과정에 개인한 가짜뉴스 등 일반 대중이 사이버 안보 문제를 인식하게 되는 '사이버 위협의 일반화'가 있음(이런 '사이버 안보의 일반화' 현상을 가리켜 '사이버 안보의 할리우드화 현상'이라고 칭함. 日本貿易振興機構 2018).
가장 결정적으로는 2015년에 일어난 인터넷서비스공급자(ISP) TalkTalk 고객 데이터 유출 사건이 있음. 해당 사건은 회사가 기본적인 패치 업데이트를 게을리하여 발생한 것으로 밝혀지며 대형 ISP조차 극히 초보적인 사이버 안보 대책을 마련하고 있지 않다는 사실에 영국 정부가 충격을 받음.

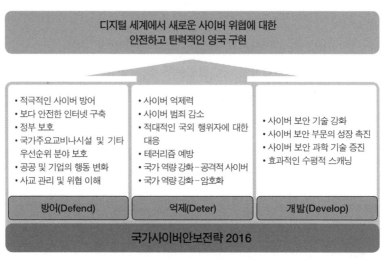

그림 3-2. 영국의 사이버 안보전략 2016-2021 구성

칙 규정을 수립하는 등 위험 기반 접근법으로 전환하였으며 적극적인
사이버 방어 태세를 갖게 되었다. 또한 민간 차원의 사이버 안보를 확
보하기 위하여 위험 기반 접근법으로의 전환(Cyber Resilience), 적극
적인 사이버 방어(Active Cyber Defence), 보안 기본설정(Security by
default, 특히 IoT 활성화에 따른 단말기 보안대책의 기업 책임 원칙화),
기초의 기초를 철저히 하는 원칙 등의 방안을 제시하였다. 즉 2016년
국가 사이버 안보전략은 사이버 생태계를 생성하고 사이버 안보 분야
의 성장을 촉진하기 위해 투자와 협력을 강화하며 사용자가 '최대한의
보안'을 경험할 수 있는 안전한 인터넷 환경을 구축하기 위한 5개년 계
획으로 수립되었다(그림 3-2 참고).

　　사이버 안보전략 외에도 영국은 2013년 EU에서 사이버 공격에
대한 준비를 개선하기 위한 제안이 발표되고 나서 2016년에 NIS 지침
(Directive on Network, Information and System)이 발간되었다. 당시

EU의 회원국인 영국은 EU에서 이 지침을 각 회원국의 국내법에 포함
시킬 것을 권고함에 따라 2017년부터 논의를 시작하였다. 이어 2018
년 1월에 NIS 지침을 수립하고[4] 4월에는 이를 중요 서비스 제공업체에
게 법적 의무를 부과하도록 규제화(Regulation on NIS)하였다. 네트워
크 및 정보 시스템과 이들이 지원하는 필수 서비스는 전기 및 수도 공
급에서부터 의료, 화물 운송 제공에 이르기까지 사회에서 중요한 역할
이기 때문에 이에 대한 신뢰성과 보안의 확보는 일상 활동에서 필수적
이다. 따라서 영국은 네트워크 및 정보 시스템의 전반적인 보안 및 회
복력의 수준을 높이는 것을 목표로 NIS 지침을 수립하였다.

　더 나아가 민간의 안보 역량 강화를 위해 영국은 사고대응과 회복
력을 중심으로 다양한 정책을 수립하여 시행하고 있다. 대표적으로 주
요 기반시설 회복력 개선 가이드를 통해 회복력을 정의하고 사이버 사
고대응 서비스인증제도(Cyber Incident Response, CIR)를 통해 즉각
적인 사고 대응 활동을 지원하고 있다. 사이버 안보전략의 수립과 동
시에 수립한 주요 기반시설 지침인 주요 기반시설 회복력 개선가이
드(Keeping the country running: natural hazards and infrastructure)
(Cabinet Office, 2011)는 주요 기반시설과 필수 서비스의 회복력 개선
을 목적으로 기반시설의 소유자 및 경영자, 감독 기관 및 행정부의 부
서의 회복력을 지원하기 위하여 2011년 수립되었다. 주요 기반시설의
회복력을 강화하기 위해서 먼저 회복력의 4개 요소를 지정하여 정의
한다. 가이드에서 정의한 회복력은 사건의 미연 방지와 완화, 신속한
복구를 수행할 자산, 네트워크, 시스템의 능력을 의미하며 다음가 같

4　　UK Department for Digital, Culture, Media & Sport. 2018. "NIS Directive and NIS
　　Regulations 2018"(Last updated: 2019.1.30). https://www.gov.uk/government/col-
　　lections/nis-directive-and-nis-regulations-2018

은 네 가지 활동 또는 요소의 조합을 통해 확보된다. 첫째는 보호에 초점을 맞춘 저항성(Resistance), 둘째는 주요 기반시설 구성 요소에 대한 신뢰성(Reliability)으로 사건 발생으로 인한 손해나 손실을 줄일 수 있으므로 중요하다. 셋째는 백업 및 예비 능력 등 가용성과 관련된 대체성(Redundancy)으로 지속적인 서비스의 보장을 위함이다. 넷째는 사건에 대한 신속하고 효과적인 대응 및 복구를 가능하게 하는 것을 목적으로 하는 융통성(Response and Recovery)이다.

사이버 사고 대응 서비스 인증제도(CIR)는 NCSC/CPNI에 의해 심각한 공격 이전 사고에 대처할 수 있는 업체를 국가기관에서 식별하고, 국가 단위의 네트워크 공격에 대한 조사 전문성을 입증하여 사고 대응 서비스 기관 인증을 받을 수 있는 체계이다. 사고 대응 서비스 기관을 통하여 주요 기반시설 사고 전/후에 적절한 조치를 취할 수 있으며, 이 기관을 통해 사고의 범위를 결정하거나, 작업관리, 보안 강화를 위한 정보제공, 사고로 인한 영향 평가 등의 조치를 취할 수 있다. 이외에도 사고 대응 서비스 기관은 일어날 수 있는 사고의 범위를 식별하거나 작업 관리를 통한 즉각적인 효과를 보장해야 하며, 보안 강화를 위한 추천 정보를 제공하고 영향이 미치는 범위에 한하여 영향평가를 제공하며 사고의 범위, 기술적 영향, 완화활동과 영향평가를 위한 보고서를 작성하는 등의 역할을 수행해야 한다.

2. 사이버 국방 전략

1) 사이버 위협의 원인에 대한 인식

전 세계가 사이버라는 국경 없는 새로운 공간에 모여 앞으로의 기술과 경제적 발전을 논의하는 만큼 이 새로운 영역에 대한 공격과 위협 요인 또한 꾸준히 증가하고 있다. 미국과 러시아-중국으로 대표되는 신냉전체제와 새로운 전 세계적 위협인 IS 테러집단 등 기존의 갈등구조가 온라인상으로 나타나기도 하며 WannaCry와 같은 랜섬웨어 등 새로운 위협이 나타나기도 한다.

이러한 환경에서 영국은 테러에 대한 대비 및 국가 이익 강화 차원에서 안보전략을 수립하였다. 영국은 국가 안전 보장 면에서 영국의 국가 안보와 경제 번영에 위협을 줄 수 있는 사이버 공격 능력을 보유한 국가는 소수밖에 없다고 인식하고 있다. 러시아의 위협을 가장 크게 의식하며[5] IS(이슬람 국가) 등과 같은 테러 조직에 의한 국가 기능 파괴 등을 우려하지만, 국가 전체를 위협할 수 있는 주요 기반시설에 대한 사이버 공격 능력을 갖춘 테러 조직은 현재 존재하지 않는다는 것이 정부의 이해이다. 이에 영국은 주변국과의 협력에 기초하여 활발하게 위협 정보를 공유하고, 사이버 준비성 및 회복력을 증진하여 국제적 영향력을 강화하는 것을 목표로 한다.

영국은 정부가 국가 안보를 위한 모든 기관, 부서, 군대의 목표와 계획을 하나로 모으는 단일의 포괄적인 전략인 국가 안보전략(National Security Strategy)을 2009년에 수립하였다. 이 전략은 전반적으로 영국과 영국의 이해관계를 보호하고 여러 기관, 부서, 군대에 걸쳐 광범위한 지식과 활동을 활용하여 국민이 일상생활을 자유롭고 자신 있게 누리는 국가안보 목표에 기여하는 것을 주목적으로 한다. 그리고 이듬해인 2009년에 위협이 발생할 수 있는 다양한 수단이나 영역과 보안 위협이 발생하는 방식과 관계없이 보안 위협에 대처할 수 있

5   UK NCSC, "Russian military 'almost certainly' responsible for destructive 2017 cyber attack." (Last Updated: 2018.02.15) https://www.ncsc.gov.uk/news/russian-military-almost-certainly-responsible-destructive-2017-cyber-attack

는 역량을 갖추도록 보장하고자 1차로 개정한다.

이어 기존의 국가 안보전략(2009)과 영국의 방위전략(Strategic Defence Review, SDR 1998; Strategic Defence and Security Review, SDSR 2010)과 2013년 체결된 사이버 군 체계(Joint Forces Command, JFC)를 결합하여 2016년에 새로운 국가 안보전략을 수립하였다. 새로 수립된 안보전략은 국내외에서도 영국 국민과 영토, 경제 안보, 기반시설, 생활방식을 보호하고 세계 시장에서 협력을 통해 위협에 대한 역량(준비성, 회복력 등)을 강화하여 영국의 이익을 증진시키며 이를 경제, 국방, 안보 협력으로 이어가 영국의 산업적 번영으로 연결되기를 기대하고 있다.

2) 사이버 위협에 대한 대응의 태세와 체계 구축의 특징

영국은 2013년 5월 사이버 안보 차원에서 사이버군(Joint Force Cyber Group)을 수립하였으며 이 맥락에서 사이버 예비군(Joint Cyber Reserve)을 구성하였다. 영국은 최근 제4의 공간인 사이버 공간이 국가의 영토로 포함되는지에 대한 여부가 논의되는 만큼 국가 방위 영역으로서 충분한 가치가 있다고 판단하고 사이버 영역을 지키기 위하여 사이버 군을 구성하였다. 이렇게 구성된 사이버 예비군은 국가전산망에 대한 해킹 차단이 주요 임무이며, 필요시 적대세력에 대한 사이버 공격 작전에도 나설 수 있음을 명시하였다. 군사작전에는 전통적인 무기와 함께 사이버 무기들이 활용될 것으로 보인다.

영국이 이렇게 사이버군 체계를 마련하여 사이버 공격을 받았다고 판단되거나 사이버 위협이 발생하는 경우 단순히 방어적 차원이 아니라 선제적인 대처를 하겠다고 나선 것은 IS와 시리아를 비롯한 테러 집단으로부터 물리적·경제적·사이버적인 피해를 입었기 때문이다.

2013년 런던 마라톤 대회에서 발생한 테러사건이나 2015년 11월 파리에서 발생한 연쇄폭탄 테러사건을 피해사례로 들 수 있다. 위협이 강해질수록 점점 더 영국뿐만 아니라 그 외 주요국에서도 사이버 대응을 위해 군사적 체계를 갖출 것으로 보인다.

3. 사이버 안보 국제협력

1) 국제협력의 패턴

사이버 안보와 관련하여 영국은 미국이나 중국, 호주와의 협력 관계를 유지하고 있다. 미국의 사이버 보안 프레임워크와 영국의 사이버 에센셜(Cyber Essential) 체계를 포괄적으로 조정하는 등 기업의 보안과 대테러 등 국가 안보적 차원에서의 협력하고 있으며 중국과는 사이버 범죄나 시리아 및 이라크 등의 국제적, 지역적 안보에 대해 협력하고 있

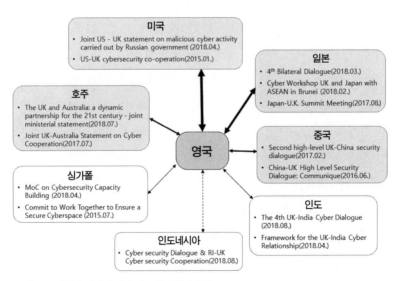

그림 3-3. 영국의 사이버 안보 관련 국제협력 현황

고, 호주와는 사이버 공간에서의 평화와 사이버 범죄로부터의 안전을 위하여 협력하고 있다.

미국과 영국은 사이버 위협이 국가가 직면한 가장 심각한 경제 및 국가 안보 문제 중 하나임에 동의하며, 사이버 위협이 본질적으로 국제적인 성격을 띠고 있기 때문에 세계 각국 정부가 이들 위협에 대처하기 위해 함께 노력해야 한다는 데에 동의하였다. 두 국가는 주요 기반시설의 사이버 보안을 향상시키고 사이버 사건에 대응하기 위한 지속적인 노력에 전념하고 있으며, 위협정보 공유를 강화하고 공동의 사이버 보안 및 네트워크 방어 활동을 수행하여 악의적인 사이버 활동에 대응할 수 있는 능력을 향상시키기 위한 노력을 강화하기로 합의하였다. 미국의 사이버 보안 프레임워크(Cybersecurity Framework)와 영국의 사이버에센셜(Cyber Essentials) 체계를 포함하여 사이버 보안 우수 사례 및 표준을 홍보하고 조정하기 위해 업계와 협력하였으며, 미국과 영국은 자국의 안보기관과 CERT 등을 통해 다양한 사이버 보안 및 사이버 방어 문제에 긴밀히 협력하고 있다. 예를 들어 US-CERT와 CERT-UK는 컴퓨터 네트워크 방어 및 정보 공유를 통해 사이버 위협을 해결하고 사이버 사건을 관리한다. 또한 영국의 정부 통신 본부(GCHQ)와 보안 서비스(MI5)는 다른 분야에서 이 협력을 심화하기 위해 미국 보안청과 연방수사국(Federal Bureau of Investigation)과 협력하여 사이버 보안에 대한 미국과 영국의 협력을 더욱 강화하고 있다.

이어 2016년 영국과 중국 간 이루어진 사이버 안보대화(China-UK High Level Security Dialogue : Communique)를 통해 테러, 사이버 범죄, 조직범죄, 불법 이주 및 관련 분야에서의 향후 협력 방향에 대해 합의하였다. 사이버 범죄 및 관련 문제에 대해 영국과 중국은 상업적 이익을 제공하려는 목적으로 사이버상에서 지적 재산권이나 영업비밀, 기밀정보의 도용을 수행하지 않기로 합의하였으며, 정보 보호 및 경험 공유를 목적으로 한 영국-중국 간 안보대화 및 영국-중국 간 연례 조직범죄 회의를 통해 사이버 범죄 및 관련 사이버 안보 문제에 대하여 논의하였다. 사이버 안보 관련 사건이나 비상 상황에 대한 협력을 증진하고 악의적인 활동과 관련하여 다른 참가자의 정보 또는 지원 요청에 대해 해당 국가의 법률 및 관련 국제 의무에 따라 즉각적으로 대응하기로 동의하였다. 영국-중국 간 안보대화의 메커니즘을 통해 양국은 테러 활동을 선동하고, 모집하고, 재정적으로 계획하기 위한 인터넷의 사용을 방지하고 이를 대처하기 위해 법 집행 분야의 협력을 강화할 예정이다. 또한 조직과 인력 내 사이버 기술 향상의 필요성을 인식하고, 미래에 수행할 경험을 공유할 예정이다. 이와 더불어 영국과 중국은 시리아나 이라크, 아프가니스탄 등 기타 국제적 및 지역적 안보 문제를 포함하여 상호 관심사에 관한 생각을 공유함으로써 긴밀한 접촉을 유지하고 함께 국제 및 지역 평화와 안보를 보호하기 위한 노력을 다할 것에 동의하였다.

영국과 호주는 역사적인 관계와 현대적인 파트너십을 동시에 구축하고 있으며 양국은 기존 국제법의 적용, 책임 있는 국가 행동의 자발적인 규범 및 신뢰 구축을 위한 조치에 따라 사이버 공간에 대한 국제 안정 체제를 촉진하기 위하여 공동성명을 발표하였다(Joint UK-Australia Statement on Cyber Co-operation 2017). 호주와 영국은 범죄자, 국가 행위자 및 그 국가의 내부 민주적 과정을 방해하려는 범죄자를 포함한 악의적인 사이버 공격을 저지, 완화, 특정하기 위해 협력하였으며, 또한 산업계와 협력하여 제품 및 서비스에 대한 탄력적인 사이버 보안 솔루션을 구현하고 정부 전반에 걸쳐 국가방위조치를 개발할 때 얻은 교훈을 공유하고 개인과 조직이 온라인상에서 보다 안전하게 지낼 수 있는 환경을 구성하고자 한다. 안전한 사이버 공간을 구축하기 위하여 투명성이 상호 신뢰를 쌓는 첫걸음이자 모든 개발 단계에 상관없이 모든 국가에서 이용할 수 있는 조치의 기본이 된다는 것을 인지하고, OSCE 및 ASEAN Regional Forum을 통해 사이버 공간에서 평화와 이해를 지원하고자 한다.

그리고 2016년 영국의 브렉시트가 결정된 이후 EU와의 관계에 대해 지속적으로 논의가 이루어지고 있다. 지금까지 EU와 영국은 안보와 방위 정책적 차원에서 동일한 이해관계를 분명하게 공유해왔기 때문에 2019년 영국이 EU를 완전히 탈퇴한 이후에도 긴밀히 협력하기 위해 필요한 메커니즘에 대해 논의하고 있다. 영국은 EU와의 외교 정책, 안보, 국방 협력은 브렉시트 과정에서 가장 전략적인 문제 중 하나임을 밝히며 오늘날 테러와 사이버 공격 등 전 세계는 위협에 직면하고 있으므로 양 측은 외무 및 안보 정책을 논의하고 조정하는 데 최선을 다하고 있다. 영국은 EU 안보 활동에 상당한 재정 지원을 제공하고 인력, 전문 기술, 장비를 제공하며, 해양 지원을 제공하고 있다. 또한 영국은 EU 국방 임무인 공통안보및방위정책(Common Security and Defense Policy, CSDP)을 통해 EU 안보 및 방위 사업에 참여하고 있다. 하지만 막강한 영국의 군사력에도 불구하고, 임무에 대한 영국의 기여도는 20%에 불과하다. 이러한 과정에서 영국과 EU는 군방 및 안보 영역에서 영국의 역할에 대해 지속적으로 논의하고 있다. 그러나 기존 협력의 유지 여부와 관계없이 영국은 결국 더 이상 EU의 의사 결정에 참여하지 못하고 EU의 집단행동을 형성하고 이끌 수 없으며 영국 법인은 더 이상 EU 법인과 동일한 권리를 보유하지 않게 된다.

따라서 영국은 2016년 브렉시트 이후 중국, 일본, 싱가포르 등 아시아 지역과의 사이버 보안 관련 협력을 맺음으로써 아시아 시장을 노

리고 있다. 물론 이전에도 아시아 국가를 비롯하여 미국, 호주 등 다양
한 국가들과 다양한 분야에서 협력을 구축하여 유지하였으나 브렉시
트를 기점으로 영국의 실질 소득이 감소할 것으로 예상되기 때문에 무
역 및 경제적 영역을 중심으로 국제협력이 활발해진 것으로 보인다.
사이버 위협이 증대됨에 따라 2015년 싱가포르와 사이버 안보 협력
에 관한 MOU를 체결해 양국의 경제 및 사회 발전은 물론 혁신을 지
원하는 안전한 사이버 공간을 보장하기 위해 함께 노력하겠다는 의지
를 표명했다. 이 협약은 사이버 보안사고 대응 및 사이버 보안 인재 개
발 등 네 가지 주요 분야에서의 협력을 다루고 있으며 테러 및 바다 해
적 문제에 대응하기 위한 협력을 강화하기로 약속하였다. 영국은 중국
과 오랜 역사를 함께 해왔으며, 1972년 중국과 강하고 건설적인 양국
관계를 위해 대사의 교류와 완전한 외교 관계를 수립하기로 동의하여
친선 관계가 시작되었고, 2016년 고위급 안보 담론과 2017년 P2P 담
론(people to people dialogue)을 통해 관계 개선을 꾀하였다. 2017년
사이버 공간총회가 개최된 인도 뉴델리에서 인도와 '사이버 관계를 위
한 기본 틀(Framework for the UK-India Cyber Relationship)'에 대한
협의를 하고 2012년부터 사이버 안보담론을 진행해온 일본과는 2018
년 3월 제4차 안보담론을 통해 도쿄 올림픽 대비와 국제 사이버 규범
개발, 사물 장치 인터넷 보안 및 역량 구축에 대해 논의하였다. 그리고
8월에는 인도네시아와의 MOU를 통해 무역, 사이버 안보 및 해상 업
무에 대해 협력하기로 동의하였고, 이 협력은 양국의 안정적인 사이버
보안 시스템을 달성하는 데 핵심적인 역할을 하며, 인도네시아와 영국
이 특히 핀테크에서 더욱 강력한 경제 및 기술 협력을 발전시키는 데
도움이 될 것으로 기대하고 있다.

2) 국제규범 형성에 대한 입장

영국은 자의적으로, 그리고 타의적으로도 사이버 안보 선두국가로
서 글로벌 차원에서 자국의 위상을 강화하고자 한다. 일례로 2011년
11월 런던에서 사이버 공간총회(Global Conference on Cyber Space,
GCCS) 제1차 회의를 개최하는 등 꾸준히 노력하고 있다. GCCS는
2011년 런던을 시작으로 매년 회의를 개최하였으며, 2013년 서울에서
개최된 제3차 회의 이후로 격년제로 개최하고 있다. GCCS는 정부, 민
간, 시민 사회의 사이버 능력 배양을 강화하고, 사이버 공간에서 책임
있는 행동 규범을 논의, 토론하고 사이버 공간에서 실질적인 협력을
촉진하기 위해 모인다. 2015년에는 GCCS 내의 GFCE(Global Forum
on Cyber Expertise)[6]와 함께 세계 각국·지역과 역량 강화 이니셔티브
를 형성하고 정보 공유 및 의식 계발을 실시하고 있다. 그리고 2017년
인도 뉴델리에서 개최된 GCCS에 참여한 영국 장관은 영국 정부가 '자
유롭고 개방적이며 평화롭고 안전한 인터넷'을 유지할 수 있도록 하겠
다는 의지를 표명했다. GCCS 2017은 포괄성, 지속 가능성, 개발, 보
안, 안전 및 자유, 디지털 민주주의를 지키기 위한 기술과 파트너십을
위한 정책 및 프레임워크에 초점을 맞춘 포괄적인 사이버 공간을 구현
하고 보안 및 안전 강화 및 협업을 위한 디지털 외교 협력을 극대화하
는 것을 목표로 한다.

　　또한 영국은 지리적으로 유럽에 속해 있어 1973년부터 유럽안
보협력기구(Organization on Security and Co-operation in Europe,
OSCE)의 전 형태인 유럽안보협력회의(Conference on Security and

6　GFCE: 2015 사이버 스페이스 총회에서 네덜란드 정부에 의해 시작된 사이버 전문성에
　　관한 글로벌 포럼, 사이버 보안과 사이버 범죄가 주요 주제이다.

Co-operation in Europe, CSCE)[7]에 참여하고, 지금까지 활동을 이어왔다. 따라서 영국의 EU 탈퇴라는 초유의 사태는 영국과 EU에 직접적인 영향을 미치며, OSCE의 전체 지역에도 많은 영향을 미친다. OSCE와 EU, 영국은 각기 브렉시트가 산업에서 금융에 이르기까지 다양한 분야에 어떻게 영향을 미칠지 예측하기 위해 논의하고 있다.

내부적으로 영국은 글로벌 차원에서 역할 강화를 위해 2012년 GCSCC(Global Cyber Security Capacity Center)를 설치하였다. GCSCC는 영국 GCHQ의 지원을 받아 수립된 조직으로 세계 주요 지역들과 지역 협력 파트너십을 구축하였다. 영국은 GCSCC를 통해 사이버 안보의 역량을 정책·전략, 문화·사회, 교육·훈련, 법제도 및 규제 틀, 그리고 기준·조직·기술 등 5가지 범주로 분류하고 전반적인 국제협력을 도모하고 있다. 특히 사이버 안보 역량 성숙도 모델(CMM)을 수립하여 국제 사회 전체의 주요 이해 관계자들과 세계은행, 미주기구 및 연방 통신기구와 같은 파트너와 함께 협력하여 모델을 세계적으로 성공적으로 적용하여 사이버 안보 수준 평가 및 전체적인 수준 제고를 내세우고 있다.

4. 소결

이 절에서는 영국의 사이버 안보전략과 방위 전략, 국제 협력에 대해 살펴보았다. 영국은 2009년에 국가 안보전략 차원에서 사이버 안보전

---

7   유럽안보협력기구(OSCE)는 세계에서 가장 큰 지역 안보기구로, 조기 경보, 분쟁 예방, 위기관리, 분쟁 후 재활 등을 위해 활동하고 있다. OSCE는 무기 통제, 외교, 신뢰 구축, 보안 구축 조치, 인권, 민주화, 선거 감시, 경제, 환경 안보를 포함한 다양한 국가 안보와 관련한 문제를 다루면서 안보에 대한 협조적이고 포괄적인 접근 방식을 유지하고 있다.

략을 수립하고 2011년, 2016년에 각각 5개년 계획을 수립하였다. 그
리고 기존의 방위적 개념에서 수립한 안보전략이 환경 변화로 인해 사
이버 영역까지 포함함으로써 그 범위를 넓혔다. 이처럼 영국 내의 사
이버 공간에 대한 인식이 변화함에 따라 그 특수성을 인정하고 있는
것으로 보인다. 이러한 기조에 따라 기존 미국, 호주와의 협력을 강화
하고 최근 중국을 필두로 인도, 인도네시아, 싱가포르 등 다양한 아시
아 국가와의 사이버 공간에 대한 협력이 증가하였다. EU에서의 탈퇴
와 시기적으로 맞물려 유럽 이외 국가와의 사이버 공간과 관련한 국제
적 차원의 협력이 증가하는 것으로 보인다.

영국의 사이버 안보전략의 발전 흐름을 보면 영국 정부는 사이버
안보전략의 개정을 반복하며 정부의 입장을 변화시켰다. 국가의 역할
을 최소화하고 개인과 기업 재량에 맡기던 2011년과 달리 2016년 전
략을 수립할 때에는 보다 적극적으로 정부가 나서는 형태를 띤다. 사
이버 위협으로부터의 안전 및 공격을 받은 경우에도 신속히 회복하
고 디지털세계에서 안심하고 경제적 번영을 추구하고자 세 가지 목표
(Defend, Deter, Develop)를 설정하여 시행하는 것도 그 일환으로 볼
수 있다. 이는 결국 영국 정부가 위험을 바라보는 인식이 변화한 것으
로 볼 수 있다. 2008년 금융위기 후 영국은 사이버 공간에서 안보를
저해하는 요인을 단순히 공격과 같은 외부적인 위협으로 판단하였으
나 점차 내부적으로 발생하는 위험을 인식하며 2016년 이에 대한 내
용을 포함시켜 개정한 것으로 보인다.

또한 안보적 차원에서 사이버 위험을 비롯한 사이버 공격의 위험
성을 인식하기 시작하면서 단순히 방어적인 안보전략이나 방위전략이
아니라 사이버군 체계 등을 통해 보다 적극적이고 공격적인 대응에 이
르렀으며 위협이 발생하는 경우에만 대응하는 것이 아니라 선제적 대

응까지 포함하고 있다.

　　외교적 차원에서는 기존에 협력 관계를 맺고 있는 미국이나 호주, 프랑스, 중국 등의 나라와 더불어 최근 브렉시트로 EU의 탈퇴가 결정되자 EU와의 관계를 다시 재정립하기 위해 노력하고 있다. 더 나아가 사이버 공간에는 국경이 존재하지 않으므로 주변국과의 협력뿐만 아니라 아시아까지 범위를 확장하여 최근 인도 등의 국가와 사이버 공간에 대한 협력을 맺고 있다.

　　이처럼 영국은 사이버 공간의 특수성을 인정하고 사이버 공간에서의 위협과 내부적 차원의 위험을 모두 인식하여 안보전략을 수립하였다. 주적이 있는 국가의 경우 분쟁 영역이 사이버 공간으로 확장된 것으로 볼 수 있지만 영국은 별도의 분쟁국은 존재하지 않으며 유럽에 위치한 지리적 특성에 의해 시리아 난민 등의 문제나 IS 등 이슬람권의 테러집단으로 인한 안보 위협이 대부분이다. 따라서 이러한 국가 외부적 차원에서의 사이버 공격과 테러 등에 대한 안보전략에서 개인의 실수 등 내부에서 기인하는 위험에 대해 인식하기 시작하면서 안보 위협을 개정하였다.

IV. 영국 사이버 안보 추진체계와 법제도

1. 사이버 안보 추진체계

1) 컨트롤타워

사이버 안보를 위한 체계는 국가별로 환경에 따라 다르다. 특히 컨트롤타워의 경우 사이버 안보에 대한 정부의 입장과 운영 조직의 구성에 따라 존재 유무가 정해진다. 영국은 단일한 컨트롤타워가 아닌 내각부 산하의 사이버 보안청(Office of Cyber Security and Information Assurance, OCSIA)과 외무부 산하의 정보통신본부(Government Communications Headquarters, GCHQ)를 통해 이원화된 구조로 구성되었다.

이 중 영국의 국가 사이버 안보전략을 수행하는 것은 2009년에 수립된 사이버 보안청(OCSIA)이다. OCSIA는 국가사이버 안보프로그램(National Cyber Security Program) 기금 할당을 포함하여 영국 정부가 운영하는 사이버 안보 프로그램을 제어하며 국가의 사이버 안보 향상, 주요 기반시설의 사이버 범죄 개선, 사이버 범죄 방지, 교육 및 기술 향상 등 4가지 우선순위를 가진다. 또한 영국 정부를 위한 국가 간 사이버 안보 프로그램을 관리하기 위해 국가기반보호센터(Centre for the Protection of National Infrastructure, CPNI)와 영국 정부의 비즈니스에너지산업전략부서(Department for Business, Energy and Industrial Strategy, BEIS),[8] 본사, 국방부, GCHQ, 전자통신보안부서(Communications-Electronics Security Group, CESG) 등 정부 부처 및 기관과 함께 작업한다.

정보통신본부(GCHQ)는 테러와 관련한 정보 및 중대범죄 방지를 위한 정보를 제공하는 첩보기관이며, 기반시설 보호와 관련하여 CPNI 및 MI5와 밀접한 관계를 유지하고 있다. 비밀유지를 위해 조직상 외무성의 기구로 포함되어 있고, 본부장은 외무차관이 담당하지만 실질적으로는 수상에 직속되어 있는 독립기관이다. GCHQ는 사이버 위협

---

8   비즈니스혁신및기술부서(Business, Innovation and Skills, BIS)와 에너지기후변화부서
     (Energy and Climate Change, DECC)가 합병되어 비즈니스에너지산업전략부서(BEIS)를
     구성했다.

으로부터 정부 시스템을 방어하고 군대에 지원을 제공하며 실제 생활과 온라인에서 대중을 안전하게 지키기 위해 노력한다.

이 외에도 영국은 국가기반보호센터(CPNI)를 수립하여 기반시설 보호를 위한 기관을 구축하였고, 2016년 국가사이버안전센터(National Cyber Security Centre, NCSC)를 수립하여 사이버 영역에서의 기반시설 보호활동을 이전하였다. CPNI는 기존의 국가기반보호협력센터(National Infrastructure Security Co-ordination Centre, NISCC)와 MI5의 일부였던 국가보안자문센터(National Security Advice Centre, NSAC)가 통합되어 창설되었다. CPNI는 주요 기반시설의 책임을 중앙집중식으로 변경하였으며, 중요한 국가기반시설을 운영하는 기업과 조직에 대한 보안 관련 자문을 제공하는 것이 주된 임무이며 국가의 주요 기반시설을 소유하거나 운영하는 공공영역은 물론 민간영역까지 포괄하여 보안과 관련한 정보를 제공하고 조언한다. 국가사이버안전센터(NCSC)는 2016년 10월 설립되었으며, 전자통신보안부서(CESG)와 CPNI, CERT-UK 등의 단일 지점 역할을 통해 보다 통합된 주요 기반시설 관리 조직의 역할을 수행한다. NCSC는 GCHQ의 산하조직으로 주요 정보를 GCHQ에 보고하는 체계를 가지고 있다.

2) 실무기관 설치

전술한 바와 같이 영국은 사이버 안보의 컨트롤타워가 이원화되고 수행하는 조직이 다원화되어 있으나 세계적인 흐름은 대체로 사이버 안보 정책을 담당하는 기관은 별도로 설치하여 운영하는 것이 추세이다. 다만 이 실무기관의 위치에 대해서는 국가별로 차이를 보인다. 예컨대 컨트롤타워의 산하조직으로 두거나 사이버 안보전략을 수행하는 기관 속에 포함시키는 등 국가의 환경 및 입장에 따라 달라진다. 이러한 가운데 영국은 실무부처 분산형 사이버 안보 조직 체계를 구성하고 있으며 국가 사이버 안보전략(National Cyber Security Strategy 2016)을 통해 재정비되어가는 모습을 보이고 있다.

영국이 국가 사이버 안보전략(2016)을 발행하기 전, 같은 해 4월 중앙 정부에서 사이버 안보와 관련한 조직을 분석한 결과 적어도 12개의 조직이 각 영역에 대한 상호 조정 없이 필요한 지침을 개별적으로 발표해 업무 진행에 혼선이 발생했다.[9] 이를 개선하기 위하여 정부는 정보통신본부(GCHQ) 산하에 새로운 조직인 국가사이버안전센터(NCSC)를 대외적인 기능을 하나로 통합해 수행하는 부서로서 설립하여 일원화를 추진하였다. 즉, 국가 사이버 안보전략(2016) 이후에 정비된 사이버 안보체계의 핵심요소인 NCSC는 내각부를 중심으로 사이버 안보전략 및 정책이 추진되고 적대국에 의한 대규모 사이버 공격으로부터 국가를 보호하고 기업이나 국민을 악성코드 등 사이버 범죄로부터 보호하는 역할을 담당한다.[10] 그 외에 상대국에 대 한 사이버 공격 등의 전쟁 행위는 국방부(Minitry of Defence) 및 군의 사이버 부대 업무로 자리매김하였다.

영국의 사이버 안보 환경에 대한 권한, 지식 공유, 체계적 취약성 해결 및 주요 국가의 사이버 안보 문제에 대한 주도권을 제공하기 위하여 설립된 NCSC는 GCHQ 산하에 있어 그동안 GCHQ에 누적된 정보, 기술, 경험을 활용해 사이버 안보와 관련하여 통일된 지침, 지원, 사이버 공격 대책 및 실시체계를 갖출 수 있게 되었다. 영국은 이 기관

---

9   (원문) "... address the alphabet soup of agencies involved in protecting Britain in cyberspace" National Audit Office(NAO), 2016.

10   NCSC는 주요 IT 기업 등 민간 전문가의 리소스를 결합하여 기업과 일반국민(말하자면 리비히 법칙의 최약체 부분)의 사이버 안보 수준 향상을 도모하는 조직이다.

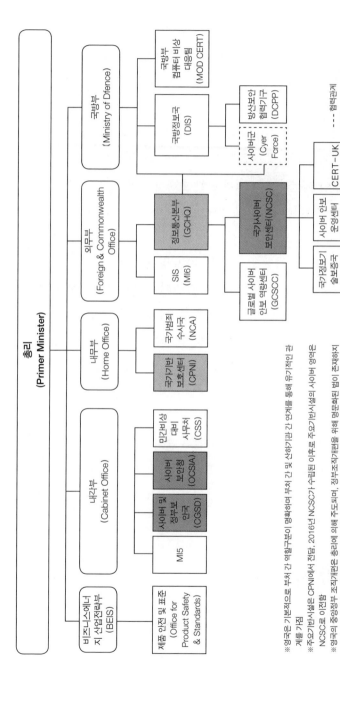

※ 영국은 기본적으로 부처 간 역할구분이 명확하며 부처 간 산하기관 간 연계를 통해 유기적인 관계를 가짐
※ 주요기반시설은 CPNI에서 전담. 2016년 NCSC가 수립된 이후로 주요기반시설의 사이버 영역은 NCSC로 이전됨
※ 영국의 중앙정부 조직개편은 총리의 의해 주도되며, 정부조직개편을 위해 영국조직개편 법이 존재하지 않고 사실상 총리의 권한에 의해 전적으로 결정됨

그림 3-4. 영국의 사이버 안보 추진체계

을 통해 공격적인 사이버 기능을 포함하여 사이버 공격에 대응할 수 있는 방법을 마련하고, 영국 정부의 권위와 영향력을 활용하여 학교에서 대학 및 인력에 이르기까지 영국의 사이버 보안 기술 부족 문제를 해결하고자 다양한 프로그램을 지원, 투자한다. 이를 위하여 NCSC는 사이버 공격에 효과적으로 대처하고 피해를 최소화하고, 사이버 안보와 관련하여 모니터링을 함으로써 정부와 민간에 존재하는 구조적 취약점을 찾아 해결하고 그 결과를 관련 조직과 공유, 각 수준에 따른 사이버 안보 지침을 제안하고 사이버 공격에 대한 즉각적인 방어를 수행, 영국의 국민 모두가 안전하게 인터넷을 이용할 수 있도록 전반적인 사이버 보안 능력을 향상시키고자 노력한다.

정부와 국민 모두를 대상으로 운영되는 조직이기 때문에 정부 사이버 안보의 대변인으로 민간 컨퍼런스에 참여하고 대규모 사이버 공격이 발생하는 경우 미디어를 통해 직접 국민에게 상황을 설명하고 해결안을 모색함과 동시에 NCSC의 간행물은 일반인도 알기 쉬운 말과 보기 편한 형식으로 제작되었다.

더군다나 추후 서술할 사이버 안보전략의 개정 과정에서 입장을 바꾼 영국 정부의 현재 초점은 안보를 강화하고 있어 시민들의 권리보다 국가의 안보를 우선하는 IP법이 입법된 것으로 보인다. 이러한 문제는 영국뿐만 아니라 자유를 중시하는 영미권 국가들에서 민감하게 반응하는 경향이 나타난다.

2. 사이버 안보 관련 법제

다원화된 체계처럼 영국은 사이버 안보와 관련하여 포괄적인 법규는 존재하지 않으며 EU의 NIS Directive(Networks and Information

Security Directive)와 컴퓨터악용법(Computer Misuse Act 1990),[11] 그리고 최근 개정된 데이터보호법(Data Protection Act 2018)을 주요 근거법으로 적용한다. EU의 NIS Directive는 국가 주요 기반시설(에너지, 운송, 금융, 금융 인프라, 의료, 수도) 및 주요 디지털 서비스 제공자(전자상거래 플랫폼, 온라인 결제, 클라우드 서비스, 검색 엔진, SNS 등)에게 사이버 위험 관리 및 특정 유형의 사고(incidents) 발생 시 보고 의무를 부과하며, 컴퓨터악용법은 해킹 및 DDoS 공격 등 사이버 범죄를 단속 시 적용하고, 데이터보호법은 조직의 데이터 관리를 규제할 수 있도록 한다.

이 중 영국의 데이터보호법(2018)은 1994년 정보보호법(Data Protection Act)으로 시작해 최근 EU의 GDPR과 조화되도록 개정한 법률로, 영국은 데이터 보호를 중심으로 발전하는 사회와 기술에 대응하기 위하여 법과 제도를 마련한다. 영국의 정보보호법은 1984년 수립된 정보보호법(Data Protection Act 1984)과 개인파일접근법(Access to Personal Files Act 1987)을 대체하고 유럽의 정보보호지침(EU Data Protection Directive 1995)을 시행하기 위하여 수립되었다. 이 법은 영국에서 처음으로 우리나라의 개인정보보호법과 같이 개인정보를 정의하고 정보를 보호하고 합법적으로 처리하기 위한 8가지의 보호원칙을 수립하였다. 개인정보는 살아 있는 개인을 식별하는 데 사용할 수 있는 데이터로 정의하며, 익명화 또는 집계 데이터는 법에 의하여 상대적으로 약하게 규제되며, 개인은 이름과 주소, 전화번호 또는 이메일 주소 등 다양한 방법으로 식별할 수 있다. 그리고 2018년 영국은 정보보호법을 오늘날 기술이 사용되는 방식과 관련성을 높이고 EU의 일

---

11 CPS, "Computer Misuse." (Last updated: 2018.12.18) https://www.cps.gov.uk/legal-guidance/computer-misuse-act-1990

반 데이터 보호규정(GDPR)과 조화되도록 개정하였다. 브렉시트로 인한 2년의 유예기간 동안 EU에 속해 있을 당시 EU의 정보보호법의 개발에 적극적으로 관여한 영국은 탈퇴 후에도 EU와의 관계를 유지하기 위해서 현재의 정보보호법에 대한 업데이트 또는 새로운 입법적 조치로서 영국이 GDPR의 많은 부분을 법률로 채택하도록 추진하고 있다 (Cynthia and Philp 2016).

이러한 맥락에서 2016년 영국에서 발표된 수사권 법안(Investigatory Powers Bill, 이하 IP법)은 데이터 중심의 보호 법률을 수립해온 영국 정부의 입장과 감시당할 입장에 놓인 국민들 간의 우선순위에 대한 충돌이다. IP법은 2014년에 제정되어 2016년 말에 폐지된 데이터보유및조사권한법(Data Retention and Investigatory Powers Act, DRIPA)을 기원으로 한다. 새로 입법화된 IP법은 초안 공개 후부터 프라이버시 침해의 여지가 상당하여 비판받았으나 파리 연쇄테러 등 유럽 대륙에서 테러가 잇따르던 상황에서 개인의 프라이버시 침해 가능성보다는 국가안보 차원에서 대테러와 사이버 안보 대응체계 확립에 우선적 가치를 부여하면서 2016년 법안이 통과되었다. 시민의 권리보다 국가의 안보를 우선하는 IP법은 인터넷 서비스 업체와 통신업체에 이용자가 웹사이트, 앱, 메시징서비스 등을 방문한 기록을 12개월 동안 보관하도록 요구하는 것이나 이들 정보에 경찰과 보안당국, 정부부처, 세관 등의 접근이 가능하고, 정보기관과 경찰이 사망, 부상, 신체적 또는 정신적 건강의 손상을 예방할 목적으로 '장비 개입(데이터 해킹 행위)'을 허용하는 등의 항목으로 인해 문제가 발생할 위험이 제기되었다(김상배 2017). 이러한 문제는 영국뿐만 아니라 자유를 중시하는 영미권 국가들에서 민감하게 반응하는 경향이 나타난다. 2016년 11월 IP법의 폐지에 대한 탄원서의 서명이 10만 건이 넘어가는 등 국민들의 반발이 거셌으며 영국의 고등법원은 2018년 4월 IP법이 EU의 법에 위배된다고 판결하고, 2018년 11월까지 개정할 것을 명명하였다. 이러한 반대에도 불구하고 영국은 2017년 9월 IP법안의 수행을 위해 수립한 IPCO에 항소 법원 판사인 아드리안 풀포드(Adrian Fulford)를 첫 번째 위원으로 임명하고, 2019년 1월 에릭 킹(Eric King)을 정보기관을 규제하는 수사 책임자로 임명하였다. 이는 국가 안보를 위하여 IP법을 앞으로도 적용해나갈 것이라는 의지의 표명으로 이해된다.

특히 영국은 법 집행 기관으로 정보국장(Information Commissioner's Office, ICO)을 통해 국가 데이터 보호 기관으로서 독립적인 규제 기관을 수립하였다. ICO는 개인 정보를 처리하는 조직과 공개 정보를 사용할 책임이 있는 조직에 자국민(영국인)이 갖는 신뢰를 높이기 위하여 수립된 조직이다. 이를 위하여 ICO는 비정부부문 공공기관(non-departmental public body, NDPB)[12]으로, 데이버 보호법이나 개인정보 보호 및 전자통신규정, NIS Directive와 같은 법률을 다루며 IP법도 범위에 포함하며, IP법 하의 통신 데이터 보존 시스템과 관련하여 감사 권한을 가지고 있다.[13]

3. 사이버 안보 정보공유와 민관협력의 양상

기술이 발전하고 사이버 공간이 인정받아감에 따라 사이버의 특성상

12　정부로부터 독립적인 권한을 가진 채 국가 정부의 역할을 하지만 정부 부처 또는 그 일부가 아니며 이에 따라 장관의 부름에 영향력을 적게 받으며 운영하는 기관이다.

13　ICO, "The Information Commissioner's response to the Home Office consultation on the Government's proposed response to the ruling of the Court of Justice of the European Union on 21 December 2016 regarding the retention of communications data", 2018.1.18.

정부에서 모든 위협을 통제할 수 없고 민간에서 발생하는 사이버 사고의 피해가 국가 전체에 큰 영향을 미칠 수 있는 사회가 되었다. 따라서 국가 차원의 안보 역량뿐만 아니라 기업과 개인의 역할 역시 커지고 있어, 정부와 민간이 사이버 위협 정보나 사고의 사전 예방 방법, 대응 방법 등을 서로 공유하는 민관 협력 시스템을 확립해야 한다. 이를 통해 사이버 안보와 개인정보 보호 두 마리 토끼를 모두 잡을 것으로 기대된다. 이에 영국은 민간을 포괄하는 전방위적 차원에서 안보 역량 강화와 적극적인 대응 태세를 갖추기 위한 정책과제들을 추진하고 있으며, 이와 같은 정부 정책 프로그램이 어느 정도 달성되었는지를 측정하기 위한 달성 평가 지표로서 개별 기업의 자발적인 참여를 독려하고 있다. 이는 정부 정책의 목표 설정이 어느 정보 성취되었는지를 평가하는 시스템으로 국제적 논의도 활발하게 진행할 예정이다.

현재 영국은 민간 기업과 협력하여 사이버 보안 정보공유 협력체(Cyber-security Information Sharing Partnership, CiSP)와 사이버 위협 전문 분석 조직인 퓨전 셀(Fusion Cell), 국가사이버 안보전략의 프로젝트 중 하나인 적극적인 사이버 방어(Active Cyber Defence), 산업 100(Industry 100) 등을 운영하고 있다.

사이버 보안 정보공유 협력체(CiSP)는 2013년 3월에 시작되었으며, 실시간으로 사이버 위협 정보를 NCSC로 통합하는 플랫폼을 구축하여 운영하는 체계이다. 제보자의 신원이 보호되는 구조로 되어 있어 정보를 제공하는 과정에서 경쟁 업체로 넘어가는 불상사는 방지되어 있다. CiSP는 먼저 기업이 CiSP에 가입하고 그 뒤 개인이 기존 회원 또는 공인 기관으로부터 추천을 받고 가입 신청을 하는 구조로 이와 같은 산업별 부처 횡단적인 정보 공유 시스템은 세계에서 거의 유례없는 새로운 체계이다. 특히 CiSP는 사이버 위협 정보를 약 1만 2,000

명의 회원과 실시간으로 공유하는 NCSC 통합 플랫폼으로, NCSC의 발족 시부터 1년 동안 회원 조직수가 43% 증가하였으며 개인 회원은 60% 증가하였다.

퓨전 셀은 원래 2013년에 설립되었으나 2016년 10월 NCSC의 발족 시 흡수된 사이버 긴급 대응팀으로 이른바 작전지령실(operation room)의 기능을 한다. 퓨전 셀은 민관 보안 분석가, 정보기관·경찰 등의 파견자로 구성된 정예팀으로 CiSP과 연계하여 외국의 정보원으로부터 수집된 정보를 분석 및 평가하여 사이버 위협, 취약점 정보, 경고, 통보와 악성 코드 및 피싱 이메일 분석 서비스를 제공하고, 주별·월별 요약을 다시 CiSP 회원에게 제공한다.

2016년에 수립된 국가 사이버 안보전략의 핵심 프로젝트 중 하나인 '적극적인 사이버 방어(Active Cyber Defence)'는 악성 코드 등이 최종 사용자에게 도달하기 전 단계에서 저지하는 것을 목표로 한다. 국방에서 전략적인 사이버 공격무기 개발 등이 이루어지나, 가장 기본 역할로는 공공 부문[중앙·지방 정부, 경찰, 국민 보건 서비스(NHS, National Health Service) 등]의 사이버 보안 대책의 일환으로 메일을 통한 스푸핑과 스피어 피싱 등을 방지하기 위한 가짜 이메일 차단, 필터링 서비스를 통한 유해한 웹 사이트 접근 제어, 웹 사이트 취약점 점검 및 대책 제안 등의 프로그램을 제공한다.

산업 100은 민간 기업에서 100명의 파트타임 파견자를 NCSC가 수용하는 계획으로 조건에 따라 다양하지만 기본적으로는 주 2일에서 최소 6개월의 급여를 지급한다. 기본적인 역량을 갖춘 전문가가 기업에 안정적으로 역할을 할 수 있게 하는 프로그램으로, 기업 내 우수한 직원 배치 및 NCSC와 다른 기업의 인적 네트워킹 구축 등을 기대한다. 국가주요 기반시설의 특정 분야 전문가, 전략 및 리스크 관리 전문

가, 리서치 평가 전문가 등 다양한 포스트의 구인이 나오고 있다.[14]

또한 민간 기업의 신뢰성을 보장하기 위하여 민간 기업을 대상으로 다양한 인증제도를 수립하여 운영한다. 사이버 에센셜(Cyber Essential), 국가 공인 전문가제도(CCP), 전문 서비스 체계 등이 포함된다.

사이버 에센셜은 2014년 6월에 시작되어 조직에서의 일반적인 사이버 위협 및 위험 대책이 이루어지고 있는지를 판단하는 것으로 사이버 안보에 대한 자기 진단 방식이다.[15] Cyber Essentials Plus는 Cyber Essentials의 요구 사항뿐만 아니라 기본적인 해킹 및 피싱 공격에 대한 방어가 행해지고 있는지, 시험관이 현장에서 취약점 테스트를 실시한다. 2014년 10월 이후 개인 정보 취급 및 ICT 제품 및 서비스에 관한 정부 조달 안건에 대해서는 입찰 기업에 대해 Cyber Essentials(기초 수준)의 취득이 의무화되었다. 국방부 조달에 따르면, 250명 이상의 직원을 두고 각자가 네트워크 연결 장치를 사용하는 조직은 또한 Cyber Essentials Plus 취득이 강하게 요구되고 있다.[16]

공인 전문가(CCP) 제도(산업자격인정제도)는 정보 보증(IA)에 관한 기술 인재 육성을 목적으로 구축된 제도이다.[17] NCSC는 정부·기업·대학과 연계하여 각 조직 내 요구되는 역량에 맞게 CCP의 자격을 요구한다. 정부가 인증한 기관이 CCP 시험을 대행하며 NCSC가 자격

---

14 UK NCSC(National Cyber Security Centre), "Introduction to Industry 100." (Last updated: 2018.03.14) https://www.ncsc.gov.uk/information/industry-100

15 Cyber Essential, "A brief history of Cyber Essentials." (Last updated: 2017.11.27) https://www.cyberessentials.ncsc.gov.uk/2017/11/27/a-brief-history-of-cyber-essentials

16 CREST(Council of Registered Ethical Security Providers), "What Is Cyber Essentials?" (Last Search: 2019.03.14)

17 NCSC, "About the Certified Professional scheme." (Last updated: 2018.04.12) https://www.ncsc.gov.uk/articles/about-certified-professional-scheme

증을 발급하며[18] 정부의 네트워크와 국가 중요 인프라(CNI)에 관한 사이버 안보 프로젝트의 일에 종사하기 위해서는 CCP 자격 보유가 요구된다. 정보보증인증자(IA Accreditor), 보안 및 정보 위험 어드바이저 (Security and Information Risk Advisor, SIRA), 정보 보증 설계자(IA Architect), 정보 보증 감사(IA Auditor), IT 안보 책임자(IT Security Officer), 통신 안보 책임자(Communications Security Officer) 등 6개 분야에서 각각 3가지 수준(Practitioner, Senior Practitioner, Lead Practitioner)으로 나누어진다.

전문 서비스 체계(NCSC 인증 컨설팅)는 2015년 10월에 시작된 제도로,[19] 심사에 통과한 사이버 보안 서비스 기업을 NCSC 인증 컨설팅으로 등록하고 정부·공공 부문·국가주요 기반시설 산업 등에 대한 고급 사이버 안보 서비스를 제공 할 수 있는 민간 컨설팅을 육성하는 것이 목적이다.[20]

4. 소결

이 절에서는 영국의 사이버 안보 추진체계와 법체계, 민관협력체계에 대해 살펴보았다. 영국은 이원화된 기관에서 동시에 사이버 안보를 추진하고 있다는 점을 특이사항으로 볼 수 있다. 영국의 외무부 산하에 있는 정보통신본부(GCHQ)의 국가사이버 안보센터(NCSC)와 내각

---

18 NCSC, "Certification bodies for IA professionals." (Last updated: 2016.08.01) https://www.ncsc.gov.uk/articles/certification-bodies-ia-professionals
19 NCSC, "Cyber Security Consultancy." (Last updated: 2016.03.11) https://www.ncsc.gov.uk/scheme/certified-cyber-consultancy
20 NCSC, "Become a Certified Cyber Security Consultancy." (Last updated: 2018.08.13) https://www.ncsc.gov.uk/articles/become-certified-cyber-security-consultancy

부 산하의 사이버 보안청(OCSIA)이 협력하며 영국의 사이버 안보 역량 강화를 위해 힘쓰고 있다. 실제로 국가 사이버 안보전략을 수행하는 것은 OCSIA이며, GCHQ는 테러 등 중대 범죄 방지를 위해 정보를 제공하는 기관으로 외무성의 기구로 포함되어 있지만 실질적으로는 수상에게 직속된 독립기관이다. GCHQ 산하의 NCSC는 영국의 다양한 사이버 안보 조직의 사이버 관련 책임을 흡수하기 위해 2016년 신설된 조직으로 향후 귀추가 주목된다. 또 하나 영국의 특이한 체계는 공공 및 민간 영역의 주요 기반시설을 보호하기 위한 국가기반보호센터(CPNI)가 내무부 산하의 조직으로 별도 운영된다는 점이다. 이처럼 영국은 사이버 안보 분야 내에서도 책임기관을 다양하게 가져가며 분야별 특성별 역할 및 책임을 명확히 하는 구조이다. 특히 주요 기반시설에 대하여 별도 조직으로 보호를 위한 노력을 하는 점이 주목할 만하다.

이어 영국의 사이버 안보와 관련한 법체계는 별도로 존재하지 않는다. 다만 1998년 수립한 정보보호법을 기반으로 보호 노력을 기울이고 있으며 최근 2018년 EU의 GDPR로 인해 개정되었다. 기초법인 정보보호법 외에 데이터보유및조사권한법(DRIPA)을 제정 및 폐지하고 2016년에 수사권법(IP법)의 수립으로 논란이 되었다.

더불어 영국은 민간과의 협력을 위해 사이버 보안 정보공유 협력체(CiSP)를 운영하며 회원으로 가입한 협력체들로부터 정보를 제공받아 분석하고 퓨전 셀을 통해 영국 외의 정보원으로부터 수집한 정보를 분석해 회원들에게 제공한다. 또한 '적극적인 사이버 방어' 제도를 통해 기관, 기업체들 외 일반 시민들 개개인이 일상생활에서의 안전을 위한 방법 제공 등의 조치를 취하고 있다. 기본적인 역량을 갖춘 전문가가 안정적으로 일할 수 있도록 민간 기업에서의 파견자를 NCSC가

수용하는 산업 100 이니셔티브를 운영한다. 이처럼 영국은 분화된 조
직으로 영역, 특성별, 대상별 안보조치를 구분하여 수행하고 있다.

　더 나아가 민간의 신뢰성을 보장하기 위하여 사이버 안보에 대한
자기 진단 방식으로서 사이버 에센셜 제도를 제안하고, 정보 보증에
대한 기술인재를 육성하기 위하여 공인 전문가 제도(CCP)를 도입하
고 관련하여 정보 보증 인증자, 정보 보증 설계자, 정보보증 감사 등 6
개 분야 자격을 구분하였다. 이어 일정 기준에 따른 심사에 통과한 사
이버 보안 서비스 기업에게 NCSC 인증을 부여하여 전문 서비스 체계
의 기준을 마련하였다.

V. 종합 정리 및 함의

영국은 2007년 글로벌 금융위기 사태 이후로 ICT 및 사이버 분야를
국가의 새로운 성장 동력으로 삼았고, 그에 따른 사이버 위협의 대비,
대응을 위한 사이버 안보 분야가 발전하기 시작했다. 그 후 지속적으
로 세계적 흐름에 발맞추어 국제적 영향력을 강화하고 자국 내 준비성
과 회복력을 강화하며 사이버군 체제를 통한 안보 및 방위를 위해 노
력하고 있던 중에 영국 시민권자들의 투표로 브렉시트가 결정되었다.
지금까지 EU를 통한 국제 관계 및 다양한 정책적 상황이 변화되어 관
련 정책들의 개정을 위한 노력이 지속되고 있다.

　이러한 상황을 기반으로 영국의 국가 안보전략과 사이버 안보전
략 및 국제 협력 관계를 알아보고, 조직 체계와 법체계, 민관 협력 체
계 등 사이버 안보 추진체계에 대해 분석하였다.

　영국은 실제적으로 직접적인 대적 관계가 존재하지 않으나 국제

평화를 깨치는 이슬람 테러집단에 대한 방어적 차원에서 전략을 수립 하였다. 다만 영국은 EU의 탈퇴 여부를 떠나 지리적으로 유럽에 속하 기 때문에 주변국과의 협력을 기반한 위협 정보의 공유가 원활하게 일 어나고 있기 때문에 사이버 준비성 및 회복력을 증진하여 국제적 영 향력을 강화하는 것을 목표로 한다. 다만, ICT를 국가 핵심 가치로 선 정하고 있기 때문에 사이버 공간에서의 위협 또한 국가의 영토에 대한 위협으로 인식해 수동적인 방어 태세가 아니라 적극적인 응전 및 더 나아가 공격적인 태도로 대응한다.

또한 영국은 2007년 금융위기 이후 ICT를 국가의 핵심가치로 선 정한 이후 국가 안보 및 방위적 차원에서 꾸준히 시행해 온 전략이 사 이버 영역으로 확장되는 형태를 띠고 있다. 따라서 국가의 이익을 보 장하고 국제적 영향력을 강화하는 것을 목표로 하며 EU 지침에 따라 NIS 지침을 규제화하는 등의 노력을 하고 있다. 따라서 국가의 ICT의 가용성 확보를 위해 사이버 사고 대응 서비스(CIR)와 회복력 및 안전 성을 중요시하는 태도를 보인다.

즉 영국은 사이버 안보전략 및 사이버 국방 전략에서도 국제적인 영향력을 강화하는 것을 주된 목표로 하기 때문에 다양한 안보 포럼에 꾸준히 참석하여 목소리를 높이고, 다양한 국가들과의 안보 협정을 맺 고 있다. 특히 사이버 공간총회(GCCS)는 2011년 런던에서 시작되었 으며 2017년 인도에서 열릴 때에도 영국은 적극적인 자세로 협력하고 자 하는 모습을 보인다.

위와 같은 활동을 위해 영국은 단일한 컨트롤타워가 아닌 내각 부 산하의 사이버 보안청(OCSIA)과 외무부 산하의 정보통신본부 (GCHQ)를 모두 운영하고 있다. 영국은 사이버 안보의 컨트롤타워가 이원화되고 수행하는 조직이 다원화되어 있으나 세계적인 흐름은 대체로 사이버 안보 정책을 담당하는 기관은 별도로 설치하여 운영하는 것이 추세이다. 영국은 이러한 역할을 국가사이버안전센터(NCSC)를 통해 운영하고 있다.

영국은 별도의 사이버 안보법을 수립하지는 않았으나 정보보호법의 제·개정을 반복하며 개인정보보호 등의 내용을 다루고 있다. 그리고 2016년 브렉시트와 2018년 EU의 GDPR로 다시 한 번 개정될 것으로 예상된다. 이어 2016년 입법화한 부분법 중 하나인 수사권법(IP법)은 국가 안보를 위해 개인의 정보를 보관 및 필요 시 열람할 권한을 국가에게 부여하는 법으로, 초안 공개 후부터 프라이버시 침해의 여지가 상당하여 비판받았으나 파리 연쇄테러 등 유럽 대륙에서 테러가 잇따르던 상황에서 개인의 프라이버시의 침해 가능성보다는 국가안보 차원에서 대테러와 사이버 안보 대응체계 확립에 우선적 가치를 부여하면서 2016년 법안이 통과되었다.

그리고 이러한 조직과 정책을 지원하기 위해 영국은 민간 기업과의 협력을 위해 사이버 보안 정보공유 협력체(CiSP)와 사이버 위협 전문 분석 조직인 퓨전 셀(Fusion Cell), 국가사이버 안보전략의 프로젝트 중 하나인 적극적인 사이버 방어(Active Cyber Defence) 등을 운영하고 있다. 이 같은 협력을 통해 개인의 안보 의식 개선과 함께 기업의 보안의식 강화, 보안 역량 강화, 그리고 정부의 국가 안보 역량의 강화를 기대한다.

표 3-1. 영국의 사이버 안보 관련 추진 현황

구분		현황	비고
배경	국방	직접적인 대적관계는 존재하지 않으나 지리적으로 유럽에 속하기 때문에 시리아 난민의 문제나 국제 평화를 깨치는 이슬람 테러집단에 대한 방어적 차원에서 전략을 수립함 자국민 보호 및 영국의 산업적 번영, 전 세계적 영향력이 주된 목표이며 핵심 6가지 영역 중 사이버 영역이 포함되어 사이버 안보전략과의 연계성을 가짐 종래에는 국방과 방위 전략이 결합되는 양상을 보임	National Security Strategy(2009) National Security Strategy and Strategic Defense and Security Review(2015)
	안보	신 성장동력인 ICT를 기반으로 사이버 준비성 및 회복력을 증진하여 국제적 영향력 강화를 목표로 함 기존의 안보전략에서 사이버 영역의 영향력이 증가해 별도의 사이버 안보전략을 수립함	Cyber Security Strategy (2009) National Cyber Security Strategy(2011) National Cyber Security Strategy(2016)
	국제협력	GCCS, OSCE, ASEAN 등 다양한 국제 안보 포럼 및 조직에 꾸준히 참석하여 목소리를 높이고, 미국, 호주, 중국, 인도 등 다양한 국가들과의 안보 협정을 맺고 있음 Brexit로 인해 새로운 국가, 특히 아시아 쪽과의 협력을 강화하는 추세를 보임	MoU UK-Catar (2018.05.) MoU UK-Indonesia (2018.08.)
구조	체계	크게 외무부와 내각부로 사이버 안보의 컨트롤타워가 이원화되고 수행하는 조직은 그 산하기관으로 다원화되어 있음 주요 기반시설 보호 조직이 별도로 수립되어 있으며 각 핵심기관의 산하조직인 안보 조직은 독립적인 성향을 띠고 있음	GCHQ – NCSC Home Office – OCSIA CPNI
	법제	별도의 사이버 안보법을 수립하지 않고 정보보호를 위한 법률 중심으로 제·개정이 이루어짐 시민의 자유와 국가 안보 사이의 균형을 놓친 IP법의 제정으로 시민들의 집단 항의를 받음	Investigatory Powers Bill(2016) Data Protect Act(2018)
	민관협력	내부 기관이나 기업과의 정보공유를 위한 협력체, 외부 정보원으로부터 정보를 분석 후 공유하기 위한 조직, 개인의 안보 의식 강화 및 보안 기술 교육을 위한 프로그램을 운영함으로써 개인, 기업, 정부의 안보 의식 강화를 촉진함	CiSP Fusion Cell Active Cyber Defence Industry 100
		민간 기업에 대한 신뢰도 향상을 위해 국가 차원에서 인증 제도를 실시함	Cyber Essential CCP NCSC Certified Cyber Consultancy

VI. 맺음말

이 글은 변화하는 사회에서 영국의 사이버 안보와 관련한 배경과 구조를 분석하여 어떻게 대응하고 있는지 살펴보고자 작성하였다. 국제사회에 있어 복잡한 위치에 서 있는 영국은 2007년 글로벌 금융위기와 2016년 브렉시트라는 환경의 변화를 계기삼아 안보·협력적 차원에서 큰 변화를 맞이하고 있다.

　미국발 글로벌 금융위기를 계기로 신기술(ICT)을 대하는 태도를 바꾼 영국은 변화하는 시대 흐름에 맞게 ICT를 국가의 핵심가치로 선정하였다. 그리고 이 ICT를 통해 국가 산업 및 경제의 번영을 꾀하는 과정에서 사이버 공간에 대한 외부 위협을 제어하기 위해 사이버 안보전략을 국가 안보적 차원에서 수립하였다. 그러던 중 위험에 대한 인식이 내부적 위험까지 확장되어 2016년 개정된 사이버 안보전략에는 외부와 내부 위험을 모두 인식하는 포괄적인 개념이 적용되었다. 안보적 차원에서 사이버 전략을 수립한 배경에는 영국의 사이버 공간의 특수성에 대한 인식이 담겨 있다. 영국의 사이버 안보전략은 국가 안보전략의 일환으로 안보의 영역을 확장시키며 수립되었다. 이러한 흐름 속 2016년 영국 시민권자들의 투표로 결정된 브렉시트로 인해 영국은 EU에서 벗어나 국가 간의 협력과 국제기구에서의 영향력 강화를 목표로 한다. 비록 EU는 탈퇴하겠지만 지리적으로 유럽에 속하는 영국은 기존 EU를 통해 수립한 주변국과의 협력에 더하여 아시아 국가들과의 협력을 강화함으로써 해당 목표를 이루고자 한다. 이처럼 영국은 사이버 공간에 대한 특수성을 인식하여 이를 안보적 차원에서 다루고 있으며 국제적 영향력 강화를 위해 보다 적극적인 자세로 협력 체계를 구성하고 있다.

　　이러한 배경에서 영국은 사이버 안보전략의 추진을 위해 이원화된 조직을 구성하고 있다. 외무부 산하의 정보통신본부(GCHQ)의 국가사이버 안보센터(NCSC)를 2016년에 수립하여 개인과 기관 및 조직의 사이버 안보 역량의 강화를 추진하고 있으며 내각부 산하의 사이버 보안청(OCSIA)을 통해 국가 사이버 안보전략을 실행한다. 특히 GCHQ는 대테러 및 중대 범죄 방지를 위해 활동하는 조직으로 각 기관이 업무별로 분화되어 있음을 알 수 있다. 다만 이 GCHQ는 외무부 산하기관이긴 하지만 외무부와는 독립적으로 운영되며 수상의 직속 부서로 볼 수 있다. 우리나라의 과학기술정보통신부와 기능이 유사하다고 볼 수 있다. 더불어 내무부 산하의 국가기반보호센터(CPNI)를 통해 주요 기반시설의 보호와 관련한 업무를 또 별도로 운영하고 있다. 그러나 사이버 안보전략의 기반이 되는 법률은 별도로 존재하지 않고 국가 안보전략을 기초로 사이버 안보전략을 수립 및 운영하고 있다. 영국은 안보 영역보다 정보보호 차원에서 법률 체계를 마련하고 있는데, 최근 수사권법(IP법)에 정보보호와 더불어 국가의 감시 체계로 활용될 수 있는 항목이 포함되어 반발을 샀다. 이러한 체계 속에서 영국은 기업들과 시민 개개인의 안보 역량 강화를 위해 다양한 민관 협력 체계를 마련하여 운영하고 있다. 조직 및 기관과 연계하여 자국의 정보를 수집 및 분석하여 공유하는 프로그램이나(CiSP) 외부 정보원으로부터 받은 정보를 분석하여 민간과 공유하는 조직(Fusion Cell), 시민들의 안보 역량 강화를 위한 방법 공유 등 지침을 제공하는 프로그램(Active Cyber Defense) 등이 있다. 이처럼 영국은 영역, 특성, 대상을 명확하게 구분하여 각각에 맞도록 지원하고 있다.

　　지금까지 영국의 사이버 안보 현황에 대해 알아보았다. 영국은 대내외적으로 변화하는 환경에 대한 대응을 위해 안보뿐만 아니라 다양한 분야에서의 개혁을 꾀하고 있으며 사이버 안보에 있어 협력을 중시하는 모습을 보인다. 더 나아가 일상에서의 개개인들을 위한 다양한 안보전략을 수립하면서 시민들의 안전을 우선시하고 있는 모습도 볼 수 있다. 위의 분석 결과를 추려보면 영국은 사이버 공간의 특수성을 인지하고 있으며 안보적 관점에서 이 사이버 공간을 바라보고 있다. 그리고 특성 및 대상에 맞는 조직을 구성하여 영역과 책임, 의무를 명확하게 구분하고 있으며 이러한 체계를 기초로 국제적 영향력 강화를 위한 국제적 협력의 구축에 있어 적극적인 자세로 임하고, 자국 내 기관, 조직, 개인 등 모두와의 정보공유 등을 통해 협력을 강화하고 있다. 이처럼 영국의 사례에 비추어보면 국가적 차원에서 사이버 안보를 전담하는 조직을 구성하고 적극적인 대내외적 협력 체계를 마련해 국가 전반적인 사이버 안보 역량을 강화해야 할 필요가 있다.

참고문헌

김상배. 2017. "세계 주요국의 사이버 안보 전략: 비교 국가전략론의 시각." 『국제·지역연구』 26(3), pp.67-108.

Cabinet Office. 2008. National Security Strategy - Security in an Interdependent World.
_____. 2009. Cyber Security Strategy - Safety, Security and Resilience in Cyber Space.
_____. 2009. National Security Strategy - Security for the Next Generation.
_____. 2011. Cyber Security Strategy - The UK Cyber Security Strategy- Protecting and Promoting the UK in a Digital World.
_____. 2011. Keeping the Country Running: Natural Hazards and Infrastructure.
_____. 2015. National Security and Strategic Defense and Security Review.
_____. 2016. National Cyber Security Strategy (CSS) 2016-2021.
CPS. 2018.12.18. Computer Misuse.[https://www.cps.gov.uk/legal-guidance/computer-misuse-act-1990]
CREST(Council of Registered Ethical Security Providers). 2019. What Is Cyber Essentials?. [https://cyberessentials.org/what-is-cyber-essentials/index.html]
CSCE. 2017.12.15. Brexit: Parliamentary Perspectives.[https://www.csce.gov/international-impact/brexit-parliamentary-perspectives]
CSA. 2015.07.29. Singapore and the UK Commit to Work Together to Ensure a Secure Cyberspace.[https://www.csa.gov.sg/news/press-releases/singapore-and-the-uk-commit-to-work-together-to-ensure-a-secure-cyberspace]
Cynthia O'Donoghue and Philip Thomas. Data Protection in a Post-Brexit Landscape. Reed Smith Client Alerts, 2016.06.28.[https://www.reedsmith.com/en/perspectives/2016/06/data-protection-in-a-postbrexit-landscape]
Cyber Essential. 2017.11.27. A brief history of Cyber Essentials.[https://www.cyberessentials.ncsc.gov.uk/2017/11/27/a-brief-history-of-cyber-essentials]
Goverment UK. 2019.1.30. NIS Directive and NIS Regulations 2018.[https://www.gov.uk/government/collections/nis-directive-and-nis-regulations-2018]
ICO. 2018.1.18. The Information Commissioner's response to the Home Office consultation on the Government's proposed response to the ruling of the Court of Justice of the European Union on 21 December 2016 regarding the retention of communications data.
IndiaGBnews. 2017.11.23. UK minister focuses on cyber security and the Commonwealth during India visit.[http://indiagbnews.com/industry/uk-minister-focuses-cyber-security-commonwealth-india-visit/]
Institute for Government. 2018.02.16. UK–EU defence and security cooperation.[https://

www.instituteforgovernment.org.uk/explainers/uk%E2%80%93eu-defence-and-security-cooperation]

Internet Society. (Search: 2018.09.13) [https://www.internetsociety.org/events/gccs-2017/]

JakartaGlobe. 2018.08.15. Indonesia, UK Strengthen Cooperation in Cybersecurity, Trade.[http://jakartaglobe.id/news/indonesia-uk-agree-to-strengthen-relations-in-cyber-security-trade/]

The Penishula. 2018.05.16. Qatar & UK sign MoU for cybersecurity cooperation. [https://www.thepeninsulaqatar.com/article/16/05/2018/Qatar-UK-sign-MoU-for-cybersecurity-cooperation]

UK NCSC(National Cyber Security Centre). 2016.03.11. Cyber Security Consultancy. [https://www.ncsc.gov.uk/scheme/certified-cyber-consultancy]

_____. 2016.08.01. Certification bodies for IA professionals.[https://www.ncsc.gov.uk/articles/certification-bodies-ia-professionals]

_____. 2018.02.15. Russian military 'almost certainly' responsible for destructive 2017 cyber attack.[https://www.ncsc.gov.uk/news/russian-military-almost-certainly-responsible-destructive-2017-cyber-attack

_____. 2018.03.14. Introduction to Industry 100. [https://www.ncsc.gov.uk/information/industry-100]

_____. 2018.04.12. About the Certified Professional scheme.[https://www.ncsc.gov.uk/articles/about-certified-professional-scheme]

_____. 2018.08.13. Become a Certified Cyber Security Consultancy.[https://www.ncsc.gov.uk/articles/become-certified-cyber-security-consultancy]

UK The Joint Committee on the National Security Strategy. 2018.11.12. Cyber Security of the UK's Critical National Infrastructure - Third Report of Session 2017–19.[https://publications.parliament.uk/pa/jt201719/jtselect/jtnatsec/1708/1708.pdf]

日本貿易振興機構. 2018. 英国のサイバ_セキュリティ体制の現状と課題 ―中小企業の事業リスクの観点から_.

제4장

독일의 사이버 안보전략

김주희 | 부경대학교

I. 문제제기

독일의 사이버 안보전략을 이해하기 위해서는 독일안보정책의 접근인 포괄적안보(Vernetzte Sicherheit) 개념에 대한 이해가 필요하다. 공식적으로 포괄적안보 개념은 2006년 독일 안보정책 백서『독일의 안보정책 원칙의 수립』에 처음으로 등장한다. 그 후 2009년 CDU, CSU과 FDP의 연정조약에서 이 개념을 명확하게 공포했다(CDU, CSU, FDP 2009, 123). 또한 독일연방의회는 2014년 민간위기예방과 포괄적안보 분과위원회를 구성했다(Nachtwei 2012).[1] 그러나 공식적으로 포괄적안보 개념이 독일 국방 백서에 등장하기 2년 전 2004년 이미 독일연방정부는 위기예방, 갈등해소와 평화유지를 위한 행동계획(Aktionsplans Zivile Krisenprävention, Konfliktlösung und Friedenskonsolidierung der Bundesregierung)의 틀 안에서 민간위기예방 운영위원회를 설치했다. 이 위원회는 자문기관의 성격으로 학계, 경제, 정치, 시민사회로 구성된 독립적인 전문가들로 구성되었으며 독일정부의 포괄적(네트워크적)이고 전 부처를 아우르는 활동을 지원하는 역할을 하고 있다.

포괄적안보 행동은 다양한 위기예방, 갈등해소와 평화유지 등과 같은 신안보 영역에 적용되던 독일의 대내외적 조치로 현재 사이버 안보 영역에도 그대로 적용되고 있다. 사이버-정보공간에서의 위협의 범위는 개인정보의 탈취와 남용 혹은 경제 스파이로부터 주요한 인프

---

[1]　현재는 민간 위기예방, 갈등해소와 포괄적 행동 분과위원회(Unterausschuss für Zivile Krisenprävention, Konfliktbearbeitung und vernetztes Handeln) 9명의 연방의회 의원으로 구성되어 있다. https://www.bundestag.de/ausschuesse/ausschuesse18/a03/ua_zks (검색일: 2019년 1월 20일)

라에 대한 위해에 이르기까지 일반 국민들에게 극심한 결과를 가져올 수 있을 뿐만 아니라 군사적인 중요 통신을 포함 정부통신 체계의 단절과 교란을 포괄한다. 하이브리드 위협에 대한 성공적인 예방은 국가적이고 전 사회적인 탄력성과 포괄적인 방위능력을 요구한다. 관련된 정책영역의 효과적인 융합은 하이브리드 위협에 대한 방어 탄력성을 높여준다. 이러한 정책영역으로는 주요한 기반시설에 대한 보호, 에너지부문의 취약성 회복, 시민 및 재난보호의 문제, 효과적인 국경통제, 내부 치안의 경찰력, 그리고 빠르게 작전을 수행할 수 있는 군대를 들 수 있다.

　이러한 사이버 공간의 위협 상황은 사이버 안보정책을 형성하는 데 있어 총체적 고려를 요구한다. 사이버 공간은 내적 그리고 외적 안보의 구분을 어렵게 한다(Hackenjos, Mechler, und Rill 2018). 사이버 안보와 사이버 방위는 전 국가적인 과제이며 따라서 모두 함께 해결해야 한다. 결국 사이버 안보와 개인정보 보호의 조화로운 발전의 추구와 사이버 위협정보 공유를 위한 관련 행위자들이 포함된 다층적인 사이버 안보거버넌스의 구축은 필수적이라고 할 수 있다.

　2005년 이후 4연임에 성공한 앙겔라 메르켈 내각의 주요한 국가전략은 혁신전략으로 디지털 의제, 하이테크 전략, 그리고 에너지 전환을 주요한 세 가지 의제로 설정하고 있다. 이 세 가지 의제 속에서 중요한 기반이 되는 디지털화를 위해 사이버 안보전략은 필수적인 요소로 간주된다. 따라서 2011년 첫 번째 독립적인 사이버 안보 국가전략에 덧붙여 2016년 사이버 안보전략은 사이버 위협의 증대와 사이버 공간의 복잡계적 특성에 대응하기 위한 독일의 전략을 구체화하고 있다. 우선 독일의 분권화된 정치체계가 보여주는 한계를 극복하는 방식으로 점증적으로 나타나는 각 부처의 중첩된 관할영역을 조정하고 연

결하는 총 정부적 접근을 취하는 것이다. 또한 독일이 사이버 공간의
안전을 위해 가장 중요하게 보호해야 하는 대상으로 간주하고 있는 주
요 기반시설의 경우 민영화로 인해 관리 주체가 민간이라는 점 때문에
의무적인 법적 조치와 자발적인 제도적 조치를 통해 통합적으로 해결
해야 함을 강조하고 있다. 독일은 사이버 안보는 전 국가적인 과제이
며 따라서 모든 행위자들의 참여를 강조하는 포괄적 접근법을 취하고
있다(김상배 2015; 조현석 2012).

　독일은 사이버 안보 국가 전략의 이행을 위한 법제도와 추진체계
를 마련하여 움직이고 있는데, 전략수립 기관으로 국가사이버 안보위
원회를 설치하여 전략과 상시적인 절차를 마련하고 주도적인 역할을
담당하는 연방내무부 산하에 연방정보기술보안청을 주무관청으로 설
립했으며 실무적으로 사이버 공격행위에 대한 방어를 담당하는 기관
으로 사이버방어센터를 설치했다. 또한 가장 최근 2018년 8월 연방 내
무부와 연방국방부가 공동으로 사이버에이전시를 설립했는데 정확한
명칭은 "사이버 안보의 혁신을 위한 에이전시"로 두 부처가 공동으로
사이버 안보에 대한 연구와 혁신을 촉진하고 재정적으로 지원하기 위
한 것으로 아이디어에서 결과물에 이르는 연구의 과정을 조율하기 위
한 관청이다. 2018년에는 단지 14명의 인원으로 시작했지만 조만간
100여 명까지 인원이 충원될 계획이다.[2]

　또한 독일은 안보의 국제적인 공조 측면에서 NATO의 회원국임
과 동시에 EU의 회원국이다. 전통안보의 측면에서는 NATO에 중요성
을 부여하고 사실상 독일이 적극적으로 활동하고 있는 신안보 영역에
서는 EU 무대에서 적극적으로 행동하고 있다. 사이버 안보의 공간에

2　https://www.bmvg.de/de/aktuelles/bundeskabinett-beschliesst-cyberagen-
　tur-27392 (2018년 8월30일 검색)

대한 경계의 모호함으로 인해 문제 해결을 위한 국제협력은 피할 수 없는 현실이다. 독일은 이미 프랑스, 이탈리아를 비롯한 국가들과 긴밀히 공조하고 EU에서 정책적 영향력을 행사하기 위한 적극적인 목표를 설정하고 있다(Guitton 2013). 중견국은 국제무대에서 다자적인 방식을 추구하는 경향이 있다는 점에서 사이버 안보의 국제규범을 형성하는 데 있어 독일의 입장과 전략을 살펴보는 것은 유용하다. 이 연구의 사례로서 독일은 강대국의 범주에는 확실히 포함되지 않지만 그렇다고 기존의 연구들이 제시하는 중견국의 범주에 넣기에도 무리가 있다. 그러나 독일은 2차 세계대전 이후 외교안보정책에 있어 대표적인 중견국 전략이라고 할 수 있는 적극적인 다자주의 질서구축을 위해 노력하고 있다는 점에서 독일 사례 연구는 의미를 가진다. 따라서 독일의 외교정책은 독일의 역할을 지도국가라기보다는 동반지도권력(Mit-führungsmacht)으로 성격지우고 있는데(Haftendorn 2001) 다자주의의 선호와 파트너 국가에 대한 배려, 그리고 국가일방주의에 대한 거부를 그 특징으로 한다.[3] 2018년 새롭게 독일의 외교장관이 된 사민당 소속 하이코 마스(Heiko Maas)는 미국의 일방주의에 대한 비판적 시각을 가지고 다자주의 연합의 결성을 시도하는 등 다자적 행동을 더욱 적극적으로 추구하고 있으며 새로운 외교정책 의제로 사이버 외교정책을 도입했다. 따라서 독일의 사이버 안보전략에 대한 연구를 통해 한국의 사이버 안보전략에 줄 수 있는 실질적인 시사점을 찾는 것은 의미가 있다고 할 수 있다. 또한 대부분의 국내 연구가 주변 4강대국 연구에 집중되어 있다는 점에서 본 연구가 중요성을 가진다.

3   독일의 외교적 역할 변화에 대한 개념화: 질서의 소비자에서 공동 생산자로(Kaiser 2001); 성장하는 민족국가(Schröder); 유럽의 중심권력(Schwarz 1999); 자기억제(Selbstbeschränkung)에서 자기확신(Selbstbehauptung)으로(Haftendorn 2001).

   본 연구는 다음과 같이 구성된다. 우선 2절에서는 독일의 사이버 안보가 독일의 안보정책접근의 주요 개념인 포괄적안보 개념을 통해 논의, 형성, 이행된다는 점에서 기존 연구와 논의에 기반하여 포괄적안보 접근법에 대한 이해를 제공한다. 이를 바탕으로 독일의 사이버 안보전략이 형성 진화하는 과정에서 방향성을 제공하게 될 것이다. 독일 내에서 다양한 사건들을 통해 사이버 위협이 공론화되고 그러한 위협에 점점 더 노출되고 있다는 인식이 확산되었다. 따라서 독일 사이버 안보전략은 중요성을 얻어가고 있다. 미래산업전략 측면의 사이버 보안의 관점에서 점차 사이버 국방안보의 측면으로 확대되며 국가 안보전략 전반에서 차지하는 위상이 높아지고 있다. 이를 위해 3절에서는 독일 사이버 안보 조직체계를 파악한다. 독일 사이버 안보전략의 효율적인 실행을 위해 독일의 분권화된 구조로 인해 발생할 수 있는 관할의 책임소재와 업무 조정을 위한 전 정부적 접근을 추구한다. 반면 독일의 분권화로 확보할 수 있는 실무전담기관의 독립적인 역할이 보장되고 있으며 총체적인 실행을 위한 효과적인 플랫폼의 역할을 수행하고 있다. 또한 사이버 안보 대응력 강화를 위한 사이버 안보법은 기존에 존재하고 있는 법률들의 조항 중 관계되는 조문을 모아 해당 조문의 내용을 개정하여 내용적 측면에서 개선·강화하고 있다. 마지막으로 본 연구가 줄 수 있는 한국적 의미를 파악하며 마무리하고자 한다.

II. 독일 사이버 안보전략의 배경

1. 독일의 외교 안보 정책과 포괄적안보 개념

2006년 독일 국방부 백서는 안보개념의 확대하며 민간위기예방의 영역에 포괄적안보 접근을 적용하기 시작했다(Bundesministerium der Verteidigung 2006, 30). 전반적으로 적용되고 있는 포괄적안보의 정의는 총체적인 접근이 필수적임을 강조하고 있으며 당시 국제적인 갈등예방과 위기극복 노력을 포괄적이고 명확한 방식으로 실행할 필요가 있음을 언급하고 있다(Borchert und Thiele 2012 ; Meier 2010). 거의 동시적으로 NATO에서도 포괄적 접근법(Comprehensive Approach)에 대한 논의가 이루어졌다(Ehrhart 2011).[4]

바드와 린츠(Vad and Linz 2012)는 Vernetzung(포괄성/연계)은 새로운 개념이 아니라고 주장하며, 독일의 포괄적안보 개념을 앵글로색슨 국가들의 대전략(Grand Strategy)과 비교하여 설명한다. 대전략은 앵글로색슨 국가에서는 최소 백년 이상 그 중요성을 잃지 않고 있다. 대전략은 자국의 이익을 실현하고 유지하기 위해 국가의 자원과 수단을 총체적으로 연결하거나 연계한다. 이 개념의 핵심은 근원적으로 군사 측면에 놓여 있으며 국가 간 갈등의 영역에 적용된다. 그러나 포괄적안보(Vernetzte Sicherheit)는 그와 달리 군사적 관점에서 벗어나 있다. 이 개념은 전통적인 두 국가 간 혹은 국가 간 연합 혹은 연방 간 군사갈등의 영역이 아니라 안정화를 위한 개입과 위기극복과 같은

---

4   본 연구에서는 독일의 안보접근법인 포괄적안보(Vernetzte Sicherheit)는 붙여서 한 단어로 NATO의 포괄적안보(Comprehensive Approach)는 띄어쓰기를 통해 구분하게 될 것이다.

비대칭적이고 국내적 혹은 내부적 갈등을 해결하는 데 적용된다. 탈냉전 이후 내외적 갈등의 모호성으로 인한 위기 구조의 변화는 새로운 안보 정책적 접근을 필요로 하게 되었고 그러한 맥락에서 포괄적안보 개념의 이해가 가능하다. 결국 독일의 포괄적안보 개념은 신흥안보 이슈에 대한 대응전략의 측면으로 이해할 수 있다(Dengg und Schurian 2015; Ehrhart 2011).

일반적으로 포괄적안보(Vernetzte Sicherheit)는 포괄적 접근(Comprehensive Approach)과 동의어로 사용되는 경우가 많아 포괄적안보로 번역하였지만 이 두 가지 용어에는 차이점이 존재한다(Hauswedell 2014). 비트코브스키 외(Wittkowsky et al. 2012, 115)에 따르면, 독일의 포괄적안보 개념은 국제적인 논의에서 번역이 까다롭고 따라서 표현이 제한되어 연결점을 찾기 쉽지 않다. 단순하게 직역을 하는 경우 네트워크 안보(Networked Security) 혹은 네트워크 기반 안보(Network-Based Security)로 번역되어 영어권 학자들의 경우 이해하기 어려울 뿐 아니라 IT영역 혹은 네트워크 중심전(Network-Centric Warfare) 등과 같은 다른 의미로 오해될 소지가 다분하다. 결국 독일어권 외의 학자들은 이 개념을 맥락에 맞게 이해하기 어렵다.

결국 포괄적안보(Vernetzte Sicherheit)는 두 가지 다른 개념(상호 의존된 영역과 다양한 관련 행위자들의 통합)을 접목하여 설명이 가능하다. 우선 포괄적 접근(Comprehensive Approach)은 독일어 포괄적 접근(umfassender Ansatz)으로 최근 정책문서에서 포괄적안보 개념과 함께 자주 등장하고 있다. 그리고 국가 권한에 배타적으로 사용되는 경우 전 정부적 접근(Whole-of-Government approach)으로 사용된다. 그러나 사이버 공간의 상호 의존성은 상업적 행위자, 시민, 그리고 군의 영역을 구별하지 않는다. 즉 사이버 위협의 복잡성은 이익

표 4-1. 포괄적 사이버 안보의 행위자와 다층적 성격

	국가		국제		지방/지역
국가행위자	연방정부(전 내각적 접근, 전 관할 영역을 포괄하는)	+	다른 국가; 다자기구(UN, EU, OSCE, NATO 등)	+	주, 지방, 도시 행위자
	+		+		+
비국가행위자	독일 시민사회 경제계		국제 NGOs		지역 NGOs. 경제계

출처: Wittkowsky et al. 2012, 117; 저자 재작성

당사자, 즉 정부, 산업, 그리고 방위영역의 협력이 필수적이라고 할 수 있다. 결국 포괄적안보 개념은 앞의 두 가지 접근을 포괄한다. 그러나 여전히 불명확한 것은 정책적 내용이라고 할 수 있는데, 이 개념은 안보와 민간 위기예방 혹은 위기관리에 동시적으로 적용되기 시작하여 현재는 사이버 안보[5] 영역에까지 확대고 있어 개념은 진화하고 있다

5   독일의 안보전략은 혼동될 수 있는 사이버 안보 관련 개념을 정의해놓았다(BMI 2011; 2016). 사이버 보안, 사이버 방어, 사이버 방위, 사이버 안보 등의 용어가 구별 없이 사용되는 경우가 많다. 이러한 혼동을 가능한 피하기 위해 관련 용어의 대한 정의가 필요하다. 사이버 공간(Cyber-Raum)은 데이터 영역이 네트워크화된 혹은 네트워크화될 수 있는 정보기술 체계의 전 세계의 가상공간으로 사이버 공간은 공개적으로 액세스할 수 있는 연결 네트워크로 인터넷을 기반으로 하며 다른 데이터 네크워크에 의해 확장될 수 있다. 사이버 공격(Cyber-Angriff)은 사이버 공간에서 혹은 사이버 공간을 통해 정보 기술 수단을 통해 IT 보안에 부분적으로 혹은 전체적으로 손상을 주기 위한 목적으로 한 가지 혹은 여러 정보 기술체계에 영향을 주는 것을 말한다. IT 보안(IT-Sicherheit) 혹은 정보보안(Informationssicherheit)은 정보기술시스템과 그 안에서 처리되고 저장된 데이터의 진위성, 기밀성, 무결성, 그리고 가용성을 말한다. 사이버 안보(Cyber-Sicherheit)는 데이터 영역이 네트워크화된 혹은 네트워크화될 수 있는 정보기술 체계의 사이버 공간에서의 IT 보안을 말한다. 사이버 방어(Cyber-Abwehr)는 사이버 안보(Cyber-Sicherheit)를 유지하고 높이기 위한 목적을 이루기 위한 모든 수단을 말한다. 사이버 방위(Cyber-Verteidigung)는 연방군이 사이버 공간에서 헌법의 위임과 국제법의 틀 안에서 행할 수 있는 공격과 방위능력을 포괄한다. 배치와 활용에 적합하고 요구되거나 (군사적) 사이버 공격의 방어와 그 공격에 대한 정보, IT, 무기 체계의 보호 등을 포함한다. 또한 방위의 중요한 측면과 상황 하에서 사이버 방어의 구조, 과정, 보고체계 등도 이에 속한다. 그러

(Dengg und Schurian 2015).

　　결국 포괄적안보는 총체적이고 포괄적인 접근으로 이해할 수 있다. 사이버 안보에 대한 포괄적 행동은 결국 민간 컴퓨터 전문가로부터 기업, 정부부처와 정보 공동체 그리고 군대까지 아우르는 협력을 요구한다. 또한 국가, 국제, 그리고 주정부와 지역을 포괄하며(표 4-1 참조), 부처와 조직이 함께 결정하고 연합과 협력 혹은 업무 분담을 통해 최적화를 추구하며, 유럽 및 국제 사회에서 독일의 적극적 역할을 통한 다자적 협력에 기여하는 것이다(Heuermann, Tomenendal, und Bressem 2018).

　　공식적인 포괄적안보의 정의는 다양한 정부문서에서도 드러난다. 2006년 최초로 공식적으로 포괄적안보를 언급했던 국방부 백서는 미래의 안보정책의 발전은 군사적 조건이 아니라 사회적, 경제적, 생태적, 그리고 문화적 조건들을 다국적으로 함께 영향력을 행사할 수 있을 것이라고 밝히고 있다. 따라서 안보는 단순히 정부와 군대만의 임무가 아니라 포괄적인 접근(umfassende Ansatz), 즉 포괄적안보정책 구조 속에서 그리고 포괄적인 전 국가적 그리고 글로벌 안보이해를 통해 보장될 수 있음을 강조하고 있다(Bundesministerium der Verteidigung 2006, 29).

　　2년 뒤 외교부에서 발행한 행동계획 보고서에서도 포괄적안보에 대한 이해를 찾아볼 수 있다. 포괄적안보(Vernetzte Sicherheit)는 독일의 담론 속에서 "통합적/포괄적 접근" 혹은 "전 정부적 접근"으로 이해할 수 있다. 효과적인 위기관리는 총체적인 접근을 통해서만 가능하면 그 속에서 민간뿐만 아니라 군사적인 요소들이 위치를 차지할 수

나 이 글에서는 명칭을 사이버 안보로 구분 없이 사용한다.

있다고 언급하고 있다(Auswärtiges Amt 2008, 81).

2009년 기민당(CDU), 기사당(CSU), 그리고 자민당(FDP)은 연정 협약에서 포괄적안보정책적 접근의 필요성을 인정하고 있음을 밝히고 있으며(CDU, CSU, FDP 2009, 123), 2013년 CDU, CSU, 사민당(SPD) 의 대연정은 효과적인 외교안보정책을 위한 관련 부처 간 포괄적인 협력을 강조하고있다(CDU, CSU, SPD 2013, 122). 그리고 현 정부인 CDU, CSU, SPD의 대연정은 협약을 통해 독일은 다른 파트너들과의 협력을 위해 포괄적인 접근을 추구하고 이를 위해 외교, 대화, 협력 그리고 개발협력을 실행도구로 이해한다. 또한 한 가지 새롭게 눈에 띄는 점은 사이버 안보 분야에 있어 독일 연방군의 적극적인 역할에 대한 부분이다(CDU, CSU, SPD 2018, 144).

2. 독일의 사이버 안보전략과 포괄적안보 접근

1) 사이버 안보 위협 인식

독일 사이버 안보전략(BMI 2016)은 지구화된 세계에서 안전하고 보안된 사이버 정보 공간의 자유로운 활동이 국가와 시민들을 위한 전제조건이라고 규정하며, 국가와 조직 그리고 개인 모두에게 디지털화로 인한 네트워크화는 현재와 미래의 삶에 독특한 방식으로 연결되어 있음을 인정한다. 이러한 현실은 결국 국가와 사회 그리고 경제가 사이버 공격으로 인한 위협에 취약한 구조로 내몰리고 직접적인 위협에 대한 방어가 요구된다고 할 수 있다. 위협의 양적 측면과 동시에 질적인 측면도 큰 변화를 야기하고 있다. 단순한 바이러스는 기술의 지속적인 발전으로 복잡하고 공격으로 인지하기도 어려운 정도로 위협의 단계가 상당한 수준에 이르렀다. 쉽게 해를 끼칠 수 있는 소프트웨어에 대한 접근이 누구에게나 용이하고 따라서 그러한 소프트웨어의 확산이 상대적으로 쉽다는 점에서 사이버 공격을 가할 수 있는 행위자는 국가를 넘어 테러리스트 집단, 범죄조직과 다양한 개인이 잠재적으로 엄청난 수준의 위해를 가할 수 있다. 사이버-정보공간에서의 위협의 범위는 개인정보의 탈취와 남용 혹은 경제 스파이로부터 주요한 인프라에 대한 위해에 이르기까지 일반 국민들에게 극심한 결과를 가져올 수 있을 뿐만 아니라 군사적인 중요 통신을 포함 정부통신 체계의 단절과 교란에까지 이른다(BMI 2016, 38-38). 결국 독일의 사이버 위협의 범위는 경제적인 측면을 넘어 국가 안보적인 측면을 포괄하고 있다.

국가와 주요한 인프라에 대한 사이버 공격은 이미 오래전부터 빈번하게 발생하고 있다. 개방되고 다원적인 사회에서 디지털 소통에 있어 가장 중요한 도전은 SNS상의 토론을 의도적으로 조종하는 것에서부터 뉴스포털에서 정보를 조작하는 수준에 이르기까지 공론에 영향을 줄 수 있다는 점이다. 이미 이러한 요인은 하이브리드전으로 핵심적인 의미를 가진다. 사이버-정보공간에서 일어나는 공격은 위장이 쉽다. 따라서 공격자 혹은 공격지를 구별하기 쉽지 않고 그러한 점은 전통적인 방법으로 이러한 도전을 해결하기 어렵다는 점이다. 독일은 사이버공격의 영향은 무장 전투에 버금가며 이러한 공격은 가상세계를 넘어서 현실세계로 격화될 수 있음을 인정하고 있다. 멀지 않은 미래에 사이버-정보공간에서 시작된 국가 간의 호전적인 갈등의 증가를 예상할 수 있다는 측면에서 국제적으로 법적 구속력을 갖는 규칙이나 신뢰와 보안을 구축할 수 있는 방안을 찾기 위한 노력이 필요함을 강조하고 있다.

표 4-2. 독일 사이버 안보전략의 4가지 영역

제1영역 : 디지털 환경에서 안전과 자기결정행위	제2영역 : 국가와 경제 분야의 공동 임무
- 디지털환경에서 안전을 스스로 확보하기 위하여 교육을 통한 디지털안전교육의 실시와 정부의 디지털 교육 의무 - 안전한 전자통신과 웹사이트 구축을 위해 표준화된 암호화를 장려하고 이를 지원. - 실행방안 · 모든 사용자의 디지털 능력제고 · 디지털 부주의에 대응 · 안전한 전자통신과 안전한 웹환경 제공을 위한 전제조건의 마련 · 안전한 전자 아이디 · 인증과 허가의 강화 – IT 안전을 위한 품질인증 도입 · 안전화 디지털화 · IT-안전연구의 장려	- 사이버 안보는 정부부문만의 일이 아니며, 기업부문의 과제이기도 하므로 정부는 사이버 안보를 확보하기 위한 프로그램을 통해 기업부문을 지원 - 실행방안 · 기업 보호 · 독일 IT 산업의 강화 · 공급자와의 협력 · IT-안전서비스업자의 참여 · 신뢰할 수 있는 정보교환을 위한 플랫폼의 형성
제3영역 : 능률적이고 지속적인 국가 사이버 안보 아키텍처	제4영역 : 유럽 및 국제사이버 안보에서 독일의 적극적 역할
- 연방정부와 주정부 그리고 이하 지방자치단체의 역할 부여 - 국가사이버 안보센터의 중추적 역할 - 연방군의 기본과제로서 사이버 안보를 규정 - 실행방안 · 국가 사이버방어센터(Cyber-Abwehrzentrum)의 발전 · 현장 대응 및 분석능력 강화 · 사이버공간에서의 형사소추의 강화 · 사이버 스파이와 사이버 사보타지에 대한 효과적 대응 · 해외로부터의 사이버 공격에 대한 조기경보 시스템 · 안전영역(ZITiS)에서 정보기술을 위한 중앙기관의 설립 · 국방적 관점에서 사이버안전의 강화 · CERT 체계의 강화 · 연방행정에서의 안보 · 연방과 주 간 긴밀한 협력 · 자원의 배치, 인력의 확보와 개발	- EU, 나토 등 다자기구의 틀 안에서 경찰과 사법부가 협력하고 공동으로 대외정책을 수행하는 것을 중요하게 인식 - 실행방안 · 효율적인 유럽 사이버 안전정책의 적극적 형성 · NATO의 사이버방위정책의 개발 · 적극적 국제적 사이버 안전의 공동형성 · 사이버역량 강화를 위한 양자 간 및 지역적 지원과 협력 · 국제적 형사소추의 강화

2) 독일 사이버 안보전략의 방향성

독일은 사이버 안보전략의 중요성을 인식하고 2011년 독립적인 사이버 안보전략을 수립했으며, 2015년 충격적인 사이버 위협을 경험하게 되면서 2016년 이행을 위해 전략을 구체화하고 독일의 사이버 안보는 전 국가적인 과제이며 따라서 함께 해결해야 함을 강조한다(Häglsperger et al. 2015; Zedler 2017). 따라서 2011년 전략에 덧붙여 2016년 사이버 안보전략은 새로운 의제를 추가하고 분리되어 있던 관할의 한계를 인정하며 각 부처의 관할을 총체적으로 연결하며 마지막으로 주제의 복합성을 인정하여 통합적으로 해결해야함을 강조하고 있다(Pohlmann 2016; Pospisil et al. 2017).

2016년 독일 사이버 안보전략서에서 사이버 안보는 그동안 다양한 전략적 개념이며 독일 연방정부의 전 정부적 접근이다. 따라서 국가 조직은 사이버 안보를 위해 더욱 포괄적인 접근을 통해 움직여야 한다는 점을 강조하고 있다. 사이버 공간의 내외적 안보는 더 이상 구별이 명확하지 않기 때문에 사이버 안보와 사이버 공격에 대한 방어는 전 국가적인 과제가 되었다는 점을 강조하고 있다. 복합적인 성격을 가지는 사이버 안보 주제의 중요성을 인식하여 부처 간 협력을 도모하는 사이버 안보전략을 설정하였음을 인정하고 있다. 또한 2016 사이버 안보전략의 수립 과정에 주정부와 경제계가 함께 참여했다(BMI 2016, 5).

2016년 독일 국방백서는 사이버 공간은 내적 그리고 외적 안보의 구분을 어렵게 하기 때문에 사이버 공간의 위협 상황은 사이버 안보정책의 틀에 있어 총체적 고려를 필요로 한다고 언급하고 있다. 또한 사이버 안보와 사이버 방위는 전 국가적인 임무이며 따라서 모두 함께 해결해야 하는 문제라고 주장하며 주요한 인프라에 대한 보호가 이러한 범주에 속한다. 연방내무부의 주도적인 역할 하에 세워진 사이버 안보전략의 틀에서 임무에 대한 인식을 구체화하게 되는데 국방적인 측면은 연방국방부가 사이버 안보 정책의 국제적인 측면은 외무부가 담당하게 된다. 또한 전 국가적인 사이버 안보의 국방 측면은 연방국 방부와 연방군의 근원적인 임무임을 명확하게 규정하고 있다. 독일에 서 최근 급증하고 있는 위기를 낮은 수준으로 줄이기 위해 사이버 방 어, 사이버 방위, 사이버 안보와 사이버 외교정책은 이러한 목적을 달 성하기 위한 수단이 된다. 또한 안보과제는 더 이상 국가만의 과제가 아니며 지속적으로 국가, 경제, 학계, 그리고 사회가 함께 해결해야 하 는 과제로 이해하고 있다(BMI 2016, 58-59).

3) 전 국가적 접근으로의 사이버 안보

2016년 독일의 사이버 안보전략서의 제3영역은 능률적이고 지속적인 국가 사이버 보안 아키텍처의 수립을 계획하고 있다(표 4-2 참조). 연 방정부와 주정부 그리고 이하 지방자치단체의 역할을 구분하여 부여 하고 있으며 연방과 주정부들 간의 긴밀한 협력을 명시하고 있다. 독 일 연방정부의 사이버 안보 정책형성과 조정을 위해 사이버 안보위원 회가 설립되었다. 사이버 안보위원회는 연방 수상청, 외무부, 내무부, 국방부, 법무부, 경제부, 재정부, 교육부(필요한 경우 다른 부처)와 16 개 연방주 준회원의 자격으로 경제계 회원이 참여하게 되는데 각 경제 단체(BDI, BITKOM 등)와 IT 관련 단체와 주요 인프라 운용자들의 민 관협력체인 UP-KRITIS와 필요한 경우 학계 회원이 참여하고 있다.

사이버 안보의 구체적인 실행을 위한 사이버 안보 추진체계에서 조정역할을 담당하는 부처는 연방내무부이나 소관부처들이 각기 소관 영역에서 사이버 안보를 담당하고 있다. 사이버 안보의 소관이 복합적 으로 중첩된다는 점에서 각 부처 간 및 실무전담기관들이 공동으로 대응하는 모습이 나타나고 있다.

포괄적안보의 독일적 특성으로 인해 나타날 수 있는 부처 이기주의를 극복하기 위해 각 부처 간 협력체계를 구축하고 있다. 예를 들어 BSI 산하 국가사이버방어센터의 경우 BSI는 정보기술적 측면에서, 연방범죄수사청·관세형사청(연방재무부 산하)과 연방경찰은 경찰수사의 관점에서 평가하며, 연방국민안전재난관리청에서는 최종적으로 재난관리의 관점에서 주요한 인프라시설에 관한 영향을 평가하여 단순한 정보교환창구에서 IT 안보와 관련 있는 기관들의 협력 플랫폼의 역할로 변모하고 있다.

2018년 8월 연방내무부와 연방국방부는 공동으로 사이버에이전시를 설립했다. 정확한 명칭은 "사이버 안보의 혁신을 위한 에이전시"로 공동으로 사이버 안보에 대한 연구와 혁신을 촉진하고 재정적으로 지원하기 위한 것으로 아이디어에서 결과물에 이르는 연구의 과정을 조율하기 위한 관청이다. 두 부처는 사이버에이전시를 부처 포괄적인 조직으로 설립했으며,[6] 2018년에는 단지 14명의 인원으로 시작했지만 100여 명까지 인원이 충원될 계획이다. 이 조직은 국방백서(2016)에 근거해 사이버 안보정책 영역에서 총체적인 관점에서 접근할 필요를 강조하여 위기감지와 해결을 위한 혁신적 연구를 진행하는 것을 목표로 한다. 2018년 이미 1500백만 유로, 2019~2022년 총 2억 유로를 투자를 계획하고 있다(매년 4천~5천만 유로). 또한 이러한 재정적 투입 중 80%를 연구와 혁신 작업에 활용할 목표를 세우고 있다.[7]

---

6   사이버안보의 혁신을 위한 에이전시 https://www.bmvg.de/de/aktuelles/bundeska binett-beschliesst-cyberagentur-27392 (검색일: 2018년 9월 1일)

7   사이버안보의 혁신을 위한 에이전시 https://www.bmvg.de/de/aktuelles/bundeska binett-beschliesst-cyberagentur-27392 (검색일: 2018년 9월 1일)

3. 사이버 안보 국방전략

2015년 사이버 공격이 눈에 띄게 증가했을 뿐만 아니라 외무부, 연방
의회 등의 정부 기관이 빈번하게 사이버 공격을 받는 상황이 발생하며
사이버 안보의 필요성에 대한 인식이 높아지기 시작했다. 헌법수호청
에 따르면 독일에서 가장 스파이 활동을 많이 한 국가는 러시아, 중국,
이란을 들 수 있다. 그러나 서구우방국가들도 많은 스파이 활동을 하
고 있다.[8] 이 시기 독일에 대한 스파이 활동의 주요 타겟은 주로 자국
의 반대세력, 정치, 경제, 학계, 군 영역까지 다양하나 가장 많은 스파
이 활동의 경우 독일의 정당재단(프리드리히 에버트 재단과 콘라드 아
데나워 재단)과 23개 독일 대학의 데이터베이스에 대한 공격이었다.
러시아를 공격의 배후로 지목하는 공식적인 확인은 없었으며 대부분
익명으로 사이버 공격의 배후를 러시아로 지목했다.

　독일의 사이버 안보 대응전략은 영국과 달리 요새화된 사이버 안
보(FCD)의 전략, 즉 예방과 내성의 측면을 강조하는 접근으로 타겟
시스템과 네트워크에 접근할 수 있는 기회를 줄이기 위한 방법이다.
그러나 최근 적극적인 공격적 접근법에 대한 논의가 진행되고 있으며
이는 사이버 국방전략의 강화로 연결되고 있다(Maisey 2014). 2018년
국방부와 부처 포괄적인 사이버에이전시를 설립한 내무부 장관 제호
퍼는 독일을 포함한 유럽국가들이 미국 기술의존도가 심각하게 높은
수준임을 강조하고 유럽안보와 독립을 강화하기 위해 독일이 사이버
안보의 주요 행위자가 되어야 함을 강조했다.[9] 국방장관 우어줄라 폰

8　　Spiegel Online 2018.07.24.

9　　Stiebel, Benjamin. 2018. Bündnis für Cyber-Sicherheit. Behörden Spiegel. 28.
　　　September 2018. https://www.behoerden-spiegel.de/2018/09/28/buendnis-fuer-

로이엔(Ursula von Leuen)은 독일이 사이버 안보에서 뒤쳐져 있기 때
문에 이 분야에 대한 완전히 새로운 접근이 필요함을 주장했다.[10]

독일의 독자적인 사이버 안보전략 속에는 국방전략이 포함되어
있는데 연방군의 기본과제로 사이버 안보를 규정하고 있으며 국방적
관점에서 사이버 안보를 강화할 필요가 있음을 언급하고 있다(Müller
et al. 2018). 2017년 독일은 사이버군(Cyber/IT: CIT)을 창설하였고
연방국방장관 폰 로이엔은 "독일의 다음번 전쟁은 가상의 사이버 공
간"일 것이라 지적했다. 2017년 이후 사이버 국방전략에 많은 관심이
집중되고 있는데 폰 로이엔 국방장관은 범지구적 안정에 대한 가장 큰
위협은 사이버 위협이며 앞으로 정부의 주된 과제는 사이버 안보의 개
선이라고 주장했다.[11] 2018년 4월에는 사이버정보사령부(KdoCIR)의
창설을 통해 사이버 혁신허브를 설립하여 업계와 협력을 도모하여, 군
사적 잠재력을 가진 신규출현 기술을 가급적 빠르게 식별 활용하는 것
을 목표로 한다. 사이버정보사령부는 13,500명의 군인과 민간인으로
구성되며 2021년까지 14,500명으로 증원계획을 가지고 있다.[12]

---

cyber-sicherheit/#
10   물론 이러한 주장에 반대를 표하는 연방의원 또한 존재하는데 녹색당 의원 폰 놋츠는 사
      이버에이전시가 정보기술안보의 향상보다는 위협이 될 것임을 강조하고 사이버에이전
      시의 공격 능력의 강화는 결국 국제적으로 사이버 무기의 사용을 제한하고자 하는 독일
      의 외교노력을 어렵게 만들 것이며 독일은 결국 사이버 무기경쟁에서 중국, 북한, 러시
      아에게 질 수밖에 없기 때문에 취약한 시스템을 강화하는 전략, 즉 기존의 전략을 고수
      해야 한다고 주장한다
11   CNBC, 2018년 2월 17일.
12   Das Kommando Cyber- und Informationsraum https://cir.bundeswehr.de/ (검색일:
      2018년 4월 20일)

4. 사이버 안보 국제협력

사이버 안보를 위한 새로운 외교정책적 의제로 사이버 외교정책이 도입되었다. 사이버–정보공간은 국경의 존재가 모호하다는 점에서 국제적이고 전략적인 행동공간으로 발전했다. 이러한 측면은 앞으로도 갈등의 여지를 남기게 될 것이다. 이 분야에 국제법적 적용에 대한 공통의 이해와 대응능력과 탄력성의 증대와 사이버 공격과 정보작전에 대한 예방과 방어능력의 향상은 피할 수 없는 현실이다. 이러한 부분은 EU와 같은 동맹 간 일관성 있게 조정된 전략을 포함한다(Beyerer, Müller-Quade, und Reussner 2018; Weissbuch 2016, 58–59).

독일 사이버 안보전략 또한 제4영역에서 유럽 및 국제 사이버 안보정책에서 독일의 적극적 역할을 설정하고 있다(Hansel 2013). EU, 나토 등 다자기구의 틀 안에서 경찰과 사법부가 협력하고 공동으로 대외정책을 수행하는 것을 중요하게 인식하고 있다(Meier-Walser 2018; Olshausen 2014). 이를 위한 실행 방안으로 효율적인 유럽 사이버 안보정책의 적극적 형성, NATO의 사이버 방위정책의 개발, 적극적 국제적 사이버 안보의 공동형성, 사이버 역량 강화를 위한 양자 간 및 지역적 지원과 협력 그리고 국제적 형사소추의 강화를 들고 있다.

양자적 사이버 안보 협력은 주로 프랑스, 이탈리아, 최근 이스라엘과 협력이 이루어지고 있으며(Kempin 2012), 지역적 차원에서는 유럽연합의 디지털단일시장과 사이버 안보전략형성에 적극적 참여하고 있다. 또한 NATO에서는 독일 연방군이 NATO Cooperative Cyber Defense Centre of Excellence와 사이버 공격에 대한 시뮬레이션의 진행 등 긴밀한 협력이 이루어지고 있다(Pernice 2018).[13]

III. 독일 사이버 안보 추진체계와 법제 분석

1. 독일 사이버 안보전략과 추진체계

독일 내무부는 디지털화를 통해 인더스트리 4.0을 진전시키기 위해 사이버 안보라는 개념을 적극적으로 개진하고 있다. 내무부가 2016년에 발행한 사이버 안보전략의 4개 영역을 중심으로 사이버 안보 추진체계를 설명할 수 있다(표 4-2).

우선 첫 번째 전략영역은 디지털 환경에서 안전과 자기결정행위로 예방의 목적을 갖는다(Heuermann, Tomenendal, und Bressem 2018). 시민의 디지털 역량교육의 측면을 다룬다. 디지털 교육은 미래 교육프로그램의 필수적인 부분으로 교육기관의 필수 주제로 포함될 필요성을 강조한다. 모든 학생은 정보통신기술을 다룰 수 있을 정도의 기술적인 기초이해를 섭렵해야 하며, 이 영역의 실질적 집행을 위해서 교육과 연구분야의 관할권을 가지는 연방교육부(BMBF)가 중심적인 역할을 하게 된다. 디지털화를 진전시키기 위해 안전한 통신체계가 필요하다는 점에서 기존에 구축되어 있는 연구기관들의 연합을 형성하여 IT-보안연구 역량 센터를 구축했다. 이러한 관점에서 IT 보안연구 역량센터가 CRISP(다름슈타트), CISPA(자브뤼켄) 그리고 KASTEL(칼스루에)의 연합 형성을 통해 설립되었다.[14] 2011년 연방교육연구부(BMBF)는 디지털 의제의 실행을 위해 설치했다. 독일의 사이버 안보

---

13   정보기술과 안보영역 센터(Zentrale Stelle für Informationstechnik im Sicherheitsbereich: ZITiS) https://www.zitis.bund.de/DE/ZITiS/zitis_node.html

14   https://kompetenz-it-sicherheit.de/?doing_wp_cron=1550410170.8804149627685 546875000 (검색일: 2019년 3월 1일)

영역의 연구역량 강화의 일환으로 설립되었다(Maisey 2014). 이 분야의 핵심 대학과 연구소들의 연합체의 협력센터로 유럽과 세계적인 대학들과 기술적·인적 교류를 진행 중이다.[15]

두 번째 전략영역은 국가와 경제의 협력이다. 행동을 위한 핵심은 국가와 경제의 장기적이고 안전한 디지털 인프라구조를 보장하기 위한 긴밀한 협력이다. 최우선적으로 에너지, 보건, 물 부문 등 민간과 연계된 디지털 구조, 즉 "주요한 인프라구조"에 대한 보안이 필요하다. 주요한 인프라구조에 대한 안보확보의 실패는 치명적인 결과를 초래할 수 있기 때문에 그러하다. 사이버 안보 영역에서 기업의 연구 프로그램을 통합하는 것을 통해 발전을 추구하려는 움직임을 보이고 있다. 또한 대학과 IT 기업 간의 공동 프로젝트의 활성화를 통해 서로의 강점을 활용하고 상호 간의 노하우를 교환하도록 지원한다.

세 번째 전략영역은 능률적이고 지속적인 국가 사이버 안보 아키텍처이며 이는 국가 사이버 안보 추진체계 구축이라고 할 수 있는데 이를 위해 국가 사이버 방어센터(Nationales Cyber-Abwehrzentrum, NCAZ 혹은 Cyber-AZ)의 설립과 발전을 진전시켰다. 사이버 방어센터의 과제는 사이버 공간에서 다양한 위기 시에 적절한 보호와 방어 수단을 조정하는 역할을 한다.

앞으로 발생하게 될 사이버 공격에 잘 대처하기 위해 연방범죄수사청(Bundeskriminalamt, BKA)은 신속대응팀(Quick Reaction Force, QRF)을 설치했다. QRF팀은 형사기소를 개시할 때 담당 주 검사 또는 담당 연방 검사와 직접 협의할 수 있다. 또한 연방헌법수호청(Bunde-

---

15   CRISP, CISPA and KASTEL (2017). Die Kompetenzzentren für IT-Sicherheitsforschung. https://www.kompetenz-it-sicherheit.de/wp-content/uploads/2017/02/Imagebroschuere.pdf (검색일: 2019년 1월 31일)

samt für Verfassungsschutz, BfV)은 이미 IT 전문가, 정보장교와 사이
버 공격 방어 전문가로 구성되어 있는 모바일 사이버팀(Mobile Cyber-
Teams)을 구성했다. 연방정보부(Bundesnachrichtendienst, BND)
는 국외로부터의 사이버 스파이 사이버 공격이 국내와 주요 인프라
를 목표로 할 때 사이버 방어에 대한 정보부 지원(Signals Intelligence
Support to Cyber Defense, SSCD)을 통해 조기경보조치를 실행한다
(Dürig und Fischer 2018). 독일의 안보 관련 기관을 돕기 위한 중심적
인 역할을 담당하는 정보기술과 안보영역 센터(Zentrale Stelle für In-
formationstechnik im Sicherheitsbereich, ZITiS)의 설립 또한 2016년
독일의 사이버 안보전략의 일환으로 설립되었다. 디지털 포렌식, 원격
모니터링, 암호 해독 및 빅데이터 분석과 같은 주요 연구와 개발을 수
행하는 역할을 한다.

　네 번째 전략영역은 유럽 및 국제 사이버 안보정책에서 독일의 적
극적 역할로 사이버 안보의 국제화를 수행하는 것이다. 독일의 외교정
책은 다자주의를 선호하며 이러한 질서의 확립을 목표로 설정하고 있
다. 사이버 안보 영역에서는 예를 들어 NATO에서 안전한 디지털 데
이터 통신에 대한 다양한 협력 프로젝트에 참여하고 있다. NATO회원
국의 사이버 안보에 있어 발전 격차는 이러한 프로젝트의 수행에 상
당한 도전으로 작용할 수 있다. 우선적으로 국제적인 정보교류가 경제
스파이와 사이버 공격에 대처하기 위해 필수적임을 강조하고 있다. 또
한 유럽연합 단계에서의 규범과 규칙의 설정에 적극적인 태도를 보이
고 있다.

　외교부는 사이버 외교정책의 일환으로 국제적인 사이버 안보와
사이버 공간에서의 범세계적인 인권, 그리고 디지털화를 통한 경제적
기회의 활용 등을 의제로 설정했다. 이를 위해 2011년 외교부에 사이

버 외교정책 설정을 위한 조정 역할을 할 수 있는 부서를 신설했다. 또한 독일 인터넷 보안 연구소(Deutschen Instituts für Internet Sicherheit, DIIS) 설립을 위해 노력했다. 2016년 사이버 안보전략을 통해 이 연구소의 설립이 알려졌으며(BMI 2016), 이 연구소는 다양한 행위자들이 참여하여 사이버 안보를 국제 안정과 위기 예방의 측면에서 접근하고 있다.

2. 독일 사이버 안보 추진체계: 주요 행위자와 과제

독일 사이버 안보 구조의 첫 시작은 이미 1986년으로 거슬러 올라갈 수 있다. 독일 사이버 안보의 실행에 있어 중추적인 역할을 하고 있는 연방정보보호청(Bundesamt für Sicherheit in der Informationstechnik, BSI)의 전신인 암호화 센터(Zentralstelle für das Chiffrierwesen, ZfCh)는 ICT의 급속한 발전 배경에 대한 보안 문제를 다루는 실무그룹을 구성했다(BSI 2004).[15] ZfCh는 1991년 연방정보부(Bundesnachrichtendienst, BND)로부터 독립하여 내무부 산하 연방정보보호청으로 설립되었다. 그 후 20년이 지난 후에야 독일의 사이버 안보는 2011년 사이버 안보전략을 통해 다시금 주목받기 시작했으며 가장 대표적인 기관으로 앞서도 언급한 국가 사이버 방어센터(NCAZ 혹은 Cyber-AZ)를 들 수 있다. 그 이후 사이버 안보는 독일 안보 정책의 주요 요소가 되었다.

2016년 새로운 사이버 안보전략과 함께 이 영역은 〈그림 4-1〉이

---

16   https://www.bsi.bund.de/SharedDocs/Downloads/DE/BSI/Publikationen/Jahresberichte/BSI-Jahresbericht_2003_pdf.pdf;jsessionid=E2D1E9A721D885928E7259890DAA9A04.2_cid341?_blob=publicationFile&v=2 (검색일: 2019년 1월 20일)

보여주듯 점점 더 복잡하지만 체계적으로 발전하고 있다. 이는 독일정
치체계의 구조적·문화적 요인에서 찾아볼 수 있는 여지가 있다. 물론
이를 위한 더 체계적인 연구가 필요하다. 독일의 의회민주주의는 다
양한 법적·과정법적·절차적 구조로 중앙 집중적인 대통령민주제 국
가들과는 차이점을 보여준다. 미국과 프랑스처럼 중앙집중적 국가들
은 독일과 같이 부처원칙 혹은 수상원칙의 고려 없이 한편으론 하향식
으로 어느 정도 쉽게 조정하는 모습을 보여준다(Thiele und Borchert
2012). 독일의 정치적 현실과 오히려 상향식 접근으로 부처원칙이 우
선하게 되는 경우가 많다. 따라서 하향식 방법과 달리 독일의 경우 처
음부터 전 부처가 대화를 통해 모든 단계에서 공동으로 정책을 형성하
기 위해 타협점을 찾게 된다. 대부분의 중앙집중적인 국가에서는 먼저
중앙에서 명확한 정책을 형성하고 이후에 부처 간 대화를 통해 타협하
는 방식과 대조된다. 또한 독일의 경우 지속적으로 연정을 통해 정부
를 구성해왔고 앞으로도 이러한 경향이 지속될 것으로 보인다. 외교와
안보 그리고 수상청의 안보와 국방의 중심 관할권자로의 역할은 각 영
역이 각각 다른 정당으로 구성된다는 점으로 인해 지속적으로 부처원
칙이 중요성을 잃지 않게 될 것이기 때문에 발생할 수 있는 부처이기
주의가 문제가 될 수 있다. 포괄적안보는 총체적인 행동을 위해 실행
인터페이스를 형성하는 개념이다. 따라서 동시에 참여한 행위자 간의
협력의 문제가 발생하게 된다. 결국 개인과 개인 혹은 조직과 조직의
협력, 공조, 조정의 노력을 필요로 한다. 따라서 포괄적안보가 전 정부
적 접근으로 많은 관할 부처 혹은 조직을 포괄하는 협력의 어려움에
봉착하게 된다.

사이버 안보 영역의 조직구조는 복잡하기 때문에 가장 중요한 몇
몇 기관을 중심으로 설명하고자 한다. 먼저 독일 사이버 안보의 전략

의 방향을 설정하고 전략을 수립하는 데 중요한 행위자는 사이버 안보
위원회(Cyber-Sicherheitsrat, Cyber-SR)로 다수 기관들의 협의체로 연
방정부에 대한 자문역할을 한다. 우선 연방 수상청, 외교부, 내무부,
국방부, 법무부, 경제부, 재정부, 교육부, 그리고 필요한 경우 다른 부
처와(지속적으로 확대될 것을 명시하고 있다) 16개 연방주, 그리고 준참
가자 경제계 회원으로는 각 경제단체(BDI, BITKOM, IT 관련 단체)와
주요 인프라 운용자들의 민관협력체인 주요인프라집행계획(Umset-
zungsplan Kritische Infrastrukturen, UP-KRITIS), 그리고 필요한 경우
학계를 포함하여 구성된다.

사이버 안보 추진체계에서 조정역할을 담당하는 부처는 연방내무
부이지만 소관부처들이 각기 소관영역에서 사이버 안보 영역을 담당
하고 있으며, 각 부처 간 협력체계를 구축하고 있다(BMI 2016, 45). 독
일 국방부의 국방백서는 연방내무부의 조정 역할 하에 세워진 사이버
안보전략의 틀에서 임무에 대한 구별을 명확하게 하여, 국방적인 측면
은 연방국방부가, 사이버 안보정책의 국제적인 측면은 외무부가 담당
하게 된다. 전 국가적인 사이버 안보의 국방 측면은 연방국방부와 연
방군의 근원적인 임무임을 명확하게 규정하고 있다(BMVg 2016).

무엇보다 사이버 안보위원회의 중요한 위원 중 하나인 연방국방
부의 경우 사이버 안보를 통한 국가 방위, 즉 독일의 군사방위와 사이
버 공간에서의 방위가 핵심 임무 영역이다. 이를 위해 국방부는 NATO
의 사이버 혁신허브와 협력적 사이버 방어센터와 협력관계를 구축하
고 있다. 2017년 사이버군(Abteilung Cyber- und Informationstech-
nik, CIT)을 창설하여 사이버 방위에 대한 책임을 지고 있으며 연방군
(Bundeswehr, Bw)과 안보를 위한 연방아카데미(Bundesakademie
für Sicherheitspolitik, BAKS)가 소관 기관이다. 또한 2018년 8월 연방

내무부와 연방국방부 공동으로 사이버에이전시(Agentur für Innovation in der Cybersicherheit, Cyberagentur)를 설립했다. 이 에이전시에 대해 국방백서(2016)는 사이버 안보정책 영역에서 총체적인 관점에서 접근할 필요를 강조하며 위기감지와 해결을 위한 혁신적 연구를 위해 설립할 것을 계획했고, 2018년 연정협약은 사이버 안보 및 주요 기술분야의 혁신을 위한 에이전시(Agentur für Disruptive Innovationen in der Cybersicherheit und Schlüsseltechnologien, ADIC)의 설립을 결정했다.

사이버 안보위원회의 가장 중요한 부처는 연방내무부이다. 연방내무부는 독일의 사이버 안보전략을 생산하고 다른 기관들과 협력한다. 연방내무부 산하에 사이버 안보를 담당하는 중요한 이행 조직들이 설치되어 있다. 가장 중요한 조직은 다음의 4개 조직이다.

연방정보보호청(Bundesamt für Sicherheit in der Informationstechnik, BSI)은 실무전담기관으로 사이버 공격에 대한 모든 정보가 IT 인프라구조에 연결된다. 사이버 안보의 소관이 복합적으로 중첩된다는 점에서 각 부처 간 및 실무전담기관들이 공동으로 대응하는 모습이 나타나고 있는데, 예를 들어 BSI 산하 국가사이버방어센터의 경우 BSI는 정보기술적 측면에서, 연방범죄수사청·연방관세청(연방재무부 산하)와 연방경찰은 경찰수사의 관점에서 평가하며, 연방국민안전재난관리청에서는 최종적으로 재난관리의 관점에서 주요한 기반시설에 관한 영향을 평가한다. BSI는 단순한 정보교환창구에서 IT 보안과 관련 있는 기관들의 협력 플랫폼의 역할로 변모하고 있다. 2018년 현재 정부는 이 센터의 확대를 위해 "사이버 방어 센터 플러스(Cyber-AZ Plus)" 논의를 진행 중이다(Breternitz and Herpig 2018, 19). 가장 높은 수준의 기술력을 가진 인력이 배치되어 있다고 평가받는 BSI는 정부기관, 경제계와 사회에 정부와 사이버 안보에 관한 많은 활동과 협력과 이니셔티브를 지원하고 있다. 국가 하부단위와 협력관계 구축을 위해 연결사무소를 설치하고 있다(Breternitz and Herpig 2018, 9). 또한 산하조직으로 앞서 언급한 국가사이버방어센타(Cyber-AZ), 사이버 안보를 위한 연합(Allianz für Cyber-Sicherheit, AfCS / ACS), 국가 IT 상황 센터(Nationales IT-Lagezentrum, LZ), 연방과 시민 컴퓨터 위기 대응팀(연방위기대응팀)과 (시민위기대응팀)〔Computer Emergency Response Team des Bundes (CERT-Bund) und (Bürger-CERT)〕을 들 수 있다(Heuermann, Tomenendal, und Bressem 2018).

다른 연방내각 행위자를 살펴보면 연방수상청(Bundeskanzleramt, BKAmt)의 경우 사이버 안보와 관련해서는 산하기관으로 연방정보부(Bundesnachrichtendienst, BND)가 있으며 경제보호 이니셔티브에 참여하고 있으며 Cyber-AZ의 일원이다. 연방수상청은 또한 독일 국제안보문제연구소(Stiftung Wissenschaft und Politik, SWP)에 재정적 지원을 한다.

연방경제에너지부(Bundesministerium für Wirtschaft und Energie, BMWi)는 경제, 사회, 국가가 안전하고 신뢰할 수 있는 IT 접근성을 확보하여 디지털화로 통해 가능한 혜택을 얻을 수 있도록 하는 것을 목표로 한다. BMWi는 사이버 안보 영역에 있어서 인더스트리 4.0(Industrie 4.0)에서의 IT 보안에 중점을 둔다. 또한 BMWi는 경제계 IT 보안 이니셔티브(Initiative IT-Sicherheit in der Wirtschaft)와 안전한 클라우드 (역량 네트워크) (Kompetenznetzwerk Trusted Cloud)를 설립했으며, 독일 안전 네트워크 협회 (Deutschland sicher im Netz e.V., DsiN)의 자문위원이며 연방 (전기, 가스, 통신, 우편, 철도) 네트워크 에이전시(Bundesnetzagentur für Elektrizitat, Gas, Telekom-

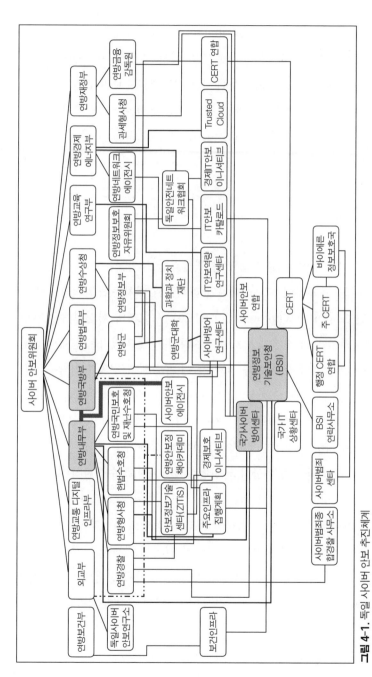

그림 4-1. 독일 사이버 안보 추진체계

출처: Breternitz und Herpig 2018; 저자 수정 재작성

munikation, Post und Eisenbahnen, BNetzA)를 산하기관으로 두고
있다. BNetzA는 점차 사이버 안보영역에서 그 중요성이 증대되고 있
으며 주로 전기, 가스, 통신, 우편, 철도 분야의 IT 보안 규정과 요구사
항을 담당하며, 가스와 전기 네트워크 관련 운영자들이 실행해야할 의
무가 있는 IT 보안 카탈로그(IT-Sicherheitskatalog) 작업에서 BSI와
협력했다.[17]

2. 독일 사이버 안보법체계

독일 사이버 안보의 실행을 위한 포괄적안보 접근은 헌법적인 한계
가 존재한다. 기본법 87a에 따르면 공격군의 배치는 포괄적안보의 결
정적인 도구이다(Wittkowsky et al. 2012). 그러나 확장된 안보개념
은 내부와 외부의 경계가 모호하다는 특성을 갖고 있다는 점에서 헌법
적 이행조항을 찾기 어렵다. 따라서 내부적 위협(경찰과 헌법수호청)
과 외부적 위협(연방군과 국가정보부)을 위한 대응수단의 결합(Vernet-
zung)은 특정한 조건하에서만 가능하다. 이러한 제한은 독일의 부처
원칙(Ressortprinzip)과 정부의 구성에 영향을 주는 연정원칙(Koali-
tionsprinzip)과 연방수상의 국정방향설정권한의 수상원칙(Kanzler-
prinzip)의 상호 변화 갈등하는 관계 속에서 더욱 강화된다.

　　부처원칙의 핵심은 명확한 업무의 분장으로 정치적 책임을 지는
것이다. 이러한 책임은 나눌 수 없으며 결국 포괄적안보 개념은 모호
해진다. 담당 장관은 자 부처의 관할 문제에 어떤 방식으로 대응해야
하는지 결정해야 하며 따라서 전적으로 책임을 진다. 협력을 위한 압

---

17   http://www.it-sicherheitskatalog.de/ (검색일: 2019년 1월 20일)

력 혹은 책임의 포기는 헌법상 아주 제한된 조건하에서만 가능하다. 정부의 합의원칙(Kollegialprinzip)과 수상의 국정방향설정권한을 통해서만 가능하다. 즉 포괄적행동은 부처의 관할 책임을 약화시키지 않는 방식으로 실행이 가능하다. 또한 연방국가로서의 연방원칙은 포괄적안보의 틀에서 연방과 주의 협력에 명확한 제한을 준다. 또한 헌법수호청과 국가정보원의 경우 정보공유의 측면에서 법적으로 또한 실재적으로 명확한 제한이 존재할 수밖에 없다. 이러한 한계점을 극복하기 위해 각 부처는 포괄적행동의 시작의 일환으로 부처 개혁에 시동을 걸고, 포괄적행동을 장려하기 위해 부처 간 인력 교류, 기획조정 부서의 공동 활동, 합동 교육과 연습 등을 활용하고 있다. 그러나 사이버 안보대응을 위한 포괄적안보대응을 위한 전략과 체계의 기반이 될 법과 제도의 구비와 정비가 필요하다(오일석·김소정 2014; 장노순·조성권 2017). 이러한 측면에서 독일은 2011년 국가 사이버 안보전략이 수립되고 있었으며, 이에 따라 연방행정조직들도 정비되고 있었다.

2011년 독일 사이버 안보전략서는 ICT가 이용되는 국가의 주요 인프라에서 발생할 수 있는 위험을 제거하고자 하는 목적으로 사이버 안보법(IT-Sicherheitsgesetz)으로 입법화되었다(Gitter, Meißner, und Spauschus 2016). 이 법의 정식 명칭은 'IT 시스템의 안보 강화하기 위한 법률(das Gesetz zur Erhöhung der Sicherheit information-stechnischer Systeme)로 2015년 7월부터 시행되었다.[18] 유럽연합 차

---

18   Gesetz zur Erhöhung der Sicherheit informationstechnischer Systeme, Bundesgesetzblatt Teil I. 2015. Nr. 31 vom 24.07.2015. (IT-Sicherheitsgesetz) https://www.bgbl.de/xaver/bgbl/text.xav?SID=&tf=xaver.component. Text_0&tocf=&qmf=&hlf=xaver.component.Hitlist_0&bk=bgbl&start=%2F% 2F*%5B%40node_id%3D%27357527%27%5D&skin=pdf&tlevel=-2&nohist=1 (검색일: 2018년 8월 30일)

원의 관련 지침인 "표준 및 기술규정과 정보 관련 기업의 서비스 규칙 영역의 정보절차(Informationsverfahren auf dem Gebiet der Normen und technischen Vorschriften und der Vorschriften für die Dienste der Informationsgesellschaft (EU Richtlinie 98/34))"가 이미 존재하고 있어 또한 이에 대한 법적 순응의 일환이었다. 법이 형성되는 데 있어 독일 정부, 의회, 시민사회, 기업부문 모두 사이버 안보에 대한 공감대가 형성되어 있었으며 관련 유럽지침의 요구수준이 기존의 수준보다 높지 않아 입법의 과정에서 큰 반대나 어려움은 없었다.

사이버 안보법(IT-Sicherheitsgesetz)은 사이버 안보 관련 특정 사안에 대한 정의에서부터 제재까지를 포괄하는 법률이 아닌 일종의 조문법률(Artikelgesetz)이다. 이러한 조문법률은 독일법체계의 특성으로, 기존에 존재하고 있는 법률들의 조항 중 관계되는 조문을 모아 해당 조문의 내용을 개정하여 내용적 측면에서 개선·강화한 옴니버스법안이다. 다만 이들의 권한의 배분과 역할을 입법적으로 정리하고 주요 인프라 운영자들에게 의무를 부과하기 위해 필요한 법적 근거가 된다. 해당 의무들은 기술수준에 따른 보호와 사이버 사고 발생 시 관련 행정청에 대한 보고의무가 주를 이루고 있으며 사이버 안보에 대한 민간의 역할을 주문하고 있다(Könen 2016).

이 법률의 입법내용은 다음과 같다. 연방정부는 ICT 체계와 디지털 인프라에 대한 보호 역할을 해야함을 주문하고 있는데 특히 주요한 인프라(Kritische Infrastrukturen, KRITIS) 영역—식품 등 필수재, 금융 및 보험, 물, 미디어와 문화, 교통 및 물류, IT와 통신, 건강, 에너지 분야—에 만약 문제가 생기게 되면 경제, 국가, 사회에 영향을 줄 수 있는 총 9개 영역에 대한 관리와 정부와 기업에서의 사이버 안보, 인터넷에서의 시민보호 등을 포함하고 있다.

2016년 5월 초 발효된 에너지, 물, 식품과 정보기술과 통신 주요 인프라에 대한 결정 규정과 2017년 금융과 보험, 보건, 물류와 교통에 대한 규정개정을 통해 추가 지정하고 현재까지 총 9개의 KRITIS 분야 중 7분야가 조문법률에 포함되어 있다. 이 부분에서 분권화된 연방의 특성이 나타나는데 미디어와 문화는 연방의 관할이 아니라 주의 관할이기 때문에 연방 법률로 지정이 불가하나 이미 2009년 조문에 포함되어 있다.[19]

강력한 실행기관과 자리매김하고 있는 연방정보기술보안청(BSI)의 역할은 연방정보기술보안청설립법(Gesetz über das Bundesamt für Sicherheit in der Informationstechnik)을 통해 강화된다.[20] 연방정부의 사이버 안보강화는 BSI의 의무로 사이버 안보에 대한 최소한의 기준을 설정해야 하며, 이러한 기준 설정은 연방정부의 사이버안전위원회와의 긴밀한 협력 하에 이루어진다. 또한 사업자단체의 안전기준을 제안하고 확인하며 수용하게 하는 절차의 근거를 마련하고 있으며(연방정보기술보안청설립법 제8조a 제2항), IT시스템, 구성요소, 신뢰성, 기밀성 등에 흠결이 발생하여 장애가 현저하게 발생하고 주요 시설의 기능에 영향을 받는 경우 연방정보기술보안청에 대한 신고의무가 발생한다(연방정보기술보안청설립법 제8조b 제4항). 주요 인프라 운영자로

19　Erste Verordnung zur Änderung der BSI-Kritisverordnung Bundesgesetzblatt Teil I. 2017. Nr. 40 vom 29.06.2017. http://www.bgbl.de/xaver/bgbl/start.xav?startbk=Bundesanzeiger_BGBl&jumpTo=bgbl117s1903.pdf 보건 분야는 2017년 개정에서는 제외되었으며 9분야 중 나머지 미디어와 문화 영역의 경우 이 부분에서 분권화된 연방의 특성이 나타나는데 미디어와 문화는 연방의 관할이 아니라 주의 관할이기 때문에 연방 법률로 지정이 불가하다.

20　Verordnung zur Bestimmung Kritischer Infrastrukturen nach dem BSI-Gesetz (BSI-KritisV) Bundesgesetzblatt Teil I2016Nr. 20 vom 02.05.2016. □ http://www.bgbl.de/xaver/bgbl/start.xav?startbk=Bundesanzeiger_BGBl&jumpTo=bgbl116s0972.pdf (검색일: 2018년 8월 30일)

부터 사이버 안보에 이상이 있다고 보고 받은 경우, BSI는 해당 IT제품의 생산자에게도 해당 문제해결의 의무를 부과한다. 결국 BSI는 보고되는 정보를 집적하고, 평가하며, 운영자와 관련 감독청에 전달해야 한다.

주요 인프라시설 운영자는 사이버 안보와 관련된 기술수준(Stand der Technik)을 적용해야 하며, 달성할 수 있는 기술수준에 대해서는 정기적으로 연방정보기술보안청에 이를 입증해야 하는데 기술수준에 대한 입증책임을 주요 인프라시설 운영자에게 부과하고 있다. 따라서 기술수준을 어떻게 해석할 것인지에 대해서 논란이 존재한다. 단순한 현재의 기술수준보다는 상향된 정도의 기술수준을 말하며, 뉘앙스적 측면에서 현재의 일반적 기술에 만족하지 말고 보다 새로운 신기술을 적극적으로 포섭해야 하는 것으로 받아들여지고 있다. 특히 BSI는 통신분야에서 이 법의 적용을 강조하고 있다. 만일 적절한 기술수준이 적용되지 않아 안전상 문제가 있는 경우 BSI는 해당 인프라의 감독청의 동의에 따라 개입할 수 있는 권한이 있다. 또한 필요한 경우 주요 인프라에서 사용되는 IT 제품 및 시스템 생산자에게도 보고의 의무를 부과할 수 있고 필요한 경우 이에 대한 입증은 BSI에게 있다. 즉 BSI는 해당 IT제품에 대해 조사할 권한을 보유하고 있는 것이다.

통신회사들은 고객들의 접속이 잘못 사용되고 있을 경우 고객들에게 경고해야 할 의무가 있으며, 동시에 수범자인 '통신사업자'는 가능한 해결방안을 제시해야 한다. 악성코드 이용자, 악성코드의 식별과 제거에 관한 정보의 제공(통신법 제109a조 제4항). 중요한 사이버 장애에 대해서는 연방정보기술보안청뿐만 아니라 연방망감독청에도 보고(통신법 제109조 제5항)의무를 진다. 기술수준(Stand der Technik)에 따른 사이버 안보 조치는 단순히 개인정보에 국한된 것은 아니며, 인프라의 설치와 운영에 있어서 본래 기능수행에 대해 허가되지 않은 모든 침입에 대한 것이다(통신법 제109조 제1항과 제2항).

사이버 안보는 중첩의 특성을 가지고 있기 때문에 예를 들어 주요 인프라의 경우 적절한 운영에 행위자들의 중첩 영역이 나타나며 따라서 BSI와 해당 인프라 감독청 간의 권한 충돌발생의 가능성이 존재하므로 동의제도를 둠으로써 개입 전 상호조율이 가능하도록 운영하고 있다.

2018년 5월 25일 발효된 EU의 개인정보보호법(General Data Protection Regulation, GDPR)의 발효에 맞춰 독일의 연방행정법으로 새로운 연방정보보호법(BDSG)이 발효되었다. 이를 위해 정보보호재단이 설립되었으며 재단은 BMI의 예산의 지원 통해 정보보호와 정보정책에 대한 이론과 실제를 결합한 해법을 추구한다. 정보보호 관련 토론을 위한 플랫폼의 역할을 하며 첫 주제는 정보보호 측면에서 정보사용 승인이 너무 광범위하게 이용되는 문제와 사용자 규정과 정보이용설명이 일반적으로 너무 길고 복잡한 문제의 해결이었다.

IV. 맺음말

본 연구는 사이버 안보 분야는 총체적인 접근, 즉 다층적이고 다행위자적인 접근을 요구한다는 점에서 대부분의 신안보 접근에서 적용되고 있는 포괄적인 접근(Comprehensive Approach)이 독일적 맥락에서 어떻게 적용되고 있는지 파악하였다. 독일의 포괄적 접근은 포괄적 안보(Vernetzte Sicherheit)로 치환되어 독일적 특성을 배태한 개념이 되었다. 또한 이 개념은 꾸준히 자생적 학습을 통해 진화하고 있는 중이다.

독일의 사이버 안보전략의 내용과 방향성에 대한 탐색 그리고 이러한 전략이 어떻게 실행되는지에 대한 과정을 드러내는 사이버 안보 추진체계에 대한 구체화 그리고 법체계에 대한 이해는 독일의 포괄적 안보 접근과 맥을 같이 하고 있으며, 이는 독일의 기본법의 특성과 구조적 문화적 특성을 통해 독일의 사이버 안보거버넌스 구축의 결과물을 파악할 수 있게 했다. 한국의 안보전략에 대한 연구는 주로 관련 강대국에 대한 연구가 중요하고 따라서 연구가 집중되고 있다. 이러한 현실은 충분히 정당성을 가지며 현실적 필요의 결과이다. 그러나 안보의 범위는 전통적인 안보를 넘어 신흥안보로 그 개념이 종적으로 횡적으로 확대되고 있다는 점에서 새로운 접근의 모색이 필요하다는 점을 독일사례가 잘 보여주고 있다. 그 중 새롭게 그 중요성을 획득하고 있는 영역인 사이버 안보는 모든 주요 영역의 인프라 역할을 한다는 점에서 지정학적인 영토의 의미가 사이버 공간에 투영되며 이 영역에 주권개념이 결합하고 있다. 결국 뿌리 깊이 내재되어 있는 전통안보적 접근이 무시될 수 없고 완전히 새로운 신흥안보의 접근법을 추구해야 함을 주장하는 것도 아니다. 독일의 포괄적안보 개념은 독일의 헌법구조적·문화적 특성에 비추어 보면 상당히 역설적이다. 독일 사이버 안보전략의 수립과 실행은 독일의 연방적 특성으로 인한 분권화된 구조는 결국 포괄적 접근과 전 정부적 접근에 있어 구조적인 어려움을 내포하고 있다는 것을 보여준다. 결국 독일의 포괄적안보 개념은 이러한 어려움을 타파하기 위한 전략적 개념인 것이다.

독일의 사이버 안보전략 연구가 한국에 줄 수 있는 함의를 고려할 때 가장 쉽게 나올 수 있는 답은 독일과 한국의 차이점으로 인해 (직접적인) 적용이 불가하다는 점일 것이다. 그 어떠한 비슷한 구조를 가진 국가의 사례도 직접적인 적용은 위험성을 내포한다. 한국의 중앙집중적인 구조는 포괄적안보의 특성을 보여주는 사이버 안보전략의 수립과 실행에 더욱 적합해 보일 수 있지만 이러한 집중적인 구조가 위기대처에 실패하게 되면 실행기관의 권한이 약하다는 점에서 치명적인 결과를 초래할 수 있다. 독일과 같은 분권화된 사례가 보여주는 전략과 정책형성의 복잡성은 실행기관의 전문성과 독립성을 통해 완화될 수 있다. 결국 구조적 약점을 보완함과 동시에 장점은 강화하는 전략을 형성했다.

한국의 사이버 안보전략의 수립을 위한 새로운 접근이 요구된다. 독일의 사례를 통해 생각할 수 있는 한국적 함의는 사이버 안보의 특성상 포괄적 접근이 필수적이라고 한다면 한국적 특성이 반영되고 한국적 약점이 완화될 수 있는 한국의 사이버 안보전략은 어떻게 형성되어야 하는가에 대한 접근이 필요하다.

참고문헌

김상배. 2015. "사이버 안보의 복합지정학: 비대칭 전쟁의 국가전략과 과잉 안보담론의
　　경계."『국제·지역연구』 24(3), pp.1-40.
오일석·김소정. 2014. "사이버 공격에 대한 전쟁법 적용의 한계와 효율적 대응방안."
　　『법학연구』 17(2).
장노순·조성권. 2017. "사이버 안보위협의 성격과 통합적 대응의 전략적 의미."
　　『국제지역연구』 20(5).
조현석. 2012. "사이버 안보의 복합세계정치." 하영선·김상배(편).『복합세계정치론: 전략과
　　원리, 그리고 새로운 질서』. 파주: 한울.

Auswärtiges Amt. (2008). 2. Bericht der Bundesregierung über die Umsetzung
　　des Aktionsplans „Zivile Krisenprävention, Konfliktlösung und
　　Friedenskonsolidierung", Berichtszeitraum Mai 2006 bis April 2008. Berlin.
Beyerer, J., Müller-Quade, J. & Reussner, R., (2018). Karlsruher Thesen zur Digitalen
　　Souveränität Europas. *Datenschutz und Datensicherheit - DuD*, 42(5), pp.277-280.
Borchert, H. & Thiele, R., (2012). Vernetzte Sicherheit: Grundlagen, Zwischenbilanz und
　　Entwicklungspotenzial. *Zeitschrift für Außen- und Sicherheitspolitik*, 5(Supplement
　　1), pp.1-22.
Bundesministerium der Verteidigung. (2006). Weißbuch 2006 zur Sicherheitspolitik
　　Deutschlands und zur Zukunft der Bundeswehr. Berlin.
CDU, CSU, SPD. (2018). Ein neuer Aufbruch für Europa Eine neue Dynamik für
　　Deutschland Ein neuer Zusammenhalt für unser Land. Koalitionsvertrag zwischen
　　CDU, CSU und SPD 19. Legislaturperiode.
CDU, CSU, FDP. (2009). Bildung. Wachstum. Zusammenhalt. Der Koalitionsvertrag
　　zwischen CDU, CSU und FDP. 17. Legislaturperiode.
Dengg, A., & Schurian, M. (2015). Vernetzte Unsicherheit–Hybride Bedrohungen im 21.
　　Jahrhundert. Heft, 15, 2015.
Dürig, M. & Fischer, M., (2018). Cybersicherheit in Kritischen Infrastrukturen.
　　Datenschutz und Datensicherheit - DuD, 42(4), pp.209-213.
Ehrhart, H. G. (2011). Zivil-militärisches Zusammenwirken und vernetzte Sicherheit
　　als Herausforderung deutscher Sicherheitspolitik: Der Fall Afghanistan. In Zehn
　　Jahre Deutschland in Afghanistan (pp.65-85). VS Verlag für Sozialwissenschaften,
　　Wiesbaden.
Gitter, R., Meißner, A. & Spauschus, P., (2016). Das IT-Sicherheitsgesetz. *Datenschutz
　　und Datensicherheit - DuD*, 40(1), pp.7-11.
Guitton, C., (2013). Cyber insecurity as a national threat: overreaction from Germany,

France and the UK? *European Security,* 22(1), pp.21–35.

Hackenjos, T., Mechler, J. & Rill, J., (2018). IT-Sicherheit — ein rechtsfreier Raum? *Datenschutz und Datensicherheit - DuD,* 42(5), pp.286–290.

Haftendorn, H. (2001). *Deutsche Außenpolitik zwischen Selbstbeschränkung und Selbstbehauptung. 1945-2000.* Stuttgart, München: Dt. Verl.

Häglsperger, A. et al., (2015). Das Jahr der Krisen: „some good news, a lot of bad news". *Zeitschrift für Außen- und Sicherheitspolitik,* 8(2), pp.271–286.

Hansel, M., (2013). *Internationale Beziehungen im Cyberspace,* Wiesbaden: Springer Fachmedien Wiesbaden.

Hauswedell, C. (2014). "Comprehensive Approach"–ein Auslaufmodell? Die fragwürdige Geschichte erweiterter Sicherheit. *Die Friedens-Warte,* pp.111-124.

Heuermann, R., Tomenendal, M., Bressem, C. 2018. *Digitalisierung in Bund, Ländern und Gemeinden,* Berlin, Heidelberg: Springer Berlin Heidelberg.

Kempin, R., (2012). Die deutsch-französische Zusammenarbeit in der Sicherheits- und Verteidigungspolitik – Vernunftehe vor dem Aus? *Zeitschrift für Außen- und Sicherheitspolitik,* 5(2), pp.203–214.

Könen, A., (2016). IT-Sicherheit gesetzlich geregelt. *Datenschutz und Datensicherheit - DuD,* 40(1), pp.12–16.

Maisey, M., (2014). Moving to analysis-led cyber-security. *Network Security,* 2014(5), pp.5–12.

Meier, E. C. (2010). Vom Verteidigungsauftrag des Grundgesetzes zum Begriff Vernetzter Sicherheit–Zur politischen Einordnung des Weißbuchs 2006. In Friedensethik und Sicherheitspolitik(pp.53-69). VS Verlag für Sozialwissenschaften.

Meier-Walser, R., (2018). *Die NATO im Funktions- und Bedeutungswandel,* Wiesbaden: Springer Fachmedien Wiesbaden.

Müller, M. et al., (2018). Krieg und Konflikt 4.0 – Sicherheit in einer digitalisierten Welt. Ein Konferenzbericht zum Heidelberger Dialog zur internationalen Sicherheit im Oktober 2017. *Zeitschrift für Außen- und Sicherheitspolitik,* 11(2), pp.231–236.

Nachtwei, W. (2012). Akteur oder Zuschauer? Was Vernetzte Sicherheit für den Deutschen Bundestag bedeutet. Ein Erfahrungsbericht. *Zeitschrift für Außen-und Sicherheitspolitik,* 5(1), pp.23-39.

Olshausen, K., (2014). Stand und Weiterentwicklung der Beziehungen zwischen EU und NATO. Strategisch verbremst – pragmatisch auf Stabsebene. *Strategie und Sicherheit,* 2014(1), pp.273–288.

Pernice, I., (2018). Global cybersecurity governance: A constitutionalist analysis. *Global Constitutionalism,* 7(1), pp.112–141.

Pohlmann, N., (2016). Zur Entwicklung einer IT-Sicherheitskultur. *Datenschutz und Datensicherheit - DuD,* 40(1), pp.38–42.

Pospisil, B. et al., (2017). Cyber-Sicherheitsstrategien -- Umsetzung von Zielen durch

Kooperation. *Datenschutz und Datensicherheit - DuD,* 41(10), pp.628–632.

Thiele, R. und Borchert, H., (2012). Innere Sicherheit zwischen Föderalismus und Vernetzung. *Zeitschrift für Außen- und Sicherheitspolitik,* 5(Supplement 1), pp.73–84.

Vad, E., und Linz, O. (2012). Vernetzte Sicherheit: Grenzen eines erfolgreichen Ansatzes. *Zeitschrift für Außen-und Sicherheitspolitik,* 5(1), 41-47.

Wittkowsky, A., Hummel, W., & Pietz, T. (2012). „Vernetzte Sicherheit ": Intentionen, Kontroversen und eine Agenda für die Praxis. *Zeitschrift für Außen-und Sicherheitspolitik,* 5(1), 113-126.

Zedler, D., (2017). Zur strategischen Planung von cyber security in Deutschland. *Zeitschrift für Außen- und Sicherheitspolitik,* 10(1), pp.67–85.

제5장

프랑스의 사이버 안보전략

김도승 | 목포대학교

I. 개요

프랑스는 2006년 상원의원 삐에르 라스보르드(Pierre Lasbordes)가
보고한 「프랑스 중대 의제로서 국가정보시스템 보안(la sécurité des
systèmes d'information, un enjeu majeur pour la France)」이라는 제
목의 보고서에서 당시 프랑스 정보보호 체계의 비효율과 열악한 정보
보호 기반을 지적하면서 이른바 정보시스템 보호의 필요성에 대해 관
심이 촉발되었다. 이어 2007년 발생한 에스토니아 사이버 공격사건을
목도하면서 정보시스템의 보호 문제를 안보이슈로 다룰 필요성을 절
감하였다.[1] 특히 2008년에 이르러 사이버 안보가 국가적 주요 이슈로
대두되게 되는데, 「2008년 국방 및 국가안보 백서(Défense et Sécurité
Nationale)」를 통해 사이버 안보를 국가적 우선과제로 제시하고 사이
버 공격에 대한 예방과 대응을 강조하면서 국가적 주요 의제로 주목받
았다.

프랑스 파리에서 2015년 1월 7일 주간지 샤흘리 엡도(Charlie
Hebdo)에 대한 테러를 시작으로 며칠 간 인명의 희생을 가져온 테러
가 이슬람근본주의자(Islamic State of Iraq and Syria : ISIS)에 의하여
발생하였다. 이슬람 근본주의자들은 이 시기 테러의 성공에 이어서 프
랑스에 대한 대량의 사이버 공격을 감행하였다. 프랑스 사이버 안보
의 중추기관인 국가정보시스템보안국(Agence nationale de la sécurité
des systèmes d'information, ANSSI)의 사무총장 기욤 뿌빠흐(Guil-
laume POUPARD)는 당시 몇몇 꼬뮌과 의회의 웹 사이트가 공격을 받

---

1 https://www.mag-securs.com/news/id/16916/le-depute-pierre-lasbordes-remet-
son-rapport-securite-des-systemes-d-information-au-premier-ministre.aspx (검색
일: 2019.3.11)

았으나 실제적인 영향이 발생하지는 않았다고 발표했다. 다만, 공격자의 입장에서는 성공적인 시도일 수 있으며, 최악의 상황을 가정하여 대비하고 있음을 밝힌 바 있다.[2]

2015년 10월 16일 발표된 「국가디지털안보전략(Stratégie Nationale pour la Sécurité du Numérique)」 역시 파리에서 테러가 발생하고 몇 주 후 이슬람 근본주의자들에 의한 대량의 사이버 공격이 있었고, 이에 대한 대비의 필요성을 강조하였다.[3] 뿐만 아니라 IS를 비롯한 이슬람 근본주의자들이 온라인, 특히 SNS를 통하여 자신들의 테러행위를 선전하고 조직원을 모집하는 등의 활동을 하고 있었기 때문에, 국방과 보안의 차원에서 이슬람 근본주의자들의 선전 활동 또는 정치적 불안정화와 관련된 시도를 차단할 수단이 요구된다고 강조하였다.[4] 이에 프랑스 정부는 2015년 1월 28일 관련 인터넷사이트(www.stop-djihadisme.gouv.fr)를 개설하여 일반 대중뿐 아니라 학생 및 교사들로 하여금 테러 방지와 극단주의의 예방과 관련된 쟁점과 수단에 대해 인식시키고 교육하는 활동을 진행하고 있다.[5]

프랑스의 사이버 보안에 대한 정책은 이슬람 근본주의자에 의한 위협에 대한 대비를 주요 과제로 설정하고 있는 것으로 보인다. 그러나 2014년 러시아가 우크라이나의 크림 반도를 강제로 병합을 하면서 프랑스 역시 러시아에 대한 경제 제재의 수위를 올리는 등 프랑스와

---

2   Premier ministre, Stratégie nationale pour la sécurité du numérique, le 16 octobre 2015, pp.7-8.

3   https://www.lepoint.fr/high-tech-internet/cyberattaques-djihadistes-une-operation-de-com-tres-reussie-selon-l-anssi-23-01-2015-1899030_47.php (검색일: 2019.3.11)

4   *Ibid.*, p.21.

5   https://www.education.gouv.fr/cid85796/lancement-du-site-internet-www.stop-djihadisme.gouv.fr.html (검색일: 2018.9.1)

러시아의 정치적 관계가 악화되었고 때문에 최근에는 러시아 해커들에 의한 사이버 공격도 늘어나고 있다. 2015년 4월 8일과 9일 국제 프랑스어권 방송 채널인 TV5 Monde의 방송시스템, 홈페이지, SNS 계정 등이 사이버 공격을 당했는데, 그 결과 3시간 동안 방송이 중단되고, TV5 Monde의 페이스북 페이지에 IS를 지지하는 메시지가 올라왔다. 프랑스에서 IS에 의한 테러 피해가 발생한 지 얼마 지나지 않은 시기라서 IS 측의 소행으로 추측되었지만, 조사 결과에 따르면 APT28이란 이름으로 활동하는 러시아 해커 조직의 소행으로 확인되었다.[6]

2016년 미국의 대통령 선거에 러시아 해커들이 개입한 것으로 확인되면서, 2017년 진행된 프랑스의 대통령 선거에 앞서 유사한 사이버 공격이 감행될 수 있다는 경고의 목소리가 잇따랐다.[7] 또한, 최근 유럽 전역에서 극우 정당의 지지율이 오르며 각종 선거에서 선전하고 있고, 프랑스의 극우 정당인 국민전선(Front national) 역시 높은 지지율을 보이고 있는데, 이들 극우 정당이 러시아와 정치적으로 긴밀한 관계를 유지하고 있는 것으로 알려졌다. 따라서 프랑스 대통령 선거에 앞서 러시아가 사이버 공격을 할 것이라는 우려가 지속적으로 제기되기도 하였다. 실제로 대통령으로 당선된 엠마뉘엘 마크롱(Emmanuel Macron) 후보의 선거캠프가 사용하는 이메일, 사진, 문서 등 수천 건의 내부 자료가 해킹되었고, 다수가 러시아 해커의 소행으로 추정되었다.[8] 다만, ANSSI 사무총장 기욤 뿌빠흐는 일각의 의혹제기에도 불구

6　https://www.latribune.fr/technos-medias/informatique/tv5monde-le-voile-se-leve-sur-le-groupe-de-hackers-russes-apt28-482886.html (검색일: 2018.9.1)

7　https://www.sudouest.fr/2017/02/16/presidentielle-2017-la-menace-de-cyberat-taques-russes-est-elle-credible-3202593-4725.php (검색일: 2018.9.1)

8　https://www.lemonde.fr/election-presidentielle-2017/article/2017/05/06/l-equipe-d-en-marche-fait-etat-d-une-action-de-piratage-massive-et-coordon-

하고 러시아 측의 사이버 공격으로 볼 명확한 증거는 없음을 밝힌 바 있다.[9]

2016년 ANSSI의 활동보고서에 따르면 2016년이 사이버 공간을 통한 정치적, 경제적 불안정화 시도, 정보시스템의 방해 공작, 정보 스파이 활동, 사기, 무력화, 핵티비즘과 같은 활동이 최대로 많이 발생한 시기로 파악된다. 주요 사이버 공격에 대한 파악을 하면서 IS가 감행한 핵티비즘이나 사우디아라비아에서 발생한 정보시스템의 방해 공작, 중동에서 발생한 정보 스파이 활동 등 이슬람 세력과 관련된 사이버 공격뿐만 아니라 미국 대선에 대한 러시아의 개입, 미국에서 발생된 기업 관련 사이버 공격, 프랑스와 유럽에서 발생한 사이버 금융사기 등에도 관심을 집중하고 있으며, 이에 대한 대비의 필요성을 인식하고 있다.[10]

프랑스의 사이버 안보 정책이 이슬람 근본주의자들로 인한 위협에 대한 대응에 그 주안점을 두고 있지만, 최근 들어 발생하는 러시아 해커들의 사이버 공격과 전방위적으로 발생하고 있는 사이버 위협에 종합적으로 대비할 정책적 필요성에 대한 인식도 날로 커지고 있다.

프랑스의 사이버 안보전략은 대내·외 정책의 지향성을 고려할 때, 국가 행위자로부터의 위협보다는 중동지역 이슬람 세력을 더 심각한 위협으로 인식하고 대응하는 과정에서 형성되었으며 프랑스에서 사이버 안보에 대한 대응체계는 전통적인 군사안보의 시각에서 본 대응이라기보다는 국가업무 전반을 강조하는 신흥안보의 관점으로 이해

---

nee_5123310_4854003.html (검색일 : 2018.9.1)

9   https://www.numerama.com/politique/263751-piratage-den-marche-lanssi-na-aucune-certitude-sur-le-role-de-la-russie.html (검색일 : 2018.9.1)

10   ANSSI, Raport d'activité 2016, p.10.

할 필요가 있다. 사이버 안보전략에 대한 내용도 포괄적인 의미에서 본 국방정책의 일부 또는 디지털 전략 일부로서 나타나고 있다. 사이버 안보의 국제협력을 추진하는 방향도 글로벌 차원의 국제규범 형성 과정에 대한 참여 이외에도 유럽 차원에서 진행되는 다자간 협상에의 참여와 그 과정에서 프랑스의 역할 설정에 관심을 두고 있다. 요컨대, 프랑스의 전략은 국가주권 프레임 경향을 기본으로 하면서 글로벌 거버넌스 프레임이 복합되는 형태라고 할 수 있다.

II. 프랑스 사이버 안보 추진체계

1. 개관

프랑스는 '총리'가 사이버 안보의 권한과 책임의 대표적 리더십을 가지고 있다. 사이버 안보에 관한 법률상의 권한과 책임은 직접 총리에게 귀속된다. 프랑스에서 사이버 안보는 국가의 국방작용의 대상으로 인식되어 있으며, 특히 정보시스템에 대한 위협에 대응하는 국방 작용에 관해 별도로 규정하면서 그 권한과 책임의 주체를 '총리'로 규정하고 있다. 특히 국가정보시스템보안국(ANSSI)은 프랑스의 대표적 사이버 안보 전문 기관으로서 총리의 국방과 안보 분야 보좌관인 국방안보 보좌관(Secrétariat général de la défense et de la sécurité nationale, SGDSN) 소속으로서 사이버 안보 정책 수립과 집행을 지원하고, 각 부처들은 소관 업무 범위에 속하는 사이버 보안 관련 사항에 대응하고 있다.

공화국 대통령과 밀접한 관계에서 활동하는 총리 산하의 조직인 국가안보보좌관(Secrétariat général de la défense et de la sécurité nationale)은 국방과 안보 분야의 책임을 수행하는 데 있어서 정부의 수반을 보좌한다. 총리는 '국가적 권한을 갖는 전문 조직'을 활용할 수 있도록 법률에 근거를 규정하고, 국방법전 명령부분에서 'ANSSI' 설치를 규정하였다. 다만, ANSSI는 조직 편재상으로는 총리 보좌관인 국방안보 보좌관에게 소속되는 것으로 규정되어 있고, 행정명령의 규정에 따라 운영 권한은 법률상 총리에게 있다. 이는 행정조직법정주의가 우리 법제와 달리 행정입법으로 행정 내부의 조직을 설치, 조정할 수 있기 때문에 행정 내부의 조직구성으로는 보좌관에 소속되나, ANSSI의 전문적 사무를 통한 사이버 안보의 권한과 책임은 총리에게 귀속되는 것으로 이해할 수 있다.

한편 국방부(Ministère de la défense)에서는 2011년 국방 사이버 안보 관련 기능의 조정을 담당하는 사이버방어담당총관(Officier gé-néral chargé de la cyberdéfense)을 신설하였고, 내무부(Ministère de l'Intérieur)는 2014년 사이버범죄(cybercriminalité) 대응을 위한 '사

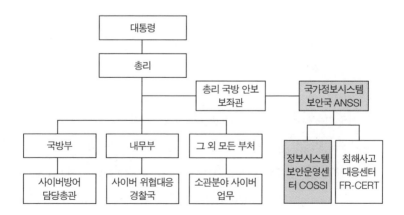

그림 5-1. 프랑스의 사이버 안보 추진체계

이버 위협 대응 경찰국'을 신설하였다.

2. 프랑스 사이버 안보 중추기관으로서 국가정보시스템 보안국(ANSSI)

2009년 7월 7일 「국가정보시스템보안국 창설에 관한 명령(Décret n°
2009-834 du 7 juillet 2009 portant création d'un service à compétence
nationale dénommé ≪Agence nationale de la sécurité des systèmes
d'information≫)」에 따라 기존 중앙정보시스템보안국(Direction cen-
trale de la sécurité des systèmes d'information, DCSSI)을 대체하여 정
보시스템의 방어 및 보안 분야에 있어서 국가권한의 수행을 보장하
는 기관으로 국가정보시스템보안국(ANSSI)이 설치되었다. 정보시스
템에 대한 안전과 보호를 위한 권한이 여러 기관에 분산되고 중복되
어 사이버 안보 확립을 위한 권한이 제대로 행사되지 못하고 있다는
반성적 고려와 증대되는 사이버 안보의 중요성에 비해 기존 DCSSI의
인적·물적 기반이 미흡하다는 인식하에 DCSSI를 대체하는 강력한
기관으로서 국방안보보좌관(SGDSN) 산하에 ANSSI가 창설된 것이
다. ANSSI는 총리 SGDSN이 지휘하지만, 국방정책의 일환이며 법제
적으로는 국방법전 내 조직으로 규정되어 있다(국방법전 제R1132-3
조제7호).

　　ANSSI는 사무국을 제외하고 4개 국으로 이루어져 있는데, 이 가
운데 대외협력국, 전문인력 관리국을 제외하고 전문 활동 조직은 그
산하에 정보시스템보안운영센터(Le Centre Opérationnel de la Sécu-
rité des Systèmes d'Information, COSSI)와 침해사고대응센터(CERT-
FR)를 두고 있다.

ANSSI는 사이버 공격 정보 취합 활동의 일환으로 사이버 공격을 비롯한 사이버 보안의 실패 사례 및 사이버 보안 취약 사항에 대해 신고를 받는 방식으로 관련 정보를 취합한다. 특히 2016년 '디지털국가법(LOI n° 2016-1321 du 7 octobre 2016 pour une République numérique)' 제정을 통해 관련 법제를 정비하였는데, 동법은 디지털 사회 권리 보호(제2장)의 내용으로 열린 공간(제1절), 사생활보호(제1절)를 규율하고 있는데, 열린 공간에서의 권리 보호는 '인터넷 중립성', '데이터의 이동성과 회수', '플랫폼 신뢰성과 소비자 정보'로 구성된다. 이 가운데, 인터넷 중립성에 관한 규율의 하나로 국가정보시스템보안국의 사이버 공격 정보 취합 활동을 뒷받침하는 조치를 규정함으로써 실질적 정보 취합을 위한 관련 제도를 법제화하였다(디지털국가법 제47조).

ANSSI는 사이버 공격 대응(CERT-FR) 센터 운영을 통해, 사이버 위협 감시 및 경보 제공 임무를 수행하고 있다. 특히 사이버 공격 관련 사례에 대한 대응 조치 등 보안원의 전문성을 바탕으로 한 경험을 '자문의견'의 형태로 축적하고 웹상에 공개하고 있다.[11] 그 외 정보보안 관련 뉴스 및 전문지식 정보(이슈브리프 형식)를 제공하는 등 사이버 안보 전문 기관으로서 총리를 보좌하고, 각 부처들은 소관 업무 범위에 속하는 사이버 보안 관련 사항에 대응하고 있다.

2008년 국방 정책 백서에서 사이버 안보의 중요성이 강조된 이래 2009년 창립된 ANSSI는 2차 세계대전 당시 정보기관[12]을 전신으로 하

---

11   대국민 경보 제공과 관련하여 2017년 3월 22일 기준 정보시스템 설비 업체 시스코 관련 취약 경보(경보 CERTFR-2017-ALE-005호, 2017년 3월 20일 발령) / 자바 어플 개발툴 아파치 스트뤼 관련 취약 경보(경보 CERTFR-2017-ALE-004호, 2017년 3월 10일 발령) / 시스코 IOS, IOS XE, IOS XR 관련 취약 경보(경보 CERTFR-2016-ALE-007호, 2016년 9월 19일 발령) 등 3건의 경보가 제공되고 있음. (http://www.cert.ssi.gouv.fr 검색일: 2018.9.1)

며, 「2014-2019 국방계획법률(Loi n° 2013-1168 du 18 décembre 2013 relative à la programmation militaire pour les années 2014 à 2019 et portant diverses dispositions concernant la défense et la sécurité nationale)」의 주요 내용에 포함되고 2015년 10월 16일 총리가 「국가디지털안보전략(Stratégie Nationale pour la Sécurité du Numérique)」을 발표하면서 역할이 강화되고 조직 지위가 격상되었다.

「2014-2019 국방계획법률」 제22조가 주요기반시설(opérateur d'importance vitale, OIV)의 보안을 강화하는 조치를 채택하였고, ANSSI가 새로운 특권을 부여받았다. ANSSI는 총리의 이름으로 OIV에게 각자의 가장 중요한 정보시스템에 대한 보안 조치와 점검을 부과할 수 있는 권한을 행사할 수 있으며, OIV가 자신의 시스템에서 결함을 확인한 경우에는 이를 신고하여야 한다.[13] 아울러 사이버 안보 관련 정보시스템 보호 제품의 인증기준을 마련하고 인증업무도 수행하고 있다.

한편 2018년 7월 13일 제정된 「2019년-2025년 국방계획법률」 제34조는 ANSSI에게 국가, 공공기관, 공공시설, 민간시설 등의 정보시스템에 대한 보안에 영향을 미칠 수 있는 사건이 발생하는 경우에 이를 탐지하는 조치에 착수하고, 이러한 결함에 대한 기술적 정보를 수집하며, 문제를 해결할 수 있는 지원을 하도록 규정하였다.[14]

최근 프랑스에서 사이버 안보에 대한 중요성이 크게 인식되면서

12 참고로 프랑스 정보기관은 국내와 국외가 구분되어 있다. 국내정보는 내무부 소속으로 DGSI(direction générale de la Sécurité intérieure)가, 외부정보는 국방부 소속으로 DGSE(direction générale de la Sécurité extérieur)가 담당한다.

13 https://www.legifrance.gouv.fr/affichTexte.do?cidTexte=JORFTEXT000028338825&dateTexte=&categorieLien=id (검색일: 2019.3.1)

14 ttps://www.legifrance.gouv.fr/affichTexte.do?cidTexte=JORFTEXT000037192797&dateTexte=&categorieLien=id (검색일: 2019.3.1)

ANSSI의 규모와 예산이 점차 확대되고 있는 추세이다. 2009년 출범 당시의 정원은 120명에 불과하였으나, 2017년 활동보고서에 따르면 2017년의 정원은 550명에 달하며, 2017년 8,000명이 지원하여 140명을 선발하였고,[15] 2018년에는 600명으로 정원이 확대되었다.[16] 예산의 경우에도 2009년 출범 당시에는 4,500만 유로였으나, 2012년에는 7,500만 유로, 2018년은 1억 유로로 확대되었다.[17]

ANSSI는 국가 네트워크에 대한 사이버 공격을 감시, 감지, 경보, 대응 등의 활동을 하는데, 사이버 공격 대응센터(CERT-FR)를 운영하여 관련 위협에 대한 경보를 웹상에서 제공할 뿐만 아니라, 사이버 위협정보를 공유하고, 각 네트워크가 가지는 사이버 공격에 대한 취약성을 분석한 자문의견을 제공한다.[18] CERT-FR는 정보시스템의 취약점을 감지하고(특히, 기술적 감시를 통하여), 기술적 장애의 해결을 지휘하고(필요한 경우에는 세계 CERT 네트워크와 협력하여), 장래의 기술적 장애를 예방하는 수단의 확립을 지원하며, 신뢰할 수 있는 조직망을 구성하는 것을 주요 활동으로 삼고 있다. CERT-FR는 주요 정보시스템에 대한 위협이 발견되는 경우 경보(alertes)를 발령하는데 이를 인터넷 홈페이지에 게시하여 대중에게 공개하고 있다. 또한 특정 정보시스템이 사이버 공격에 대한 취약성이 있는 경우에 자문의견(avis)을

---

15   ANSSI, Raport d'activité 2017, p.23.

16   https://www.ssi.gouv.fr/recrutement/ (검색일: 2019.3.1)

17   https://www.nossenateurs.fr/seance/17644#inter_743bb480874fd68a74873506980 7262b (검색일: 2019.3.1)

18   1999년 1월 19일 리오넬 조스팽 총리가 정보시스템에 대한 침입을 방지하고자 CERTA 의 설립을 공헌하였고, 2000년 2월 21일 설립되었다. 2014년 1월 21일 CERTA가 CERT(Computer Emergency Response Team)-FR로 명칭이 변경되었고, CERT-FR는 세계 CERT 네트워크에 참여하고 있다. https://www.cert.ssi.gouv.fr/a-propos/ (검색일: 2019.3.1)

표 5-1. ANSSI 제공 경보[19] 및 자문의견[20] 건수

연도	경보(해제 시점을 기준으로)	자문의견
2009년(7월 7일부터)	10건	299건
2010년	24건	638건
2011년	7건	730건
2012년	7건	767건
2013년	17건	687건
2014년	9건	544건
2015년	15건	568건
2016년	11건	431건
2017년	19건	484건
2018년	14건	612건
2019년(3월 6일까지)	5건	89건

제공하며 이 역시 공개하여 일반 대중들과 공유하고 있다. 또한 수시로 사이버 보안과 관련된 뉴스를 제공하여 대중으로 하여금 사이버 공격에 대한 대비를 할 수 있도록 하고 있다.

ANSSI의 2017년 활동보고서에 따르면, 사이버 공격의 양적 증가뿐만 아니라 그 양상이 고도화되고 있다. 우크라이나에서 발생한 Not-Petya 사건이 대표적 사례에 해당하는데, 사이버 공격자가 피해자를 직접적으로 공격하는 방식이 아니라 프로그램 공급자를 공격하여 우회적인 방식으로 해당 프로그램의 이용자 다수에게 피해를 발생시켰다. ANSSI는 각 단체들이 관련 위협에 대한 예방 및 대응 조치를 공유

---

19   https://www.cert.ssi.gouv.fr/alerte/ (검색일: 2019.3.1)
20   https://www.cert.ssi.gouv.fr/avis/ (검색일: 2019.3.1)

표 5-2. 개인정보 보안 자가진단

단계	수단	매체
1. 사이버 위협 이해 하기	주요 위협	차트
	"사이버 위협 이해하기" 튜토리얼	비디오
	"디도스" 형태의 공격에 대해 이해하고 대응하기	그래픽
	"랜섬웨어"에 대해 이해하고 대응하기	그래픽
	랜섬웨어의 피해자인 중소기업의 증언	비디오
2. 보호하기	정보처리에 관한 모범사례 안내: 12가지 필수 규범	안내서
	12가지 규범의 도식화	포스터
	정보 수단 및 사이버 도구의 이용 헌장	안내서
	국가의 학술적, 기술적 잠재력의 보호	안내서
	정보 위생 안내	안내서
	ANSSI의 일련의 권고	안내서
3. 협력자들이 관심 갖 게 하기	인터넷에서 "선(Zen)"을 검색하기	그래픽
	비밀번호 보안에 관한 권고	차트
	비밀번호의 강도를 예측하기	모의실험장치
	암호화에 대해 알아보자: 웹문서 "비밀(Crypto)"	웹문서
	자신의 전화기, 태블릿, 노트북을 들고 외국으로 떠나기	안내서
	ANSSI의 모든 관심 갖게 하기 수단	등록부
	사이버 안보에 관한 온라인 교육: ANSSI의 온라인 공개 수업(MOOC)	연수
	향후 협력자들의 관심 끌기용 자가 진단을 받기 위해 등 록하기 (cybermalveillance.gouv.fr)	자가진단
	클릭이 미치는 범위에서의 사이버 보안	포스터
4. 해결방안과 신뢰할 수 있는 전문가 선 택하기	보안 인증: ANSSI에 의해 인증된 제품 및 서비스	등록부
	사이버 안보 : 사이버 안보교육(SecNuedu)으로 인증된 초기 및 연속 교육	등록부
5. 장애가 있는 경우 무엇을 해야하는가	공통지원플랫폼: cybermalveillance.gouv.fr	인터넷사이트

하여 프랑스의 시민으로서 이러한 공격에 대비하고 그 피해의 효과를
제한하기 위한 책임을 지도록 개입한다.[21]

2016년 4월 27일 유럽연합 차원에서 개인정보보호규정(General
Data Protection Regulation, GDPR)이 채택되고, 2018년 5월 25일부
터 동규정이 적용되기 시작되었다.[22] 이로 인하여 유럽연합 내에서 공
공부문뿐만 아니라 민간부문에서도 개인정보에 대한 규제가 강화되
었는데, 특히 GDPR은 사이버위협에 대한 적절한 보안의 수준을 보
장하도록 요청하고 있다. 따라서 개인정보 취급자는 개인정보의 보호
에 "적합한 기술적 또는 조직적 조치"를 취하여야 하며, 특히 이러한
조치는 "개인정보의 암호화"를 적용하고 "기밀 유지, 완전성, 유연성,
탄성을 보장하는 수단"이 될 수 있어야 한다.[23] 이와 관련하여 ANSSI
도 소규모기업, 중소기업, 대기업, 국가기관, 지방자치단체 등 개인정
보를 다루는 모든 주체들이 사이버 공격으로부터 개인정보를 보호할
수 있게 하도록 "개인정보 보안 자가진단(kit de la sécurité des don-
nées)" 시스템을 마련하였다. 개인정보 보안 자가진단은 〈표 5-2〉와
같이 구성된다.

한편 ANSSI는 사이버 안보 분야에서의 국제협력에도 적극적으
로 참여하고 있다. 2017년 약 30건의 국제행사(컨퍼런스, 학술대회, 세
미나, 포럼 등)에 참여(국내행사는 1,000여 건)하였으며, 대표적으로
ENISA(European Union Agency for Network and Information Secu-

---

21   ANSSI, Raport d'activité 2017, p.36.

22   프랑스에서 RGPD의 적용을 감시하는 기구는 개인정보 보호를 위한 감시 권한을 갖는
      국가정보자유위원회(CNIL, Commission nationale de l'informatique et des libertés)이다.
      https://www.cnil.fr/fr/rgpd-passer-a-laction

23   https://www.ssi.gouv.fr/administration/reglementation/rgpd-renforcer-la-secur-
      ite-des-donnees-a-caractere-personnel/

rity)가 주도하여 매년 10월에 개최되는 "유럽 사이버 안보의 달"에도 참여하고 있다.

III. 프랑스 사이버 안보의 전략

1. 2013년 「국방 및 국가안보 백서」 및 2014년 「사이버 안보 협약」

사이버 안보 위협요인의 증대에 따라 프랑스는 2013년 「국방 및 국가 안보 백서(Défense et Sécurité Nationale)」를 통해 사이버 안보를 국가적 우선과제로 제시하고 사이버 공격에 대한 예방과 대응을 강조하였다. 동 백서에서 제기된 사이버 안보 강화 필요성과 이를 반영한 「2014-2019년 국방계획법률」에 기초하여 2014년에는 「사이버 안보 협약(Pacte Défense Cyber)」에서 6대 기조(50대 실행 과제)를 제안하였다. 즉, ① 정보시스템 보안 수준 강화 및 국방부와 안보 관련 기관의 안보·적극조치 수단 강화, ② 미래 국방태세 강화를 위한 기술, 학문, 작전수행 연구개발 강화와 산업기반 지원, ③ 사이버 안보 전문인력 양성 및 전문인력 양성 교육 과정 확충, ④ 국방부 및 국내 사이버 안보 유관 기관 협력을 위한 사이버 안보 협력 단지 조성(브레타뉴 단지 조성 계획), ⑤ 유럽, 환태평양 및 전략지역과의 국제 협력 관계 개발, ⑥ (시민)파트너십, 시민 예비군 제도를 통한 사이버 안보 국민 커뮤니티 활성화 등을 사이버 안보 역량 강화를 위한 주요 기조로 제기하였다.

프랑스는 국방과 안보에 대한 주요한 위기 상황에서 시민이 자발적으로 국가와 군에 협력하도록 하고자 2016년 5월 국방부, 내무부,

ANSSI의 지휘를 받는 "사이버 방어 예비군(réserve de cyberdéfense, RCD)"을 창설하였다. 이러한 고유한 시민예비군(réserve citoyenne de défense et de sécurité) 제도는 2014년 「사이버 안보 협약(Pacte Défense Cyber)」에서 비롯된 것이다.

이러한 사이버 안보 분야 시민예비군은 ANSSI, 국방부, 내무부(경찰) 등 공조직과 시민이 함께 참여하여 협업하는 구조로서 직업군인, 직업군무원 및 민간 지원자를 조직하여 유사시 안보 위협에 대응하는 예비군 조직을 사이버 안보 분야에도 별도로 조직·운영한 것이다. 사이버 방어 예비군이 되기 위해서는 17세 이상의 프랑스 국적자로서, 정보통신 분야의 학생 또는 전공자이며, 군복무를 하는 데 결격이 없어야 하며, 형사 범죄의 경력이 없어야 하며, 3년 단위로 관계 군기관의 승인이 필요하다. 사이버 방어 예비군은 주요 기반시설, 행정기관, 지방자치단체, 공공서비스 제공자 및 이들의 하청업자(특히, 사이버피해에 대한 복구수단이 없는 중소기업) 등이 사이버 공격에 의해 훼손된 네트워크를 복구할 뿐만 아니라 사이버 방어에 대한 계획을 제공하거나, 기술적 결함에 대한 분석 및 대응책을 제공하는 등의 역할을 하게 된다.[24]

예비군의 시스템 복구 임무는 국방부, 내무부 및 ANSSI의 전문인력이 지휘하며, 예비군 활용 정책의 실무는 ANSSI와 프랑스 전투경찰청(Gendarmerie)이 공동으로 추진한다. 2019년에는 40인 상시인력(이 중 20인은 지역 배치), 400인 실전 대기인력(이 중 200인은 지역배치), 4,000인 소집 대상인력 등 총 4,440명으로 구성될 예정이다. 사이버 안보 예비군은 국방부 관할 정보통신망뿐 아니라 주요기반시설

---

24   https://www.defense.gouv.fr/portail/enjeux2/la-cyberdefense/la-cyberdefense/la-reserve-de-cyberdefense (검색일: 2019.3.12)

(OIV)을 지원하는 목적도 가지고 있다.

　　사이버 방어 예비군은 사이버 방어 사령관의 지휘 아래 군관련 정보시스템에 개입하며, 내무부의 지휘 아래 내부무의 정보시스템에 개입하게 된다. 다른 부처와 OIV의 정보시스템에 대한 개입은 모두 ANSSI의 지휘 아래 행해지며, 이러한 시민예비군의 활동은 무보수로서 해당 분야의 전문가인 시민들의 참여로 이루어지지만, 활동에 소요되는 비용은 청구할 수 있다.[25]

2. 2015년 「국가디지털안보전략」

2015년 10월 16일 마뉘엘 발스 총리는 악셀 르매흐 디지털부문 차관, 루이 고띠에 SGDSN 비서관, 기욤 뿌빠흐 ANSSI 사무총장이 참석한 가운데 프랑스 사회의 디지털화를 인도할 「국가디지털안보전략(Stratégie Nationale pour la Sécurité du Numérique)」을 공개하였다. 정부의 디지털전략에 따라 발표된 「디지털 공화국 행동계획(République numérique en actes)」이 2015년 6월 18일, 디지털부문 차관에 의해 제출된 「디지털법률안」에 대한 의회공청회에 앞서 선보였고, 총리는 디지털적 변화를 인도하고, 디지털 기업을 지원하고, 기본적 이익을 보호하기 위하여 일련의 부처 간 협력으로 마련된 이 계획을 승인하였다. 2015년 국가디지털안보전략은 2011년 「정보시스템에서 국방 및 국가 안보전략」을 계승한 것으로서 ANSSI에 의해 통괄되는 부처 간 협력과제로서, 그 목표가 디지털부문 차관과 SGDSN에 의해 공고해졌다.

25　https://www.service-public.fr/particuliers/vosdroits/F1189 (검색일 : 2019.3.12)

　　본 전략은 디지털 생태계의 보안과 관련하여 시민과 주요 기반시설의 보호에 있어서 ① 정보시스템의 방어 및 보안 조직에 있어서 국가의 책임, ② 경제주체가 제공하는 제품과 서비스의 안전에 있어서 각 경제주체의 책임, ③ 시민의 디지털 생활의 영위에 있어서 시민의 책임 등이 공동의 책임이 있다는 점을 강조하고 있다.

　　2015년 국가디지털안보전략에서 디지털의 이용과 이와 관련된 위협의 변화로부터 발생하는 새로운 쟁점에 대응하고자 총 5가지의 목표를 추구하고 있다. 즉, ① 주요 인프라의 보안 강화를 통한 사이버 공간의 기본적 국익 보호(Intérêts fondamentaux, défense et sécurité des systèmes d'information de l'état et des infrastructures critiques, crise informatique majeure.),[26] ② 사이버범죄 척결 및 시민들의 디지털 생활 보호(Confiance numérique, vie privée, données personnelles, cybermalveillance),[27] ③ 사이버 보안 행동 관련 인식 제고(Sensibilisation, formations initiales, formations continues),[28] ④ 디지털 기술 비즈니스 환경 조성(Environnement des entreprises du numérique, politique industrielle, export et internationalisation),[29]

26　제1목표《프랑스는 사이버 공간에 있어서 기본적 이익을 보호 수단에 전념한다. 프랑스는 주요 기반시설에 대한 디지털 보안을 공고히 하고, 경제에 필수적인 오퍼레이터의 보안을 위해 노력할 것이다.》

27　제2목표《프랑스는 그 가치에 적합한 사이버 공간의 이용을 발전시키고, 이 공간에서의 시민의 디지털 생활을 보호할 것이다. 프랑스는 사이버 범죄 방지 대책과 사이버 악행의 피해자 지원을 강화할 것이다.》

28　제3목표《프랑스는 학교에서부터 디지털 보안과 사이버 공간에서의 책임감 있는 행동에 관한 관심을 갖게 할 것이다. 우수한 초기 교육 과정과 계속 과정은 관련 단계에 적합한 디지털 보안의 내용을 포함할 것이다.》

29　제4목표《프랑스는 연구와 혁신에 적합한 생태계를 발전시키고, 디지털 보안에 대한 경쟁력을 갖출 것이다. 프랑스는 경제발전과 자국의 디지털 상품 및 서비스의 국제적 홍보를 동시에 추진할 것이다. 프랑스는 자국의 시민과 기업 및 행정을 위하여 사용과 사이버 위협의 측면에 적합한 신뢰와 안전의 수준을 갖춘 디지털 상품 및 서비스의 사용가능

⑤ 유럽의 디지털 전략의 자율성 및 사이버 공간의 안정성 구현(Europe, souveraineté numérique, stabilité du cyberespace)[30] 등을 목표로 삼고 있다. 아울러 동 전략이 국가의 안정, 경제발전, 시민의 보호에 도움이 되는 디지털적 신뢰를 구축하고자 공동의 그리고 조화로운 대응으로써 모두를 위한 정보시스템의 안전을 보장하고자 하는 국가의 약속임을 밝히고 있다.

한편 2015년 국가디지털안보전략은 아래 3가지 전략을 통해 국가 우선과제로서 사이버 안보를 추진하는 총괄적 국가전략을 수립한 것으로 평가되며, 이 전략은 사이버 공간에서의 '안전한 디지털 전환'을 위한 전략 목표를 제시하고, 이를 달성하기 위한 세부 과제들을 지적하고 있다.

먼저, 사이버 공간에서의 정보보안의 중요성을 주목하고, 국가와 시민사회 모두의 공동의 역할과 책임을 강조하고 있다. 즉, 수많은 사용, 수많은 상품, 수많은 서비스를 지닌 디지털은 혁신의 요소이며, 사회적으로든 (직업, 사용), 경제적으로든, 정치적으로든 (사이버 공간의 새로운 국제적 문제점) 수많은 변화를 야기한다. 디지털을 포기하거나 디지털에 접근할 수 없는 것은 오늘날 경제적, 사회적 배제의 한 형태가 될 수 있으며, 마찬가지로 디지털 분야에 필요한 자율성이 결여된 국가는 주권을 위협받게 될 것임을 강조하였다. 따라서 디지털이 자유와 교환, 성장의 공간으로 남아 있기 위해서는 신뢰와 안전이 구축되고 보호되어야 할 필요가 있으며, 사이버 안보는 국가의 작용

성을 확인할 것이다.》
30　제5목표《프랑스는 유럽연합회원국과 함께 유럽의 디지털 전략적 자치의 원동력이 될 것이다. 프랑스는 안전하고 안정되고 개방된 사이버 공간의 촉진 활동에 있어서 적극적 역할을 담당할 것이다.》

뿐만 아니라 기업, 시민 등 공동체의 공동 책임에 속한다는 점을 밝히고 있다.

또한 프랑스인의 개인정보에 대한 명백한 침해는 국가안보의 쟁점이 될 것임을 강조하고 있다. 최근에 보이는 정보의 저장과 처리의 신사용과 신기술의 동시적 발전은 경제적 불균형과 개인 및 국가의 안전에 대한 침해라는 위험의 등장을 조장할 것이며, 특정 유형의 개인정보를 대량으로 불법적으로 수집하고 처리하는 것이 사생활의 침해뿐만 아니라 개인적 또는 공통체적 안전에 대한 침해 혹은 무분별한 상업적 활용을 야기할 수 있기 때문이다. 한편으로는 정보가 사생활을 충분히 보호하는 법제도에 의해 규율되지 않는 소수로부터 독점적으로 이용되고, 제3자에게 판매될 가능성이 있는 단순한 상품으로 취급될 위험이 있을 뿐만 아니라, 다른 한편으로는 정보가 국가 간 연계 여부에 관계없이 스파이행위, 선전, 불안조성 등의 활동을 위해 이를 이용하는 사이버 범죄 집단의 손에 넘어갈 위험이 있다는 점에서 개인정보 보호 이슈도 사이버 안보의 핵심 의제임을 밝히고 있다.

그리고 프랑스 기업의 상품 및 서비스와 관련된 보안성 제고의 중요성을 강조하였다. 프랑스에서 계획되고, 개발되고, 생산되는 디지털 혹은 디지털을 포함하는 상품과 서비스는 세계에서 가장 안전한 제품과 서비스여야 함을 강조하고, 관할 행정 당국은 이러한 목표에 도달하기 위해서 과학적, 공적, 사적 공동체를 위한 소통에 대한 노력을 이끌어내고, 혁신의 공간, 즉 경쟁의 중심지, 기술연구기관, 인큐베이터, 실험실(fab labs)과 같은 장소를 만들어내는 것이 중요함을 강조하였다.

요컨대, 프랑스는 역량 강화를 통한 사이버 안보 및 디지털 경제의 신뢰성 강화를 전략의 가장 큰 목표로 설정하고, 이외에도 사이버

안보와 경제적 역동성 간의 적절한 균형을 유지함으로써 통한 국제 경
쟁력을 높일 것을 주문했으며, 프랑스 시민의 개인정보 보호를 주요
이슈로 다루어야 한다고 강조하였다.

IV. 프랑스 사이버 안보 법제도

1. 국방법전

프랑스의 사이버 안보 조직 규율의 기본 법령은 '국방법전(Code de
la défense)'이다. 프랑스에서는 민간영역과 공공영역 전체에 걸쳐,
사이버 안보 위협을 국방법전에서 규율하고 있다. 국방법전은 2004
년 12월 20일의 법률명령(ordonnance)에 의해 관련 법령이 통합되
었고, 2005년 12월 12일 법률에 의해 의회로부터 승인되고 시행되었
다. 주의할 것은 국방법전의 규율사항은 국방부 및 군 조직에 관한 것
에 한정되는 것이 아니며, 군조직뿐 아니라 대통령과 총리를 필두로
하는 국방지휘체계 전체를 국방 임무 수행의 조직으로 규정하고 있다
는 점이다. 즉, 국방법전은 국방부가 관할하는 군 조직의 활동에 관한
법령이 아니라, 국가 전체의 국방 기능 작동을 위한 일반 법령이라고
할 수 있으며 따라서 국방법전에 사이버 안보와 관련된 사항이 규정
되어 있다고 하여 프랑스를 국방부가 주도하는 체계로 단정하여서는
안 된다.

　현행 국방법전의 법률 부분에 해당하는 제L.1332-1조부터 제
L.1332-7조, 명령부분에 해당하는 제R.1332-41-1조부터 제R.1332-
41-23조와 제R.1332-42조에 사이버 안보 관련 실체적 사항(사이버 안

보에 관한 국가의 권한, 민간의 의무, 신고 제도 등)이 규정되어 있다. 프랑스의 사이버 안보 중추기관인 국가정보시스템보안국(ANSSI)에 대한 설치 근거 역시 '국방법전'에 편재되어 있다.

프랑스 국방법전은 제1편 국방의 일반원칙, 제2편 국방의 법적 규율, 제3편 국방부와 산하 조직, 제4편 병력(국방 구성원), 제5편 행정 및 예산 사항 등으로 구성되어 있다. 이 가운데 ANSSI는 '국방의 일반 원칙'(제1편)의 일부인 '국방 지휘 체계'(제1권) 가운데 '총리'(제3장) 조직의 일부로 규정되어 있다. 다만, '법률'상 조직으로 규정되어 있지는 않고, 총리령(데크레)로만 규정되어 있다. 총리가 국가적 권한을 갖는 전문조직을 활용(운영)할 수 있다는 근거는 법률 부분[31]에 규정되어 있다.[32] 직접적으로는 명령 부분에서 총리 산하 조직의 하나로 국가정보시스템보안국을 규정하고 있다.[33]

국방법전 명령 부분에서 '국방안보보좌관(SGDSN)'[34]을 총리

31   국방법전 제L.1131-1조 ① 총리는 국방 분야에서 정부의 작용을 지휘한다. ② 국방에 책임이 있는 총리는 국방에 대한 일반적, 군사적 지휘권을 행사한다. 이러한 권한에서 총리는 국방과 관련된 협상을 위한 일반적 지침을 마련하고, 이러한 협상의 전개를 추적한다. 총리는 군사행동의 준비와 상급적 지휘에 대해 결정하고 각 부처의 국방 관련 부서의 활동에 관한 결집을 보장한다. ③ 총리는 주요한 위기의 경우에 공권력의 작용을 준비하고 통괄한다.
32   프랑스에도 총리와 별개로 대통령이 있으나, 구체적 정책 입안과 추진에 관하여 우리나라 대통령과 같은 역할을 하는 것은 총리이다.
33   프랑스에서는 헌법 제37조의 규정에 따라 행정입법(총리령 등 명령)이 일반적인 사항에 대해 법률의 위임없이 제정될 수 있으며, 법률유보 이론을 기초로 하는 행정조직법정주의가 적용되지 않는다. 이에 따라, 중앙부처와 같은 정부조직도 법률로 근거를 규정하지 않고 총리령으로 규정하고 있다. 헌법 제34조 제3항이 "국방에 관한 일반 조직의 편성"에 관하여는 그 기본 원칙을 법률로써 규정하도록 하고 있다. 따라서 국가정보시스템보안국과 같은 세부조직이 법률이 아닌 명령에 의해 설치될 수 있는 것이다. 요컨대, 프랑스 입법체계의 특수성을 고려할 때 국가정보시스템보안국이 법률에 설치근거를 두지 않고 명령으로 설치되었다고 해서 설치 근거 규범체계에서 낮은 단계의 형식은 아니다.
34   Secrétariat général de la défense et de la sécurité nationale.

〈프랑스 국방법전 명령 부분 제R.1132조 이하 규정〉

* 제1권 국방지휘체계

제1장 일반원칙

제2장 대통령, 국군통수권자

제3장 총리

제1절 권한

제2절 총리 소속 기관

   1섹션 국방안보보좌관

   2섹션 국방연구소

   3섹션 합의제 기관

제4장 국방 관련 부처 장관들의 책임

소속 국방 지휘 체계상 기관으로 규정하고 있으며, 국방안보보좌관
(SGDSN)의 권한, 기능의 일환으로 ANSSI설치를 규정하고 있다.

국방안보보좌관(SGDSN) 관련 명령 부분 조문은 제R.1132-1조
부터 제D.1132-7조까지 7개 조문으로 구성되어 있는데, 이 가운데
제R.1132-3조에서 국방안보보좌관(SGDSN)의 국방관련 권한을 8개
로 열거하고 있다. 즉, 제R.1132-3조 제7호에 따라 "국방안보보좌관
은 총리에게 정보시스템 보안에 관한 정부 정책을 제안하고 수행한다.
이를 위하여 국방안보보좌관은 국가적 권한을 갖는 '국가정보시스템
보안국'을 운영한다." 국방안보보좌관(SGDSN)은 기존의 국방보좌관
(Secrétarit général de la défense nationale)을 대체하기 위하여 2009
년 12월 24일의 데크레에 근거하여 2010년 1월 13일 설치된 것이다.

2018년 2월 28일 국사위원(Conseillère d'État) 출신 Claire LANDAIS
가 국방안보 보좌관으로 취임해 현재 활동 중이다.[35]

국방법전 제R.1132-1조는 국방안보 보좌관을 총리 직속 기구로
규정하고 있다. 제R.1132-2조는 국방안보 보좌관이 대통령이 주재하
고 관계 장관 등으로 구성되는 국방안보위원회(Conseil de défense et
de sécurité nationale)도 보좌하도록 정하고 있는데, 이는 대통령과 총
리의 지침에 따라 관계 부처의 부서와 협력하여 위원회의 회의에 대한
준비 작업을 지휘하는 것이다. 즉, 위원회가 논의할 안건의 일람표를
준비하고, 결정된 안건을 고시하며, 향후 집행이 잘 되고 있는가를 추
적한다.

제R.1132-3조는 제7호에서 국방안보 보좌관이 총리에게 정보시
스템 보안에 관한 정부 정책을 제안하고 수행하기 위해 국가정보시스
템보안국을 운영하도록 규정하고 있을 뿐만 아니라, 총리를 보좌하여
행하는 국방과 안보 분야의 구체적 활동을 제1호 내지 제8호[36]에서 열

---

35 http://www.sgdsn.gouv.fr/le-sgdsn/la-secretaire-generale/ (검색일: 2019.3.12)
36 제1호 국방 및 안보 정책과 관련된 부처 간 작업을 지휘하고 통괄함.
    제2호 관계 부처의 부서와 협력하여 국방 및 안보 분야에서 프랑스의 이익에 영향을 미
    칠 수 있는 국제적 위기와 갈등의 양상을 추적함. 국방과 안보와 관련된 국제적 협상 또
    는 회의를 준비하고 진행하며, 그 결과를 통보함.
    제3호 국방 기밀의 보호에 필요한 조치를 제안 및 배포하고, 적용 및 감독하게 함. 국방
    및 안보와 관계된 부처 상호간에서 공동으로 마련하는 규범에 대해 준비하고, 이를 보급
    하며, 그 적용에 대해 추적함.
    제4호 국가정보 및 테러방지 조정관을 지원하여 정보 관련 업무 활동이 포함되는 법적
    테두리의 적용과 그 수단에 대한 계획화에 협력하고, 정부 분야의 분석 및 종합을 하는
    부처 간 협력 조직의 편성을 보장함.
    제5호 국방 및 안보 관계 부처 상호간의 공동 계획을 수립하고, 그 적용을 감시하며, 이
    를 실행하는 부처 간 훈련을 지휘함. 관계 부처의 다양한 부서에게 부과되는 국방 및 안
    보에 관한 조치의 준비 및 실행 통괄하고, 주요 위기 시에 예정된 민간과 군의 수단에 대
    한 조정을 보장함.
    제6호 대통령과 정부가 국방 및 안보에 필요한 지휘수단과 전자통신수단을 갖추고, 그

거하고 있다.

2. 국방계획법률

프랑스에서는 중요 중장기 정책을 법률의 형식에 담은 '계획법률'이
사용되고 있다. 현재, 중기재정계획법률과 국방계획법률이 있는데, 국
방의 중요 정책 변화가 있을 때 이 계획법률을 개정하는 방식으로 계
획을 수정하고 있다. 2013년과 2015년에 한 차례 개정하여 사이버 안
보 관련 사항을 보완하였는데, 실체적인 제도의 변화를 내용으로 하는
사항은 대부분 국방법전의 특정 사항을 개정하는 것이다.

   따라서 최근의 국방계획법률의 주요 내용은 현행 국방법전에 포
함되어 있다. 2013년 12월 18일 제정된 「2014-2019 국방계획법률
(Loi n° 2013-1168 du 18 décembre 2013 relative à la programmation
militaire pour les années 2014 à 2019 et portant diverses dispositions
concernant la défense et la sécurité nationale)」 제22조가 국가정보시
스템보안국으로 하여금 주요 기반시설의 보안 강화와 관련된 조치를
규정하였다. 이에 따라 국가정보시스템보안국이 2014년 10월 중순,
에너지(전기 및 가스)와 전자통신 분야에 적용될 보안 규정을 준비하
는 특별 위원회가 발족시킨 것을 시작으로 2015년 초에는 물, 금융,
운송 등의 분야와 관련된 특별 위원회가 설치되어 각자 관계 부처 및
관련 기관을 소집하였다. 이 같은 활동의 목적은 관련된 정보시스템
에 대해 확정하고, 효과적이면서 지지받을 수 있으면서도 기반시설의

   기능을 수행하도록 보장함.
   제8호 과학연구 정책과 국방 및 안보와 관련된 기술 과제 분야에서 수행되는 활동의 일
   관성에 대해 감시하고, 이 분야의 전략적 국가이익의 보호에 기여함.

역할과 특수성에 적합한 규범을 정하는 것이다. 또한 새로운 조치들
이 기존의 규범과 유기성을 갖추도록 보장하는 것 역시 그 목적으로
한다.

3. 디지털국가법

디지털부분 차관 악셀 르메르(Axelle Lemaire)의 제안으로 「디지털 공
화국을 위한 2016년 10월 7일 법률 제2016-1321호(LOI n° 2016-1321
du 7 octobre 2016 pour une République numérique.)」(이하 '디지털국
가법')의 제정 작업이 시작되었으며, 프랑스 정부는 본 법률의 시행을
통해 정보 및 지식의 접근과 관련된 정책을 촉진시키면서 프랑스가 디
지털 분야에서 한발 앞서 나가게 하고, 디지털 세계에서 개인의 행동
능력과 권리를 강화하기 위한 점진적인 디지털 접근 방식을 채택하고
자 하였다.[37] 2016년 디지털국가법'은 프랑스 정부가 국가행정 영역뿐
아니라 다양한 산업 분야에 걸쳐 정보화를 활용한 사회적 개혁을 단행
하고자 추진하고 있는 사회 정보화 정책을 담은 법률이다. 동 법률은
제1장 데이터와 지식의 유통, 제2장 디지털사회 권리 보호, 제3장 디
지털 접근권 등으로 구성되어 있으며 '디지털사회 권리 보호(제2장)'
의 내용으로 열린 공간(제1절), 사생활보호(제1절)를 규율하고 있는
데, 열린 공간에서의 권리 보호는 '인터넷 중립성', '데이터의 이동성
과 회수', '플랫폼 신뢰성과 소비자 정보'로 구성되어 있다. 특히 인터
넷 중립성에 관한 규율의 하나로 국가정보시스템보안국의 사이버 위

37　https://www.legifrance.gouv.fr/affichLoiPubliee.do;jsessionid=75369B9F779410
176AF10DCD61877B57.tplgfr36s_1?idDocument=JORFDOLE000031589829&type
=expose&typeLoi=&legislature=14 (검색일 : 2018.9.1)

〈2016년 디지털국가법 제47조: 형사사법 절차에 대한 예외 조치〉

- 국가정보시스템보안국에게 자동화된 정보 처리 시스템의 보안 취약
 사항의 존재에 관한 정보를 전달한 자에 대해서는 정보 시스템의 보안
 을 위하여 형사소송법전상 검찰에 대한 고지 의무의 적용을 배제함
- 이때, 형사소송법전상 검찰에 대한 고지 의무는 범죄사실을 인지하
 면 이 정보를 검찰에 제공할 의무를 말하며, 공직자에게만 적용됨(형
 사소송법전 제40조)
- 국가정보시스템보안국은 정보제공자의 신원과 정보제공 방법에 관한
 정보를 누설하지 않을 책임을 짐
- 국가정보시스템보안국은 접수된 사항에서 도출되는 리스크 또는 위
 협을 파악하여 포털사업자(hébergeur), 망사업자 또는 정보시스템
 관리 책임자에게 이를 알리기 위해 불가피한 기술적 조치를 취할 수
 있음

협 공격정보의 취합 활동을 뒷받침하는 조치를 법제화함으로써 실질
적 정보 취합을 위한 법적 근거를 마련하였다(제47조).[38]

　본 조항의 시행에 따라 국가정보시스템보안국은 사이버 보안과
관련된 결함을 발견한 자로부터 신고를 접수받기 위한 제도적 시스템
을 갖추게 되었다. 즉, 관련 결함을 발견한 경우 사이버 공격 대응센터
(CERT-FR) 사이트에서 메시지를 통하거나, 국가정보시스템보안국의
주소로 우편 접수할 수 있으며, 국가정보시스템보안국은 신고자의 인

38　위 제47조의 내용은 국방법전 제2321-1조를 개정하는 내용이며, 국방법전상 이에 관한
　　기존 법제를 강화하는 법제적 조치이다.

적사항과 신고 내용에 대한 비밀 보장을 보장한다.[39]

V. 프랑스 사이버 안보 국제협력

프랑스 사이버 안보 관련 국제협력은 글로벌 차원의 국제규범 형성과
정에 대한 참여 이외에도 유럽 차원에서 진행되는 다자간 협상에의 참
여와 그 과정에서 프랑스의 역할 설정에 관심을 두고 있다. 프랑스는
2015년 10월 16일의 「국가디지털안보전략(Stratégie Nationale pour la
Sécurité du Numérique)」에서 이 분야의 국제적 협력에 관한 입장을
밝힌 바 있다. 즉, 마뉘엘 발스(Manuel Valls) 총리는 국가디지털안보
전략을 통해 프랑스가 유엔과 유럽안보협력기구의 사이버 안보 다자
협상에 적극 참여할 것을 다짐하면서 이 분야의 교육과 국제협력을 강
조하였다. 이는 프랑스가 사이버 보안에 대한 경쟁력을 갖추어 이 부
문에 대한 유럽의 전략적 자치를 지지하고, 사이버 공간의 안정에 동
참하고자 하는 신흥국을 지원함으로써 국제사회에서 프랑스의 발언권
을 강화하고자 하는 계획이다.[40]

　　사이버 위협의 양상이 점차 세계화됨에 따라 사이버 안보에 대한
국제적 협력의 필요성이 대두되었으며, 프랑스의 사이버 안보 중추기
관인 국가정보시스템보안국(ANSSI)은 사이버 공간의 안정에 기여하
고, 국제적 동맹과 협력을 강화하며, 사이버 안보의 프랑스 모델을 촉
진하기 위한 정책적 노력을 경주하고 있다. 이와 관련하여 ANSSI는

---

39   https://www.ssi.gouv.fr/actualite/vous-souhaitez-declarer-une-faille-de-securite/
40   Premier ministre, Stratégie nationale pour la sécurité du numérique, le 16 octobre
　　　2015, pp.39-40.

정책적, 규범적 차원에서 사이버 안보와 관련된 토론에 적극적으로 참여하고, 사이버 공간에서 발생되는 위협에 대항하기 위한 일련의 파트너들과 협력하여 활동하고 있는 것으로 알려져 있다.[41] 즉, ANSSI는 ① 사이버 안보 분야에서의 프랑스적 비전을 촉진시키고, ② 경제적, 상업적 성격의 협상에서 사이버 안보의 문제를 고려하는 것을 보장하고, ③ 국제기구의 사이버 안보에 기여하며, ④ 사이버 안보 역량 개발에 협력하고 지원하고, ⑤ 사이버 공간의 국제적 평화와 안전을 구축하기 위한 노력을 경주하고 있다.

먼저 사이버 안보 분야에서의 프랑스적 비전을 촉진시키기 위한 활동으로 EU, UN, G7, G20, OECD, OSCE, NATO 등의 국제기구에서 이 분야와 관련된 프랑스의 지위를 강화하고 또한 국제사회에서 활동하는 민간부문이 사이버위협에 대한 책임성을 높이기 위한 정책을 추진한다. 또한 경제적, 상업적 성격의 협상에서 사이버 안보의 문제를 고려하는 것을 보장하기 위해 G7, G20, OECD, WTO 및 EU 또는 각종 거래협정과 관련한 협상에서 정보의 관리, 사이버 제품 및 서비스의 보안에 관한 평가, 사이버 분야에서 EU 및 회원국의 권익 보호에 주의를 기울이고 있다. 사이버 안보 분야에서 유럽적 전략적 자치를 구축하기 위해 사이버 안보와 관련된 유럽적 갈망을 독자적인 방식으로 정의하고 조절하여 EU와 회원국의 권익을 보호하고(규범적 비전), 회원국 간의 협력을 통하여 사이버 공격에 대응하는 능력 범위 내에서 그들에게 독자성을 보장하는 최소한의 사이버 안보의 기반을 다지며(역량적 비전), 민간 부분으로 하여금 주요 기술 및 서비스 분야에서 유럽의 독자적 대응을 가능하게 하는 학문적, 연구적, 산업적 역량

---

41   https://www.ssi.gouv.fr/agence/missions/lanssi-a-linternational/

의 강화(기술적 비전)하게 하는 비전을 촉진하도록 하고 있다. 나아가 국제기구의 사이버 안보에 기여하기 위해 프랑스가 회원국인 국제기구가 사이버위협에서 안전할 수 있도록 프랑스의 발언을 지지하고, 관련된 국내적, 국제적 활동을 활성화시키며, 국제기구에서 활동하는 국내조직이 사이버 보안 분야에서 프랑스적 접근과 전문성을 촉진시키고 있으며, 사이버 안보 역량 개발에 협력하고 지원하기 위해 유럽뿐만 아니라 모든 대륙과의 국제적 협력을 통하여 고급기술에 대한 지식공유, 장애에 대한 공동 대응, 위협에 대한 지식 공유, 동맹국 간의 방어능력 개발 지원, 외교적 교류 등을 추진하며, 특히 프랑스어권 국가의 사이버 보안 수준을 높이는 데 노력할 것임을 밝히고 있다. 궁극적으로 사이버 공간의 국제적 평화와 안전을 구축하기 위해 외교부(Ministère de l'Europe et des affaires étragères)와 국방부(Ministère des Armées)와의 긴밀한 협력 아래 사이버 공간의 국제적 안보와 관련된 프랑스의 지위에 대한 정의와 촉진에 참여하는데, 특히 사이버 공간에서의 분쟁에 대한 예방적 조치, 분쟁의 해결을 위한 협력, 심각한 장애로 인한 영향을 방지하기 위한 안정성을 확보를 목적으로 하고 있다.

제2부

중견국의 사이버 안보전략(1): 북유럽

제6장

에스토니아의 사이버 안보전략

쉬만스카 알리나(Shymanska Alina) | 서울대학교

I. 서론

사이버 공격의 가능성을 먼저 키우게 되면서 사이버 안보전략의 중요성을 앞서 파악한 국가들은 강대국이다. 각국이 자국의 사이버 공간을 보호하기 위하여 사이버 안보전략을 제일 먼저 고민하게 되었다. 1990년 후반에 도입된 중국의 금순공정(金盾工程, Golden Project), 2000년의 러시아연방정보보안 독트린(Доктрина информационной безопасности РФ) 및 2003년도에 미국 부시 행정부가 도입한 미국 사이버 공간의 안보전략(National Strategy to Secure Cyberspace)이 그 증거이다. 강대국이 보는 사이버 안보는 현실주의의 영향을 벗어나지 못하는 추세가 강하게 드러난다.

　　러시아의 V. V. Chirkin의 추정에 따르면, 사이버 기술 및 사이버 안보는 러시아 군사력의 일부이며 지정학의 문제를 다룰 때 보조적인 도구이기도 하다(Chirkin 2012). 2013년 러시아의 정기 간행물 *Voyenno Promyshlennyy Kuryer*(*Военно-промышленныйКурьер*)에서 육군 장군 Gerasimov V.이 게재한 논문 "The Value of the Science is in the Foresight"에 의하면, 정보 공간(사이버 공간을 위한 러시아의 용어)이 전쟁의 구역에 포함되는 것은 필연적이기 때문에 러시아군이 이를 잘 활용해야 한다고 강조했다. 미국, 러시아와 중국은 사이버 특수부대 등 타국의 사이버 공간에 대한 정찰 및 공격을 담당하는 기관을 보유하고 있으며, 이를 주목하는 많은 연구들은 미국-러시아(Giles 2011) 또한 미국-중국(Mulvenon 2009; Krekel 2010) 등 강대국 사이의 사이버 경쟁에 대한 담론을 담고 있다. 예컨대 강대국의 관점에서 사이버 공간은 서로간 군사 경쟁의 대상이고 사이버 안보는 상대방에 대한 권력정치의 도구로 보인다. 현재 미국 국방 예산에서 사이버군을 위해 매년 70억 달러가 배정되어 있고 미합중국 국민위병 중에서 적어도 9,000명의 사이버군이 있다 한다. 중국 인민해방군의 경우에는 20,000명의 사이버군을 유지하고 있고 사이버군을 위한 연간 예산은 15억 달러이다(Zecurion Analytics 2017, 5). 러시아가 2016년부터 공격력을 기르는 데에만 연간 2.5억 달러를 쓰는데 이는 사이버군 및 사이버 안보에 더 큰 투자를 하는 것이다.

그런 가운데 중견국의 사이버 안보전략이 어떤지 그리고 강대국과 달리 세력 중심이 아니라면 무엇에 초점을 두는지의 문제가 본 논문의 핵심적인 의문이다. 즉 물질적 자원의 차이로 인하여 강대국과 마찬가지로 사이버 경쟁을 내세우지 못하는 중견국이 사이버 안보전략을 계획할 때 어디에 초점을 둘 것이냐 하는 것은 매우 중요한 문제이다. 본 연구는 이 의문에 답하려는 목적을 가지고 에스토니아 사례를 살펴봄으로써 중견국의 사이버 안보전략에 초점을 두고자 한다.

에스토니아는 1991년도의 소련 붕괴 이후에 러시아와 멀어졌고 북대서양조약기구(NATO)와 유럽연합(EU)에 가입하는 대외 전략을 택했고 그 전략을 이루기 위하여 전국의 ICT 기술 개발 프로젝트를 1996년에 착수했다. 이 프로젝트의 명칭은 한국, 싱가포르, 대만과 홍콩, 즉 아시아의 네 마리 호랑이를 연상시키는 "호랑이의 도약(跳躍)" (에스토니아어 Tiigrihüpe, 영어 "호랑이의 도약")이며 그 목적은 최대한 빠른 시간 내에 에스토니아 사회를 정보화시키면서 선진국화시키고 정보화를 토대로 나토 군사동맹과 통합될 수 있을 정도의 수준으로 에스토니아의 국방력까지 증진시키는 것이었다. 새로 개발된 통신 기술의 사이버 보완을 위하여 2004년에 에스토니아 국가 안보 전략 (National Security Concept 2004)과 정보 안보 상호운용 프레임워크 (Information Security Interoperability Framework 1.0) 등의 문서가 작성된 사실은 에스토니아가 그 당시에 사이버 안보에 대한 많은 관심을 보였음을 증거한다. 그리고 "호랑이의 도약"은 매우 성공하였고, 그 결과 에스토니아는 2004년에 유럽연합과 나토의 회원국이 되었을 뿐만 아니라 북대서양의 사이버 안보의 허브가 된 나토 사이버 보안 Centre of Excellence(현재 나토 CCE COD) 본부를 탈린(Tallinn)에 설립하고 에스토니아의 지도 아래서 운영하도록 나토의 승인을 받았다. 즉 2004년부터 에스토니아가 대외 정책 측면에서 사이버 안보 영역에서 많은 성취를 이루었다는 것을 보여 준다.

하지만 2000년대 러시아 대 나토 간의 관계 악화로 인하여 에스토니아는 사이버 안보 영역에서 차지하고 있었던 중심적 위치에서 몰락했다. 러시아 정부는 에스토니아 총 인구의 24%를 이루고 있는 러시아 동포를 중심으로 인터넷 등의 정보 통신 네트워크를 이용해 반(反)-에스토니아 선전을 진행하고 2007년에 사이버 도구를 이용해 에스토니아의 국가 주요 기반시설을 공격하는 캠페인까지 해냈다. 이러한 사건을 겪은 뒤 에스토니아 정부는 국가와 군에 있어서 사이버 위협이 무엇인지에 대한 재개념화를 했고 국가 사이버 전략을 작성했고 그것을 이행하는 기관을 새로 설립하거나 기존 기관에 임무를 지정했다. 뿐만 아니라 법률 제도와 대외정책까지 국가 사이버 안보를 보다 더 강화하는 방식으로 변경되었다. 예를 들면 2018년에 에스토니아 육군에서 사이버 사령부가 창설되었고 2023년까지 군인과 민간 등의 직원을 선발하며 완편될 예정이다(Pernik 2018). Zecurion Analytics의 데이터를 보면 현재 에스토니아가 유지하고 있는 사이버군은 100명이며 그를 위해 배정된 연간 국방 예산이 7백만 달러이다(Zecurion Analytics 2017, 5). 물론 에스토니아 사이버 안보의 군사적 차원은 러시아 같은 강대국과 물질적으로 비교도 되지 않기 때문에 에스토니아가 러시아의 사이버 위협을 제지하는 데에 어떤 방식으로 자국의 사이버 안보전략을 내세우는가 하는 것은 중요한 질문이다.

이어서 제II절에서는 에스토니아를 둘러싼 서양과 러시아를 비롯한 국제정치구조적 여건이 무엇인지, "호랑이의 도약"은 왜 에스토니아의 생존 전략이 되었는지 그리고 2007년 사이버 공격 이후에 에스토니아에서 사이버 위협의 개념에 대한 어떤 변화가 있었는지에 초점을 두고 논의를 진행한다. 제III절에서는 2007년 이후의 에스토니아의 국가 및 국방 사이버 전략, 사이버 안보의 대외 전략, 법률 제도와 추진체계를 분석한다. 제IV절에서는 본 논문의 결론을 다룬다.

II. 에스토니아의 국제정치적인 구조 조건, 생존 전략 및 2007년 이후 사이버 위협의 개념 등장

1. 에스토니아의 국제정치적인 구조 조건

현대 에스토니아 국가의 뿌리는 제1차 대전 시기에서 찾을 수 있다. 그 당시 전쟁에서 패배하게 된 러시아 제국이 약화되어 국내적 혼란을 겪게 된 상황을 이용하여 에스토니아의 독립 운동가들은 1918년에 독립을 선포했다. 1710년 에스토니아가 러시아 제국에게 정복된 지 300년 만에 국가의 자주독립권을 얻으면서 에스토니아 민족의 입장에서 정의의 승리를 얻은 것이었다. 1917년부터 러시아 제국이 붕괴되어가며 대신 레닌이 주도하는 사회민주노동당이 주권을 잡아 독재 국가가 등장하게 되었다. 힘을 모아가는 사회민주노동당의 군대(볼셰비키)가 독립한 에스토니아에 대한 공격을 시도했지만 결국 정복하지는 못했다(Kaljurand 2013, 60). 그 당시 에스토니아의 독립군이 매우 교묘하고 발전된 군사전략을 도입하고 나라의 독립을 위하여 목숨을 걸고 열심히 싸웠던 점이 매우 중요하게 작용하였다. 이에 더하여 1918년의 러시아는 이미 제국이 아니지만 아직 소련도 아닌 무정부 상태에서 내전을 겪고 있었고 볼셰비키 군대는 러시아 왕당파의 백색 운동군과의 대립, 1917년에 독립을 선포한 우크라이나 인민공화국 군대와의 충돌 등 동시에 이루어지는 여러 군사 전선의 갈등으로 인하여 약화된 상태였다. 그래서 1918년에 소국인 에스토니아가 러시아 볼셰비키의 침략 시도를 잘 이겨낼 수가 있었고 1940년까지 타국과 군사동맹을 맺지 않은 상태로 자국의 자주독립을 유지하는 데에 성공했다. 그런데 1920년대 초반에 볼셰비키의 영향력이 많이 강화되었고 1922년에 강대국인 소련이 새로 등장했고 1940년에 에스토니아를 다시 정복했다 (Kaljurand 2013, 62).

복잡한 역사적인 배경으로 인하여 1991년에 소련이 붕괴한 뒤에 러시아가 설립한 독립국가연합(Содружество Независимых Государств)을 에스토니아는 자국 외교 전략의 선택지로 고려하지도 않았으며 구소련과의 네트워크를 해체해버렸다. 즉 러시아랑 최대한 먼 거리를 두고 싶어 했다는 의미이다. 뿐만 아니라 중립(neutrality)을 보장받지도, 강대한 군사력을 보유하지도 못한 에스토니아 입장에서 러시아 등의 위협으로부터 자주독립을 지키지 못하는 소국으로 남는 것은 좋은 전략으로 보이지 않았다. 에스토니아와 나토의 관계를 연구한 Erik Männik이 주장한 바와 같이, 에스토니아의 역사적인 배경을 보면 이 나라가 왜 지속적으로 러시아의 모든 행위를 자국에 대한 외부 위협으로 해석하는지 알 수 있다(Männik 2004, 27). 이러한 위협인식을 바탕에 둔 에스토니아 정부의 입장에서 나토에 가입하는 시나리오는 제일 바람직한 전망으로 보였다(Kaljurand 2013; Männik 2004).

2. 생존 전략으로 "호랑이의 도약" ICT 기술 개발 프로젝트

1996년 에스토니아의 외교관 투마스 헨드릭 일베스(Toomas Hendrik Ilves)가 "호랑이의 도약"으로 알려진 프로젝트를 제안했다. 그 프로젝트의 의도는 과거 공산주의 제도로 인하여 발생한 기술적인 낙후를 청산하는 것이었다. "호랑이의 도약"의 의도가 오직 에스토니아가 나토에 가입할 수 있도록 만드는 것뿐이라고 할 수는 없지만, 분명 이를 위해 에스토니아가 유럽 국가들과 겨룰 수 있을 만큼의 경쟁력을 갖추게끔 개혁을 이루고자 한 프로젝트였다(Runnel, Pruulmann-Vengerfeldt, Reinsalu 2009, 30). 즉 에스토니아가 서방국가들과 경쟁력이 생겨야만 집단방위 시스템이 잘 되어 있는 유럽 국가의 공동체로 통합될 가능성이 있기 때문이다.

1997년부터 "호랑이의 도약" 프로젝트가 정부의 지원을 받게 되었고 그 최초 결과물 중 하나는 국내 모든 학교에서 인터넷 접속이 가능하게 하고 그때까지 널리 사용되었던 UUCP(Unix-to-Unix Copy)를 IBM PC(Personal Computer)로 시스템을 개선한 것이었다. 1999년까지 에스토니아의 IBM PC 개인 소유 비율은 인구의 5%에서 14%까지 증가했던 반면, 라트비아와 리투아니아의 해당 수치는 6%에 지나지 않았다(Runnel, Pruulmann-Vengerfeldt, Reinsalu 2009, 31). 에스토니아에서 1996년에는 e-Banking, 2000년에는 국민마다 3분 이내에 개인 컴퓨터로 세금을 납부할 수 있는 e-Tax Board 및 정부에 투명성과 효율성을 개선시키는 e-Cabinet 시스템과 휴대폰용 주차 결제서비스 m-Parking, 2003년에는 학교 교사와 학부모와 학생을 위한 대화형의 e-School 서비스 등이 등장했다. 뿐만 아니라 에스토니아의 정부 및 공공기관들이 온라인상에서 업무를 진행하게 되었고 기관 간 더욱 효과적인 데이터 공유를 위하여 2001년 에스토니아 정보 시스템 당국(Estonian Information System Authority)은 중앙에서 관리하는 정보 통합 시스템 X-Road를 설립했다. 이런 시스템 덕분에 정부기관들이 정보를 편리하게 공유하면서도 데이터에 대한 기밀 유지가 보장되었다. 이런 개혁적인 정보화 서비스의 발전원인으로는 에스토니아 국민들의 생활의 질을 증가시키고자 하는 이타적 이유를 꼽을 수 있다. 에스토니아의 "호랑이의 도약" 정책을 설명하는 1998년도의 에스토니아 정보 정책의 원칙(Principles of Estonian Information Policy 1998)을 보면 에스토니아 정보화 사회의 발전의 원칙 중에서 국가 경쟁력 강화, 사회적인 차별화의 감소와 정부와 국민 간의 대화 조성하기가 나온다(Runnel, Pruulmann-Vengerfeldt, Reinsalu 2009, 30).

"호랑이의 도약"의 또 다른 결과 중에서 에스토니아의 e-정부(e-government) 등장 및 여권 대신에 도입한 국민 ID 카드 시스템을 살펴볼 수 있다. 이 제도가 시행된 결과, 2010년 에스토니아 e-정부 시스템의 유효성은 인구의 거의 100%였고, 2005년-2015년 기간 동안 국민의 90% 이상이 선거 때 국민 ID 카드를 이용해 투표를 했다고 보도된다(Osula 2015, 5). "호랑이의 도약"으로 말미암아 점차적으로 에스토니아는 유럽에서 가장 전자 정부화가 완성된 국가 중 하나가 되었고 IT 기술의 발전 및 접근성이 곧 에스토니아의 국가 브랜드가 되었다. 에스토니아가 나토와 EU의 회원국이 된 2004년에 EU 회원국가 간의 경쟁력을 확인하는 Lisbon Review에 의하면 ICT 기술의 발전 측면에서 에스토니아가 유럽 국가들 중 12위, 라트비아가 21위, 리

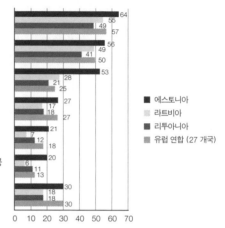

마지막 3개월 이내 인터넷을 사용했다

연락하기 위하여 인터넷 사용

은행 업무를 위하여 인터넷 사용

공공기관 웹사이트에서 정보를 얻기 위하여 인터넷 사용

공식적인 문서를 다운로드를 위하여 인터넷 사용

개인 정보를 공식적인 문서로 기재한 후 공공 기관으로 발송하기 위하여 인터넷 사용

공공기관과 소통하기 위하여 인터넷 사용

■ 에스토니아
■ 라트비아
■ 리투아니아
■ 유럽 연합 (27 개국)

그림 6-1. 발트 3국 및 유럽연합 27개국의 인구 대비 인터넷 사용률 비교(2004)

자료: Runnel, Pruulmann-Vengerfeldt, Reinsalu 2009, 31.

투아니아가 22위를 자치했다. 에스토니아 정부가 국민의 실제 인터넷 사용보다 자국의 국제 순위에 더 신경을 쓴다는 비판을 많이 받았다는 것이 사실이지만 높은 순위를 유지하는 정책이 결국 에스토니아가 정보통신기술의 선진국으로 인정을 받고 나토 네트워크 안에서 무임승차를 하고 있다는 평판에서 벗어나 사이버 안보라는 틈새 영역의 주요 행위자가 되게끔 많이 기여했다. 따라서 "호랑이의 도약"은 실제로 에스토니아에게 구소련의 미개발 소국의 이미지로부터 탈출하고 유럽의 시스템으로 통합될 소중한 기회가 되었다.

"호랑이의 도약" 프로젝트의 성공은 결과적으로 투마스 헨드릭 일베스가 국민들한테 많은 지지를 받고 2006년부터 2016년까지 10년간 에스토니아의 제4대 대통령의 임무를 수행하는 데에 주요한 역할을 하였다. 국가의 발전된 ICT가 행정과 정부를 개선하는 데에 도움을 준 것은 물론 에스토니아의 업체들이 경쟁력을 갖게 함으로써 에스토니아는 매력적인 해외투자처가 되었다(Ministry of Economic Affairs and Communications of The Republic of Estonia 2013, 20).

에스토니아가 나토와 가까워지고 러시아와 멀어지는 "맺고 끊기" 전략을 하는 데에 왜 ICT 기술 개발 국내 전략에 초점을 두었고 이러한 전략이 에스토니아의 나토 가입과 무슨 관계가 있을까? 나토 시스템 안에는 Centres of Excellence(COE)이라는 기관이 존재하며, NATO가 규정한 바에 따르면 COE란 특정한 군사 영역에서 나토 회원국 또는 파트너 국가의 군대를 위하여 독트린 개발을 진행하고 올바른 정신 교육과 훈련을 시키며 실험과 검증을 통하여 특정한 영역의 가능성을 연구한다(North Atlantic Treaty Organization, Centres of Excellence). 현재(2018년) 기준으로 NATO는 29개국의 회원국을 보유하고 있고, 그 중 24개국은 자국의 전문적인 Center of Excellence(COE)를 보유하고 있다. 즉 거의 모든 회원국이 COE를 가지고 있는 것을 볼 때, 이 기관을 NATO의 책임 분담정책의 맥락에서 이해할 수 있다.그리고 책임 분담이 이루어지는 메커니즘은 회원국의 역량(capability)과 정체성에 따라 분담되는 것이다. 여기서 1997년 에스토니아에서 시작된 "호랑이의 도약" 정책은 에스토니아가 자국의 정체성을 만들고 NATO 네트워크 안에서 무임승차의 이미지를 피하기 위하여 틈새를 잡을 수 있게 중요한 역할을 한 것이다.

여기에는 1990년대부터 미국 학계에서 진행되었던 탈근대 전투 공간(postmodern battle space)의 개념이 영향을 미쳤다. 이 분야의 대표적인 전문가 Robert J. Bunker의 견해에 따르면, 탈근대 전쟁은 바로 미국과 나토가 대비해야 하는 미래 전쟁(Future Warfare)이고 그것은 육(陸), 해(海), 공(空), 우주(宇宙)와 사이버 공간(cyber space) 등의 5차원의 전투 공간을 포함한다(Bunker 1998, 21). 군사력을 개발하

는 데에 인력과 물질적인 차원이 부족한 에스토니아로서는 자국이 나
토의 입장에서 책임을 분담할 수 있는 회원국으로 판단되게끔 하기 위
해서는 ICT 기술이 개발된 사이버 국가라는 브랜드에 주목할 수밖에
없었다.

1990년대 초반 주미 에스토니아 대사관에서 외교관 업무를 실시
한 투마스 헨드릭 일베스 외교관은 그 당시에 미국 학계와 국방부에서
진행하고 있었던 5차원의 전쟁 담론에 대하여 분명 잘 알고 있었고 본
국인 에스토니아가 러시아로 인해 직면한 안보 딜레마를 해결하기 위
해서는 나토에 가입하는 것이 필수적이라고 느꼈다. 사이버 공간 등의
전쟁의 비물질적인 영역은 군사력이 부족한 에스토니아에게 나토에
기여할 수 있을 만큼 중요한 예비 회원국이 될 수 있는 가능성을 열어
주었고 그것은 투마스 헨드릭 일베스가 "호랑이의 도약" 프로젝트를
제안한 이유들 중에 하나로 볼 수 있다.

3. 2007 사이버 공격 사건 및 사이버 공간에서 위협 인식 등장

에스토니아의 국가적 강점으로 간주되는 ICT 기술의 지속적인 발전을
위하여 2006년 에스토니아 정보 사회 전략(Estonia Information Soci-
ety Strategy)이 제안되었고 이는 2007년 1월부터 실시되었다. 이 전략
에는 유럽의회의 사이버 범죄 조약에 따른 사이버 범죄에 대한 의식이
드러나지만, 당시 국가 주요 기반시설을 해칠 수 있을 만큼 대규모의
사이버 공격에 대한 인식이 부재했던 탓에 사이버 안보 부분이 참작되
어 있지 않았다. 2004년의 에스토니아 국가 안보 전략 (National Se-
curity Concept 2004)과 정보 안보 상호운용 프레임워크(Information
Security Interoperability Framework 1.0) 등의 문서에서 주요 기반시

설에 관한 대규모의 사이버 위협이 언급되지 않았다(Czozzeck, Ottis and Taliharm 2010, 25). 그러므로 2007년 사건 이후, 에스토니아의 사이버 안보의 개념과 위협에 대한 인식이 재개념화되었다.

2007년 4월 26일에 에스토니아 정부 명령으로 탈린 시내에 있던 소련군 동상이 교외에 있는 묘지로 옮기게 되었다. 역사적으로 20세기의 에스토니아 국가는 1918년에 등장했지만 1940년에 소련의 침략을 당했으므로 에스토니아 입장에서 소련군 동상 등 소련에 대한 아픈 기억들을 지우고 싶어했다. 소련군 동상을 옮기려 하자 그것을 반대하는 수많은 에스토니아의 러시아동포시위대가 모여서 큰 폭동을 일으켰다. 시위대가 폭동을 일으킨 후 150명이 부상을 입었고 1,000명 이상 체포되었고 사망자 1명이 발생하였다. 그와 동시에 에스토니아 정부와 정부관계기관의 웹사이트에 대한 대규모의 디도스(DDoS) 사이버 공격이 벌어졌다. 사이버 공격은 4월 27일에 시작되었으며 5월 18일까지 지속적으로 이어졌다. 사이버 공격의 피해를 입은 것은 수많은 에스토니아 정부와 정부관계기관, 정당, 대중매체, 공공기관, 은행 등의 웹사이트였으며, 금전적 피해의 확실한 규모를 측정할 수는 없지만 사이버 공격의 피해자가 된 에스토니아 은행은 손실액을 백만 달러($1,000,000)로 파악했다(McNubb 2016, 115).

본 사건은 에스토니아에서 "청동의 밤"(에스토니아어 Pronksiöö, 영어 The Bronze Night)이라는 사건으로 알려졌고, 에스토니아는 그에 대한 책임을 러시아에게 물었다. 에스토니아와 러시아의 관계가 사이버 공격 전에 다음과 같은 원인으로 냉각되었기 때문이다. 첫째, 러시아는 발트 3국 등 구소련 국가와 공산주의 위성국을 러시아의 특별관심 구역(Russia's Special Interest States)으로 여기고 이들이 나토와 유럽연합에 가입하는 것을 막는 정책을 취하였지만 2005년 에스토니아가 나토와 EU에 가입함에 따라, 러시아와 에스토니아의 관계는 악화되었다(McNubb 2016, 149, 159). 둘째, 2005년 에스토니아는 나토에 가입한 뒤에 동쪽에 자리한 러시아와의 접경에 대한 논의를 꺼냈으나, 러시아는 에스토니아 정부의 조건을 받아들이지 않았기 때문에 양국 간에 외교적 위기가 발생하였다(Sinsalu 2008). 셋째, 러시아는 소련 및 소련 군대를 자국의 소중한 역사로 여기지만 에스토니아의 입장에서 소련 시대는 자국의 불법적인 합병 및 굴욕의 시대이다. 그래서 에스토니아 대다수의 국민 입장에서 소련군 동상을 탈린 시내에서 옮기는 행위가 자국을 위한 역사적인 정의(正義)를 실현하는 것이었다. 그와 동시에 에스토니아 정부와 정부관계기관의 웹사이트에 대한 대규모의 디도스(DDoS) 사이버 공격이 벌어졌다. 2007년에 디도스 사이버 공격을 당한 에스토니아 정부는 러시아 정보총국이 자국의 정부 시스템을 해킹했다고 항의하였다. 이에 러시아 정부는 공식적인 러시아 정부기관이나 공공기관과는 아무 관련이 없고 독립적으로 활동하는 민족주의 단체가 진행했다고 했다(Davis, John S. II et al. 2017, 7-8). 이와는 별도로 러시아에 자리한 러시아 젊은이들로 구성된 민족주의 단체 "나쉬"(러시아어 Наши, 영어 Nashi; 의미: "우리들")가 에스토니아에 대한 사이버 공격 그리고 그 당시에 탈린에서 발생한 시위에 대해 공식적으로 책임을 인정했다.

사실상 "나쉬"라는 민족주의 단체는 완벽한 비정부 기구가 아니라 러시아 정부가 설립한 비정부 기구(Government Organized Non-governmental Organization)이다(Naim 2007). 이 기관이 1999–2011년의 기간에 러시아 대통령의 비서실장 업무를 맡았던 블라디슬라프 수르코브(Vladislav Surkov)의 이니셔티브로 러시아의 야당 및 블라디미르 푸틴(Vladimir Putin)의 통치에 동의하지 않는 자들과 맞서려는 의도로 2005년에 설립되었고 지속적으로 러시아의 정부 예산으로 부터 지원을 받았다고 한다. "나쉬"의 지도자 바실리 야케멘코(Vasilii Yakemenko)의 인터뷰에 따르면, 2010년 "나쉬"와 그의 동지 단체들 은 러시아 정부 예산으로부터 4억 루블을 지원 받았다(Lenta.ru 2019). 그러므로 2007년의 에스토니아에 대한 사이버 공격의 행위자는 타국 의 행위자로 볼 수 있고, 그의 행위는 단순한 사이버 핵티비즘이나 테 러리즘이라기보다 에스토니아의 국가 안보에 대한 타국의 간섭이었 다. "나쉬"는 직접 에스토니아에 대한 사이버 공격을 진행한 것은 물 론 에스토니아에 거주하는 러시아 동포를 중심으로 러시아어로 쓰여 있는 반-에스토니아 선전 캠페인을 인터넷에서 진행하여 "청동의 밤" 사건을 미리 준비해 왔다. 그때부터 에스토니아 정부는 에스토니아에 거주하는 러시아 동포를 중심으로 진행되었던 러시아의 선전과 러시 아의 사이버 위협을 자국에 대한 가장 큰 위협으로 보게 되었다(Estonian Internal Security Service 2007; Estonian Internal Security Service 2017).

에스토니아에 대한 사이버 공격을 연구한 Stephen Herzog에 따 르면, 에스토니아 해킹 사건은 국가 주요 기반시설의 취약한 보안 상 태를 노출시켰고 사이버 안보가 국가 주권만큼 중요한 요소가 되는 계 기가 되었다(Herzog 2011). 앞서 언급한 내용을 고려해 보면, 2006년 작성된 에스토니아 정보 사회 전략 등의 문서에서 드러나는 사이버 위 협에 대한 인식은 사이버 범죄를 중심으로 이루어져 있었고 국가 주요 기반시설과 정보 주요 기반시설에 초점을 두지 못했다. 뿐만 아니라 정보 통신 네트워크로 말미암아 타국가의 선전 활동이 에스토니아에 거주하는 러시아 디아스포라를 비대칭 전쟁의 도구로 삼아 이루어질 줄 몰랐다. 즉 2007년의 에스토니아 사이버 공격과 "청동의 밤" 사건이 국가의 사이버 위협은 무엇인지 그 위협을 극복하기 위해 어떤 정책을 취해야 하고 어떤 기관을 설립해야 하는지 보여준 것이다.

III. 에스토니아 사이버 안보전략

2007년에 에스토니아가 겪은 하이브리드 위협은 2008년 에스토니아 최초의 국가 사이버 안보전략(Cyber Security Strategy)이 등장하는 데에 기여했다. 이 전략은 2008년부터 2013년까지의 기간을 망라하고 국방부(Ministry of Defence, MOD)의 지도 아래에서 교육연구부(Ministry of Education and Research), 법무부(Ministry of Justice), 경제통신부(Ministry of Economic Affairs and Communications), 내무부(Ministry of Internal Affairs)와 외교부(Ministry of Foreign Affairs) 등의 기관이 협력하여 개발하였다(Ministry of Defence of The Republic of Estonia 2008, 8). 이 전략은 정보통신기술의 발달이 사회 발전에 기여하는 등 긍정적인 면이 있음에도 불구하고 생활에 필수적인 국가 주요 기반시설(critical infrastructure)에 위협을 야기하기도 하므로 정보통신시스템에 대한 추가 보호 정책이 필요하다고 주장한다. 2008-2013년도의 에스토니아 사이버 안보전략의 서론을 보면 사이버 위협을 대응하는 데에 있어서 사이버 위협에 대한 인식이 필요하고 그것을 인식하면서도 사이버 위협이 정보통신기술이 사회의 미래에 미치는 영향을 가로막지 못하도록 해야 한다. 뿐만 아니라 사이버 가해자에 대한 국제사회의 적극적인 비판이 꼭 있어야 한다고 강조한다(Ministry of Defence of The Republic of Estonia 2008, 6). 지금까지 에스토니아의 사이버 안보 국가전략의 두 가지의 판이 존재하고 있다. 첫 번째는 사이버 공격 이후 국방부가 편집한 2008-2013년도의 전략이고 두 번째는 경제통신부가 담당한 현행의 2014-2017년도의 버전이다.

1. 사이버 안보 국방전략

국방전략과 통합성 2008-2013년도의 사이버 안보 국가전략은 국방전략의 중요한 요소로 여겨지며 이를 적용하는 절차를 감시하는 지휘권이 국방부와 정부의 안보위원회(Security Committee of the Government of the Republic of Estonia)였다. 보다 더 전문적인 접근을 위하여 정부의 안보위원회 안에서 사이버 안보의회(Cyber Security Council)가 설립되었고, 이 기관은 사이버 안보 국가전략의 개발과 적용을 감시하는 데에 있어서 국방부와 함께 했다. 국방 안보와 사이버 안보 정책의 통합에 관한 발언은 2008-2013년도 사이버 안보 국가전략의 첫째 원칙으로서 국방 영역에 있어서 사이버 안보의 중요성을 보여주는 것이다. 뿐만 아니라 이 시기에 해당되는 2011년도 에스토니아 국방전략(2011 National Defence Strategy)과 2010년도 국가 안보관(2010 National Security Concept of Estonia) 등의 문서를 보면 사이버 안보를 국방의 주요 영역으로 다루는 것을 알 수가 있다. 즉 2010년도 국가 안보관을 보면 "많은 국가들의 사이버 공간에 대한 의존도가 높아질수록 사이버 공간을 통하여 발견할 수 없는 가해자들이 사회적 혼란을 일으킬 수가 있다"(Government of The Republic of Estonia 2010, 6); "사이버 범죄를 예방하는 것은 테러나 국제조직범죄 예방만큼 중요하다"(Government of The Republic of Estonia 2010, 17); "사이버 안보는 주요 정보시설을 포함한 주요 기반시설의 시스템이 중대한 손상을 입는 것을 방지하는 것이다"(Government of The Republic of Estonia 2010, 18) 등의 발언을 많이 볼 수가 있다. 2011년도 국방전략 안에서는, "국방부가 국방전략 안에서 사이버 안보전략을 적용하는 절차를 조직화하는 업무를 담당해야 한다"(Ministry of Defence of The Republic of Estonia 2011, 10); "에스토니아 수호 리그는 국가의 사이버 안보 기술을 개발해야 한다"(Ministry of Defence of The Republic of Estonia 2011, 13); "경찰과 국경경비위원회 (Police and Border Guard Board)가 사이버 공간의 법과 질서를 위협에 빠뜨릴 수 있는 위험을 미리 발견하여 방지해야 한다"(Ministry of Defence of The Republic of Estonia 2011, 19) 등의 문구를 볼 수 있다. 그러므로 2007년 대규모 사이버 공격의 피해를 입은 이후에 사이버 안보는 국방에서 뗄 수 없는 요소가 되었고 이것이 고려되어야만 에스토니아의 국방전략이 완성된 것이다.

에스토니아의 군사 사이버 방위력의 개발 위의 논의에서 알 수 있듯이, 에스토니아는 나토의 집단방위시스템을 개발해야 하는 필요성을 인식하였다. 그 과정에서 에스토니아가 중심적인 역할을 할 수 있게끔 자국의 군사 사이버 방위력부터 최우선으로 개발하는 것이 에스토니아로서는 합리적인 방안이다. 그래서 2014-2017년도 에스토니아 사이버 안보 국가전략에서 나온 것처럼, 에스토니아의 방위군, 에스토니아 수호 리그와 시민사회가 국가의 군사 사이버 방위력을 개발하는 데에 긍정적인 참여를 해야 한다고 보았다. 이러한 주장에서 엿볼 수 있는 것은 에스토니아가 특히 사이버 부대가 생긴 에스토니아 수호 리그와 민간 사이버 전문가들에게 큰 기대를 하였다는 점이다(Ministry of Economic Affairs and Communications of The Republic of Estonia 2014, 10). 이는 바로 큰 군사력을 유지하지 못하는 중견국이 대신 시민사회를 대상으로 올바른 정신교육을 실시함으로써 시민들의 책임감을 키우며 사이버 안보 등의 국방에 대한 책임이 각 국민의 개인의 책임이 되게끔 만들고자 취한 전략이라고 볼 수 있다. 사이버 안보의 추진체계에 대한 아래의 논의에서 자세한 설명이 나오겠지만 국방부에는 준군사적인 자원봉사 단체인 에스토니아 수호 리그(Estonian De-fence League)라는 기구가 있는데 국방 영역에서 공공과 민간의 협력을 잘 보여주는 사례이다. 2010년 에스토니아 수호 리그 내에 사이버 부대(Estonian Defence League Cyber Defence Unit)라는 자원봉사 단체가 등장하였다. 강대국이 아닌 에스토니아는 큰 상비군을 유지하지 못하기 때문에, 사이버 안보와 국가안보 등의 영역에서 에스토니아 시민의 봉사는 매우 중요한 역할을 한다.

그런데 물론 에스토니아의 시민사회의 역할이 아무리 중요하지만 사이버 안보의 군사 영역에서 그 차원에만 기대하면 안 된다. 바로 그런 이유로 에스토니아는 2014-2017년도 사이버 안보 국가전략을 시행하기 위하여 2018년 8월에 육군(Land Forces)의 지도 아래 사이버 사령부(Cyber Command)를 창설하였다. 국방부의 계획에 따라 에스토니아 사이버 사령부는 에스토니아 수호 리그 사이버 부대에서 봉사하는 동안 우수한 결과를 보여준 민간인과 사이버 분야에 대한 전문적인 실력을 쌓은 직업 군인을 중심으로 직원을 선발하여 2023년까지 완성할 예정이라고 한다. 에스토니아 수호 리그 사이버 부대와 육군의 사이버 사령부의 가장 큰 차이점이 무엇인지 살펴보면, 에스토니아 수호 리그 사이버 부대의 역할은 국방부의 지도 아래서 국방부를 위하여 사이버 군사력을 기르는 것인 반면, 군사 주요 기반시설 보호와 전시(戰時)에 국가 주요 기반시설, 주요정보 기반시설의 보안 및 사이버 작전을 이행하는 부분은 바로 사이버 사령부가 담당한다(Pernik 2018, 8).

2. 사이버 안보 국가전략

주요 기반시설과 주요 정보시설의 구분 2008-2013년도의 사이버 안보 국가전략의 중요한 부분 중 하나는 바로 주요 기반시설의 보호를 매우 강조한다는 점이다. 에스토니아의 물과 식량, 건강관리, 운송, 에너지와 통신업 등의 복지에 있어 가장 필수적인 영역은 직접 인터넷과 연결되어 있지 않지만 정보통신기술을 이용하여 작동하기 때문에 사이버 공격의 잠재적 대상이라고 한다. 그래서 사이버 안보 정책의 다섯 가지 목적 중에서 첫째가 대규모 보안 정책의 개발이며 그 중간 목표는 주요 기반시설의 보안이다(Pernik 2018, 28). 2010년 이란의 나탄즈 우라늄 농축 시설과 2015-2017년 사이 우크라이나의 파워 그리드, 체르노빌 핵발전소와 보르스빌 국제공항 등의 스카다(SCADA 또는 감시 제어 및 데이터 취득)에 대한 조종 시설이 사이버 공격의 대상이 되었다는 사실을 볼 때, 2008년도에 주요 기반시설 중심으로 사이버 안보 정책을 수립하는 에스토니아 정부의 결정은 매우 선견지명이 있는 것이었다.

여기서 주목할 대목은 바로 에스토니아 사이버 안보전략에서는 다른 유럽 국가와 달리 주요 기반시설 보안을 주요시설 보안(Critical Infrastructure Protection, CIP)과 주요 정보시설 안보(Critical Information Infrastructure Protection, CIIP)로 구분하며 주요 정보시설의 안보는 주요 기반시설과 못지않게 국가의 핵심 안보를 위하여 필수적인 것이라고 강조한다는 점이다. 이는 바로 위에 언급한 바와 같이 에스토니아가 러시아와 지리적으로 가까운 위치에 있으며 어려운 지정학적인 상황에 놓여 있기 때문이다. 현재 에스토니아 24%의 국민들이 러시아동포이며 이들이 일상생활에서 사용하는 언어는 에스토니아어가 아니고 러시아어이다. 대중매체를 이용할 때에도 에스토니아어로 되어 있는 에스토니아의 대중매체보다 러시아 방송을 많이 사용한다고 한다. 그런데 2000년대 초반부터 러시아 방송은 러시아 국내에 사는 주민과 해외에 사는 디아스포라 모두를 대상으로 선전을 확대시키기 위한 정보 전쟁의 도구로 이용되고 있다(Radin 2017, 14-23). 그 결과 러시아 정부는 에스토니아에 사는 러시아어 원어민을 과격화시켰다.

러시아의 이러한 영향을 최소화하기 위하여 에스토니아 정부는 국내 주요 정보시설에 대한 특정한 안보 정책이 필요했다. 2008-2013년도의 사이버 안보 국가전략을 보면 주요 정보시설이란 정보통신기술, 대중매체와 전자정부 등의 기술을 의미한다. 2010년 에스토니아 정보 시스템의 당국(Estonian Information System Authority, RIA) 안에서 CIIP 부서가 등장하였고, 2008-2013년도의 사이버 안보 국가전략에 따라 이 부서는 주요 정보시설을 보호하기 위하여 정부–민간 협조를 촉진하는 업무를 담당하였다(Ministry of Defence of The Republic of Estonia 2008, 3).

사이버 안보 정책 안에서 인권 보호 이 원칙은 단순히 사이버 안보 정책을 내세울 때 필요할 뿐만 아니라 에스토니아 정부 체제의 정체성을 보여주는 것이다. 즉 위에 나온 바와 같이 에스토니아 정부는 국가의 주요 기반시설을 보호하는 데에 있어서 공공과 민간 부문과 시민사회의 협력을 신장시키는 민주주의 국가의 정부이다. 이러한 맥락에서, 사이버 공간의 가해자에 대한 국제적인 비판의 필요성을 요구하는 주장에 이어 사이버 안보를 유지하려는 시도가 인권과 민주주의적인 자유를 해치는 도구가 되어서는 절대 안 된다는 내용을 담은 논평을 주목할 수 있다(Ministry of Defence of The Republic of Estonia 2008, 5).

즉 에스토니아 정부가 사이버 안보를 지킨다는 명분으로 컴퓨터 네트워크를 이용해 국민의 사생활에 간섭하여 그들의 행동과 정치적 의견을 조종하지 않고, 사이버 공간에서 국민의 자유를 존중하겠다는 뜻이다. 사실 민주주의와 강한 시민사회의 참여는 에스토니아라는 국가의 특징이기도 하고 사이버 안보의 국가전략 같은 문서에서도 그러한 점이 드러난다. 국가의 사이버 공간의 안보를 지키면서도 인권과 신분을 보호하려고 하는 에스토니아 정부의 의도가 국가의 민주주의 성격을 실증한다.

국내 IT 사업 지원 및 스마트 콘트렉팅(smart contracting) 에스토니아 정부는 국내 IT 기업이 사이버 안보 솔루션을 개발하는 것을 여러 가지로 지원해 주고 우수한 사업을 통해 국가의 사이버 군사방위력을 개발하기 위하여 스마트 콘트렉팅 제도를 도입하고 있다. 뿐만 아니라 국내 사업의 국제 경쟁력을 신장시키기 위하여 기술을 해외로 수출할 수 있게끔 촉진하는 정책도 도입하였다. 이러한 내용이 2014-2017년도의 사이버 안보 국가전략에 담겨 있으며, 이는 에스토니아의 정부-민간 협력을 보여주는 또 하나의 사례이다(Ministry of Economic Affairs and Communications of The Republic of Estonia 2014, 11).

사이버 안보로서 국가의 지속성 2014-2017년도의 사이버 안보 국가전략의 주도권이 국방부로부터 경제통신부로 넘어갔고, 곧이어 그전의 전략을 대체하는 2014-2017년도의 사이버 안보 국가전략이 실행되었다. 새로운 정책은 그전의 정책을 보완하고 있기 때문에 2008년도 버전에서 나온 원칙과 목표를 반복하는 부분도 있으나, 아주 새롭고 흥미로운 면 역시 발견된다. 예컨대 "하위 목표"(Subgoals)라는 4

번 조항에서 1.6부분을 보면 "국가 존재의 지속성의 관점에서 높은 가치가 있는 디지털 기록과 e-서비스 등의 정보가 지속적으로 업데이트 되어야 하고, 에스토니아 국가의 영토 보전이 유지되지 못하더라도 가상의 대사관 등의 기관들을 통하여 국가의 지속성을 이루어야 한다"고 나온다(Ministry of Economic Affairs and Communications of The Republic of Estonia 2014, 9). 이것은 바로 에스토니아 정부가 자국의 안보 현황을 매우 부정적으로 평가하고 있음을 드러내며, 이러한 인식은 러시아 정부가 에스토니아의 러시아 동포들을 대상으로 지속적으로 행하는 선전으로 인해 결국 에스토니아에서 분리주의 운동이 일어나거나 쿠데타가 벌어질 가능성이 있기 때문이다.

사실상 러시아는 구소련 국가에서 사는 러시아어권 디아스포라를 이용해서 2014년의 우크라이나 크림반도 불법 합병 등의 분리주의 움직임을 야기했다. 러시아어권 디아스포라를 이용하는 데에 적군의 선전 매체가 큰 역할을 한다(Estonian Internal Security Service 2015, 6-7). 2007년 5월 에스토니아 사태 때 대부분 시위대들은 바로 에스토니아에 거주하는 친(親)러시아 동포들이나 시위하기 위하여 러시아에서 에스토니아로 일부러 잠시 넘어온 러시아 젊은이들로 구성된 정치 민족주의 운동 단체 "나쉬"의 일원이었다고 한다.

러시아가 혐의를 받고 있는 사이버 공격의 피해자가 된 조지아와 우크라이나의 사이버 안보 국가전략에 따르면, 러시아가 각 국가의 사이버 공간과 독립을 위협한다고 하는 발언이 서문에서 나온다(Ministry of Justice of Georgia 2017; Presidential Administration of Ukraine 2017). 에스토니아의 사이버 안보 국가전략에서 그런 논평을 볼 수가 없지만 국방에 관련한 공식적인 문서에서 이에 대한 발언이 분명하게 나온다. 즉 전국 공안 서비스 보고서에 따르면, 러시아 정부는 젊은이들의 그러한 성격의 움직임을 많이 지원해 주고 그들의 활동을 이끌어 준다(Estonian Internal Security Service 2015, 6-7). 2017년에 새로 나온 국가안보관을 보면 "유럽 내 러시아의 공격적인 태도와 군사적 활동이 많이 증가하였다. 강대국으로서의 과거의 위치를 회복시키고자 하는 러시아가 유럽대서양 국가들과 충돌하려고 하는 것이다. 그러한 목표를 달성하기 위하여 발트해 국가들을 포함하여 유럽과의 국경 지대에 군사력을 모으면서 외교적, 정치적, 경제적 압박까지 가하고 있다"는 내용을 확인할 수 있다(Government of The Republic of Estonia 2017, 4). 이런 가운데 에스토니아의 국가 안보는 나토에 의해 보장되어 있고 이 기구와 뗄 수 없는 관계이다(Government of The Republic of Estonia 2017, 3-4, 9-12). 우크라이나에 대한 러시아의 공격적인 행위와 이 행위로 인해 러시아와 나토 사이에 발생한 충돌로 인해 에스토니아의 영토를 보존하는 문제에 위협이 생겼으며, 정부는 이에 대한 불안을 2014-2017년도의 사이버 안보 국가전략에 담았다. 에스토니아에 대한 러시아의 군사적 행위가 있을 경우, 에스토니아 정부는 에스토니아 국가의 주요 데이터를 보관하며 임시정부의 역할을 할 수 있을 디지털 대사관을 중심으로 국가의 지속성을 확보하려는 준비를 하고 있음을 알 수 있었다.

3. 에스토니아의 사이버 안보의 대외 전략

나토의 사이버 네트워크에서 에스토니아의 중심성 및 집단방위시스템의 개발
지금껏 나토의 가장 핵심적인 원칙은 제5조인데, 이에 따르면 나토의 회원국에 대한 군사 공격이 있을 시 나토의 집단방위시스템이 실행되어 나토군은 피해자의 편에서 갈등에 간섭한다(The North Atlantic

Treaty, Article 5). 바로 이 원칙 때문에, 복잡한 지정학적 위치에 놓인 에스토니아는 소련의 붕괴 이후 나토에 가입하고자 노력하였고, 그로 인해 러시아와 관계가 냉각되는 등 여러 우여곡절을 겪은 끝에 2004년 나토의 회원국이 되었다.

하지만 앞서 언급한 바와 같이 2007년 에스토니아에 대한 사이버 공격 사태의 사례를 보면 나토의 집단방위시스템은 사이버 공격을 군사 공격으로 다루는지 분명하지 않고, 나토 회원국에 대한 사이버 공격은 결국 집단방위의 책임인지 여부가 2007년 당시의 나토 법에 따라서는 알 수 없는 상황이었다. 따라서 에스토니아 정부가 2007년 공격의 혐의자인 러시아에 대한 나토의 공식적인 대응을 요청했지만, 나토는 에스토니아 사이버 공격과 관련하여 러시아에 그 어떤 대응도 하지 않았다. 이러한 상황 속에서 피해자였던 에스토니아가 왜 결국 2014-2017년도의 사이버 안보 국가전략에 나토 회원 간 사이버 집단방위시스템의 개발이 필요하다는 내용을 담았는지 쉽게 이해할 수가 있다 (Ministry of Economic Affairs and Communications of The Republic of Estonia 2014, 10).

에스토니아 국가 사이버 안보전략의 하위 목표(Subgoals)를 보면 3.2항에서 〈집단방어시스템과 국제협력 개발〉이란 항목이 있다. 특히 나토 안에서 공통적인 규범과 집단방어력에 대한 부분이 강하게 언급되어 있다. 또한 2014-2017년도의 사이버 안보 국가전략을 보면 사이버 안보 영역에서 국제협력은 물론 사이버 안보에 대한 국제규범을 개발하는 데에 있어서 에스토니아가 담당할 중심적인 역할(Estonia's central role in guiding and developing international cyber security policy)에 대한 논평이 담겨 있다(Ministry of Economic Affairs and Communications of The Republic of Estonia 2014, 7). 즉 2014년의

Wales Summit에서 사이버 영역에서도 나토의 집단방위 개발이 필요하다고 했던 발언은 에스토니아의 이니셔티브의 결과로 볼 수밖에 없다.

그런데 여기서 한 가지 질문이 생긴다. 바로 러시아 정부의 명령이 야기한 것으로 추정되는 에스토니아에 대한 대규모 사이버 공격은 2007년에 발생하였으며, 나토의 집단방어시스템을 사이버영역까지 확대하려는 이니셔티브는 2013-2014년 즈음에 이르러서야 에스토니아가 확실히 추진하게 되었는데, 왜 시간이 저렇게 오래 걸렸을까? 이 대목에서 바로 나토 네트워크 안 에스토니아의 힘이라는 문제를 살펴볼 수 있다. 2008년에 에스토니아가 라트비아, 리투아니아, 슬로바키아, 독일, 이탈리아와 스페인 등의 나토의 6개 회원국과 양해 각서를 맺으며 나토 CCD COE를 탈린에서 설립했다(나토 Cooperative Cyber Defence Centre of Excellence, History). 2010년에는 헝가리가 2011년에는 폴란드와 미국이 에스토니아와 양해 각서를 맺었고, 2012년에는 네덜란드까지 에스토니아의 나토 CCD COE 네트워크를 가입했다. 2014년에 나토 CCD COE 지원국은 체코, 프랑스와 영국까지 늘어났다. 따라서 나토의 29개 회원국 중에 자국을 포함한 에스토니아의 연결망이 나토 회원국의 절반 정도가 될 때(2013-2014)까지 에스토니아는 나토 규범의 지도자가 될 만한 세력이 없었다. 따라서 자국에 대한 사이버 공격이 벌어진 직후인 2007-2008년에는 나토의 사이버 집단방어시스템 개발에 대한 이니셔티브를 추진할 수 없었다. 사이버집단방위 시스템이 구축되기까지 6년의 시간이 걸렸고 투마스 헨드릭 일베스 대통령의 리더십과 탈린 매뉴얼 등의 "내 편 모으기"의 전략이 필요했다.

나토 네트워크 안에서 에스토니아가 제안한 사이버 집단방어시스

템은 회원국들의 주목을 받았고, 많은 연결망을 설립하기 위하여 2009
년 탈린에 자리한 나토 CCD COE는 미국해군대학(U.S. Naval War
College) 국제법 학과 과장 마이클 슈미트(Michael N. Schmitt) 교수
를 시니어 펠로우로 초대하여 그의 지도 아래서 탈린 매뉴얼에 대한
작업을 시작했다. 탈린 매뉴얼은 사이버집단안보체제 구축에 대한 타
국의 지지를 얻고자 하는 에스토니아의 의도가 반영되어, 사이버 공
격도 전통적인 군사 공격으로 다룰 수 있음을 주장했다. 탈린 매뉴얼
은 주 집필자 슈미트의 주장과 같이 사이버 국제법에 대한 국제학계
의 첫 시도이기도 하지만, 나토의 산하기관인 CCD COE에서 저술했
다는 점으로 인해 나토 CCD COE의 양해 각서를 맺은 모든 나토의 회
원국에게는 다른 나토의 법적 매뉴얼과 나란히 나토 네트워크 안에서
합법성을 띠고 있다. 흥미로운 점은 미국해군대학의 슈미트 교수를 나
토 CCD COE로 2009년에 처음 초대했을 때 에스토니아의 투마스 헨
드릭 일베스 대통령이 미국 오바마 대통령과 만남을 가졌으며 2007년
사이버 공격 이후에 미국이 에스토니아에게 제공한 기술적인 지원에
대하여 높은 평가와 감사를 표했다는 것이다(Crandall & Allan 2015).
결국 투마스 헨드릭 일베스 대통령의 미국 방문과 슈미트 교수를 나토
CCD COE에 초대한 것 모두 미국에 대해 에스토니아의 "내 편 모이
기" 전략이 시행된 사례로 보인다.

　　현재까지 매뉴얼은 각각 2013년과 2017년에 2가지의 버전으로
나왔다. 2013년에 나온 버전은 국제사회 안에서도 너무 서방 국가(특
히 미국, 영국, 독일, 캐나다)의 사이버 안보에 초점을 둔 편견을 담고
있다는 비판을 러시아와 중국 전문가들로부터 받았다고 한다(Mälk-
soo 2013). 물론 탈린 매뉴얼의 의도가 국제적인 사이버 안보 규범의
허브로 에스토니아의 인지도를 올리는 것보다 오직 나토 네트워크 안

에서 연결망을 많이 내세워서 규범의 주도권을 쥔 국가가 될 수 있을
만큼 네트워크 권력을 얻는 것이었다. 이런 면에서 볼 때, 탈린 매뉴얼
프로젝트가 계획되는 단계인 2011년에 나토 CCD COE 양해 각서를
미국과 맺고 매뉴얼의 최초 버전이 나온 일년 뒤에 영국이 에스토니아
의 네트워크를 가입한 것을 고려한다면, 에스토니아의 탈린 매뉴얼 프
로세스는 매우 성공적인 프로젝트였다.

　나토 CCD COE의 영향력을 강화시키기 위하여 투마스 헨드릭 일
베스 대통령은 CCD COE에서 매년 진행되는 CyCon 사이버 안보 전
문 연례회의에 빠짐없이 연사로 나오고 있으며, 2013년 마침내 탈린
매뉴얼의 제1차 버전이 나오자마자 에스토니아와 미국 정부는 사이버
안보 파트너십 각서(U.S.-Estonia Cyber Partnership Statement)를 맺
었다. 이 각서를 맺음으로써 에스토니아는 군사동맹 안에서 지배적 강
대국의 고민을 찾아내고 이에 대한 해결책을 찾아 틈새를 채우는 외교
정책을 택하여 성공을 거둔 것이라고 볼 수 있다. 이는 앞서 논의한 바
이다.

　이러한 정책을 통해, 1990년대부터 미국 학계에서 논란이었던 바
로 "미래 전쟁", 또는 "5차원 전쟁"이라는 것에 주목하여 ICT 기술에
국가 자원을 할당했던 에스토니아는 결국 나토에 가입하고 뒤이어 사
이버 안보에 대한 책임 분담을 받은 것이다.

　나토 네트워크에서 지배 강대국인 미국의 지지를 받은 뒤 에스토
니아의 지지자들은 많이 증가하게 되었다(표 6-1). 그런데 이러한 효
과를 얻는 데에는 단순히 미국의 지지뿐만 아니라 투마스 헨드릭 일베
스 대통령의 개인 리더십과 에스토니아 정부의 많은 노력이 필요했다.
예를 들어, 2012년에 투마스 헨드릭 일베스는 유럽위원회의 내무장관
(European Commissioner for Home Affairs) 세실리아 말스트롬(Ce-

표 6-1. 나토 플랫폼 안에서 에스토니아의 네트워킹("내 편 모으기")의 절차

2004	애스토니아가 나토 변혁 연합군 사령부에 에스토니아 지도 안에서 나토 CCD COE의 설립에 대한 제안을 했다.
2006	나토 변혁 연합군 사령부는 에스토니아가 제안한 나토 CCD COE를 설립하도록 찬성했다.
2008	에스토니아 나토 CCD COE를 설립함으로 독일, 이탈리아, 스페인, 라트비아, 리투아니아와 슬로바키아 등의 나토의 6개국과 양해 각서를 맺었다.
2010	나토 CCD COE에 헝가리의 기입
2011	나토 CCD COE에 폴란드와 미국의 가입
2012	1) 나토 CCD COE에 네덜란드의 가입; 2) 아네르스 포그 라스무센 나토의 사무총장이 CCD COE를 방문했다; 3) 나토 최초의 Locked Shields 사이버 안보 군사 훈련이 CCD COE 시설에서 진행이 되었다.
2013	탈린 매뉴얼 게재
2014	1) 나토의 비회원국인 오스트리아가 최초의 준회원으로 가입; 2) 체코, 프랑스, 영국이 나토 CCD COE에 가입
2015	1) 나토 CCD COE에 그리스와 터키에 가입; 2) 나토 비회원국인 핀란드가 준회원으로 가입
2016	나토 비회원국인 스웨덴이 준회원으로 가입
2017	탈린 매뉴얼 2.0 게재

자료: 나토 Cooperative Cyber Defence Centre of Excellence, History

cilia Malstrom)과 만나 유럽이 사이버 집단방위시스템을 개발할 필요가 있다고 강조했다고 한다(Crandall & Allan 2015, 355). 유럽연합과 그 안에 있는 유럽위원회 기구가 나토만큼 유럽의 안보를 보장하지 못하는 상황과 유럽연합의 대다수의 국가들이 나토의 회원국이기도 하다는 사실을 고려하면, 그러한 발언은 당연히 나토 안에서 에스토니아의 사이버 집단방위시스템 개발 이니셔티브를 위한 "내 편 모으기" 전략으로 보면 된다. 당년에 나토의 사무총장 아네르스 포그 라스무센(Anders Fogh Rasmussen)이 CCD COE 및 나토 최초의 Locked Shields 사이버 안보 연례 군사훈련을 시작하는 것은 바로 그런 목표를 달성하기 위한 정책이었다. 결국 2018년을 기준으로 에스토니아의

나토 CCD COE는 나토의 29개국 가입국 중에 17개국의 회원과 3개국의 준회원을 가지게 되면서, 사이버 안보 영역에서 나토 네트워크에서 규범을 세울 수 있는 권력을 보유하게 된다.

2013년 3월 에스토니아 대통령 투마스 헨드릭 일베스는 나토 사무총장 라스무센과 함께 기자회견을 열었다. 투마스 헨드릭 일베스 대통령은 나토의 사이버 안보 패러다임에서 단순한 정보 공유에서 정보처리 상호 운영 모드로 업그레이드하는 것이 필요하다고 역설하였고, 라스무센 사무총장은 에스토니아의 안건에 동감을 표현했다. 에스토니아 대통령은 2007년의 사이버 공격에 대하여 이야기하면서 집단방위에 관한 나토의 제5조(NATO Article 5)가 사이버 영역까지 확대되면 좋겠다는 의사를 표현했다.

에스토니아의 2014-2017년도의 사이버 안보 국가전략과 2013년 3월의 투마스 헨드릭 일베스 대통령의 회견에서 볼 수 있는 바와 같이, 나토 군사동맹에서 사이버 집단방위 시스템을 건설하는 이니셔티브는 에스토니아의 시도였다. 2004년부터 나토 네트워크에서 매우 확대된 에스토니아의 영향력 및 사이버 공간이 야기하게 된 많은 위협으로 인해, 이제 안은 매우 환영받았다. 그래서 2014년도 나토 Wales Summit 제72조를 보면 〈사이버영역은 북대서양조약기구의 집단방위시스템의 핵심이라고 증명한다.〉 나토 회원국에 대한 타국의 대규모 사이버 공격은 북대서양조약 제5조에 따라 나토의 군사대립을 야기할 것이다는 말이 나온다(North Atlantic Treaty Organization, Wales Summit Declaration). 2016년도 Warsaw Summit 결과에 따라 사이버 영역이 나토의 육(陸), 해(海), 공(空), 우주(宇宙) 못지않는 제5번째 전쟁의 영역이 되었다. Wales와 Warsaw Summit의 결과는 모두 에스토니아의 나토 내 중견국 외교의 결과이며 러시아의 하드 파워에 대한 대응으로 보면 된다.

에스토니아는 나토를 벗어난 타국의 신뢰 및 안보구축을 위한 조치로서 탈린 매뉴얼 프로세스를 시작하겠다고 계획하였으며, 이에 따라 탈린 매뉴얼에 대한 비회원국 중국과 러시아 등의 전문가 의견을 구하였다. 그러나 러시아는 물론 상하이협력기구를 통해 러시아와 협력하는 중국 역시 탈린 매뉴얼이 오직 서양 주요국의 가치관을 중심으로 만들어져 있다고 많은 비판을 하였다. 2017년 중국의 입장을 바꾸기 위해 탈린 매뉴얼 2.0의 초안을 작성하는 과정에 중국의 전문가를 초대하였지만, 초안을 작성하는 데에 참여한 전문가는 결국 탈린 매뉴얼이 "서양 주요국들의 국익과 가치관에 맞추어 일부러 조정한 것이다"라고 비판했다. 러시아나 중국을 대상으로 신뢰 및 안보구축 조치를 취한다는 것은 달성이 어려운 목표로 보였다. 에스토니아는 자국의 사이버 보안을 유지하기 위하여 국가 사이버 안보의 정책을 취하고 나토의 네트워크 안에서 사이버 허브의 중견국의 외교를 하며 집단방위 시스템을 도입한 데에 성공하였다.

4. 사이버 안보의 법률 제도

⟨형법전⟩(Penal Code)의 수정   에스토니아는 2001년 체결된 유럽의회의 사이버 범죄 조약 (Convention of Cybercrime) 및 2005년에 세워진 유럽연합의 정보 시스템에 대한 공격의 예방(Council Framework Decision 2005/222/JHA) 규범과의 일관성을 위하여 형법전을 수정하게 되었다. 그때 에스토니아 형법전에 추가된 사이버 범죄에 관련된 최초의 내용이 §206, §207, §208, §213, §217이다(Czosseck et al. 2011). 2007년의 에스토니아 사태까지 형법전은 이러한 버전으로 유

지되고 있었다.

에스토니아 사태의 가해자를 밝히는 절차는 국가의 보안관찰법 (Estonian Surveillance Act)과 관련이 있었다. 이 법에 의해, 컴퓨터 네트워크를 이용해 국민의 개인 정보를 모으거나 활동에 관한 실적을 수집하는 것은 감시의 활동 (surveillance activity)라고 하여 그것을 실행할 수 있는 기관은 오직 경찰이나 CERT 등의 정부의 검찰 기관이 할 수 있다. 뿐만 아니라 형사소송법(Code of Criminal Procedure) 에 따라 정부의 검찰 기관은 국민에 대한 감시의 활동을 오직 두 가지의 경우에 할 수 있으며 바로 A) 본 사건을 조사할 수 있는 다른 방법이 매우 어려울 때; B) 혐의자가 적어도 3년의 징역의 범죄를 저지를 경우였다. 하지만 그 당시의 형법전에 따라 사이버 범죄에 대한 처벌은 금전적인 형벌이나 최고 1년의 징역이었다. 2007년의 형법전과 형사소송법의 그런 조건으로 인하여 에스토니아 사태에 대한 조사가 제대로 실행되지 못했고 혐의자들도 발견하지 못하거나 금전적인 형벌만 받게 되었다(Tikk et al. 2010, 24). 이로 인해 에스토니아의 형법전은 2007년부터 지금까지 대거 수정되었다. 예를 들면 §206은 "컴퓨터 데이터 네트워크로 불법적인 간섭"을 언급한다. 2014년에 이 조항은 수정되었고 그에 대한 다음의 추가 조항이 생겼다. 즉 2014년부터 본 행위가 1) 많은 컴퓨터가 들어가 있는 네트워크에 대한 피해를 주는 경우; 2) 단체에 의해 저질러진 경우; 3)주요 기반시설에 대해 저질러진 경우; 4) 거대한 피해를 일으킨 경우에 가해자는 5년의 징역을 받거나 금전적인 형벌의 대상이 된다. 형법전에서 나오는 다른 사이버 관련 법에서도 주요 기반시설이 피해의 대상이 되거나 가해자가 혼자 아니라 단체의 일부로 행위를 저지른 경우에 징역이 5년까지 늘어난다. 또한 징역을 대체할 수 있는 금전적인 형벌이 증가된다(Riigikogu

2015).

〈사이버 안보법〉(Cybersecurity Act) 2018년 5월에 에스토니아 의
회는 최초의 사이버 안보법을 통과시켰다. 사이버 안보법은 정보 시스
템의 네트워크, 사이버 사건, 시스템의 보안, 디지털 서비스 제공자의
대표(digital service provider representative) 등의 개념을 다루며 디지
털 서비스 제공자 및 서비스 제공자(service provider)가 사이버 공격
사건을 발견 시 행동해야 하는 절차에 대해 자세히 설명하는 것이다.
디지털 서비스 제공자 대표와 서비스 제공자가 본 법의 주요 행위자
이기 때문에 여기서 그에 대한 정확한 설명이 필요한 것이다. 에스토
니아 사이버 안보법의 §3에 따르면 서비스 제공자란, 1) 긴급 법령에
서 나온 바와 같이 필수적인 서비스의 제공자; 2) 철로 인프라의 매니
저; 3) 비행장 조직자; 4) 항구 서비스 제공자(소유자 또는 운영자); 5)
지역 또는 중앙 병원의 소유자(또는 운영자); 6) 가족의 의사; 7) 에
스토니아의 최상위 도메인의 관리자; 8) 해상이동무선장치를 포함하
여 주요 정보시설의 제공자; 9) 에스토니아의 대중매체이다(Riigikogu
2018).

여기서 언급한 서비스 제공자란 주요 기반시설의 제공자를 의미
하는 것이라고 판단하면 된다. 사이버 안보법의 두 번째 주요 행위자
는 디지털 서비스 제공자인데 §3에 따르면 바로 1) 온라인 마켓플레
이스의 제공자; 2) 온라인 검색 엔진의 제공자; 3) 클라우드 컴퓨팅의
제공자라고 한다(Riigikogu 2018). 사이버 안보법 §8에 따르면 서비스
행위자와 디지털 서비스 행위자가 본인이 담당하는 영역에서 사이버
공격을 발견 시 24시간 이내에 단일점(one point) 연락 센터인 에스토
니아 정보 시스템 당국(Estonian Information System Authority, RIA)
에 사이버 사건에 대하여 신고해야 한다. 그렇지 못한 경우에 20,000

유로의 벌금을 내게 된다.

〈사이버 안보법〉은 에스토니아의 사이버 안보의 중요한 특징을 보여준다. 바로 공무원과 국민이 국가의 사이버 안보의 행위자가 되고 그것에 대한 책임감을 가져야 한다는 것이다. 물질적 자원이 부족한 가운데 에스토니아 정부가 기댈 수 있는 것은 에스토니아의 국민이다. 아래 논의에서 나온 바와 같이 에스토니아의 일반 국민들이 에스토니아의 수호 리그의 사이버 부대(Estonia Defence League's Cyber Unit)에서 봉사활동을 하면서 국가의 사이버 안보를 강화시키도록 지원하고 있으면서 〈사이버 안보법〉이 사이버 안보에 대한 국민들의 책임감을 확산시키도록 하고 있다. 이 방식은 중견국다운 "국민이 우리 유일한 자원이다"라는 방식이 아닐까 싶다.

5. 사이버 안보의 추진체계

에스토니아 최초의 국가 사이버 안보전략은 2008년에 국방부의 주도 아래 등장하였고 2011년까지 전국적 사이버 안보 정책은 종합적으로 국방부의 조정을 받고 있었다(Osula 2015, 7). 하지만 에스토니아의 CERT-EE를 담당하고 있는 경제통신부(Ministry of Economic Affairs and Communications) 등의 특이한 정부기관의 구조를 고려하여, 2011년 국가 사이버 안보에 대한 종합 책임이 국방부에서 경제통신부에 옮겨졌으며 2014년에 나온 국가 사이버 안보전략은 경제통신부에서 집필하게 되었다. 경제통신부의 활동, 국가 사이버 안보전략의 이행 및 사이버 안보 영역에서 정부기관 간의 협력을 감독하며 그것에 관련한 연간 진도 보고서를 담당하는 기관은 바로 정부의 안보의회 안에 있는 사이버 안보의회이다(Cyber Security Council of the Security

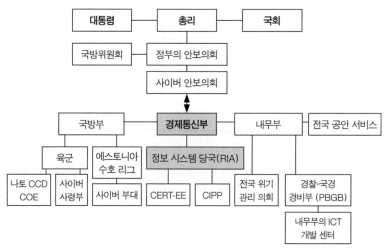

그림 6-2. 에스토니아의 사이버 안보 추진체계
자료: Osula 2015, Gapayeva 2017, Pernik 2018; Republic of Estonia Government Office 2018

Committee of the Government). 하지만 이 기관은 과거의 담당 기관이었던 국방부나 현재 사이버 안보를 종합적으로 담당하는 경제통신부를 감독하는 것보다 서로를 감독하는 것으로 보인다. 예를 들면 사이버 안보의회가 감독 역할을 잘 이행하지 못한 혐의로 2009-2013년 사이 자신들의 업무를 지연하였다가 2014년부터 다시 업무를 이행하게 되었다고 보도된다(Osula 2015).

경제통신부 안에서 정보 시스템 당국(Estonian Information System Authority Riigi Infosüsteemi Amet, RIA)은 에스토니아 사이버 안보의 추진체계 컨트롤타워의 역할을 하며 국가 주요 기반시설과 주요 정보시설을 보안하고 그에 대한 위험 분석을 진행하고 대비 방법을 미리 준비하는 업무를 실시한다. 그런 위험이 발생 시 정보 시스템 당국은 개인을 중심으로 조사를 실행하고, 신분증 등의 서류를 요청하며, 조사를 받는 중인 개인이 이용하고 있는 부지를 검사하는 등의 활동을 에스토니아 정보공개법(Public Information Act) 및 법집행법(Law Enforcement Act)에 따라 개인정보 감독기구(Data Protection Authority)와 함께 실행할 수 있다(Osula 2015, 8). 국가 주요 기반시설을 보완하는 데에 중요한 역할을 하는 다른 기관으로는 바로 내무부 지도 아래 있는 전국위기관리의회를 들 수 있다. 에스토니아 정보 시스템 당국의 지도 아래에 있는 CERT-EE는 정보 시스템 당국(Estonian Information System Authority)의 중앙에서 관리하는 정보 통합 시스템 X-Road 및 정부의 포털 'eesti.ee,'를 보안하도록 하고 에스토니아 ICT과 사이버 네트워크에서 발생한 사건을 최대한 빠른 시간 안에 해결하도록 하는 기관이다. 2008-2013년도의 사이버 안보 국가전략에 따라 2010년에 에스토니아 정보 시스템의 당국(Estonian Information System Authority, RIA) 시스템에서 정보 주요 기반시설의 보안을 담당하는 CIIP 부서가 창설되었다(Ministry of Defence of The Republic of Estonia 2008, 3).

에스토니아의 주요 기반시설이 사이버 공격이나 다른 원인으로 인하여 더 이상 작동하지 못할 경우 1996년도 긴급사태 법령(State of Emergency Act)에 따라 국가의 대통령은 긴급사태를 선포한 뒤에 긴급 법령(Emergency Act, 2009)을 실시하면서 에스토니아 정부가 총리의 지도 아래 해결책을 모색하도록 해야 한다. 이러한 긴급사태가 발생하지 않도록 국가 주요 기반시설을 보안하고 위기 가능성을 분석하고 위기 발생 시 총리의 정책을 도입하는 기관이 바로 내무부에 있는 전국위기관리의회(National Crisis Management Committee)이다.

에스토니아 전국 공안 서비스(Estonian Internal Security Service)는 사이버 스파이, 사이버 테러, 극단주의, 사보타주 등의 사이버 공간 안에서 에스토니아 국가나 그의 국민에게 피해를 야기할 수 있는 범죄를 미리 발견하고 사건이 이미 발생한 시점엔 그것을 조사하는 데에 핵심적인 역할을 하고 있다(Osula 2015, 12).

2012년의 에스토니아의 경찰 및 국경 경비 서비스가 하나로 통합된 후에 경찰-국경 경비부 (Police and Border Guard Board)라는 기관이 생겼다. 2013년부터 이 기관은 조사를 진행할 때에 인터넷 등의 사이버 공간에서 있는 증거를 찾으며 업무를 실행하기도 한다(Gapayeva 2017, 36). 그리고 이러한 인터넷이나 전자 데이터베이스 업무를 보다 잘 진행하기 위해 내무부의 ICT 개발센터와 협조한다.

에스토니아의 국방부(Ministry of Defence)는 2011년까지 사이버 안보를 종합적으로 담당했었고 현재는 군사 분야에서 사이버 영역을 담당하고 있다. 나토 CCD COE는 나토 군사 기구의 Center of Excelence이며 타국적인 지원을 받고 있는 기관이지만 실제로 에스토니아의 국방부에 의해 운영되고 에스토니아의 육군에 소속되어 있다. 현재 에스토니아의 방위군(Defence Forces)은 정규군 5,700명과 예비군 약 21,700명의 규모이기 때문에 방위군으로서는 전통적인 군사 안보는 물론 신흥군사 안보조차 단독으로 유지하기 쉽지 않은 상황이다. 그렇기 때문에 애국심을 품은 에스토니아 국민들은 에스토니아 수호 리그(Estonia Defence League)라는 봉사 무장단체를 설립했고 방위군이 국가를 지키는 것을 도와주려는 뜻으로 국방부를 위한 봉사활동을 하고 있다. 에스토니아 수호 리그의 역사는 1918년 에스토니아가 러시아 볼셰비키의 정복으로부터 벗어나려고 했을 때 시작하였고 현재 에스토니아가 나토와 러시아의 경쟁 사이에 분쟁 지대가 된 이후에 다시 부활하였다. 러시아의 사이버 공격을 대비하는 의도로 에스토니아의 사이버 군사력을 기르기 위하여 에스토니아 수호 리그 지도 아래서 사이버 부대가 등장했다(Jacob 2017). 평시에 군사적 주요 기반시설을 보안하고 전시에 국가 주요 기반시설, 주요 정보 기반시설의 보안은 물론 사이버 작전까지 이행하기 위하여 2018년 8월 에스토니아 육군은 사이버 사령부 설립을 추진하였다.

에스토니아 사이버 사령부의 주요 임무는 에스토니아 방위군과 에스토니아 군사동맹 국가의 정보 통신 시스템을 보안하고 필요 시 적극적인 사이버 방어 작전에 대한 대비를 유지하는 것이다. 에스토니아 국방부에 따르면, 사이버 사령부는 에스토니아 방위군의 정보 통신 시스템을 유지하면서 나토의 정책을 고려하여 자국의 사이버 군사력을 기르고 있다. 그러므로 나토와 그의 동맹 국가가 겪는 군사적인 사이버 위협으로 인해 나토가 파견 요청을 한다면, 에스토니아 사이버 사령부는 이에 응할 수 있다(Pernik 2018, 6). 〈그림 6-3〉을 보면 사이버 사령부의 주요 임무를 행하는 데에 핵심적인 역할을 하는 부서는 바로 ICT 기술센터와 사이버와 정보 작전센터이다. ICT 기술센터는 에스토니아 방위군과 수호 리그를 위하여 암호 작성 운영을 진행하고 도메인 이름과 증서 정리 업무를 하는 부서이며 사이버와 정보 작전센터는 사이버전 (cyberwar)과 정보전(information war)이 벌어지면 그 영역에서 방어와 적극적인 작전을 이행하고 평시에 에스토니아 방위군의 정보통신 기술을 보안하고 에스토니아와 나토군을 위하여 사이버 렌지에서 사이버 작전을 시뮬레이션을 통하여 군사 대비를 유지하는 역할을 담당한다. 현재 에스토니아 사이버 렌지는 북대서양의 제일 앞선 사이버 훈련장이기 때문에 나토군이 사이버 훈련을 진행할 때 에스토니아 사이버 렌지를 사용하고 있으며, 에스토니아는 이를 보다 발전시키는 데에 많은 투자를 하고 있다(Republic of Estonia Ministry of Defence 2016). 이것은 나토에 대한 에스토니아의 책임 분담의 방식이기도 한다.

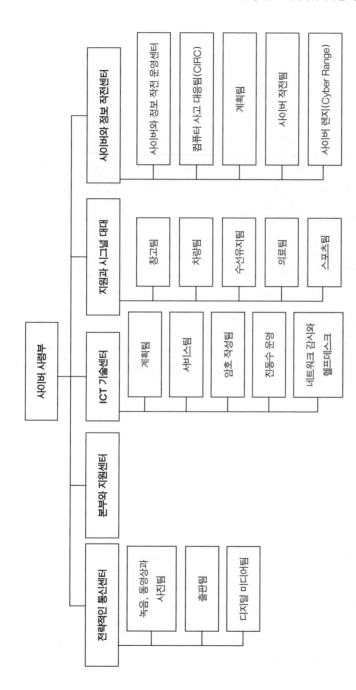

그림 6-3. 에스토니아 사이버 사령부

자료: Cyber Command (http://www.mil.ee/en/landforces/Cyber-Command): Pernik 2018

IV. 결론

이상 에스토니아의 사이버 안보전략의 2008-2013년도 및 2014-2017
년도의 두 가지 버전의 특징 그리고 국가 사이버 전략이 국방전략에
얼마만큼 통합되어 있는지에 대해서 논의하였다. 2008-2013년도 에
스토니아 사이버 안보 국가전략, 2014-2017년도 에스토니아 사이버
안보 국가전략, 2011년도 에스토니아 국방전략, 2010년도 국가 안보
관 및 국내 보안기관의 연례보고서 등의 문서를 분석한 후에 중견국으
로서 에스토니아가 취하는 사이버 안보전략의 다음과 같은 특징을 발
견할 수 있었다. 첫 번째, 에스토니아 사이버 안보전략은 국방전략의
필수적인 요소이고 국가의 주요 기반시설이 의존하는 영역이다. 상비
군사력이 크지 않은 에스토니아로서는 오직 방위군에만 의존할 수밖
에 없기 때문에, 에스토니아 시민사회의 도움을 많이 필요로 한다. 그
래서 에스토니아 수호 리그 사이버 부대 등 국방부에 의해 운영되지만
정부기관이 아닌 봉사단이 등장하고 사이버 군사방위력을 키우는 데
에 참여한다. 두 번째, 에스토니아의 시민사회가 국방에 참여할 수 있
을 만큼 강하다. 그래서 사이버 안보 정책을 설립할 때 보안을 위하여
인권이나 국민의 자유의 위반 등의 행위를 에스토니아의 정부가 하지
못하고 사이버 안보의 국내 전략에 있어서나 국제규범의 설립에 있어
서 인권을 강조하게 된다. 세 번째, 사이버 안보의 영역에서 선진국인
에스토니아라 해도 러시아의 사이버 공격 활동 등 강대국의 행위로부
터 자국을 보호하지 못할 수 있기 때문에, 에스토니아가 나토의 플랫
폼에서 사이버 집단방위시스템의 설립을 먼저 요구한 것은 합리적이
었다.

나토 CCD COE(나토 Cooperative Cyber Defence Centre of Excellence)와 탈린 매뉴얼 프로세스 등으로 대표되는 나토에서 이루어진 에스토니아의 활동은 2007년 에스토니아가 겪은 러시아가 배후에 있을 것으로 짐작되는 사이버 공격의 결과가 아니라, 1990년대부터 소련 붕괴 이후에 에스토니아-러시아-나토 간에 시작한 관계의 변화가 야기한 복잡한 과정의 결과였다. 즉 소련 붕괴 이후 러시아로부터 위협을 느낀 비강대국 에스토니아는 나토의 집단방위를 희망하게 되었고 따라서 나토의 입장에서 무임승차자가 아닌 매력 있고 책임감 있는 예비 회원국으로 보일 수 있는 이미지를 만들어 나토에 가입하고자 하였다. 그런데 물질적 자원에 있어서 제약을 안고 있는 에스토니아는 군사력을 개발하여 나토에 내보일 매력을 갖추기보다 나토의 입장에서 매력적으로 보일 수 있는 틈새를 찾으려고 했었다. 1990년대 초반 주미 에스토니아 대사관에서 외교관 업무를 실시한 투마스 헨드릭 일베스 외교관은 그 당시에 미국 학계와 국방에서 진행하고 있었던 육(陸), 해(海), 공(空), 우주(宇宙)와 사이버 공간 (cyber space) 등의 5차원의 전쟁 담론에 대하여 분명히 잘 알고 있었고, 본국인 에스토니아가 러시아로 인하여 안고 있는 안보 딜레마를 해결하기 위하여 나토에 가입하는 것이 필수적이라고 느꼈기에, 1996년 에스토니아에서 ICT 기술 개발의 "호랑이의 도약" 프로젝트를 제안했다.

ICT 기술을 개발하는 "호랑이의 도약" 개혁을 국내에서 추진함으로써 ICT 선진국의 틈새를 채워보고자 한 것이다. 마침내 2004년 나토에 가입한 뒤에 무임승차의 이미지를 피하기 위하여, 즉 보다 나토 네트워크 안에서 높은 위상을 얻기 위하여, 나토의 군사동맹 독트린 연구를 진행하는 나토 CCD COE를 주최하겠다고 제안하였다. 그리고 2007년 러시아가 가한 사이버 공격은 나토 CCD COE에 많은 나토 회원국을 가입시키는 "내 편 모으기" 전략의 정치적 계기가 되었다. 뿐만 아니라 나토 네트워크 안에서 더 많은 영향력을 얻기 위하여 나토 CCD COE 허브, 투마스 헨드릭 일베스 대통령의 리더십과 탈린 매뉴얼 등의 도구를 활용해 에스토니아가 추진한 나토 사이버 집단방위시스템 개발 이니셔티브는 2014년 성공적으로 나토의 안보 규범으로 자리 잡았다.

에스토니아가 탈린 매뉴얼을 통하여 혐의자인 러시아와도 신뢰 및 안보구축 조치를 설립하고자 하였으나, 러시아는 물론 상하이협력기구를 통해 러시아와 협력하는 중국은 탈린 매뉴얼이 "서양 주요국들의 국익과 가치관에 맞추어 일부러 조정한 것이다"라고 비판하였다. 따라서 에스토니아가 나토를 위하여 개발하고 있는 사이버 안보의 규범과 러시아와 중국이 바라는 규범은 매우 다르다는 것을 알 수가 있으며, 그렇기 때문에 나토-상하이협력기구, 나토-러시아 등의 형태로 사이버 안보 영역에서 규범 경쟁이 벌어질 가능성이 있어 보인다.

참고문헌

우크라이나어

Gapayeva Olga. 2017. "Забезпечення кібернетичної безпеки у країнах Балтії: Історична ретроспектива (Peculiarities of Cyber Security in the Baltic States: Historical Retrospective)," SKHID No.6

Presidential Administration of Ukraine. 2016. *Cyber Security Strategy of Ukraine*(Стратегія кібербезпеки України, РІШЕННЯ РАДИ НАЦІОНАЛЬНОЇ БЕЗПЕКИ І ОБОРОНИ УКРАЇНИ від 27 січня 2016 року), Accessed on February 19, 2019 at https://www.president.gov.ua/documents/962016-19836

러시아어

Chirkin V.V. 2012. "Кибермощь как структурный элемент военной мощи государства (Cyber Power as a State's Military Power)," *PhilosophiaPolitiki Yi Politologia.*

Lenta.ru. 2019. "Пока не загорятся здания: Интервью с главой Росмолодежи Василием Якеменко" (Until The Buildings Will Be On Fire: The Interview The Leader of RoskommolodejVasiliiYakemenko), Accessed on January 24, 2019, https://web.archive.org/web/20120119074714/http://lenta.ru/articles/2012/01/17/jakemenko/

Zecurion Analytics. 2017. "Кибервойны 2017: Баланссил в мире" (Cyberwars 2017: The Balance of Power in the World)

영어

Bunker, Robert J. 1998. "Five-dimensional (Cyber) Warfighting: Can the Army after Next be Defeated through Complex Concepts and Technologies?" Strategic Studies Institute.

Czosseck, Chistian, Rain Ottis and Anna-Maria Taliharm. 2011. "Estonia after the 2007 Cyber Attacks: Legal, Strategic and Organisational Changes in Cyber Security."

Davis, John S. II et.al. 2017. "Stateless Attribution: Toward International Accountability in cyberspace," RAND Corporation.

Estonian Internal Security Service. 2007. *Annual Review 2007.* Accessed on January 22 at https://www.kapo.ee/en/content/annual-reviews.html

_____. 2015. *Annual Review 2015.* Accessed on January 22 at https://www.kapo.ee/en/content/annual-reviews.html

_____. 2017. *Annual Review 2017.* Accessed on January 22 at https://www.kapo.ee/en/content/annual-reviews.html

Giles, Keir. 2011. "Information Troops: Russia's Cyber Command," Presentation at the 3rdInternational Conference on Cyber Conflict, June 9, NATO Cooperative Cyber Defence Centre of Excellence, Tallinn, Estonia.

Government of The Republic of Estonia. 2010. *National Security Concept of Estonia*.
_____. 2017. *National Security Concept of Estonia*.

Jacob, Leo-Paul. 2017. How can the Estonian Defence League Ensure Estonia's Security?, NATO Association of Canada, Accessed on January 24, 2019.

Herzog, Stephen. 2011. "Revisiting the Estonian Cyber Attacks: Digital Threats and Multinational Responses," *Journal of Strategic Security* 4, no. 2.

Kaljurand, Riina. 2013. "Security Challenges of a Small State: The Case of Estonia." *Defence and Security for The Small: Perspectives from the Baltic States*, 55–81.

Krekel, Brian. 2009. "Capability of the People's The Republic of China to Conduct Cyber Warfare and Computer Network Exploitation," Northrop Grumman Corp., McLean VA, Accessed on 27 Sep 2018 at: https://nsarchive2.gwu.edu/NSAEBB/ NSAEBB424/docs/Cyber-030.pdf

McNabb, David E. 2016. *Vladimir Putin and Russia's Imperial Revival,* CRC Press (Taylor & Francis Group).

Männik, Erik. 2004. "Small states: invited to NATO — able to contribute?" *Defense & Security Analysis,* 20:1, 21-37.

Minárik Tomáš. 2016. "NATO Recognizes Cyberspace as a 'Domain of Operations' at Warsaw Summit," *INCYDER,* NATO Cooperative Cyber Defence Center of Excellence, Accessed on September 5, 2018 at: https://CCD COE.org/NATO-recognises-cyberspace-domain-operations-warsaw-summit.html

Ministry of Justice of Georgia. 2017. *Cybersecurity Strategy of Georgia 2017-2018.*

Ministry of Defence of The Republic of Estonia. 2008. *Cyber Security Strategy (2008-2013).*
_____. 2011. *National Defence Strategy.*

Ministry of Economic Affairs and Communications of the Republic of Estonia. 2006. *Estonian Information Society Strategy 2013.*
_____. 2013. *Digital Agenda 2020 for Estonia.*
_____. 2014. *Cyber Security Strategy (2014-2017).*

Mulvenon, James. 2009. "PLA Computer Network Operations: Scenarios, Doctrine, Organizations, and Capability," in Kamphausen, Roy, David Lai, and Andrew Scobell (eds.), *Beyond the Strait: PLA Missions Other Than Taiwan,* Strategic Studies Institute, U.S. Army War College, Carlisle, PA.

Naím, Moisés. 2007. "Democracy's Dangerous Impostors", *The Washington Post,* 21 April.

Pernik, Piret. 2018. "Preparing for Cyber Conflict: Case Studies of Cyber Command," International Centre for Defence and Security.

Radin, Andrew. 2017. "Hybrid Warfare In The Baltics: Threats And Potential Responses," RAND.

Riigikogu. 2015. Penal Code.

Riigikogu. 2018. Cybersecurity Act.

Runnel, Pille, PillePruulmann-Vengerfeldt and Kristina Reinsalu. 2009. "The Estonian Tiger Leap from Post-Communism to the Information Society: From Policy to Practice," *Journal of Baltic Studies,* 40:1, 29-51.

Kaiser, Robert. 2012. "Reassembling the event. Estonia's 'Bronze Night'," *Environment and Planning : Society and Space,* Vol. 30, pp.1046 – 10632018.

Republic of Estonia Ministry of Defence. 2016. NATO investing in the development of Estonian cyber range.

Republic of Estonia Government Office. 2018. The coordination of national security and defence management.

Rikk, Raul. 2018. "National Cyber Security Index 2018," e-Governance Academy (Tallinn).

Sinisalu, Arnold. 2008. "Propaganda, Information War and the Estonian-Russian Treaty Relations: Some Aspects of International Law," *Juridica Int'l,* Vol.15.

The North Atlantic Treaty. 1949. Article 5.

Tikk, Eneken, KadriKaska and LiisVihul. 2010. "International Cyber Incidents: Legal Considerations," NATO Cooperative Cyber Defence Centre of Excellence (CCD COE).

제7장

네덜란드의 사이버 안보전략

양정윤 | 국가보안기술연구소

I. 머리말

2018년 4월 네덜란드 헤이그 소재의 유엔화학무기금지기구(OPCW)를 해킹하려는 러시아 GRU[1] 소속 정보요원 4명이 네덜란드 정보당국(AVID)에 발각되어 러시아로 강제 추방되는 사건이 발생하게 된다. 유엔화학무기금지기구는 당시 러시아 이중스파이 독살시도 사건(2018년 3월) 및 시리아 두마(Douma)지역 화학무기 사건(2018년 4월)을 조사 중이었던 것으로 알려졌다. 동 사건은 2018년 2월 한국에서 발생한 평창 동계올림픽 해킹 사건을 연상시킨다. 양 사건 모두 국가 시설을 이용하는 국제기구에 대한 해킹 시도였으며 정치적 목적으로 발생하였고 공격의 배후로 러시아가 지목되었다. 네덜란드와 한국은 각각 유럽과 동아시아에서 대표적인 중견국으로 인식되는 국가임을 고려하였을 때, 상기와 같은 사건의 발생 시 양국의 사이버 공간에서의 중견국으로서의 노력이 국가적 대응에 차이를 발생시킬 것인가에 대한 문제가 제기된다.

사이버 공간의 확대에 따른 사이버 위협의 증가는 국가 간 갈등을 증폭시킨다. 국가들은 자국의 사이버 안보를 강화하기 위해 국내적으로 사이버 안보 역량 강화를 위한 법, 정책, 전략 등을 수립하는 한편 국제적으로 양자, 다자간 위협정보 공유 등과 같은 사이버 안보에 관한 국제협력을 강화하고 안전한 사이버 공간 확립을 위한 국제규범 수립 활동에 참여한다. 본고에서는 자국의 사이버 안보 강화를 위한 중견국의 사이버 안보전략을 네덜란드 사례를 통해 살펴보고자 한다.

---

1   정보총국(Main Intelligence Administration, 이하 GRU, 러시아어: Главное разведывательное управление,ГРУ): 러시아연방군 정보기관으로 2016년 미 대선 러시아 개입 사건 등 다양한 해킹사건의 공격자로 지목.

네덜란드는 다음에 따라 중견국으로 인식된다. 네덜란드는 한때 세계를 제패한 해상국가로 인구와 경제력 및 기술력 등의 국력 면에서 약소국은 아니지만 지정학적으로 강대국으로 둘러싸인 구조 속에 주변국가와의 상대적 관계에서 중견국으로 평가받는다. 네덜란드는 1814-1815년 빈 회의 시 스웨덴, 덴마크, 스위스와 함께 대표단을 보냄으로써 회의의 핵심 당사국은 아니었으나 유럽 내 2차적 지위에 해당하는 국가로 인정되었다. 중견국 외교의 제1물결 시기, 네덜란드는 제2차 세계대전 이후 오스트레일리아, 캐나다, 남아프리카공화국과 함께 약소국과 차별화되어 평화와 안보를 위해 적극적으로 활동하는 국가로 인정되었다(Glazebrook 1947; Patience 2014; Robertson 2017 재인용). 중견국 외교의 제2물결 시기, 네덜란드는 중견국 외교의 이슈에 해당하는 기후변화 등에 관한 포괄적인 방향을 설정하며 리더십을 행사하는 국가로서 두드러진 역할을 수행하였다(Norichika 2003). 중견국 외교의 제3물결 시기, 경제수준, 핵능력, 국가 위상 등으로 평가한 중견국의 구분에 캐나다, 호주, 이탈리아, 일본, 브라질, 스웨덴, 네덜란드가 이에 포함되었다(Robert Cox and Harold Jacobson 1973, Cooper 2016 재인용). 현재에도 네덜란드는 군사력 등 경성국력의 측면에서 강대국과 경쟁하기보다는 개발협력 및 인권, 국제법 및 국제기구, 군축 및 반테러, 수자원 외교 등 자국이 특별한 전문성을 갖고 있는 특정 영역에서 외교적 역량을 발전시키고 이를 통해 국제사회에서 중견국가로서의 역할을 수행하는 모습을 보인다. EU 내에서 네덜란드는 중위권 국가로서 Benelux(벨기에, 네덜란드, 룩셈부르크) 3국 간 긴밀한 협력관계를 유지하면서 EU 내 기타 중소 국가들과 함께 영·불·독 등 전통적인 강대국들의 독주를 견제하는 모습을 보인다. 정책적 측면에서 네덜란드는 인권, 군축 및 WMD 비확산, 개발협력, 반테러, 기후변화 등 글로벌 이슈에 대해서 높은 비중을 두고 전문성을 부각하는 모습을 보인다.

네덜란드는 다음에 따라 사이버 공간에서의 중견국으로 인식된다. 네덜란드는 인구의 92%가 인터넷을 사용하여 유럽 국가들 중 인터넷 사용자 수가 가장 높은 국가 중 하나이고, 유럽으로 통하는 해저 케이블의 다수가 네덜란드를 관통하며, 유럽에서 4번째, 전 세계에서 8번째로 큰 대규모 데이터 센터를 보유한 국가이다. 네덜란드는 전체 GDP의 1%를 ICT 인프라에 투자하고 있으며, 1994년 국가 ICT 프로그램을 도입하여 전자정부 시스템을 가장 초기에 도입한 국가 중 하나(전 세계 전자정부 순위 2위)이기도 하다(Kadr Kaska 2015). ITU에서 발표한 2017 세계사이버안보지수(Global Cybersecurity Index, GCI)에 따르면 네덜란드의 사이버안보지수는 전 세계 15위, 유럽 내 5위로 평가되어 미국, 영국 등과 함께 사이버 안보를 선두하는 국가로 집계된다. 인터넷 사용자 수, 정보통신기반시설 보유량, ICT 예산, 전자정부 발전도 등으로 평가하여 볼 때 네덜란드는 사이버 공간의 중견국으로 판단된다.

사이버 안보의 정책 및 전략에 관한 논의는 기술의 발전에 비해 더디게 진행되어 2000년대부터 시작되었으며 사이버 안보는 현재 이에 대한 규범이 정립되어 가고 있는 분야이다. 중견국 외교적 측면에서 국제규범이 수립되어 있지 않는 글로벌 이슈는 중견국 외교의 좋은 대상이 되며 사이버 안보 분야는 규범외교를 실행하기에 적합한 분야가 되어 적극성을 가진 국가가 규범력을 발휘할 공간이 상대적으로 많이 확보된다. 네덜란드는 자국이 가진 국제법과 다자외교라는 외교안보정책의 특색을 활용해 중견국이자 사이버 공간의 중견국으로서 적극적으로 사이버 안보에 관한 규범외교를 개진하는 국가이며, 서방진영의 측면에서 사이버 안보에 관한 규범형성자로 활동하고 있다.

위협인식적인 측면에서 네덜란드는 사이버 공격이 네덜란드의 물리적·경제적 안보에 직간접적인 영향을 미치게 되며, 자국이 정치·경제 스파이 활동과 사이버 범죄를 목적으로 하는 광범위한 디지털 공격에 직면하고 있다고 판단한다(Ministry of Security and Justice 2013). 국가 행위자가 사이버 공격의 주체가 되어 디지털 수단을 활용하여 민주주의 절차에 영향을 미치려 하고 있으며, 국가 및 비국가 행위자는 기술력을 활용해 공공서비스와 정부 및 기업 활동에 직접적인 공격을 가하고 있다고 인지하고 있으며 이로 인해 사회혼란이 야기되고 사회 안정성이 저해된다고 판단하고 있다. 또한 사이버 공격이 정부의 효율성과 완결성에 위해를 가하고 있는 점을 인지한다. 사이버 공격을 통해 기업정보나 기술이 유출되고 IoT, 스마트그리드, 로봇, 자율주행자동차, 무인시스템과 같은 첨단 기술의 발전은 국가의 기술의존도를 증가시키는 한편 취약점을 증대시키고 있다고 평가한다.

네덜란드는 국제적으로 사이버 공간의 익명성을 활용하여 타국을 공격하는 행위에 대비하기 위한 규범적 프레임워크가 부재하고, 이에 따라 사이버 공간의 공격행위에 대한 처벌이 어려운 것에 대한 경각심을 가지고 있다. 사이버 공격은 진입 장벽이 낮고 적은 비용으로 실행이 가능한 한편 공격자의 추적의 어렵고 공격의 영향력이 광범위하여 고도로 디지털화되어 있는 네덜란드의 경우 더욱 사이버 공격에 취약하게 된다. 자유롭고 개방적인 글로벌 경제 및 사회체제를 가지고 있는 네덜란드는 안전한 인터넷을 추구하고 기술의 발전이 가져다주는 기회를 긍정적으로 평가한다. 이러한 시각에서 네덜란드는 국가전략적으로 사이버 공간이 반드시 안전하게 지켜져야 함을 주창하며 사이버 공간의 국제규범 수립을 적극적으로 강조한다.

글은 다음과 같이 구성된다. 제2절에서는 네덜란드의 국가전략과 국가 사이버 안보전략 및 사이버 안보에 관한 국방전략을 중심으로 네덜란드의 사이버 안보에 관한 위험인식과 실천전략에 대하여 살펴본다. 제3절에서는 네덜란드의 사이버 안보법제도를 검토하고 제4절에서는 네덜란드의 사이버 안보 추진체계 및 민관협력과 정보공유체계를 분석하여 사이버 안보 강화를 위한 국가적 태세를 살펴본다. 제5절에서는 네덜란드의 사이버 안보 국제협력 및 국제규범 형성과정 참여전략을 행위자-네트워크 이론(Actor-Network Theory)을 통해 분석하며 네덜란드의 사이버 안보 국제협력전략을 살펴본다. 결론에서는 네덜란드 사이버 안보에 관한 중견국 외교전략이 한국의 사이버 안보에 관한 중견국 외교전략에 시사하는 함의를 고찰한다.

II. 사이버 안보의 국가전략

1. 국가안보전략상 사이버 안보

네덜란드는 지리적으로 영국, 프랑스, 독일 등 서유럽의 강대국이 교차하는 지역에 위치하고 있으며 역사적으로 스페인 왕국의 지배, 프랑스의 침략을 받았고 17세기 해양 진출시대에는 영국과 무력으로 충돌하는 등 열강과의 충돌이 끊이지 않았다. 또한 세계대전 중 독일의 침략을 받는 등 주변 강대국의 영향을 지속적으로 받아 온 국가이다. 이러한 환경 속에 네덜란드는 전통적으로 중립외교적 입장을 취하였으나 2차 세계대전 이후 미국을 중심으로 서방 진영의 일원으로 능동적 외교정책을 전개하고 있는데 이러한 네덜란드의 외교정책 기조는 사이버 공간에서도 유사하게 전개되는 양상을 보인다. 농업국가이자 상업국가인 네덜란드는 북해만에 위치한 지리적 이점을 최대한 활용하여 유럽의 물류중심지로 발전하였는데, 상업국가로서 국익을 보호하기 위해서는 국제평화와 질서 확립이 가장 중요한 요인인바, 네덜란드는 대외관계에 있어 국제평화와 질서 확립에 필요한 제반 요소에 높은 비중을 두고 추진해 왔다. 외교정책상 최우선순위로 네덜란드 국익을 위한 안보, 번영, 자유(pillars of security, prosperity, freedom)에 대한 공약 강화를 천명하는데, 이와 같은 상업적·경제적 이익 수호를 강조하는 네덜란드의 외교안보정책상 기조는 인터넷과 정보통신기술이 부여하는 경제적 기회에 주목하고 이를 저해하는 사이버 공격을 위협으로 인식하는 국가적 관점으로 투영된다. 특히 네덜란드의 정보통신기술 산업은 각종 정보통신기술 관련 서비스 이용의 증가에 힘입어 국가 경제 발전을 견인하는 핵심 요인으로 자리매김하였다. 이와 동시에 경제적 이익을 저해하는 사이버 공격 발생이 증가함에 따라 이에 대한 전략 마련에 힘쓰고 있다.

네덜란드의 국가안보전략(National Security Strategy)은 국가안보적 측면에서 사이버 안보에 대한 네덜란드의 인식을 살펴볼 수 있는 문건이다. 네덜란드는 국가안보전략상 국토 안보, 물리 안전, 경제 안보, 생태계 안보, 사회 및 정치안보 등 다섯 분야를 국가의 치명적 이익(vital interest)으로 상정하고 있으며 국가안보이익 수호를 위한 근간으로 사이버 안보가 필수적으로 뒷받침되어야 함을 나타낸다.

네덜란드의 국제안보전략(Working Worldwide for the Security of the Netherlands: An Integrated International Security Strategy 2018-2022, 2018. 5)에서도 사이버 안보는 큰 비중을 차지하는 모습을 보인다. 국제안보전략에서는 지정학적, 경제적 균형의 변화 및 기술발전에

따른 하이브리드 분쟁이 네덜란드와 유럽의 안보에 영향을 미치고 있고 사이버 사고와 테러리스트의 실제적 위협 등이 국가안보에 위협이 되고 있음을 밝힌다. 위협인식적인 측면에서 테러리스트 공격, 사이버 위협, 타국의 간섭 및 국가전복 위협, 군사적 위협, 핵심경제프로세스에 대한 위협, 화학·생물학·방사능·핵 물질(CBRN)을 국가안보위협으로 명기하는데, 이 중 테러리스트 위협과 사이버 위협이 국가의 중대한 위협으로 제시되고 있다.

국제안보전략에서는 예방, 방어, 강화의 세 가지 노력의 조화를 통해 국가 안보를 수호할 것임을 밝히는데 각각의 과정에서 수행하게 되는 사이버 안보 활동을 다음과 같이 기술한다. 우선 예방적 측면에서 사이버 관련 국제규범을 명확화(clear international norms for cyber activities)하기 위해 노력할 것임을 밝힌다(Goal 4). 빠르게 증가하는 사이버 위협에 대항하여 국제협약 등을 통해 국제적인 대응을 강화하여야 하며, 이러한 활동을 통해 사이버 공격의 공격자들에게 책임을 귀속시키거나 사이버 공격 활동을 저지할 수 있음을 밝힌다. 이러한 인식하에 네덜란드는 국제안보전략에서 사이버 외교에 투자할 것임을 밝힌다. 네덜란드는 국제법 프레임워크가 사이버 공간에 적용되는 것을 지지하고 이를 발전시키기 위해 노력할 것이며 사이버 위협을 줄일 수 있는 새로운 국제적 합의가 체결하는 것에 적극적으로 기여하고자 함을 나타낸다. 이러한 합의는 현존하는 국제법에서 시작하여야 하며 모든 이해당사자들을 포함하여야 하고 새로운 국제법규범 수립 활동들은 기존의 합의사항들에 기반하여 체결되어야 함을 드러내는 서방국가적 시각을 견지한다. 사이버 안보에 관한 기본원칙으로 오프라인에서의 인권에 대한 정의가 사이버 공간에서도 동일하게 적용되어야 함을 나타내며, 권위주의 정부가 인권을 제한하기 위한 수단으로 사이버 검열에 사용하는 특정 하드웨어, 소프트웨어, 기술 등에 대하여 네덜란드 정부는 국제적이고 강제적인 수출 허가 절차를 요구할 것임을 표명한다. 전략에서는 다른 국가와 민간부문, 시민사회단체, 기술부문, 학계와의 적극적인 협력을 강조하고 있으며 사이버 공간에서 각 부문이 가진 역할의 중요성을 크게 인식하고 있음을 나타낸다. 또한 네덜란드는 파트너국가의 디지털 회복력 강화에 투자할 것임을 밝힌다.

사이버 안보에 관한 방어적 측면으로 강압적 사이버 활동을 억제(deterrence)할 것임을 명시한다(Goal 6). 많은 국가들이 정치적, 군사적 목적을 위한 공세적 사이버 활동을 실행하고 있으며, 이러한 공격은 주요 기반시설의 안전한 운영에 위협을 가하거나 허위정보 유포를 통해 여론에 영향력을 행사하기도 한다. 또한 경제적 피해를 야기하고 민주적 적법성을 저해하며 사이버 안보경쟁을 불러일으킨다. 이를 저지하기 위해 네덜란드는 연합협정(coalition agreement)을 맺고 사이버에 투자할 것임을 밝힌다. 네덜란드의 외교안보정책에 있어 NATO 및 EU와의 파트너십은 안보정책의 핵심적 위치를 차지하고 있으며 집단안보 정책을 채택하고 있는데, 사이버에 있어서도 NATO와 공동으로 사이버 안보에 투자하여 국가 및 비국가 행위자의 공세적 사이버 안보에 대항할 것이며 집단안전보장 능력을 강화시키는 데 기여할 것임을 밝힌다. 또한 국방사이버부대(DCC)와 국가사이버안전센터(NCSC)를 실무수행기관으로 지정하여 적극적 사이버 대응 활동을 전개할 것임을 밝힌다. 네덜란드는 사이버 공격과 첩보활동을 저지하고 방어적, 공세적 역량 강화를 위한 사이버 정보활동에 투자를 강화하고, 사이버 위협을 초기에 탐지하여 무력화할 것이며 심각한 공격의 경우 비례성의 원칙에 따른 보복적 대응을 실행할 것임을 밝힌다. 이를 위해 필수적으로 선행되어야 하는 공격자의 책임 귀속을 위해 노력할 것이며 공격으로부터 국가의 회복력 강화를 위한 기술에 대한 투자도 증대할 것임을 표명한다.

2. 국가 사이버 안보전략

네덜란드는 2011년과 2013년의 총 2차례에 걸쳐 사이버 안보전략을 발표하였다. 1차 사이버 안보전략[The National Cyber Security Strategy: Strength through cooperation(이하 NCSS 1), 2011. 2]은 사이버 안보와 관련된 다양한 국가 활동들을 체계화한 것에 큰 의의를 갖으며 사이버 안보 관련 주체 간 책임의 명확화, 민관협력 강화, ICT 보안 조치 제안 등이 주요 내용을 이룬다. 1차 사이버 안보전략은 사이버 공격에 따라 발생한 피해에 대한 복구를 강조하는 회복력 강화를 중시하고 있고 국가 사이버 안보체계를 토대로 민관협력 및 다양한 이해관계자들 간의 협력 모델을 구축하였다. 한편 사이버 안보를 둘러싼 이해당사자 범위의 확대와 전략 개선의 필요성에 따라 2차 사이버 안보전략이 발표되었다.

2차 사이버 안보전략[National Cyber Security Strategy2: From Awareness to Capability(이하 NCSS 2), 2013. 10]은 NCSS 1에서 한 걸음 더 나아가 사이버 공격에 대한 실질적인 대응 능력을 강화하기 위한 비전을 제시하기 위한 목적으로 수립되었다. NCSS 2는 사이버 위협 발생에 따른 국가적 영향을 파악하고 국가 이익을 최대한 보호하기 위한 예방책 마련에 대한 접근 방식을 표방하였다. 또한 NCSS 2는 NCSS 1이 강조한 사이버 안보 원칙 마련과 국가 활동들 체계화에서 진일보하여 구체적인 정책 비전을 설정하고, 사이버 위협에 대한 국가 전반에 걸친 실질적 대응 능력 강화를 위한 전략 제시를 목표로 하였다. NCSS 2의 비전은 국제적 공조하에 안전한 디지털화를 촉진하고, 외부 위협에 효과적으로 대응하며, 온라인 상 기본권과 가치를 보호함으로써 안전하고 열린 디지털 영역을 구축하는 것으로 설정한다. 이러한 비전은 사이버 보안(security), 온라인상의 자유(freedom)와 사회경제적 이익(social-economic benefits) 달성을 통해 실현됨을 주창한다. 이러한 비전을 달성하기 위하여 정부, 민간 기업, 국민 등 디지털 영역을 구성하고 있는 각 주체들이 능동적으로 참여할 것을 독려하며 정보는 예방적 차원에서 사이버 범죄 및 스파이 행위에 대응을 위한 협업체계를 강화하고 이니셔티브, 정책적 규제를 마련하는 등의 역할을 수행할 것임을 나타낸다. 국제적으로 군(軍)의 사이버 보안 역량 확보를 위해 NATO 및 EU와의 협력을 강화하고 글로벌 공통 규제 확립에 기여하기 위한 외교 활동을 수행하며 CERT 간 협력을 통한 국제적 역량 강화 활동을 수행할 것임을 명시한다. 이를 달성하기 위한 정책 수행 계획으로 네덜란드 사회 전반에 안전한 디지털화를 추진하고 민간기술 개발단계 또는 연구단계에서 시큐리티 바이 디자인(Security by Design) 또는 프라이버시 바이 디자인(Privacy by Design)을 확립하며 국제적으로 네덜란드가 사이버 공간의 기본권과 가치를 수호하는 연합체의 핵심 국가로 자리매김할 것임을 나타낸다(NIPA 2014). 2019년 3월 현재 네덜란드는 3차 사이버 안보전략의 발표를 준비 중인 것으로 알려져 있다.

네덜란드의 사이버 안보에 관한 기타 전략적 문건으로 가장 주목할 만한 것은 사이버 안보평가(Cyber Security Assessments, CSAN)를 들 수 있다. 국가사이버안전센터는 정보기관, 기업, 정부, 학계와 공동으로 매년 국가의 사이버 안보를 평가하는 문건을 발표하는데 이는 매

표 7-1. NCSS 1(2011)과 NCSS 2(2013) 비교

	NCSS 1	NCSS 2
협력모델	• 공공-민간 파트너십	• 민간-공공 자발적 참여
사이버 안보 체계	• 체계 구축	• 네트워크 강화 • 전략적 연합형성
이해관계 모델	• 다자주의적 접근 모델 형성	• 다양한 이해당사자 간 관계 명확화
역량강화 대상	• 국내	• 국내외
접근방식	• 일반적 접근 방식: 회복력 강화를 위한 광범위한 역량 강화	• 위험기반 접근방식: 다양한 이해 관계자 간 관계 및 역할 구체화
사이버 안보 정책	• 기본 원칙 수립	• 정책적 비전 제시
인식제고	• 무관심으로부터 사이버 안보에 관한 인식 확립	• 사이버 안보에 관한 인식 및 역량 확립

출처: Ministry of Security and Justice 2013; NIPA 2014

년 핵심 이슈와 위협, 사이버 안보 이익을 분석하여 네덜란드 사이버 안보의 현재에 대한 진단뿐만이 아니라 사이버 안보전략 및 정책에 대한 지표가 된다.

국가사이버안전센터가 발행하는 또 다른 중요한 전략적 정책자료로 국가사이버안보어젠다(National Cyber Security Agenda)는 사이버 안보전략 수립의 기초자료가 되어 위협인식, 현황, 전략 등을 알 수 있는 문건이다. 국가사이버안보어젠다는 ① 사이버 안보는 네덜란드 국가안보의 핵심 부분이고, ② 사이버 안보의 초석은 민관협력에서 시작하며, ③ 정보는 공공의 이익을 대변하며 모범사례를 제시하고, ④ 지식공유의 중요성은 강조되고, ⑤ 사이버 안보는 국가의 근간을 형성하며, ⑥ 디지털 공간은 근원적으로 전 세계적이고 국경 없는 속성을 지니고 있으며, ⑦ 다양한 당사자들의 이해관계를 이해하여야 함

을 원칙으로 삼는다. 기타 사이버 안보에 관한 네덜란드의 정부문건으로는 디지털 어젠다(Digital Agenda), 정보보안인식전략(informtation security awarensee strategy), 이프라이버시 레터(ePrivacy Letter), EU 사이버 안보전략(EU Cyber Security Strategy), 사이버 안보 국제전략 ('Building Digital Bridges' International Cyber Strategy Towards an integrated international cyber policy) 등이 있다.

3. 국방 사이버 안보전략

2013년 11월 발표된 네덜란드의 국방전략에서는 국방전략의 일부에 사이버 안보전략에 관한 사항을 포함한다. 전략에서는 사이버를 이용한 다양한 방식의 공격방식을 서술하며 사이버 공간을 이용한 다양한 공격에 대한 대비 태세를 갖출 것임을 명시한다.

2012년 국방부가 발표한 국방 사이버 전략(The Defence Cyber Strategy, 2012. 6)에서는 사이버 공간이 공, 해, 육, 우주에 이은 5번째 군사공간이며 디지털 자산이 군사 작전에 필수적임을 밝힌다. 네덜란드 군은 사이버 공간에서 선두적인 역할을 할 것이며 사이버 작전 능력을 향상시킬 것임을 밝히고 국방 사이버 안보전략상 6가지 중점사항을 제시한다. ① 포괄적 접근방식 채택, ② 방

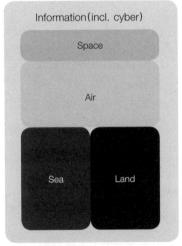

그림 7-1. 네덜란드의 국방전략상 사이버 전력 실행공간

위기관의 사이버 방위능력 강화(방어적 측면), ③ 사이버 작전실행을 위한 군 능력 향상(공세적 측면), ④ 사이버 공간 첩보능력 강화(첩보적 측면) ⑤ 인재 유치를 통한 사이버 공간에 대한 방위 기관의 전문성 및 혁신 능력 강화(적응성 및 혁신적 측면), ⑥ 국내적·국제적 협력 강화(협력적 측면)가 이에 해당한다. 국방전략에서 국방 사이버 방위력 향상을 위해 DefCERT 운영하며 국가사이버안전센터 및 정보기관, 타 CERT들과 협력할 것임을 명시한다.

중단기적 사이버 안보 국방전략으로 네덜란드는 사이버, 첩보, IT, 정보수집능력, 방위첩보안보서비스(Defence Intelligence and Security Service)와 전반적인 정보영역에 대한 투자를 크게 증대시켜 정보 역량을 높일 것임을 밝힌다. 사이버 위협에 적극적으로 대응하고 방어적·공세적 사이버 작전을 실행하며 NCSRA(National Cyber Security Research Agenda)에 따라 국방 사이버 전략을 현대화할 것임을 밝힌다.

국제적으로 공세적 사이버 작전 수행에 대한 논의가 아직 초기 단계인 데 비해 네덜란드는 공세적 사이버 역량을 사용할 것임을 공개적으로 밝히고 있음이 주목된다. 공세적 사이버 역량은 적군의 행동에 영향을 주거나 무력화하기 위해서 사용되는데 군 역량의 효율성을 배가시키는 측면에서도 효율적으로 활용될 수 있으며 이러한 역량을 활용해 네덜란드는 NATO 내에서 중요한 역할을 담당할 수 있다고 인식한다. 국방 사이버 안보전략은 2015년 2월 업데이트되었으며 2019년 3월 현재 방위사이버독트린 발표를 구상중인 것으로 알려져 있다.

III. 사이버 안보법

네덜란드는 유럽연합(European Union, 이하 EU) 가입국으로 EU 차원의 사이버 안보 강화를 위한 노력들에 적극적으로 참여한다. EU는 2004년 ENISA(European Union Agency for Network and Information Security)가 설립된 이래로 다양한 차원의 사이버 안보 강화 노력을 지속하고 있으며, 2013년 EU 사이버 안보전략(Cybersecurity Strategy of the European Union)을 발표하여 EU 국가들의 사이버 안보 강화를 위해 공통적으로 적용되는 높은 수준의 입법적 조치(지침)를 채택할 것임을 밝힌 바 있다. 전략에서는 동 지침에 국가 역량 및 준비태세, EU 차원의 협력, 위험관리훈련 및 네트워크정보시스템에 관한 정보공유 내용을 포함시켜야함을 밝혔다. 이에 따라 EU는 2016년 7월 NIS 지침(DIRECTIVE (EU) 2016/1148)을 제정하였으며 EU 회원국들은 NIS 지침의 내용을 2018년 5월까지 국내법에 반영하도록 정하였다.

　NIS 지침은 EU의 보편적 보안 수준 향상을 목적으로 하며, 동 지침에 따라 모든 회원국은 네트워크 및 정보시스템에 대한 국가전략을 의무적으로 채택하여야 하고 회원국 간 전략적 협력 및 정보공유를 촉진하기 위한 협력 그룹(Cooperate Group)을 창설하여야 한다. 또한 CSIRT 네트워크(CSIRTs network)를 만들어 회원국 간 신뢰 구축을 강화하고 신속하고 효과적인 협력 활동을 강화한다. 필수서비스운영자(operator of essential services, 이하 ESP)와 디지털서비스공급자(digital service providers, 이하 DSP)의 보안 통지 요구사항을 만들고, ESP 및 DSP의 네트워크 및 정보시스템에 관한 보안사고로 인한 피해를 최소화하기 위한 조치를 취하도록 한다. NIS 지침이 다루는 네트워크 및 정보시스템의 보안사항에 대한 사항을 담당하는 소관기관과 국가별 단일 연락창구를 지정하도록 하였으며, 협력 그룹에 ESP 및 DSP 와 관련된 사고 통지에 관한 보고서를 매년 제출하도록 의무화하였다. NIS 지침은 EU 전체의 사이버 역량 강화를 목적으로 한 단일한 법체계의 형성으로 평가된다. 한편, NIS 지침에 따른 국가별 이행법률의 제정은 사이버 안보에 관한 기존 국가의 법체계를 전면적으로 변경하는 것을 의미하지는 않으며 NIS 지침의 이행에 필요한 사항과 그 밖에 사이버 안보에 관하여 법률상 보완할 사항을 정하기 위하여 기존에 국가별로 정하였던 사이버 안보 관련 법률들을 개정하는 것을 의미한다 (박상돈 2018).

네덜란드에서는 NIS Directive 이행을 위한 네트워크 및 정보시스템보안법(Wet beveiliging netwerk-en informatiesystemen, Wbni)을 2018년 11월 9일 발효하였다. 동 법률은 네덜란드의 디지털 탄력성 및 사이버 사고에 대한 대응을 강화하여 사회적 혼란을 예방하는 것을 목표로 한다. 동 법률에 따라 ESP 및 DSP는 네트워크 및 정보시스템에 대한 보안위험을 관리, 예방 및 최소화하기 위해 적절한 조치를 취하여야 하며 보안 요구사항을 준수하여야 한다. 기존 법제하에서 사이버 사고 발생 시 특정 서비스 제공자는 CSIRT가 소재한 NCSC에만 사고 사실을 통보하면 되었으나 신규 제정된 법률에 따라 ESP 및 DSP는 심각한 사이버 안보 침해사건 발생 시 NCSC 및 감독기구에 보고하여야 한다. 감독기구는 보안 요구사항과 통지의무 이행을 감시하고 필요시 제재를 부과하게 된다.

네트워크 및 정보시스템보안법 실행 이전에는 데이터 처리와 사이버 안보 통지의무법(Dutch Data Processing and Cybersecurity Notification Obligation Act, Wet gegevensverwerking en meldplicht cybersecurity, Wgmc, 2017. 10. 1)이 사이버 안보에 관한 기본 법률로

서 작용하였으며, 동 법률에 따라 주요 인터넷 서비스 제공자는 심각
한 사이버 사고 발생 시 이를 NCSC에 보고하여야 할 의무가 발생하였
다. 사이버 사고 통지의무에 따라 NCSC는 사이버 사고의 영향을 즉각
적으로 판단하고 이에 대한 대응을 통해 사회적 혼란을 저지함으로써
사이버 사고의 영향을 제한할 수 있게 된다. 동 법률은 네트워크 및 정
보시스템보안법의 발효에 따라 폐지되었다.

　　이 외 사이버 안보와 관련된 법률로는 치안법무부에 의해 정부입
법 발의되어 2016년 12월 발효된 컴퓨터범죄법(Computer Criminal-
ity III Bill)이 있다. 동 법에 따라 경찰과 검찰은 개인 컴퓨터, 휴대폰,
서버에 대한 수사권을 갖으며 심각한 사고에 대한 조사 시 데이터 복
제, 접근권한 차단, 통신 도청 및 감시 등과 같은 광범위한 조치를 취
할 수 있게 된다. 모든 수사는 예심판사에 의한 허가를 득해야 하며 이
러한 허가는 검사에게도 제출되어야 한다. 또한 이러한 권한을 행사하
기 위해서는 검찰(Public Prosecution Service) 자문기구인 중앙평가
위원회(Central Assessment Committee)의 평가를 거쳐야 한다. 동 법
에 따른 소수자와 아동에 대한 보호가 강화되었으며, 탈취된 정보의
경우 이러한 타인의 정보를 거래 또는 소유한 것만으로도 처벌의 대상
이 될 수 있다. 기타 적용 가능한 법률로는 개인정보보호법(Personal
Data Protection Act, 2000)과 컴퓨터범죄법(1993)의 일부 조항이 있다
(Koops 2005, 1-20). 한편 네덜란드는 유럽 차원의 사이버 범죄 대응
법제인 사이버 범죄협약(Convention on Cybercrime)을 2006년 비준
하여 2007년 발효하였다.

IV. 사이버 안보의 추진체계

1. 국가 사이버 안보 추진체계

네덜란드의 사이버 안보 거버넌스의 컨트롤타워 역할은 2011년 사이버 안보전략에 따라 설립된 사이버 안보위원회(Cyber Security Council, 네덜란드어: De Cyber Security Raad, CSR)가 맡고 있으며 실무전담은 국가사이버안보센터(National Cyber Secuirty Center, 이하 NCSC)가 수행한다. 사이버 안보위원회(Cyber Security Council, CSR)는 사이버 안보에 관한 독립적 자문기구로 국가 사이버 안보전략 실행을 감시하는 역할을 수행한다. 사이버 안보위원회는 정부 및 민간 당사자로 구성된 18명으로 이루어진 7-7-4체제로 7명은 민간부문 위원, 7명은 공공부문 위원, 4명은 기술전문가로 구성된다. 민관을 대표할 수 있는 각 1인이 공동위원장을 유지하는 체제로 현재 KPN(네덜란드 유무선통신기업) 사장과 NCTV 국가안보대테러조정관이 공동위원장을 맡고 있어 구성과 권력구조적인 측면에서 민관이 균형을 이루고 있는 점이 특징적이다. 사이버 안보위원회의 임무로는 네덜란드 정부 및 민간에 사이버 안보전략에 관한 자문역을 수행하고 국가 사이버 안보 위험을 경감시키고 경제적 기회를 증진시키기 위한 기술발전 트렌드 모니터링 및 필요한 조치를 수행한다. 또한 네덜란드와 유럽연합의 사이버 안보에 필요한 이니셔티브를 도입 및 실행한다. 사이버 안보위원회의 활동으로는 자문보고서 및 가이드라인 작성, 위원회 개최, 사이버 안보 연구계획수립 및 기타 다양한 활동(예: Cyber Security debate, CSR and iGovernance Symposium, IoT 세미나, National Cyber Security Summer School 등)이 있다.

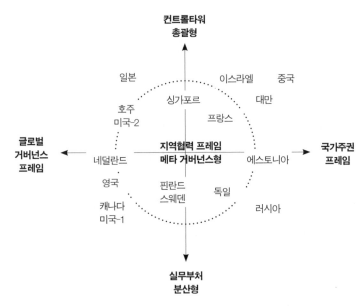

그림 7-2. 사이버 안보전략의 유형 구분
출처: 김상배(2018), p.151의 응용

NCSC는 2012년 1월 1일 설립되어 치안법무부(Ministry of Security and Justice) 내 국가안보대테러조정관(National Coordinator for Security and Counterterrorism, NCTV) 산하 사이버 안보부(Cyber Security Department) 내 위치한다. NCSC는 네덜란드 사이버 안보의 중심이자 전문기술센터로 사이버 안보를 통한 개방적이고 안전한 정보사회 창출을 기치로 발족되었다. 주요 업무는 사이버 위협 모니터링 및 사고 대응(24/7 대응체제), 위기관리, 사이버 안보 협력 플랫폼 제공, 국가 CERT 운영이다. NCSC의 주요 보호 대상은 정부기관과 국가 주요 정보기반시설이며 보안 체크리스트를 배포 및 수집하여 공공기관의 사이버 보안 현황을 점검하고 산업제어시스템 보안 등에 대한 데이터를 얻는다. 또한 매년 사이버 안보평가(CSAN)를 발표하여 사이버 안보 관련 이슈를 공유하고 사이버 위협을 분석하며 정부가 달성해야 하는 단기적 사이버 안보 목표를 정립한다.

내무부는 공공질서 확립과 국가안전보장, 경찰 부문을 담당하고 있다. 정부기관 및 민, 군 간 사이버 안보에 관한 책임 및 역할을 조정하는 역할 및 정부 정보보안을 담당한다. 국방부는 국방에 관한 사이버 안보 책임을 맡는다. 국방사이버부대(Defence Cyber Command, DCC)가 2014년 9월 창설되었으며 2017년 초부터 운영중이다. 국방사이버부대는 육군 소속으로 전 군종의 인력으로 구성되며 공세적, 방어적 사이버 작전을 수행한다. 국방부는 적군의 디지털시스템을 공격, 조작, 무력화할 수 있는 역량을 갖추고 있다고 발표한 바 있다. 합동시긴트사이버유닛(Joint SIGINT Cyber Unit)이 2014년 총정보안보부(General Intelligence and Security Service)와 네덜란드 군정보안보부(Dutch Military Intelligence Security Service) 산하에 창설되었다. 한편 군의 네트워크와 시스템은 합동정보관리부대(Joint Information Management Command)가 관리하고, 작전수행 중에는 국방사이버부대가 이 역할을 맡는다. 외교부는 국제법과 다자외교 중심의 사이버 안보와 관련된 외교활동에 중요한 역할을 수행하며 국제사이버정책국장(Head, International Cyber Policy) 및 국제사이버정책부(International Cyber Policy Department)가 있다.

2. 정보공유 및 민관협력 체계

네덜란드는 민관협력이 강한 국가로 평가된다(ITU 2015, 27). 네덜란드 정부는 사이버 안보 강화를 위해 위협정보 공유가 필수적이며 이를

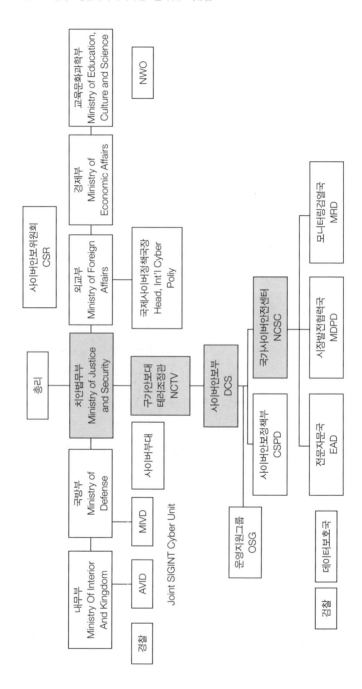

그림 7-3. 네덜란드 사이버 안보 추진체계
출처: 조성렬(2016), p.405를 수정 · 보완

위해 여러 당사자와의 협력이 중요함을 인지하고 있다. 위협정보 공유는 협력 주체에 따라 정부간협력, 민관협력, 전문가협력, 국제협력의 네 가지로 분류되는데, 네덜란드의 사이버 안보 관련 전략상 민관협력에 관한 사항은 NCSS 2에서 정한 바 있으며, 이와 관련하여 2014년 국가대응네트워크(National Response Network, NRN)와 국가탐지네트워크(National Detection Network, NDN)를 발표한 바 있다. 또한 활발히 정보공유분석센터(Infrmation Sharing and Analysis Centres, ISACs)를 운영하여 주요 기반시설을 포함한 위협정보 공유의 활성화를 위해 노력하고 있다.

NCSC는 민관협력을 주관하며 협력의 플랫폼을 제공하고 있으며, 2012년 창설한 Alert Online(https://www.alertonline.nl/) 홈페이지를 통해 정부, 기업, 학계 간 위협정보 공유를 실행하고 있다. 또한 인터넷의 안전한 사용을 위한 Safe Use of Internet (www.veiligin-ternetten.nl) 웹사이트를 운영해 안전한 인터넷 사용을 장려하고 있다. 이와 별도로 ECP(ecp.nl)는 네덜란드의 정보사용과 통신기술 사용을 장려하는 민관협력 플랫폼으로 운영되고 있다. ECP는 네덜란드 경제부의 지원을 받아 1998년 1월 창설되었으며, 정보화사회 구현을 목적으로 한 독립 협력체이다. ECP에는 국가 및 공공기관과 민간기관이 참여하여 정보통신기술의 개발과 적용 및 사이버 범죄 대응에 관한 정보를 공유하는 플랫폼으로 역할을 수행한다. National Continuity Forum(NCO-T)는 정부 대 통신네트워크 공급자 간 민관 파트너십 강화를 위해 운영되고 있다. 민관협력의 정부 측 주체는 치안법무부, 농림자연식품부, 경제환경정책부, 내무부, 외교부, 국방부, 검찰, 경찰청, 종합정보보안국(AVID)으로 식별된다

V. 사이버 안보의 국제협력

중견국 외교적 관점에서 네덜란드는 사이버 안보에 관한 규범형성자로 적극적 활동들을 개진한다. 네덜란드는 규범외교를 통해 전반적인 안보를 증진시키고 자국에 유리한 방향으로 규범을 설정하며 다양한 국가들과 협력체제를 구축하여 자국의 안보력을 향상시키는 효과를 도모할 수 있을 것이라는 판단하에 다양한 국제협력 활동에 적극적으로 참여하고 있다. 국제협력의 주요 분야는 사이버 안보 사고 및 위협에 관한 정기적 정보 공유, 모범사례 교육, 사이버 안보 합동훈련, 지역 사이버 역량 강화 및 신뢰 구축 조치에 관한 협력, 책임 있는 국가 행동에 대한 자발적 규범 수립 노력 증진 등이다.

〈표 7-2〉에서 나타난 '국가 간' 프레임으로 보는 국제규범의 형성은 주권국가로서 국민국가 행위자를 기본단위로 설정하고 그들의 관계에서 형성되는 규범을 뜻한다. 이러한 국제규범의 사례로는 헤들리 불(Hedley Bull)이 제기했던 국제사회와 무정부적 사회의 개념을 들 수 있는데, 국가를 주요 행위자로 하는 국제정치에서는 무정부 질서 하에서도 상호간에 공유하는 규범과 규칙을 통해서 국가 간 사회, 즉 국제사회를 형성하여 질서를 유지할 수 있다. 이러한 대표적 사례로는 유엔과 같은 국제기구나 국제법을 들 수 있는데 네덜란드가 사이버 안보에 관하여 탈린 매뉴얼에서 추진하는 헤이그프로세스나 UN GGE 활동, UNIDIR 활동이 이에 해당한다. '정부 간' 프레임에 해당하는 국제규범의 형성과정은 '정부 간 네트워크'를 통해서 모색되는 규범을 뜻한다. 이러한 활동의 예로는 G20이나 APEC, ASEAN과 같은 지역협력체 활동을 들 수 있는데, 사이버 안보에 관한 네덜란드의 활동 중 EU, NATO, OSCE, Budapest Convention, Freedom Online Coali-

표 7-2. 네덜란드의 사이버 안보 국제규범 수립활동

'국가 간' 프레임	'정부 간' 프레임	'글로벌 거버넌스' 프레임
• Tallinn Manual • UN GGE • UNIDIR	• EU • NATO • OSCE • Budapest Convention • Freedom Online Coalition	• GCCS • One Conference • Cyber Security Week • CERT (EGCs/FIRST)

출처: 김상배(2018), pp.299-301의 응용

tion의 활동이 이에 해당하는 것으로 판단된다. '글로벌 거버넌스' 프레임으로 보는 국제규범의 형성에는 국가뿐만이 아니라 다양한 비국가 행위자들도 참여하는 규범을 의미한다. 이는 탈근대적이고 글로벌한 난제들을 풀기 위해서 국가뿐만 아니라 다양한 비국가 행위자들도 규범 형성 논의에 참여하는 소위 거버먼트(Govenment) 방식이 아닌 거버넌스(Governance)형 관리양식으로 표상되는 것을 의미한다. 사이버 안보에 관한 네덜란드의 활동 중 GCCS, One Conference, Cyber Security Week, CERT 간 협력 등이 이에 해당되는 것으로 식별된다.

　네덜란드의 사이버 안보 국제협력 중견국 전략은 행위자-네트워크 이론을 통해 분석하기에 적합하다. 행위자-네트워크 이론(Actor-Network Theory, 이하 ANT)은 국제정치의 행위자들이 주변의 물질적·사회적 환경 변수들을 활용하여 네트워크를 만들어가는 동태적 과정을 탐구하는 데 유용하게 활용되는 분석틀이다. ANT에서는 행위자들이 네트워크를 형성해가는 과정을 번역(translation)이라고 하는데, 정치학적 시각에서 이러한 '번역'의 과정은 권력 획득의 과정이다(Law 1992; 김상배 2013 재구성). 네트워크 권력을 획득하고자 하는 중견국 외교전략은 행위자-네트워크 이론에 대한 미셸 칼롱(Michel Callon)의 분석틀을 이용하여 분석되는데, 미셸 칼롱은 이러한 '번

역'의 과정을 ① 문제제기(problematization), ② 관심끌기(interesse-ment), ③ 등록하기(enrollment), ④ 동원하기(mobilization)의 네 단계로 제시한다. 본문에서는 이를 김상배의 연구를 원용하여 ① 프레임 짜기, ② 맺고 끊기, ③ 내편 모으기, ④ 표준 세우기 과정으로 분석한다(김상배 2018).

중견국 네트워크 외교전략의 첫 번째 단계인 '프레임 짜기'는 '문제제기' 부분에 해당하는 것으로 행위자들의 이해관계를 정의하고 네트워크 전체의 구도를 파악하는 과정을 주도하는 단계를 의미한다. 두 번째 단계인 '맺고 끊기'는 '관심끌기', 또는 끼어들기 단계에 해당한다. 이는 기존에 형성되어 있던 관계를 해체하고 자신이 설정한 프레임에서 새로운 관계를 수립하여 네트워크를 구성하는 것을 의미한다. 셋째, '내편 모으기'는 '등록하기'에 해당하는 부분으로 주도적으로 새로운 네트워크를 건설하는 단계로 이전 단계를 통해 네트워킹된 동지 집단(like-minded group) 행위자들에게 새로 조정된 역할을 부여하는 것을 의미한다. 마지막으로 '표준 세우기'는 '동원하기'에 해당하는 부분으로 새로운 역할을 부여받은 행위자들을 자신의 네트워크에 편입시켜 적실성 있는 관계 구조를 형성하고 새로 만들어진 네트워크에 일반적인 보편성을 부여하는 단계를 의미한다(김상배 2013).

첫 번째 단계인 프레임 짜기에서 네덜란드는 사이버 안보 국제전략서를 공포하여 네트워크 대상자들의 이해관계를 정의하고 네트워크 전체의 구도를 파악하는 활동을 한다. 사이버 안보 국제전략에는 네덜란드가 다양한 채널을 통한 사이버 안보에 관한 국제협력 활동과 연합 활동, 파트너십을 구축할 것임을 나타낸다. 사이버 안보에 관한 기본적인 플랫폼으로 네덜란드는 EU 및 NATO의 역할을 지속적으로 강조하고, 다자외교 중심의 네덜란드의 외교정책에 기반하여 사이버 안보에 관한 국제협력 활동으로 UN, EU, NATO, OECD, OSCE에 참여할 것임을 나타낸다. 민간부문으로는 IGF, ICANN, cPPP(Contractual Public-Private Partnership), ISACs에 참여하고, 사이버 안보 실무 차원에서 FIRST, TF CSIRT(Task Force on Computer Security Incident Response Teams), MIST(Malware Information Sharing Platform), European CSIRT 네트워크, NCSC, DEFCERT들의 협력 활동에 참여할 것을 나타낸다. 네덜란드는 5차 UN GGE(2016-17)에 참가하여 국가의 의견을 개진한 바 있으며 사이버 범죄에 관하여 2001년 사이버 범죄협약(부다페스트 협약) 발의 시 참여 및 서명한 국가로 2006년 비준하여 2007년 발효하였다. 또한 사이버 범죄에 관해 인터폴과의 공조를 강화하고 있다.

네트워크 전체의 구도를 파악하고 주도하는 활동으로 중요한 것은 헤이그에서 개최한 2015년 4차 세계사이버공간총회(Global Conference on Cyberspace, 이하 GCCS)가 있다. 동 총회에는 90여 개국 및 20여 개 국제기구 대표, 기업과 시민사회 대표 등 1,700여 명이 참석하여 인터넷 거버넌스와 사이버 안보 역량 강화 등 사이버 안보 이슈 전반에 대해 논의하였다. 의장결의안에서는 2015년 UNGGE 결의안을 지지하고, 다양한 이해당사자의 입장이 반영되어야 하며 인권과 기본권이 온라인상에서도 보장되어야 하는 것에 대한 합의가 이루어졌다. 또한 의장결의안에 네덜란드 정부 입장을 반영한 사이버 공간에서의 다중이해당사자주의적 접근 방식에 대한 주장을 총회 논의 안건에 포함시켜 네덜란드가 사이버 공간의 서방진영의 규범을 정립하는 활동을 수행하였다. 또한 GCCS를 계기로 외교부 산하에 사이버테스크포스(Cyber Task Force)가 설립되어 사이버 공간의 외교활동을 모니터링하고 네덜란드의 사이버 안보 외교활동을 더욱 체계화한다.

두 번째 단계인 맺고 끊기에 해당하는 네덜란드의 활동들은 다음
과 같다. 네덜란드의 국제사이버 안보전략에서는 네덜란드가 헤이그
프로세스(Hague Process)를 진행할 것임을 밝히고 이를 통해 다양한
국가의 국제법 규범형성 과정에 대한 참여를 도모하고 국제법의 사이
버 공간 적용 논의에 적극적으로 참여하고자 하는 의지를 밝힌다. 네
덜란드는 대외관계에 있어 국제평화와 질서 확립에 필요한 제반 요소
에 높은 비중을 두고 추진해 왔으며 자국의 생존을 확보하고 국익을
증진하기 위하여 국제법 발전을 주요 외교정책 목표의 하나로 추진하
면서 국제법 형성 과정에 적극 참여하는 모습을 보이는데 이러한 활동
이 사이버 안보에 관하여서도 투영된다. 헤이그 프로세스의 일환으로
네덜란드 정부는 탈린 매뉴얼 2.0의 발간을 후원하여 3회에 걸쳐 매뉴
얼 초안을 각국 정부에 회람, 의견 수렴, 재검토 작업을 진행한 바 있
다. 네덜란드는 사이버 공간을 통한 경제 번영의 기회가 사이버 위협
을 통해 침해받고 있으며, 사이버에 관한 국제법 규범형성 과정에 참
여하여 어떻게 국제법이 사이버 공간에 적용되는지를 명확하게 밝힘
으로써 사이버 위협으로 침해당하는 규범을 정립할 수 있을 것이라
고 밝힌다. 이를 통해 네덜란드 정부는 기존 에스토니아 소재 NATO
CCD COE의 중심으로 이루어졌던, 사이버 안보에 관한 국제법 규범
형성 과정에 끼어들어 적극적으로 참여하고 의견을 교환하는 기회를
얻게 됨으로써 기존에 형성되어 있던 관계를 자신이 설정한 프레임에
서 재해석하고 새로운 관계를 수립해 나가는 모습을 나타낸다.

　　헤이그는 이러한 활동에 적합한 환경을 제공하는데, 헤이그는 국
제 사이버 안보에 특화된 도시로 헤이그 내 400여 개의 정보보안 기
업이 있으며 전 세계적으로 유명한 보안기업, 정부, 지식산업 클러스
터인 헤이그시큐리티델타(The Hague Security Delta)가 있다. EU 유

럽사이버 범죄센터(EU European Cybercrime Centre), 유럽네트워크
사이버보안청(European Network for Cyber Security), NATO 사이버
보안청(NATO Cyber Security Agency), 사이버보안아카데미(Cyber
Security Academy)가 위치하고 있다. 네덜란드가 가진 국제법적인 강
점을 활용하고 화학무기금지기구(OPCW)와 국제법률기구인 국제형
사재판소(ICC), 국제사법재판소(ICJ), 헤이그 국제사법회의(Hague
Conference), 상설중재재판소(PCA) 외 32개의 국제기구가 소재하는
다자외교의 중심지로의 지리적 요건을 활용하기에 적합한 국제도시적
인 환경이 네덜란드가 중견국의 가교외교와 연합형성 외교를 수행하
는 데 우호적인 환경을 제공한다.

　　세 번째 단계인 내편 모으기에 대한 네덜란드의 활동은 다음으
로 나타난다. 네덜란드 외교부는 2016년과 2017년 UN 군축연구소
(UNIDIR)의 국제사이버 안보워크숍 개최를 지원하여 사이버 공간의
평화와 안보에 관한 논의에 주도적으로 참여하였다. 사이버 공간의 평
화와 안보에 관한 논의를 주도하고자 하는 노력의 일환으로 국제사이
버안보회의인 One Conference를 네덜란드 경제기후정책부(Ministry
of Economics and Climate Policy)와 치안법무부 산하 NCSC가 개최
하고 있다. 본 회의를 통해 전문지식 교류, 모범사례 협력, 민간 파트
너십 발전에 관한 논의의 장을 마련한다. 2018년으로 3회째 사이버보
안주간(Cyber Security Week) 행사를 개최하는데 행사에는 70여 개
국의 사이버 안보 업체가 참가하여 최신 사이버 보안 이슈 및 트렌드
에 대한 논의를 갖는다. 네덜란드는 또한 유럽, 미국, 중동, 아시아, 아
프리카의 30개국이 참여(설립 당시 15개국 참여)하는 정부그룹인 자
유온라인연합(Freedom Online Coalition, 이하 FOC)을 창설한 바 있
다.[2] FOC는 2011년 11월 헤이그에서 열린 자유온라인회의(Freedom

Online Conference)는 네덜란드 외교부의 이니셔티브에 따라 창설되었다. 창설 목적은 자유로운 온라인, 기본 인권, 표현의 자유 보호, 억압적인 인터넷에 반대하며 민주주의적 가치 및 온라인 인권을 위한 연합형성이다. 이러한 활동은 네덜란드의 외교정책 기조와도 일치하여 네덜란드는 인터넷을 포함한 표현의 자유, 종교와 신념의 자유, 인권 수호자의 보호, 성적 지향을 근거로 한 차별철폐, 사회적 건전성 책임(corporate social responsibility)의 장려 등을 강조하며 이에 대해 구체적인 목표를 갖고 정책을 추진한다. 네덜란드는 FOC의 활동으로는 FOC 성명(Freedom Online : Joint Action for Free Expression on the Internet)을 발표하였으며 다자주의적 참여의 플랫폼을 제공한다. 연 1회 다자회의 개최하며 비공식 미팅을 개최하고 월 1회 뉴스레터를 발간한다. FOC는 디지털방어파트너십(Digital Defenders Partnership, DDP)을 통해 인터넷 자유가 위협되는 온라인 활동가의 활동을 지원한다(네덜란드 NGO인 Hivos가 관리). 2012년 7월 유엔인권위원회에 "인터넷상 인권 증진, 보호, 향유에 관한 결의안(The Promotion, Protection and Enjoyment of Human Rights on the Internet)"을 제출하여 채택된 바 있다. 이러한 활동들을 통해 기존의 네트워크를 활용해 이전 단계를 통해 네트워킹 된 동지집단 행위자들에게 새로 조정된 역할을 부여하고 네덜란드가 중심이 되는 새로운 네트워크를 건설하는 모습이 보여진다.

네 번째 단계인 표준 세우기에 대한 것으로 네덜란드는 제4차

---

2 FOC 참여국: 오스트리아, 캐나다, 체코, 에스토니아, 프랑스, 가나, 아일랜드, 케냐, 몰디브공화국, 멕시코, 몽골, 네덜란드, 스웨덴, 영국, 미국, 코스타리카, 핀란드, 라트비아, 튀니지, 조지아, 독일, 일본, 리투아니아, 몰도바, 호주, 뉴질랜드, 노르웨이, 폴란드, 아르헨티나.

GCCS에서 사이버전문가세계포럼(Global Forum on Cyber Expertise, 이하 GFCE)을 창설한 활동을 들 수 있다. GFCE는 사이버 안보에 관한 역량 강화를 위한 목적으로 설립되어 사이버 범죄 퇴치, 사이버 안보, 데이터보호 및 전자정부 부문에서의 역량 강화를 실행한다. GFCE는 다양한 국가의 정책결정자, 실무가, 전문가들에서 실용적이고 전략적이며 유용한 플랫폼을 제공하며 정부, 연구자, NGO 기술자 등 다양한 분야의 사이버 안보 관련자들이 참여한다. 즉, GCCS를 토대로 이전 단계를 통해 역할이 명확해진 동지집단 행위자들을 네덜란드가 주동하는 네트워크에 편입시켜 적실성 있는 관계구조를 형성하고 새로 만들어진 GFCE 네트워크에 일반적인 보편성이 부여되는 모습이 보여진다.

G20에 해당하는 42개 국가들 중 서방진영의 대표적인 사이버 안보 플랫폼인 UNGGE, NATO, OSCE, 부다페스트협약, 탈린 매뉴얼, EU, GCCS의 사이버 안보 활동에 모두 참여하는 국가는 프랑스, 독일, 이탈리아, 네덜란드, 스페인, 영국이며 이 중 네덜란드의 UNIDIR, One Conference, FOC의 활동이 더해져 네덜란드는 서방진영의 사이버 안보 네트워크의 허브로 존재하게 된다. 이에 따라 네덜란드는 네트워크의 집합권력인, 네트워크로부터 나오는 권력, 네트워크상에서 발휘되는 권력, 네트워크 자체가 행사하는 권력을 유용할 수 있는 국가로 분석된다.

이러한 네덜란드의 활동은 양자협력을 중심으로도 발전해 나가는데 네덜란드는 동류국가인 싱가포르 사이버보안청(CSA, Cyber Security Administrative)과 협력을 체결하고 국제규범 정립을 위한 노력을 함께하고 있다. 또한 룩셈부르크 및 벨기에와 사이버 안보에 관한 포괄적 협력을 하고 있다. 한편, 한국과 네덜란드는 한-네덜란드 정책협

의회를 통해 사이버 안보에 관한 논의를 진전시켜 왔으며 제5차 한-네
덜란드 정책협의회(2017.6.)에서 양 차관보는 한국과 네덜란드가 인
권, 민주주의 등 가치를 공유하는 글로벌 파트너로서, 사이버 안보, 인
권 등을 포함한 글로벌 현안에 대응하기 위한 전략적 이해를 공유하고
있다는 데 의견을 같이 하고, UN 등 국제무대에서 향후 긴밀한 협력
과 소통을 이어나가는 것에 합의한 바 있다.

VI. 맺음말

앞서 2018년 4월 발생한 네덜란드 헤이그 소재의 유엔화학무기금지기
구(OPCW) 해킹사건과 2018년 2월 발생한 평창 동계올림픽 해킹 사
건에서 양국의 사이버 공간에서의 중견국 외교의 실행이 국가적 대응
에 차이를 발생시킬 수 있을 것인지에 대한 문제가 제기된 바 있다. 양
사건 모두 국가 시설을 이용하는 국제기구에 대하여 정치적 목적으로
해킹이 발생한 사건이었으며 공격의 배후로 러시아가 지목되었다. 공
격으로 인해 공격의 목적과 무관한 국가의 주권침해가 발생함에 따라
대응의 주체는 국제기구와 국가가 된다. 동 사건은 사이버 공격 사건
의 탐지, 대응, 복구 과정에서 네트워크 권력이 사이버 안보라는 국가
이익과 어떠한 상관관계를 갖는지에 대해 고찰하게 한다.

　　OPCW 해킹 사건의 경우 해킹 피의자들의 동향을 예의주시하고
있던 영국 정보당국이 이들의 동향을 감시하는 과정에서 네덜란드 입
국을 경계하고 있다가, 이들이 와이파이 신호를 잡을 수 있을 정도의
거리로 OPCW 건물에 근접하게 접근하자 네덜란드 측에 경고를 하
고, 네덜란드 정보국 요원이 해킹 범죄 현장을 급습함으로써 이례적

으로 해킹 공격의 피의자에 대한 책임귀속이 가능하게 된 사건이다. 사이버 안보의 경우 다수의 사이버 공격이 경유국을 활용하고 다양한 국가를 대상으로 사이버 공격을 수행하여 해킹에 사용된 침해지표(Indicatirs of Compromise, IOCs) 혹은 악성코드 시그니처 등을 탐색하기 위하여 국제공조가 필수적인데 네덜란드의 경우 다양한 국제규범 수립활동을 통해 구축한 국제협력 네트워크를 통해 정보협력이 활성화되어 있어 양자 및 다자적 안보협력이 가능하다. 또한 이러한 네트워크는 동 사건의 경우와 같이 첩보지원과 초기 단계에서의 사건대응, 수사공조, 공동성명을 통한 공격국에 대한 압력 행사 등 모든 단계에서 국가 간 공조를 통한 공격국 압박에 효과적으로 활용될 수 있다. 또한 중기간 사이버 안보에 관한 국제규범 수립활동에서 획득된 규범력과 네트워크 구축 활동이 타국의 지원을 얻는 데 효과적으로 작용될 수 있음이 나타난다. 대응의 정합성 측면에서 사이버 공격에 대한 대응의 경우 국제규범상 허용 가능한 범위내 에서 이루어져야함이 전제되는데, 헤이그 프로세스와 같은 국제법 규범 수립 활동의 참여는 피해국의 입장에서 사이버 공격에 따른 피해 발생 시 국가적으로 더욱 영민하게 대처할 수 있는 역량을 갖추게 한다.

　본문에서는 네덜란드의 국가 사이버 안보전략, 사이버 안보 관련 법제도, 사이버 안보 추진 체계 및 사이버 안보의 국제협력에 관하여 살펴보았다. 또한 중견국의 사이버 안보 국제협력 전략의 사례로서 사이버 공간상 네덜란드가 실행하는 규범외교 전략을 네트워크 세계정치이론을 통해 분석하였다. 네덜란드는 중견국이자 사이버 공간의 중견국으로 국제법과 다자외교라는 외교정책의 강점을 활용하여 서방진영의 입장에서 적극적으로 사이버 안보 규범외교를 실행하고 있음을 알 수 있다. 이러한 네덜란드는 유럽 내 일개 중견국에서 다른 노드들에 비해 더 많은 역할을 담당하는 노드로서의 역할을 하기 위한 국내 정책을 정비하고 연결성, 근접성, 매개성을 갖춘 허브노드로 출현하게 되며, 네덜란드는 이러한 네트워크 권력을 활용하여 사이버 안보에 관한 국제적 위상을 강화하고 자국의 영향력을 강화시키며 국가적 사이버 대응력 향상에 활용하고 있다.

중견국의 규범외교를 실행함에 있어 네덜란드와 한국은 차이가 존재할 수 있다. 사이버 안보의 중견국 외교 활동이 모든 행위자들에 이익이 되는 포지티브섬(positive sum)과 일방의 이득이 다른 측에는 손해가 되는 제로섬(zero sum)의 분야 간 각축이 일어날 수 있는 상황에서, 네덜란드는 서방진영 입장의 사이버 안보 외교 정책을 적극적으로 개진하는 국가이다. 네덜란드의 경우 상업국가로서 국가안보이익의 핵심 요소가 되는 경제이익을 담보하기 위해 국제평화질서의 유지와 국제법의 수호가 중요하고, 외교정책은 EU의 프레임 안에서, 안보정책은 NATO의 집단안보체제 하에서 추진되고 있으며 구체적인 위협국이 설정되어 있지 않은 국가이다. 이에 반해 한국은 집단안보체제에 편입되어 있는 것이 아닌 미국과의 양자동맹이 안보의 주축을 차지하고 있고, 동아시아 지역기구 또는 지역안보기구는 활성화되어 있지 않으며 북한 위협의 특수성이 존재한다. 사이버 위협의 경우 북한으로부터의 공격이 다수이고 경제적 목적과 정치적 목적의 공격이 혼재되어 있어 사이버 공간의 무제한적인 자유를 추구하기에는 어려운 상황이 존재한다. 즉 네덜란드가 서방진영 일변도의 사이버 안보 국제규범 정책을 적극적으로 추진할 수 있는 반면, 한국은 합의된 규범과 경합된 규범 속에 국익에 부합하는 규범을 선별하여 추진할 필요성이 존재하며, 이러한 조건은 합리성, 보편성, 당위성을 내세운 국제규범 활동을 적극적으로 개진함에 있어서 신중함이 요구하게 한다.

  그러나 한국은 동아시아의 대표적인 중견국으로서 사이버 강국으로서 네트워크 구축을 통하여 사이버 공간에서 허브적 역할을 자처하고, 사이버 안보 외교를 보강하여야 할 필요성이 존재한다. 사이버 공간의 국제규범이 서방과 비서방 진영으로 경합되어 전개되는 현재, 전통안보 분야에서의 미중갈등이 사이버 공간에도 투영되는 모습이 나타난다. 사이버 안보 분아의 국제협력 활동에 대한 적극적인 참여와 함께 개별 이슈에 대한 한국의 입장을 정립하고, 중견국으로서 한국이 적극적으로 활동할 수 있는 영역을 구분하여 정보강국으로서 레버리지를 확대할 수 있는 방안을 모색하여야 한다.

참고문헌

단행본 및 논문

김상배. 2016. "사이버 안보의 중견국 외교: 가능성과 한계." 손열·김상배·이승주 편.
    『한국의 중견국 외교: 역사, 이론, 실제』, 명인출판사.
_____. 2017. "사이버 안보의 주변4망(網)과 한국 – 세력망의 구조와 중견국의 전략."
    『국제정치논총』 57(1).
_____. 2018. 『버추얼 창과 그물망 방패』, 한울엠플러스(주).
_____. 2018. "사이버 안보의 국제규범 형성과 외교전략 모색." 사이버 안보의 국가전략 2.0
    컨퍼런스(서울대학교 국제문제연구소, 국가보안기술연구소, 국회입법조사처).
김상배·민병원 편. 2018. 『사이버 안보의 국제정치학적 지평: 전략과 외교 및 규범』,
    사회평론아카데미.
김상배 외. 2017. 『사이버 안보의 국가전략』, 사회평론아카데미.
김소정·김규동. 2017. "UN 사이버 안보 정부전문가그룹 논의의 국가안보 정책상 함의."
    『정보정치연구』 20(2).
_____. 2018. "사이버 공간의 규범 형성을 위한 UN의 노력과 전망." 워킹페이퍼96호.
    서울대학교 국제문제연구소.
김소정·박상돈. 2013. "국제협력을 통한 사이버 안보 강화방안 연구." 『융합보안논문지』
    3(6).
김준석. 2013. "공공외교로서 규범외교: 유럽연합의 사례." 김상배, 이승주, 배영자 편.
    『중견국의 공공외교』, 사회평론.
박상돈. 2018. "NIS 지침 이행법에 의한 독일 사이버시큐리티 법제도의 변화." 『IT와 法연
    구』 Vol. 17.
배영자. 2017. "사이버 안보 국제규범에 관한 연구." 『21세기정치학회보』 27(1).
손열·김상배·이승주 편. 2016. 『한국의 중견국 외교: 역사, 이론, 실제』, 명인출판사.
이민효. 2017. "사이버전에 적용될 국제법에 관한 Tallinn Manual 고찰." 『인도법논총』 37.
장노순. 2016. "사이버 안보와 국제규범의 발전: 정부전문가그룹(GGE)의 활동을 중심으로."
    『정치정보연구』 19(1).
전재성. 2004. "영국의 국제사회학파 이론." 우철구·박건영 편. 『현대 국제관계이론과 한국』,
    사회평론.
정보통신산업진흥원(NIPA). 2014. "네덜란드 정부, 제2차 국가 사이버 보안 전략 발표."
    『해외 ICT R&D 정책동향』(2014년 01호).
하동완. 1991. "규범 국제 정치 이론." 하영선 편. 『현대국제정치이론』, 사회비평사.
하영선·김상배. 2010. 『네트워크 세계정치: 은유에서 분석으로』, 서울대학교출판문화원.
Alexander Claver. 2018. Governance of cyber warfare in the Netherlands: an exploratory
    investigation, *The International Journal of Intelligence, Security, and Public*

Affairs Vol.20(2) pp.155-180.(7).

ASSR Institute, The Tallinn Manual 2.0 and The Hague Process: From Cyber Warfare to Peacetime Regime.

BSA, Cybersecurity Dashboard <http://cybersecurity.bsa.org/assets/PDFs/country_reports/cs_netherlands.pdf>.

Cooper Andrew F. and Emel Parlar Dal. 2016. "Positioning the Third Wave of Middle Power Diplomacy: Institutional Elevation, Practice Limitations," *International Journal,* 71(4).

Ebert, Hannes, and Tim Maurer. 2013. "Contested Cyberspace and Rising Powers," *Third World Quarterly,* 34(6).

Efstathopoulos, Charalampos. 2018. "Middle Powers and the Behavioural Model," *Global Society,* 32(1), pp.47-69.

Finnemore, Martha and Kathryn Sikkink. 1998. "International norm dynamics and political change," *International Organization* 52(4).

IISS, The Military Balance 2018 <https://www.iiss.org/publications/the-military-balance/the-military-balance-2018>.

Kadr Kaska. 2015. "National Cyber Security Organisation: the Netherlands," NATO CCD COE.

Katzenstein, Peter J. (ed.). 1996. *The Culture of National Security: Norms and Identity in World Politics.* New York: Columbia University Press.

Koops, Bert-Jaap. 2005. "Cybercrime Legislation in the Netherlands," *Cybercrime and Security,* Vol. 2005/4, NY: Oceana Publications, pp.1-20.

Mai'a K. Davis Cross and Jan Melissen. 2013. *European Public Diplomacy Soft Power at Work,* New York, NY : Palgrave Macmillan.

Norichika Kanie, "Leadership in Multilateral Negotiation and Domestic Policy: The Netherlands at the Kyoto Protocol Negotiation," *International Negotiation,* Vol. 8, No. 2 (2003).

Nye, Jr., Joseph S. 2010. "Cyber Power," Belfer Center for Science and International Affairs, Harvard Kennedy School.

_____. 2011. "Nuclear Lessons for Cyber Security?" *Strategic Studies Quarterly* 5(4).

Osula, 2016. Anna-Maria, and Henry Rõigas, eds. *International Cyber Norms: Legal, Policy & Industry Perspectives.* Tallinn, Estonia: NATO Cooperative Cyber Defence Centre of Excellence.

Patience, Allan. 2014. "Imagining Middle Powers." *Australian Journal of International Affairs,* 68(2).

Robert Cox and Harold Jacobson, *The Anatomy of Influence: Decision Making in International Organization.* New York: Yale University Press, 1973.

Robertson, Jeffrey. 2017. "Middle-power Definitions: Confusion Reigns Supreme." *Australian Journal of International Affairs,* 71(4).

Rutger van Marissing. 2017. "The Role of cyber diplomacy in Dutch security policy," *Policy Brief.* (https://www.atlcom.nl/upload/trans-atlantisch-nieuws/Marissing_AP_3_2017.pdf)

Sangbae Kim. 2014. "Cyber Security and Middle Power Diplomacy - A Network Perspective," *The Korean Journal of International Studies,* 12(2).

Taylor & Francis Group, for the International Institute for Strategic Studies, 1963-, 2018, The military balance.

The Guardian, Russia accused of cyber-attack on chemical weapons watchdog. 2018. (https://www.theguardian.com/world/2018/oct/04/netherlands-halted-russian-cyber-attack-on-chemical-weapons-body)

Tocci, Nathalie. 2008. "Profiling Normative foreign Policy: The European Union and Its Global Partners." Nathalie Tocci (ed.) *Who is a Normativee Foreign Policy Actor? The European Union and its Global Partners.* Center for European Policy Studies.

UNIDIR. 2013. 'The Cyber Index: International Security Trends and Realities', New York and Geneva, <http://www.unidir.org/files/publications/pdfs/cyber-index-2013-en-463.pdf>.

- 1차 자료 -

외교부. 2014. 네덜란드 개황.

DIRECTIVE (EU) 2016/1148 OF THE EUROPEAN PARLIAMENT AND OF THE COUNCIL of 6 July 2016 concerning measures for a high common level of security of network and information systems across the Union.

ITU, Global Cybersecurity Index 2017.

_____, Cyberwellness profile <https://www.itu.int/en/ITU-D/Cybersecurity/Documents/Country_Profiles/Netherlands.pdf>

eGovernment Factsheets. 'eGovernment in The Netherlands', Edition 16.0, 2014 <https://joinup.ec.europa.eu/sites/default/files/55/a8/5e/eGov%20in%20NL%20-%20April%202014%20-%20v.16.pdf>.

European Commission, High Representative of the European Union for Foreign Affairs and Security Policy. 2013. Cybersecurity Strategy of the European Union: An Open, Safe and Secure Cyberspace.

Ministry of Defence, Netherlands. 2012. 'The Defence Cyber Strategy. Defence Strategy For Operating In Cyberspace', <https://ccdcoe.org/strategies/Defence_Cyber_Strategy_NDL.pdf>.

_____, Netherlands. Defense White Paper 2018

The Hague: Ministry of Security and Justice. 2011. 'The National Cyber Security Strategy (NCSS): Strength Through Cooperation', <https://www.ncsc.nl/english/current-topics/news/national-cyber-security-strategy-launched.html>.

_____. 2013. 'Cyber Security Assessment Netherlands (CSAN-3)', <https://english.nctv.nl/publications-products/Cyber_Security_Assessment_Netherlands/>.

_____, 2013. 'National Cyber Security Strategy (NCSS) 2: From Awareness To Capability', <https://english.nctv.nl/Images/national-cyber-security-strategy-2_tcm92-520278.pdf>.

_____, 2017. 'Building Digital Bridges' International Cyber Strategy Towards an integrated international cyber policy.

_____, 2018. Cybersecurity Act Submitted to House of Representatives (https://www.government.nl/latest/news/2018/02/15/cybersecurity-act-submitted-to-house-of-representatives)

UNIDIR, 2013, *The Cyber Index: International Security Trends and Realities,* pp.36-38

United Nations Department of Economic and Social Affairs, 'United Nations E-Government Survey 2012: E-Government For The People', New York, 2012. <http://unpan3.un.org/egovkb/Portals/egovkb/Documents/un/2012-Survey/unpan048065.pdf>.

The Netherlands Emerges as a Global Leader in Cybersecurity (https://markets.businessinsider.com/news/stocks/the-netherlands-emerges-as-a-global-leader-in-cybersecurity-1027514057)

- 인터넷 홈페이지 -

사이버 안보위원회 홈페이지: https://www.cybersecurityraad.nl/
One Conference: https://www.one-conference.nl/
UNIDIR 홈페이지: http://www.unidir.org/programmes/emerging-security-issues/international-security-cyber-issues-workshop-series-phase-ii

제8장

핀란드의 사이버 안보전략

홍지영 | 한국인터넷진흥원

I. 서론

2018년 1월 세계경제포럼은 연내에 제네바에 글로벌 사이버 보안센터 (Global Centre for Cybersecurity)를 새롭게 열고, 사이버 보안에 대비할 것임을 밝혔다. UN은 사이버 보안을 대비한 신뢰구축 조치와 정보 공유를 위해 정보전문가그룹(Group of Government Expert)을 만들고 권고안을 발표하였으며 정기적으로 사이버 보안에 대한 국가 간 논의의 장을 만들어왔다. 사이버 보안은 이제 일국이 다루는 안보의 종류에 그치지 않고, 세계적인 안보 이슈로 다루어지고 있다. 사이버 안보는 21세기 들어 본격적으로 다루어지게 된 신흥 이슈인 만큼 이 이슈를 한 국가가 선도한다면 그 국가는 사이버 안보에 대한 규범과 국제체계의 판을 주도하게 될 수 있을 것이다.

사이버 안보도 전통안보와 마찬가지로 강대국을 중심으로 한 정세 분석이 가능하며, 이는 인터넷 거버넌스를 양분하는 두 진영을 설명할 때 주로 사용하곤 한다. 하지만 사이버 공격의 특성상 강대국만을 통한 분석은 사이버 위협과 대응에 대한 충분한 대응책을 제시하기에 어려움이 있을 수밖에 없다. 전통안보는 군사력에 기초하며, 군사력은 국력을 바탕으로 하는 국가 행위자 간의 행위를 다룬다. 반면 사이버 공격은 개인, 비정부 행위자, 테러리스트 등 다양한 행위자가 국가를 대상으로 공격할 수 있는 등의 요소를 가지고 있으며, ICT 기술력에 따라 상대적으로 작은 국가여도 강대국보다 더 뛰어난 대응태세를 갖추고 있을 수 있다. 즉, 선진 기술력을 갖춘 신흥 기술 강국이 사이버 안보 이슈에 있어서는 전통안보 이슈에 비해 영향력을 행사할 여지가 있는 것이다. 이러한 의미에서 ICT 분야에서 높은 기술력과 인프라를 갖춘 국가들에게 사이버 보안 이슈란 상대적으로 우위를 쉽게 점하여 영향력을 발휘할 수 있는 안보 분야일 것이다.

이 글에서는 ICT 기술력을 바탕으로 사이버 보안에서의 다자외교를 추진하려는 국가로서 핀란드를 선택하여 핀란드의 사이버 안보전략을 분석하고, 그 의미를 살펴보고자 한다. 핀란드는 사이버 안보에서 우위를 선점하기 위한 기반을 갖춘 중견국가이다. 핀란드는 노키아를 위시하여 IT 기술 강국으로 잘 알려져 있다. 유럽위원회(EC)가 발표한 디지털 경제 및 사회지수(DESI)에 따르면, 핀란드는 EU 내 디지털이 발달한 국가 중 하나로 연결성, 인적 자본, 인터넷 사용, 디지털 기술 및 디지털 공공 서비스의 통합 등 모든 DESI 범주에서 EU 평균보다 우수한 성과를 보인다. 또한, 핀란드 인구의 91%가 일반 인터넷 사용자이고, 핀란드 노동 인구는 EU에서 ICT 전문가 중 가장 많은 비중을 차지하고 있다(정보통신산업진흥원 2017, 326). ITU GCI 지수 16위(한국 13위)(ITU 2017)를 기록하였다.

뿐만 아니라 핀란드는 러시아와 긴 국경을 맞대고 있어서 안보위협에 시달리는 국가이다. 핀란드는 러시아의 위협 하에서 자주권을 지키면서도 서방적 가치를 드러내고 국제사회에서 영향력을 발휘하기 위해 냉전 시기부터 안보 환경의 변화에 맞추어서 UN의 평화유지활동, NATO와의 위기 관련 대응 협력을 추구하여 서유럽적 가치관을 드러내고자 하였다. 또한, 인권 분야에 있어서 '헬싱키 프로세스'로 불리는 일련의 성공을 거둠으로써 비안보 분야에서 국가 이미지를 쇄신하고 영향력을 강화하는 다자외교를 추진하였다.

따라서 핀란드의 사이버 안보전략은 러시아의 위협이라는 전통안보에 대한 외교정책과 NATO 등의 국제사회에서 선도적 역할을 추구하려는 다자안보 외교정책을 모두 포괄할 수 있는 외교정책이라고 볼 수 있다. 기존의 핀란드 안보전략의 연장선 하에서 갖는 의미를 찾아

보고자 한다. 핀란드는 전통안보 차원에서 중립외교정책에 대한 연구
가 많이 이루어졌다. 전통안보 차원에서 핀란드는 러시아라는 위협에
대응하여 중견국들이 참고할 수 있는 중립외교정책을 보여주었으며,
비전통안보 분야에서는 규범형성을 선도함으로써 중견국들의 다자외
교의 좋은 사례를 보여주었기 때문이다. 핀란드의 사이버 안보전략은
사이버 위협이라는 신흥 이슈를 대응하기 위한 강대국이 아닌 중견국
의 실무적인 안보 대응 전략을 갖추고 있다. 또한, 냉전 이후 약화된
러시아의 안보 위협과 러시아 의존성 약화를 바탕으로 보다 적극적인
NATO, EU 등 서방 국가와의 협력을 추진하고 있다. 마지막으로 사이
버 안보에 있어서 세계적으로 선도국(global leader)이 되기 위한 목
표를 밝히고 있다.

　　이 글에서는 우선 핀란드의 사이버 안보전략을 살핀 후, 핀란드의
국가 사이버 안보체계를 알아보고자 한다. 또한, 사이버 안보전략에
나타난 개념들을 바탕으로 핀란드의 안보 환경 변화에 따라 기존 안보
정책의 연장선상에서 실제로 어떠한 사이버 안보전략들이 실행되고
있는지를 살펴보고자 한다. 마지막으로 국제사회와의 협력 관계를 살
펴봄으로써 핀란드의 중견국 안보 정책에 대해 알아보고자 한다.

II. 핀란드의 사이버 안보전략 및 실행계획

핀란드는 2013년에 기존 안보전략의 주요 개념을 이어받되 사이버 안
보에 특화된 사이버 안보전략(Finland's Cyber security Strategy, 2013)
을 국가 최초로 발표한다. 이 전략은 크게 도입, 비전, 사이버 안보 관
리와 국가적 접근법으로 구성되어 있으며, 도입부에서 사이버 안보를

어떤 관점으로 보고 있는지를 밝히고 있다. 사이버 안보는 기존 안보 전략들에서 대상으로 삼던 '포괄적 안보(comprehensive security)'의 일환이다. 포괄적 안보란 "사회를 위한 안보전략(The Security Strategy for Society, 2010)"에 제시된 개념으로 "사회의 필수 기능(vital functions)이 유관 기관(authorities), 재계, 단체(organization), 시민 사회의 협력을 통해 안전하게 보호(secure)되는 것"을 의미한다. 사회의 필수 기능(vital functions to society)이란 안전한 일상이 굴러갈 수 있도록 하는 바퀴(wheel)를 유지하는 것들로서, 제대로 기능하는 사법제도, 충분한 국경감시, 원활한 교통, 깨끗한 주거 환경 등이다. 사회의 기초 기능들이 제대로 기능한다면 위기 발생 후에도 사회가 기반이 되는 견고한 기초를 유지한 채 일상의 삶으로 복귀할 수 있다. 따라서 사회의 필수 기능은 언제나 반드시 안전하게 보장되어야 하며, 위기 상황에서도 일반적인 상태를 유지해야 한다. "사회를 위한 안보 전략"에서 필수 기능은 준비도의 기초가 된다[Security Committee 2010, 2017(개정)].

사이버 안보전략은 비전에서 모든 상황의 사이버 위협에서 핀란 드의 필수 기능[1]을 보호할 수 있어야 한다고 밝히고 있다. 따라서 핀란

---

1 사이버 안보전략은 The Security Strategy for Society의 2017년 개정판과 사회 필수 기능 개념을 공유하고 있다. 사회 필수 기능은 아래와 같다.

① 지도부(Leadership): 지도부는 모든 다른 기능을 보호하기 위한 기초가 되기에 보장 되어야 하며, 모든 상황에서 모든 운영 단계(operative level)에서 지도부 기능을 보 호하여야 한다. 효과적으로 사고에 대응하기 위해 정당 간 긴밀한 협조가 요구된다.

② 국제적 활동 및 EU 활동: 국제적 활동은 핀란드 사회의 모든 단계와 영역에 걸친 것이며, 국제적 협력과 위험 예방 활동에 참여하는 것의 기초를 제공하는 것은 사회 필수 기능을 보호하기 위한 필요불가결한 부분이다. EU 차원의 안보 협력은 행정부 의 안보 계획 수립의 필수적인 부분이다.

③ 방어력: 핀란드 안보 환경에 맞추어 방어력을 유지하고 개발하여 핀란드의 국가 독 립과 영토보존을 지킬 것이다. 핀란드의 방어력을 유지하는 것은 무력 사용 및 무력

드는 사이버 안보는 기본적으로 안보와 동일한 목표를 갖고 있되, 공격의 방법이 사이버 공간을 이용한 형태로 보고 있으며, 이를 대비하기 위한 정책 방향을 제시하고 있음을 알 수 있다. 이는 미국이 2018년 9월 발표한 국가사이버전략(National Cyber Strategy)에서 사이버 공간에 대한 권위주의 국가를 미국 국가 이익과 존립에 대한 위협으로 받아들이며, 미국은 사이버 공간에서의 표현의 자유 등 기본 인권을 수호할 것이며, 책임감 있는 국가 행동을 촉구한 것과 비교해보면 확연히 차이가 드러난다.

후자는 사이버 안보 규범과 관련하여 미국 등 서방 진영과 러시아·중국 진영의 갈등에 대한 미국의 입장을 드러낸다. 사이버 공간상에서 국가의 역할과 국제규범과 관련하여 미국 중심의 서방 진영의 입장은 원칙적으로 사이버 공간에 대한 보편적 권리와 자유를 강조하며 사이버 공간을 비국가 영역으로 보아 기존 국제법 체제를 그대로 적용하면 된다는 입장이다. 반면 중국·러시아는 사이버 공간을 국가 영토의 일부로 인식, 사이버 위협에 대한 별도의 질서체계를 구축해 통제권을

사용 위협에 대한 억지력을 수립하는 것이다. 필요 시, 무력 사용을 통해 군사적 위협에 저항할 것이다.

④ 국내 안보: 국내 안보 유지를 위해 핀란드는 핀란드와 핀란드 국민에 대한 범죄 활동을 예방하고 대응한다. 또한, 사고와 환경 피해, 기타 유사사고 및 위협을 예방하고 효과적으로 결과를 관리한다. 이를 위해 EU, 행정부 모든 단계의 행위자 등 국내외 정부 기관과 긴밀히 협조한다.

⑤ 경제, 기반시설, 공급의 안전: 경제활동 기능, 공급의 안전을 보장하면 자금과 필수 기능을 위한 다른 자원을 보호하는 데 도움이 된다. 필수 기능을 위한 국내외 기반시설, 기관, 건물, 프로세스를 보호한다.

⑥ 인구가 활동할 수 있는 역량과 웰빙을 필수 기초 서비스를 유지함으로써 보호한다. 이를 통해 모든 상황에서 독립적으로 사는 것을 보장하는 데 도움이 된다.

⑦ 심리적 복원력: 심리적 복원력이란 개인, 단체, 사회, 국가가 위기 상황에 따른 압력을 견디고 그 영향력을 복구하는 능력을 의미한다. 심리적 복원력이 좋으면 복구 과정을 촉진한다.

행사해야 한다는 입장이다(신경수·신진 2018, 29). 미국의 사이버 안보전략은 국제사회의 이슈에 대해 미국이 자신의 입장을 표명하는 것에 초점이 맞추어져 있다. 반면 핀란드의 전략은 핀란드 국내에서 사이버 안보에 대한 자국의 목표(비전)을 달성하기 위해 어떠한 행동을 취해야 할 것인지에 대한 정책에 초점이 맞추어져 있다. 강대국과 중견국의 전략의 목적이 주는 상이함이 원인이라고 볼 수 있을 것이다.

핀란드의 사이버 안보전략의 다른 비전들을 살펴보면, "시민, 정부당국, 재계는 안전한 사이버 영역과 국내·외의 사이버 보안 정책으로부터 파생된 기능을 효과적으로 이용할 수 있으며, 2016년까지 사이버 위협을 예방하고, 이러한 위협으로부터 야기된 장애(disturbance)를 관리하는 데 있어서 세계적 선두자(global forerunner)가 된다."고 제시하고 있다. 앞부분은 사이버 안보정책을 통해 추구하는 결과이며, 뒷부분은 후술할 핀란드의 다자주의 외교정책의 목표를 보여준다.

이 전략은 비전과 함께 총 8개의 사이버 안보 관리를 위한 국가적 접근법과 총 10개의 전략적 가이드라인을 제공한다. 국가적 접근법에서는 각 부처가 자기 업무 소관의 사이버 안보 문제를 책임진다는 부처 간 업무 분담과 인력 및 교육 개발 등의 목표, 인센티브 제공 등의 정책 방향 등을 제시한다. 또한, 국제적 협력과 국제적인 R&D, 훈련 참여를 통해서 사이버 보안이 달성되며, 이를 통해 핀란드가 정보사회로 발전할 것이라고 밝히고 있다. 핀란드는 특히 사이버 안보 훈련 등에 있어서 NATO와의 협력을 기존보다 강화하며, 이는 20세기의 핀란드 안보전략과 비교 시 러시아 의존성이 보다 낮아지고 서방과의 협력을 늘리는 방향으로의 변화를 의미한다. 이에 대해서는 후술할 NATO와의 협력 부분에서 보다 자세히 논의하도록 한다.

마지막으로 전략적 가이드라인에서는 경찰에게 사이버 범죄 수사를 전담하고, 방위군은 포괄적인 사이버 방위 역량을 갖출 것을 명시하는 등 보다 구체적인 부처별 업무 목표를 제시한다. 국제협력 계획에 대해서도 구체적인 방향을 보여주는데, 사이버 보안에 중요한 국제적 기관의 활동과 포럼에 적극적이고 효과적으로 참여할 것이며, 그러한 국제기구로서 UN, OSCE, NATO, OECD를 명시하고 있다. 냉전 시기 러시아의 눈치를 보며 UN의 평화유지 활동에 전념했던 핀란드가 21세기 사이버 안보 분야에 있어서는 명시적으로 국가 전략에 NATO와의 협력을 제시하고 있다는 점에서 주목할 만하다.

핀란드는 2013년 발표한 사이버 안보전략을 수행하기 위한 실행계획을 두 차례에 걸쳐서 제시한다. 2014년 안보위원회에서 총 74개의 정책(measure)을 제시한다. 2016년에는 2014년 발간했던 실행계획의 효과를 분석하여 "핀란드 사이버 안보전략 실행 프로그램 2017-2020(Implementation Programme for Finland's Cyber Security Strategy for 2017-2020)"을 발표한다. 실행계획은 앞서 발표한 사이버 안보전략의 비전을 그대로 이어받으며, 전략에 있던 10가지 전략적 가이드라인을 달성하기 위해 주무부처 및 실행 행위자까지 명시한 구체적인 22개의 세부 실행과제를 제시한다. 이를 통해서 핀란드의 사이버 안보정책이 현재까지 사이버 안보전략에 기초하여 있으며 향후에도 이를 기반으로 세부 과제들이 실행될 것임을 알 수 있다. 실제로 실행과제들에서 제시한 FICORA 산하의 NCSC 설립 및 CERT 업무 수행 등이 바로 이루어졌으며 핀란드 사이버 안보의 중요 영역을 담당하고 있기도 하다.

III. 핀란드의 사이버 안보 추진체계

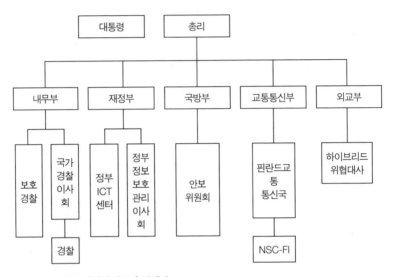

그림 8-1. 핀란드 사이버 안보 추진체계

1. 핀란드의 부처별 사이버 안보 관련 역할: 실무부처 분산형 구조

핀란드는 기본적으로 각 부처, 공공기관, 지자체 등이 자신의 관할 영역에 관련한 사이버 보안 이슈를 직접 담당하기는 하나, 국방부, 내무부 등 부처나 기관의 성격상 사이버 보안 이슈와 직접적으로 연관이 되는 정부기관이 존재한다.

우선 국방부에서 핀란드 국방과 안보에 대한 전반적인 업무를 담당하며, 사이버 안보만을 전담하는 부서가 존재하지는 않는다. 후에 살펴볼 안보위원회와 안보위원회 사무국이 위치해 있다. 사이버 안보전략(2013)에 따라 사이버 안보를 위한 군 관련 법조항을 준비 중이며, 첩보를 포함한 방어 능력을 갖추기 위해 첩보에 대한 입법을 준비 중이다.

내무부는 국경 및 국내 안보를 담당하며, 사이버 보안 관련 입법을 국방부와 함께 추진 중이다. 내무부 아래에는 국가경찰이사회(National Police Board)와 보호경찰이 있다. 국가경찰이사회는 경찰 운영 및 지휘·지도를 한다. 국가경찰이사회 산하에는 경찰이 있으며, 사이버범죄 조사 등의 업무를 담당한다. 2013년 발표된 "사이버 안보전략"에서는 경찰이 사이버범죄 수사 및 예방, 적발, 대응을 위해 충분한 권한과 자원, 인력을 갖출 수 있도록 보장했다.

보호경찰(SUPO)은 첩보활동을 하는 기관으로 기존에는 경찰 조직 중 하나였으나, 2016년 내무부 산하의 독립기관으로 지위를 변경하였다. 핀란드 정부는 최근 핀란드의 안보 환경이 악화되고 있으며, 다양화되고 있고, 국가 기반시설이나 데이터 네트워크를 대상으로 한 테러 등에 대응하기 위해 첩보 활동이 필요하다고 밝히고 있다. 보안경찰국은 테러리즘과 핀란드 안보에 영향을 주는 불법적인 첩보 활동에 대응하며, 비밀 정보 사용 허가를 주고 관리한다.

재무부는 중앙 정부의 정보보안 개발 및 지휘를 담당한다. 2010년에는 "중앙 정부의 정보보호에 관한 법령(Decree on Information Security in Central Government)"과 이를 위한 실행계획(Instruction on Implementing the Decree on Information Security in Central Government)을 발표하였다. 산하에는 정부 정보보호 관리이사회[Government Information Security Management Board(VAHTI)]와 정부 ICT센터(Valtori)를 운영한다. VAHTI는 중앙정부 네트워크의 정보보호를 장려하고, 신뢰성·연속성·질을 향상시키고 위험관리 및 비상

대책(contingency plan)을 개선하기 위해 설립하였다. VAHTI는 중앙
정부의 정보보호 정책을 다루고, 정보보호 정책을 운영하며, 중앙정부
의 정보보호 안내 및 권고안 등을 다룬다. Valtori는 정부 기관의 네트
워크 및 시스템의 안정적인 서비스 제공을 위해 관할하의 네트워크 및
시스템에 정보보호 업무를 제공한다. Valtori는 모든 정부기관과 공공
기관, 공기업, 정부나 의회 등의 예산으로 운영되는 네트워크 및 시스
템을 모두 관할한다.

교통통신부는 핀란드의 교통·통신 분야의 규제 및 관리감독, 정
책 개발 업무를 총괄한다. 안정적인 네트워크 및 서비스 이용을 보장
하고, 안전하고 원활한 교통 통신 네트워크 접속을 보장한다(정보통신
산업진흥원 2017, 319). 교통통신부는 산하에 핀란드통신규제국(Finn-
ish Communications Regulatory Authority, FICORA)을 운영하였으며,
FICORA는 직접적으로 사이버 보안 업무를 담당하는 기관으로 TV,
라디오 인터넷 등 ICT 및 방송 영역 규제를 담당하며 "fi" 도메인을 운
영하였다. 2019년 1월 1일자로 FICORA와 핀란드교통안전국(Finnish
Transportation Safety Agency, Trafi) 등을 통합하여 핀란드교통·통신
국(Finnish Transportation and Communications Agency, TRAFICOM)
을 설립·운영하기 시작하였다. 기존에 FICORA 안에서 사이버 보안
을 담당하던 업무들은 TRAFICOM으로의 합병에도 별도의 업무 변
화는 없을 예정이다. FICORA 내부 조직 중 NCSC-FI(National Cyber
Security Center Finland) 역시 기존의 업무를 그대로 유지한 채 독립
적인 위치를 가지고 취약점 보고 및 대응, 보안공지, 사이버 위협 탐지
및 대응, 기술 지원 등의 서비스를 제공하는 등 사이버 보안 관련 실무
업무를 담당한다.

외교부에서는 2014년부터 사이버 위협 대사를 지명하고, 정보 네

트워크에 대한 위협에 대응하는 업무를 해왔었다. 2018년 3월 외교부
는 하이브리드위협 대사라는 직책을 새로 만들고, Mikko Kinnunen
을 해당 직책에 임명하였다.[2] 또한, 외교부는 사이버 안보와 관련한 대
외 협력 업무를 담당한다. EU와의 협력을 가장 주요한 협력으로 보며,
이 외에도 OECD, OSCE, NATP, ARF 등과의 협력을 추구하고 있다.

2. 부처 간 사이버 보안 이슈 논의와 최종 외교정책 결정 주체

핀란드는 개별 부처에서 사이버 안보 이슈를 다룸에 있어서 체계적이
고 일관성 있는 정책 운영을 위해 모든 부처가 모여 사이버 안보를 다
루는 위원회를 운영하고 있다. 핀란드 총리실과 12개 부처[3]의 사무차
관, 재계 및 전문가 출신 회원으로 구성된 안보위원회(Security Com-
mittee)에서 부처 간 협의를 통해 사이버 보안 이슈를 포함한 포괄적
인 안보 이슈를 다룬다. 안보위원회가 정책 등의 거시적 차원의 방향
설정 등을 한다면, 각 부처는 그 방향성에 맞게 국가적 목표에 맞는 사
이버 보안 정책 실행을 한다.

안보위원회는 2013년 2월에 국방부 산하에 설립된 조직으로, 포
괄적인 안보(comprehensive security)와 관련하여 정부와 부처를 지
원하기 위한 목적으로 설립되었다. 안보위원회는 총리실과 12개 부처

---

2   YLE, "Finland appoints new hybrid threat ambassador." (https://yle.fi/uutiset/os-
     asto/news/finland_appoints_new_hybrid_threat_ambassador/10140750)
3   핀란드 정부는 의원내각제형 이원집정부제이다. 행정부 수반은 총리(Prime Minister)이
     며, 행정부는 외교부, 법무부, 내무부, 국방부, 재무부, 교육문화부, 농림부, 교통통신
     부, 경제고용부, 사회보건부, 환경부의 총 12개 부처(Ministry)로 구성된다. 부처에는 장
     관(Minister)과 사무차관(Permanent Secretary)이 업무를 수행하되, 외교부, 재정부에서
     는 State Secretary가 사무차관 역할을 한다.

의 사무차관, 국경경비대장(Chief of Finnish Border Guard), 총리실 EU 사무차관, 국가경찰위원장(National Police Commissioner),[4] 핀란드 보호경찰(Finnish Security Intelligence Service; SUPO) 국장 등을 포함한 행정부 및 재계 출신의 19명의 회원과 3명의 전문가로 구성되어 있다. 사무국은 국방부에서 담당한다.

안보위원회는 국방부 내부의 조직으로 사고 발생 시 전문기구로 활동하며, 선제적으로 비상대책(contingency planning)을 기획하기 위한 광범위한 상설 협력 기구이다. "사회를 위한 안보전략(the Security Strategy for Society, 2010)"에 따라 국가, 지자체, 기관, 재계 등의 다양한 안보 상황에 관한 준비 대책을 조정한다. 또한 사이버 안보전략의 실행을 모니터링하고 조정한다.

구체적으로 안보위원회는 월례 대면회의를 진행하며 그 목적은 다양한 기관 및 산업계와 공공 토의(public discussions), 세미나 등을 통해 핀란드의 보안 증진을 위한 필요 정보를 모으고 이와 관련한 토론을 촉진하는 것이다. 또한 안보위원회는 주로 관련 부처의 요구에 따라 포괄적 안보와 관련한 성명(statement)과 권고안(recommendation)을 낸다. 2013년에는 핀란드 최초의 사이버 안보전략(Finland's Cyber Security Strategy)을 발표하였다.

내각 차원에서는 '외교·안보정책에 관한 내각위원회(cabinet committee on Foreign and Security Policy)'에서 안보의 일원으로 국방 및 핀란드 안보 이슈를 논의한다. 이 내각위원회의 회의록은 공개되지 않기에 사이버 안보 정책에 대한 구체적 영향력을 평가하기는 어

---

4   국가경찰위원회(National Police Commissioner)는 경찰을 운영하는 국가경찰이사회(National Police Board)를 감독·관리·개발하는 역할을 한다. https://www.poliisi.fi/national_police_board/national_police_commissioner

려우나, 안보의 일환으로서 사이버 안보에 대한 이슈를 다룰 수 있으리라 본다. 다만 사이버 안보 정책에 대한 직접적인 관련성이 드러나지 않기에 도식에는 표기하지 않았다. 이 내각위원회는 총리가 의장으로 주재하며, 국방부 장관과 외교부 장관 외 4명의 장관으로 구성된다. 외교와 안보 정책의 중요한 측면, 핀란드와 타국의 외교 관계와 관련한 사항, 국내 안보 및 총 국가 방어와 관련한 사항을 다룬다.

마지막으로 전체적인 외교정책 결정에 대해서 살펴보고자 한다. 안보위원회에서 부처 간 소통을 통해 통합적인 정책 방향을 세운다면, 국가 차원의 외교정책 결정은 내각과 대통령에 의해 이루어진다. 하지만 의원내각제형 이원집정부제의 형태에 비해 핀란드는 상대적으로 대통령의 외교정책 결정권이 강한 편이다. 핀란드는 독립 초기 대통령이 전제군주와 같은 권한을 행사하였다. 독립 직후에는 정당들이 현저한 이념 차이로 연합을 이루지 못하였고, 러시아와 전쟁 시기(1939년~1944년), 냉전 시기에는 국가적 위기로 인해 대통령이 막강한 권한을 가졌었기 때문이다. 이로 인해 유럽의 다른 의원내각제 국가들에 비해 대통령이 외교정책에서 강한 리더십을 가졌다(김정현 2018, 113-116). 후술할 '핀·소 조약' 역시 핀란드 파시키비(1946년~1945년 재임) 대통령의 구상에 따라 체결하였다(김진호·강병철 2007, 69-71).

그러다 냉전의 종식, EU 가입에 따른 국제문제의 정책결정방식 공개 등의 환경 변화로 1982년 이후 총리와 의회의 권한이 확대되었으며, 2000년 신헌법 개정으로 외교권에 대한 대통령의 권한이 많이 축소된다. 과거 헌법에서는 대통령의 독자적인 외교권을 인정하나, 2000년 헌법은 대통령이 외교권을 행사할 때 정부와 협의하도록 규정하고 있다(헌법 제93조). EU 가입으로 인한 대통령 권한 축소는 위에서 이미 언급한 바 있다. 신헌법은 핀란드의 주권에 관하여 중요한 의미가 있는 유럽연합·국제조직·국제기구에 대한 권한이양에 관한 사안은 의회의 3분의 2의 찬성을 얻어야 한다고 규정하고 있다(헌법 제94조)(김정현 2018, 108-111). 향후에도 핀란드의 외교·안보 사항은 대통령의 독자적 권한이 아닌 의회·정부와의 논의를 통해서 공동으로 결정될 것이며, 의회의 권한은 점차 강화될 것으로 예상한다. 따라서 사이버 안보 관련 외교정책 역시 대통령의 성향과 의회의 구성 등을 모두 고려하여야 보다 정확한 예측이 가능할 것으로 보이며, 향후에는 점차적으로 의회의 영향력이 더 강해질 것이라고 예상해 볼 수 있다.

3. 민관협력 및 정보공유

핀란드는 민관협력 증진을 위해 '핀란드 정보보호 클러스터(FISC, Finnish Cyber Security Cluster)'를 2012년 운영하고 있다. FISC는 국내·외적으로 기업들의 사업 및 운영 지원(to promote their business and operations)을 위해 주요 정보보안 기업들이 설립하였다. FICS의 회원은 61개 기관으로 핀란드 국내기업만이 아니라 마이크로소프트(Microsoft), 시스코(Cisco), 후지쯔 등 글로벌 기업들도 포함한다. FISC는 방어 그룹(Defense Group), 산업 인터넷 그룹(Industrial Internet Group), 성장 그룹(Growth Group)의 3개 그룹으로 구성된다.[5]

방어 그룹은 사이버 방어와 관련한 그룹으로 핀란드 국방부 및 해외 국방부, 국방연구소, NATO 등에 중점을 둔 협력을 추진하며, 산업계 주요 행사 및 개발 등에 관한 정보를 공유한다. 산업 인터넷 그룹은 핀란드 산업의 인터넷 안보 전문성 및 혁신에 대한 고객들의 인식

---

5   핀란드 정보보호 클러스터(FISC) 홈페이지, www.fisc.fi, 2019년 8월 기준.

을 제고하고, 고객들의 요구를 산업계의 서비스와 전문성으로 이어질수 있도록 노력하며, 서로의 노하우 교류 등을 추진하고, FIMECC 등과의 협력을 추진한다. 이를 통해 신생 산업 인터넷 시장의 사이버 안보 환경이 만들어지는 것을 목표로 하고 있다. 마지막으로 성장 그룹은 특히 글로벌 시장에서 회원 기관 간의 사업 성장을 위한 협력을 목적으로 하고 있다.

FISC는 컨퍼런스 등 다양한 행사를 통해 교류와 지식 공유를 위한 장을 제공하고 있다. 2019년 10월에는 사이버 안보 노르딕(Cyber Security Nordic)을 개최하여, 정부 관계자와 민간 기업을 포함한 다양한 이해관계자들이 참여할 수 있는 전시회, 컨퍼런스 및 회의의 장을 제공하였다.[6]

IV. 핀란드 외교정책의 특성과 사이버 안보 관련 국제협력

1. 핀란드의 기존 외교정책 배경과 특성

핀란드의 사이버 안보 정책은 기존의 안보 정책의 연속선상에서 살펴볼 필요가 있다. 핀란드는 독립전쟁, 냉전을 거치면서 러시아에 의존적인 중립 정책에서 EU, NATO 등 서방과의 협력을 늘리고 있으며, 사이버 안보 정책에서도 이런 특성이 드러난다. 아울러 그 과정에서 다자주의적인 요소를 통해 사이버 안보 이슈에 관해서 선도적인 위치를 차지하고자 하는 시도를 확인할 수 있다. 이를 이해하기 위해 우선

---

6   https://cybersecuritynordic.messukeskus.com

기존의 핀란드 안보 정책의 배경과 안보 정책 특성에 대해 설명하고자
한다.

냉전 시기 핀란드의 외교정책은 러시아에 친화적인 중립외교로
특징지을 수 있다. 핀란드의 중립화에 대해서는 국내·외에서 다양하
게 연구되어 왔다. 한국에서는 주로 한국의 중립화 및 강대국과의 외
교정책에 대한 함의를 이끌어내기 위한 연구가 진행되었다(하용출·
박정원 1998; 김진호·강병철, 2007; 안상욱 2017). 해외에서는 유럽 중
립국들의 중립화 정책의 배경 및 차이 비교 연구나 유럽 지역공동체
에 관한 국가 접근법에 대한 함의를 끌어내기 위한 연구들이 주였다
(Möttölä 1982; Heikka 2005; Fischer 2009; Möller and Ulf 2010; Raik
2015). 여기서는 핀란드의 중립화 외교로 특징지어지는 외교정책 및 실
행의 내용들을 구체적으로 확인함으로써 후술할 현재 핀란드의 안보전
략에 주는 의미를 찾고, 사이버 안보 정책으로 연장시키고자 한다.

핀란드는 1150년부터 1809년까지 스웨덴의 지배를 받다가 1809
년 러시아가 핀란드를 점령하여 스웨덴으로부터 핀란드 지배권을 양
도받았다(안상욱 2017, 66). 이후 러시아 혁명이 발발하면서 1906년
러시아와 핀란드에 의회제와 입헌주의가 도입된다. 러시아는 1910년
3월 핀란드 자치권 박탈과 종속적 지위를 확정하기 위한 핀란드법안
('핀란드에 관련된, 전국가적 의미를 지닌 법률과 규정을 제정하는 절차
에 관한 법')의 제정을 통해 핀란드를 계속 종속하려 하였으나 핀란드
내의 반발이 계속되었고 핀란드-러시아 체제가 갈수록 불안정해 짐에
따라 결국 전쟁과 독일의 군사력에 의해 1917년 3월 러시아 군주제가
붕괴된다(김인춘 2017, 145-146).

하지만, 독립 이후에도 세계대전 기간 동안 핀란드는 러시아와 몇
년에 거친 전쟁을 수행하며 자주권을 지켜내야 했다. 1930년대 핀란

드는 독·소 간 영구적 적대관계를 상정하여 발트지역의 세력균형이
유지될 것이라는 외교정책을 수립하였었다. 그러나 실상은 1939년 독
일과 소련은 몰로토프-리펜트로프(Molotov-Rippentrop) 비밀 협정을
체결하였다.[7] 소련은 핀란드 수도 부근의 항코항을 소련기지로 설정
할 것을 요구하고, 핀란드가 이를 거부하자 1939년 소련의 침공으로
겨울전쟁(Winter War)이 발발한다. 핀란드는 겨우 자주권은 유지하지
만, 소련이 침공 전에 요구했던 영토보다 더 많은 영토를 내주어야 했
다. 핀란드는 1941~1944년 독일의 지원을 받아 영토 회복을 위한 계
속전쟁(Continuation War, 혹은 대소 전쟁)을 감행한다. 그러나 결국
1944년 소련에게 더 많은 영토를 내주는 정전협정을 맺게 된다. 냉전
시기 핀란드는 자주권을 적극적으로 수호하기 위해 강대국과 전쟁을
불사하지만 패전하여 많은 비용을 치르게 된다(김진호·강병철 2007;
안상욱 2017). 이 경험을 통해 핀란드는 소련이라는 강대국을 상대로
국가의 자주권을 도모하는 것이 외교정책의 사활적 국가이익이 되었
을 것이다.

강대국 러시아를 마주보고 있는 핀란드의 지정학적 위치와 두 번
의 전쟁을 통해 얻은 역사적 경험을 토대로 핀란드는 냉전 시기 친소
련에 가까운 중립정책을 시행한다. 1948년 핀란드와 러시아는 '우호
협력상호원조(Treaty of Friendship, Cooperation and Mutual Assis-
tance, FCMA)'를 체결한다.[8] 핀란드는 러시아와의 갈등을 피하기 위

---

7   이 협정에서 독일과 소련은 중앙유럽, 동유럽, 북유럽 일부를 분할하기로 약속하는데,
     소련은 핀란드를 자국의 세력권으로 규정한다(안상욱 2017, 73).
8   이 조약에 따르면, 독일과 그 동맹국이 핀란드 혹은 핀란드를 통해 소련을 침공할 경우,
     핀란드는 이에 맞서며 필요 시 소련의 군사원조를 요청할 수 있다. 이는 군사적 동맹의
     성격을 일부 띤다고 할 수 있으며, 이에 대해 준군사동맹이라고 보기도 한다(하용출·박
     정원 1998).

해 NATO와 EU에 가입하지 않았으며, 미국의 원조계획인 마샬 플랜을 거부한다.[9] 이뿐만 아니라 대내·외적으로도 상대한 자기 검열을 통해 소련과의 갈등 상황을 피하고자 노력하였다. 냉전 시기 핀란드는 소련의 1956년 헝가리, 1968년 체코슬로바키아, 1979년 아프가니스탄 침공에 대해서 비난하지 않았다. 또한 1970년 노벨문학상을 수상한 소련의 반체제 작가 알렉산더 솔제니친(Alexander Solzhenitsyn)의 책을 핀란드에서 출판하는 것을 거부하였다(안상욱 2017, 76).

  핀란드의 이런 정책은 주변 국가에게 '핀란드화'라는 비판과 비웃음을 사기도 하였다(하용출·박정원 1998, 43). 핀란드가 서방과의 네트워크를 유지하면서 '핀란드화'라는 비판을 무마하기 위해 대외협력 활동도 추진한다. 하지만, 소련 때문에 NATO, EU와의 국제협력이 어려웠기에 UN의 평화유지 활동(peacekeeping)에 주력한다. 핀란드는 레바논과 카시미르, 콩고 등 다양한 지역에 평화유지군을 파견하며 UN의 평화유지 활동에서 주요한 활동자로 역할을 하였다. 핀란드 내부에서도 논쟁은 있었으나 핀란드 자체 이미지(self-image) 형성을 위해 UN의 평화유지 활동에 긍정적이었다. 또한, 북유럽 국가와 협력(Nordic cooperation)함으로써 서방에게 소련에 대한 균형을 갖추었음을 보여주고자 하였다(Palosaari 2013; Vesa 2007). 정리하자면 냉전 시기 핀란드는 전통안보의 차원에서 소련에 대한 자주권 위협으로 소련에 친화적·의존적인 안보 정책을 펼쳤다. 이에 대한 반대급부로서 안보에 대한 위협을 가하지 않을 수 있는 국제기구인 UN에서 평화유

---

9   이런 의미에서 핀란드의 중립 정책은 국제법에 근거한 스위스, 오스트리아나 강령한 자위력과 자급자족 능력을 바탕으로 하는 스웨덴의 중립 정책과 차이를 갖는다. 이에 대해 스위스와 오스트리아를 국제법적으로 규정된 중립이고, 스웨덴을 사살상의(*de facto*) 중립이라고 본다면, 핀란드는 그 중간적 위치에 있다고 평가하기도 한다(하용출·박정원 1998, 42).

지 활동을 함으로써 국제질서에 대한 존중을 보여주고 소련 의존적인 외교정책의 결함을 희석하고자 하였다.

20세기 말 냉전이 종식되면서 핀란드 안보 및 경제 환경에 변화가 오며 이에 따라 핀란드의 안보정책도 점차 러시아 의존성이 약화된다. 소련의 붕괴에 따라 핀란드는 기존보다 안보에 대한 직접적인 위협을 덜 받게 되었으며 보다 자유롭게 서방 국가와의 안보 협력을 추진하게 된다. 서방국가와의 협력 강화에는 경제적인 원인도 존재하였다. 핀란드는 냉전 시기 구소련이 서방국가와 교역에 제약이 있을 때 물품공급의 통로 역할을 하였다. 하지만 냉전질서 붕괴 이후 이러한 핀란드의 독점적 이점이 사라지면서 소련 수출시장에 대해 다른 서방 선진국과 경쟁이 심화되었다. 또한 핀란드는 동구권과 서구권에 고루 교역을 하고 있었는데 소련에 의존한 산업분야는 상대적으로 유럽시장이나 세계시장에 경쟁력이 없어서 소련 붕괴 이후 핀란드는 심각한 경제위기를 겪게 된다. 핀란드는 이런 상황에 대한 대안을 유럽통합에서 찾게 된다(안상욱 2017, 78-79).

핀란드는 1992년 1월 소련과 우호협력상호원조조약을 폐기하였다. 그리고 핀란드는 1995년 EU에 가입하였고, 1999년 유로화를 도입하였다. 1970년대 구소련의 압력으로 핀란드가 EEC에 가입하지 못한 것과 대조해 보면 정책의 방향이 상당히 변화하였음을 알 수 있다(안상욱 2017, 79). 1990년대부터 시작한 핀란드의 서방과의 협력 강화 및 러시아 의존성 약화는 21세기에 들어서도 지속되었다. 2014년 3월 러시아의 크림반도 합병 이후 미국과 EU의 대(對) 러시아 제재조치에 핀란드 역시 동참하였으며, 2015년 7월 헬싱키에서 개최된 유럽안보협력기구(Organization for Security and Cooperation in Europe, OSCE) 총회에 참석하려던 세르게이 나리스킨(Sergei Naryskin) 러시아 하원의장의 핀란드 입국을 거부하기도 한다(안상욱 2017). 냉전 시기 철저한 자기검열을 추진했던 핀란드의 대내·외 정책과 비교해보면 그 차이를 확연히 느낄 수 있는 부분이다.

이 시기부터 핀란드는 EU, NATO와도 본격적으로 협력을 시작한다. 핀란드는 EU 가입에 따라 EU의 공통외교·안보정책(Common Foreign and Security Policy, CFSP)을 준수해야 할 의무가 생긴다. 핀란드 내부적으로도 기존의 평화유지자 이미지에서 유럽화(Europinization)한 이미지로 변화하는 것에 긍정적이었으며, 핀란드 국민들은 이 이미지가 핀란드 안보에도 긍정적인 영향을 줄 것이라고 판단한다. 핀란드는 '강화한 평화유지활동(enhanced peacekeeping)'으로서 EU와 NATO의 군 위기관리 활동(military crisis management)에 참여한다(Palosaari 2013). 핀란드는 NATO의 회원은 아니지만 1994년 '평화를 위한 동반자 관계(Partner for Peace, PfP)'에 가입하였으며, 2014년 9월에는 NATO와 'Host Nation Support Agreement'[10]를 체결하는 등 위기관리 활동을 통한 이미지 제고와 서방 국제기구와의 협력을 점차 증진하고 있다.

2. 핀란드의 사이버 안보 관련 국제협력: EU, NATO와의 협력 강화 및 글로벌 리더 추구

핀란드는 앞서 설명했듯 사이버 안보전략(2013)에서는 사이버 안보를

---

10 군사훈련이나 재난 구호 등을 위해 NATO가 핀란드 영토에서 활동할 수 있는 근거를 마련(주핀란드 대한민국 대사관 홈페이지의 '정무·공공외교'의 'NATO 가입문제 검토보고서 제출' http://overseas.mofa.go.kr/fi-ko/brd/m_9626/view.do?seq=1220348&srchFr=&srchTo=&srchWord=&srchTp=&multi_itm_seq=0&itm_seq_1=0&itm_seq_2=0&company_cd=&company_nm=&page=3).

위한 국제적 기관의 활동과 포럼에 적극적으로 참여하고 UN, OECD, NATO, OSCE의 활동에 적극적으로 참여하는 것을 가이드라인으로 제시하였다. 또한 국제기관과의 R&D, 훈련(excercise) 참여를 통해 적극적으로 협력할 것임을 밝힌 바 있다. 앞서 설명한 NATO, EU와의 협력 기조는 사이버 안보 분야에서도 확인할 수 있으며, 사이버 안보 전략에 따라 상당히 적극적인 안보 협력 내용들을 볼 수 있다.

핀란드의 사이버 보안 관련 국제기구와의 활동은 NATO, EU에 좀 더 초점이 맞추어져 있으며, 구체적으로는 이러한 국제기구와의 모의훈련에 다양하게 참여하고 있다. NATO의 합동사이버방어센터 (CCDCOE)는 2010년부터 매년 NATO 회원국 및 파트너 국가와 함께 '락쉴드(Locked Shields)'라는 사이버 사고 대응 모의훈련을 하고 있다. 락쉴드는 공격을 하는 해커 그룹인 레드(Red) 팀과 해커 그룹의 공격을 막는 블루(Blue) 팀으로 나누어서 공격과 방어를 실전 경험하는 모의훈련이다. 제한된 시간 내에서 참여 팀들은 공격과 방어 수행 및 과제 수행 등에 따라 점수를 부여받으며 가장 높은 점수를 부여받은 팀이 우승하는 해킹방어대회 형식을 취한다. 2012년 핀란드 방위군(Finland Defence Forces)은 NATO CCD COE, 스위스 국군사령부지원기구(Armed Forces Command Support Organization, AFCSO), 에스토니아 사이버방어연맹(Estonian Cyber Defence League)과 함께 락쉴드를 주관하였다.[11] 핀란드는 NATO의 파트너로서 지속적으로 락쉴드에 참여하고 있다.

---

11   ENISA, FIRST International Conference Cyber Crisis Cooperation: Cyber Excercises 의 발표자료. https://www.enisa.europa.eu/events/cyber-exercise-conference/presentations/7.%20Conf%20Paris%20-June%202012%20-%20-%20M.%20GURTLER%20-NATO-CCDCOE.pdf

NATO는 또한 회원국 및 파트너국의 사이버 보안 전문가들과 사이버 침해 사고 발생 시 정보공유, 공조체계 운영, 사고 대응 등에 대한 모의훈련으로서 Cyber Coalition을 매년 개최하며 핀란드 역시 Cyber Coalition에 참여하고 있다. 이 훈련의 전체 구성은 사이버상의 사고 및 이상행위를 탐지하여 대응하는 과정을 훈련하는 것으로서 핀란드는 이 훈련을 통해 북유럽 국가와의 협력을 강화할 수 있었다고 평가했다.[12] 핀란드는 아직까지 NATO와 비군사동맹(non-alignment)을 추구하고 있으며, NATO와는 PfP 형태로 참여하고 있으나 NATO와 다양한 모의훈련을 매년 수행하고 있다. 모의훈련은 핀란드가 주변 국가들과 안보 협력을 하는 하나의 방법으로서 핀란드 방위군은 매년 EU, NATO, 북유럽 국가들과 60~70개의 모의훈련을 한다.[13] 사이버 분야에서의 국제협력 또한 다양한 모의훈련 참여를 통해 파트너로서의 협력을 강화하고자 함을 알 수 있다.

핀란드는 사실상 NATO 가입 직전의 단계에 왔다고 할 수 있다. 핀란드 역시도 이를 인지하고 있으며, 핀란드 싱크탱크인 핀란드국제문제연구소(Finnish Institute of International Affairs)는 2016년 NATO 가입 검토에 관한 보고서를 발표한 바 있다. 이 보고서에 따르면 핀란드는 스웨덴이나 핀란드가 단독으로 NATO에 가입할 경우 안보위협이 커질 것으로 보고 있다. 스웨덴을 제외한 채 핀란드만 NATO에 가입할 경우 핀란드는 북극권 지역인 북부 노르웨이와의 국경을 통해서만 NATO와 지리적으로 연결되어 NATO의 외로운 전초기지가 되는

---

12 https://valtioneuvosto.fi/en/article/-/asset_publisher/suomi-osallistui-cyber-coali-tion-2017-harjoitukseen
13 핀란드 방위군 홈페이지, international excercises 페이지. https://puolustusvoimat.fi/en/international-crisis-management/international-exercises

바(It would stand alone as a NATO strategic outpost), 이는 핀란드가 NATO 회원국임에도 불구, NATO 가입 전보다 전략적으로 외부의 위협에 더 취약해지는 상황(Finland's strategic situation would be rather exposed)이라고 할 수 있다고 판단하였다. 반대로 스웨덴만 NATO에 가입할 경우 핀란드는 북유럽 유일의 非NATO국가로서 고립적인 상황에 처하게 되고, 러시아-NATO 관계의 추이에 자국의 안보가 더욱 영향을 받을 수밖에 없으며, 특히 NATO와의 연결고리(bridge)인 스웨덴에 대한 의존도가 높아지게 될 것으로 분석했다.[14] 따라서 핀란드는 EU 가입과 마찬가지로 스웨덴과 동시에 NATO 가입을 추진할 것으로 보이며, 그 전까지는 모의훈련 등에 참여하고 R&D 협력 등을 통해 NATO와의 협력하는 것에 초점을 맞출 것으로 보인다.

핀란드와 NATO와의 협력 강화에 대해 러시아가 불편함을 표현하지 않는 것은 아니다. 이미 러시아는 핀란드와 스웨덴의 NATO와 협력강화에 강하게 반발하고 있다. 2018년 7월 러시아 세르게이 쇼이구(Sergei Shoigu) 국방부 장관은 핀란드와 스웨덴이 NATO에 가입할 경우 러시아는 이에 대응할 것이라고 밝혔다.[15] 그럼에도 불구하고 핀란드는 기존의 중립 외교와는 다르게 2018년 7월 티모 소이니(Timo Soini) 외교장관의 언론 인터뷰 등을 통해서 "핀란드가 중립국이라는 잘못된 인식이 확산되어서는 안 되"며, "핀란드는 서구의 일부이고 EU 회원국이며, 또한 NATO의 파트너 국가(partner for peace)인바, 핀란드의 이러한 위상(position)은 누구에게도 명확"하다고 답하였다.

---

14   주핀란드 대한민국 대사관 홈페이지의 '정무·공공외교'의 'NATO 가입문제 검토보고서 제출'.

15   YLE, Russia Threatens counter-measures if Finland and Sweden join Nato(2018.07.25.) https://yle.fi/uutiset/osasto/news/russia_threatens_counter-measures_if_finland_and_sweden_join_nato/10321784

이를 통해 핀란드는 안보 문제로 NATO에 바로 가입하는 것은 어렵지만 러시아와의 갈등이 일부 있더라도 가입을 제외한 다양한 활동에 적극 참여할 것임을 알 수 있으며, 사이버 안보 분야에 있어서는 "사이버 안보전략(2013)"에서 밝힌 바와 같이 모의훈련, R&D를 통한 협력을 확대해 나갈 것임을 알 수 있다.

이 외에도 핀란드는 실무기관으로서는 다양한 국제협력을 추구하고 있다고 보여진다. 핀란드의 사이버 보안 실무기관인 NCSC-FI는 유럽 CERT들의 협력체인 TF-CSIRT의 멤버로서 활동하고 있다. NCSC-FI는 TF-CSIRT의 정례회의, 컨퍼런스 등의 활동에 참여하고 있다. 또한 전 세계 민간·공공 CERT들의 최대 규모의 모임인 국제침해사고대응협의체(Forum of Incident Response Security Team, FIRST)에 정회원으로 활동하고 있다.

그 밖에도 정부 간 기구가 진행하는 사이버 안보 관련 활동에도 참여하고 있다. OECD는 사이버 안보와 관련한 리포트 발간 등의 활동을 하는 한편 사이버 안보의 경제·사회적 영향력과 관련한 부분에 초점을 맞춘 '디지털 보안'을 위해 포럼을 개최(Global Forum on Digital Security for Prosperity)하였다. 핀란드는 OECD가 2012년에 발표한 국가 간 정책을 비교하는 리포트인 "Cybersecurity Policy Making at a Turning Point"를 만드는 데 적극 참여하였다.[16][17] 또한, OSCE에 참여하는 72개 국가 중 하나이다. OSCE는 ICT 기술 발달과 사용

---

16 OECD 리포트 "Cybersecurity Policy Making at a Turning Point" 설명 및 공개 페이지(http://www.oecd.org/sti/ieconomy/comparativeanalysisofnationalcybersecuritystrategies.htm).

17 핀란드는 이 리포트를 만들기 위해 자원한 10개 국가 중 하나이다(https://www.sbs.ox.ac.uk/cybersecurity-capacity/content/oecd-cybersecurity-policy-making-turning-point).

이 증가함에 따라 국가 간의 오인의 가능성이 높아지고, 이로 인해 갈등이 발생할 수 있음을 인지하고 이러한 오인과 갈등의 요소를 완화시키는 활동을 진행하고 있다. 그를 위해 신뢰구축(confidence-building measures, CBMs)을 하고 서로 간의 사이버/ICT 관련 국가 정책을 교류할 수 있는 장을 제공함으로써 오인의 가능성을 낮추고 신뢰를 증진하는 것을 추구하고 있다. 또한 테러 등 비국가 행위자의 공격에 대한 국가들의 신속하고 정확한 대응력을 높여 이들 공격을 방어하는 것도 추구한다.[18]

핀란드의 사이버 안보 분야 국제협력의 또 다른 특징으로는 핀란드가 사이버 안보 위협에 대응하기 위한 국제협력 네트워크의 선도에 서고자 노력하고 있다는 점이다. 앞서 살펴본 바와 같이 핀란드는 국제협력을 함에 있어서 핀란드의 긍정적인 국가 이미지 형성을 고려하여 정책을 펴왔다. 이를 통해 핀란드는 서방 국가와의 협력 강화는 물론 주요 문제에서 균형적인 중재자 역할을 수행할 수 있음을 보여주고자 노력하였다. 대표적인 예로 '헬싱키 프로세스'를 들 수 있다. 핀란드는 냉전 시기인 1972년 미국과 캐나다를 포함한 35개 유럽국가들 간의 다자간 협상 과정을 통해 산출된 1975년 '헬싱키 최종협약' 체결과 그 이행 등의 과정, 동구권 붕괴에 기여한 유럽안보협력회의(CSCE)의 이행으로 이어지는 평화 조정의 규범자적 역할에 대한 평가를 받아왔다(Fischer 2009; 홍기준 2014).

사이버 안보 분야에서는 국제회의, 컨퍼런스 유치 및 관련 기관 설립을 통해 협력 네트워크를 강화하고 선도적인 위치를 가지려는 노력을 하고 있다. 이는 앞서 설명한 "사이버 안보전략(2013)"에서 사

---

18   https://www.osce.org/cyber-ict-security

이버 안보에 있어서 세계적으로 선도국(global leader)이 되겠다고 밝
힌 목표와도 일맥상통한다. 대표적으로 2017년 핀란드는 사이버 위
협을 포함한 '하이브리드 위협'에 대응하기 위한 싱크탱크로서 NATO
의 전문기구, 유럽 하이브리드위협 대응센터를 핀란드 헬싱키에 개소
하였다. 하이브리드 위협이란 경제·산업·군사 및 정보 도메인 등 전
방위에 걸쳐서 일어날 수 있는 위협을 의미하는 것으로, 2017년 스웨
덴, 프랑스, 독일, 영국, 미국, 폴란드, 라트비아 및 리투아니아와 헬싱
키에 '유럽 하이브리드위협 대응센터'를 개설하는 양해각서에 서명하
고, 같은 해에 개설하여 현재 헬싱키에서 운영 중이다. 이 센터를 통해
NATO와 EU 간의 협력을 더욱 강화하고 새로운 정보기구 설립 및 훈
련 강화 등을 추진하고 있다.[19]

V. 결론

핀란드의 외교정책은 현실주의와 제도주의, 구성주의 관점에서 모두
연구가 되어온 주제이다. 핀란드는 약 100여 년의 독립 역사를 유지하
면서 러시아라는 강대국과 국경을 접하며 중견국으로서 자주를 유지
하기 위해 다양한 외교정책을 실행하여 왔다. 냉전 시기 핀란드는 '핀
란드화'라는 비판을 들으면서도 구소련 친화적인 중립 정책을 폈다.
냉전 종식 후 핀란드의 '유럽화' 혹은 서방 국가와의 협력 강화는 현실
주의 관점에서 강대국 소련의 영향력이 약화됨에 따라 약소국이 취하

---

19 유럽 하이브리드 위협센터 https://www.hybridcoe.fi/what-is-hybridcoe/ 연합뉴
스, 나토-EU, 러시아 겨냥 하이브리드 대응센터 개설(2017.04.12.) https://www.yna.
co.kr/view/AKR20170412070400009?input=1195m

는 외교정책의 변화 과정으로 살펴볼 수 있다.

하지만 핀란드는 단지 강대국-약소국의 관계에서만 머무르지 않고, 중견국으로서 핀란드만의 외교 이미지를 만들고 네트워크를 형성하기 위해 노력하였다. 우선 운신의 폭이 없던 냉전 시기에도 UN 평화유지 활동에 활발히 참여하여 소련과 서방 간의 균형을 보여주려고 하였으며, 냉전 종식 후에는 EU, NATO의 활동에 활발히 참여하며 본격적으로 유럽 국가들과의 안보 협력을 강화하였다. 뿐만 아니라 헬싱키 의정서 체결과 그 결과에서 만들어냈던 유럽 안보체계의 변화와 인권 분야에서의 영향력은 핀란드의 규범자적 영향력과 가능성을 보여주었다.

21세기 하이브리드 위협이 등장하면서 러시아로부터 사이버 공격 위협이라는 새로운 위험 가능성이 제기되고 있다. 핀란드는 21세기 기술·안보 환경의 변화에 적극적으로 대응하고자 노력하고 있다. 2013년 핀란드는 사이버 안보전략을 발표하였다. 핀란드의 사이버 안보전략은 국제 정세 전반에 대한 외교 안보전략보다는 실용적이고 구체적인 목표를 담고 있다. 핀란드는 국민들의 안정적인 사회생활 운용을 목표로 삼고 이를 위해 부처 간 역할과 핀란드가 앞으로 추구할 비전을 제시하였다. 핀란드는 각 부처가 관할 영역 내 사이버 안보를 일차적으로 책임지는 사이버 안보 체계 구조를 가지고 있으며, 사이버 안보전략과 실행계획은 사이버 안보를 위해 개별 부처들이 어떠한 업무를 수행해야 할지에 대한 계획과 목표를 제시하였다.

사이버 안보전략에서는 국제협력과 관련한 목표로 UN, EU, NATO 등과의 R&D 협력, 모의훈련 등을 제시하고 있으며 궁극적으로는 이 분야의 세계 선도국(global leader, global forerunner)이 되는 것을 지향함을 밝히고 있다. 핀란드는 국가 자주와 관련하여 러시아 때문에 운신의 폭이 제한되었기에 이에 대한 대응방안을 다자외교에서 찾았었다. 핀란드는 UN, EU, NATO와 협력 활동을 지속하면서 국가 이미지를 제고하고 점차적으로 서방 국가와의 협력을 강화하여 나갔다. 핀란드의 이러한 경험은 사이버 안보 정책으로도 이어진다. 핀란드는 사이버 보안 분야에서 기존 안보 분야의 기조를 이어받아 EU, NATO 등과의 다양한 협력을 추진하고 있으며 구체적으로는 모의훈련 등을 참여하고 있다. 또한 외교정책에서 점차적으로 러시아의 영향력이 약화됨에 따라 사이버 안보 분야에서도 NATO 등과 더 많은 협력을 추진하리라고 보여진다.

마지막으로 핀란드는 단순한 참여 국가가 아닌, 사이버 보안 분야의 선도 국가가 되기 위한 노력을 개진 중이다. 이는 기술적인 부분에서도 가능하겠으나 사이버 안보전략과 그 실행에 따르면 기존의 협력 체계인 EU, NATO 등과의 협력을 선도하는 방법으로 추진 중이라고 볼 수 있다. 대표적인 예로 2017년 NATO의 하이브리드 위협 싱크탱크인 '유럽 하이브리드 위협 대응센터'가 헬싱키에 설립되어 운영 중이다. 이 외에도 NATO의 락쉴드 훈련을 주관하는 등 적극적인 형태로 사이버 보안 분야 국제협력을 추진 중이다.

핀란드의 사이버 보안 전략은 기존 안보 정책의 일환으로 추진되고 있다. 따라서 러시아의 안보 위협과 그 영향력 대비 EU, NATO와의 협력 강화 추진 가능성에 따라 EU, NATO 등과의 국제협력 범위가 달라질 것이며, 현재까지의 추세로 보아 향후에도 국제기구와의 협력이 증가할 것으로 볼 수 있다. 하지만 이런 정책에 그치지 않고 안보 상황에 따라 적극적으로 국가 이미지를 제고할 방법을 찾으려고 노력하며 국제기구를 통해 사이버 안보 분야의 전문성을 갖춘 선도 국가로 발돋움하려는 움직임을 주목할 필요가 있으며 향후 유럽 지역 내 사이

버 안보 분야에서 중견국의 한계에도 불구하고 핀란드가 어디까지 영
향력을 강화할 것인지를 지켜볼 필요가 있을 것이다. 이를 통해 강대
국의 위협 하에서도 중견국으로서 운신의 폭을 가지고 정책을 집행하
고 역내 영향력을 강화하는 프로세스에 대해 참고할 사례가 될 수도
있으리라 생각한다.

참고문헌

단행본, 논문 및 보고서

김상배 편. 2014. 『네트워크 시대의 외교안보: 중견국의 시각』, 사회평론.

김우상. 2013. "대한민국의 중견국 공공외교." 『정치정보연구』 16(1), pp.331-350.

김인춘. 2017. "20세기 핀란드의 사회적 분리와 정치적 통합: '사회적인 것'의 민주주의적
　　구성과 '정치계획'." 『스칸디나비아연구』 20, pp.137-180.

김정현. 2018. "분권형 대통령제 개헌논의와 핀란드의 정부형태." 『헌법학연구』 24(1).

김진호·강병철. 2007. "스웨덴과 핀란드의 중립화의 정치: 국제-지역-국내정치의
　　다이내믹스." 『유럽연구』 25(3), pp.49-87.

신경수·신진. 2018. "국제사회와 사이버 공간의 안보문제." 『국제·지역연구』 27(3), pp.27-
　　55.

신명순. 1999. 『비교정치』, 박영사.

안상욱. 2017. "핀란드 외교정책 변화: 러시아 의존성 약화를 중심으로." 『유럽연구』 35(4),
　　pp.65-88.

정보통신산업진흥원(NIPA). 2017. 『국가별 정보통신방송 현황 2017 - 핀란드』.

하용출·박정원. 1998. "약소국의 자주외교전략: 유럽 사례를 통해 본 가능성과 한계."
　　『전략논총』 9, pp.7-59.

홍기준. 2014. "헬싱키 프로세스의 경로창발성: 동북아에의 시사점." 『유럽연구』 32(1),
　　pp.109-132.

ENISA, finland – EU Cybersecurity Dashboard

Fischer, Thomas. 2009. "'A mustard seed grew into a bushy tree': The Finnish CSCE
　　initiative of 5 May 1969: Ending the Cold War in Europe," *Cold War History* Vol.
　　9(2), pp.177-201.

Heikka, Henrikki. 2005. "Republican Realism: Finnish Strategic Culture in Historical
　　Perspective," *Cooperation and Conflict* Vol. 40(1), pp.91-119.

ITU, GCI Index 2017

Lieutenant General Pertti E Nykänen. 1996. "Challenges for Finland's security policy," *The
　　RUSI Journal* Vol. 141(2), pp.1-4.

Ministry of Defence, The Security Strategy for Society, 2010 발표안, 2017 개정안

Möller, Ulrika and Bjereld, Ulf. 2010. "From Nordic neutrals to post-neutral Europeans:
　　Differences in Finnish and Swedish policy transformation," *Cooperation and
　　Conflict* Vol. 45(4), pp.363-386.

Möttölä, Kari. 1982. "The Politics of Neutrality and Defence: Finnish Security Policy Since
　　the Early 1970s," *Cooperation and Conflict* Vol. 17(4), pp.287-313.

Palosaari, Teemu. 2013. "Still a Physician rather than a Judge? The Post-Cold War Foreign and Security Policy of Finland," *Swiss Political Science Review* Vol. 19(3), pp.357-375.

Raik, Kristi. 2015. "Renaissance of realism, a new stage of Europeanization, or both? Estonia, Finland and EU foreign policy," *Cooperation and Conflict* Vol. 50(4), pp.440-456.

Security and Defence Committee, Finland's Cyber security Strategy, 2013.

Security and Defence Committee, Strategy for Securing the Functions Vital to Society, 2006.

Security Committee, Implementation Programme for Finland's Cyber Security Strategy for 2017-2020.

Security Committee, The Security Strategy for Society, 2010, 2017(개정).

Vesa, Unto. 2007. "Continuity and Change in the Finnish Debate on Peacekeeping," *International Peacekeeping* Vol. 14(4), pp.524-537.

뉴스

연합뉴스, 나토-EU, 러시아 겨냥 하이브리드 대응센터 개설(2017.04.12). https://www.yna.co.kr/view/AKR20170412070400009?input=1195m

연합뉴스, 트럼프 "미국 대선 해킹 배후는 러시아"…첫 인정, 2017-01-12,

Mena Report, Finland: Common understanding of rules for responsible state behaviour in cyber space needed, say participants of OSCE Chairmanship conference on cybersecurity.(Conference news), 2017.11.4. http://www.yonhapnewstv.co.kr/MYH20170112019400038/

YLE, Russia Threatens counter-measures if Finland and Sweden join Nato(2018.07.25). https://yle.fi/uutiset/osasto/news/russia_threatens_counter-measures_if_finland_and_sweden_join_nato/10321784

웹사이트

경제협력개발기구 http://www.oecd.org
국제침해사고대응협의체(FIRST) https://www.first.org
북대서양조약기구 https://www.nato.int/
유럽안보협력기구의 사이버/ICT 안보 관련 https://www.osce.org/cyber-ict-security
유럽 하이브리드 위협센터 https://www.hybridcoe.fi/what-is-hybridcoe/
외교부, 핀란드공화국 개황 http://www.mofa.go.kr/www/nation/m_3458/view.do?seq=130
주핀란드 대한민국 대사관 http://overseas.mofa.go.kr/fi-ko/index.do
핀란드 경찰 https://www.poliisi.fi/
핀란드 국방부 https://www.defmin.fi/
핀란드 내무부 https://intermin.fi/en/frontpage

핀란드 방위군 https://puolustusvoimat.fi/en/
핀란드 보안경찰국 https://www.supo.fi/about_supo
핀란드 안보위원회 https://turvallisuuskomitea.fi/en/security-committee/
핀란드 재정부 https://vm.fi/en/frontpage
핀란드 정보보호 클러스트 https://www.fisc.fi
핀란드 정부정보보호관리이사회 https://www.vahtiohje.fi/web/guest/719
핀란드 정부 ICT 센터 https://valtori.fi/en/
핀란드 통신규제국 https://www.viestintavirasto.fi/en/index.html
핀란드 행정부 https://valtioneuvosto.fi/en/frontpage
TF-CSIRT https://tf-csirt.org/

제9장

스웨덴의 사이버 안보전략: 정보공유 및 지역협력

이종진 | 서울대학교

I. 머리말

북유럽의 대표적 복지국가이면서, 워라밸(Work and Life Balance) 라이프, 즉 소박하고 균형 잡힌 생활과 공동체와의 조화를 중요시하는 라곰(Lagom) 등 긍정적인 국가 브랜드 이미지와 이를 지탱하는 객관적 경제·사회 통계 지표로서, 행복지수 7위(Helliwell et al. 2019), 1인당 GDP 12위(World Bank 2019)라는 조건은 스웨덴을 누구나 살고 싶어 하는 나라로 여기게 만들었다. 특히 사이버 공간을 기반으로 한 디지털화(digitalization) 분야에서는 세계적 선진국으로 평가된다. 2019년 상반기를 기준하여, 스웨덴 내 거의 모든 가정과 기업들은 3G 혹은 4G에 접근가능하며, 2025년까지 전체 가구의 98% 이상이 100Mbps(초당 백만 비트) 속도로 광대역에 접속할 수 있을 것으로 예상하고 있다. 또한 스웨덴을 제외한 35개 OECD 회원국의 거주자보다 평균적으로 더 많은 모바일 데이터를 사용하고 있으며, 인구 100명당 사용하는 사물인터넷(IoT) 기기 수도 OECD 회원국 중에서 상위권에 이르렀음을 밝히고 있다(OECD 2018).

그럼에도 불구하고 국제 안보 현실에선 스웨덴을 포함하여 주변 국들을 겨냥한 러시아의 군사 안보 및 사이버 위협이 긴박하게 전개되고 있다. 지난 2013년 스웨덴의 주요 도시 및 군 시설을 겨냥한 것으로 추정되는 러시아 폭격기의 가상훈련, 2014년 스웨덴의 수도 스톡홀름 근해 미확인(러시아 추정) 잠수함 출현과 같은 해 러시아의 우크라이나 내분 사태에 대한 무력 개입과 크림반도 강제합병 사태가 발생하였다. 따라서 스웨덴군 당국은 2010년에 폐지했던 징병제를 2018년 3월 재도입할 수밖에 없었고, 같은 해 6월에는 2만 2000여 명에 이르는 예비군 전원에게 총동원령을 내리고 동원 준비를 발표하였다. 이러한 예비군의 총동원령이 내려진 것은 1975년 이후 43년 만이었다. 러시아의 잠재적 군사 위협에 대응한 능동적인 스웨덴의 군사적 대응 태세의 기저에는 러시아와 직접적으로 국경을 맞대고 있진 않지만,[1] 역사적으로 교전 경험이 있다는 점도 작용하고 있다. 러시아의 잠재적 적대 행위는 실제 군사위협뿐만 아니라, 사이버 공간에서도 은밀하면서도 심각하게 이뤄지고 있다. 러시아 정부가 그 배후에 있는 것으로 추정되는 가짜정보(disinformation) 및 가짜뉴스(fake news) 살포, 낫페트야(Not-Petya)와 같은 랜섬웨어(ransomware) 등을 이용한 사이버 범죄 등 스웨덴의 국가 기능을 마비시키고 위기상황 혹은 비상사태를 조장할 수 있는 사이버 공격 양상이 벌어지고 있다. 이와 더불어 스웨덴 및 인접국에 대한 러시아의 직접적인 군사적 행동 및 무력 사용뿐만 아니라, 심리전, 사회 혼란 전술이 복합된 '하이브리드전(戰)(hybrid warfare)' 위협 또한 가중되고 있다. 또한 사이버 위협의 특징인 초국경성, 무차별성 그리고 동시다발성은 스웨덴과는 영토적으로 떨어져 있는 중국, 이란, 북한 등 국가도 스웨덴의 사이버 안보를 위협하는 잠재적 행위자가 되고 있다.

  이 글은 세계적인 디지털 혁신 기술을 보유하고 사이버 공간과 현실 세계와의 초연결 사회를 향해 나아가고 있지만, 이와 비례하여 해킹, 사이버 범죄 등 사이버 위협에 대한 치명적인 취약성을 드러낼 수밖에 없는 스웨덴 정부의 근본적인 고민으로부터 시작한다. 이로부터 군사안보적 측면뿐만 아니라, 사이버 안보 측면에서도 자국의 최대 위협국가인 러시아에 대항하여 스웨덴이 국가안보전략 차원에서 '총력

---

1   칼리닌그라드는 러시아 46개 주(州)이며, 주요 부동항이자 해군 기지로 유명하며, 본토와는 떨어져 리투아니아와 폴란드 사이에 위치해 있으며, 스웨덴과는 발트해(Baltic Sea)를 사이에 두고 있다.

방위(Total defence)' 개념을 어떻게 재도입하고 있는지 분석하며, 그와 연계된 사이버 안보전략은 어떠한 성격과 위상을 가지고 있으며, 이를 효율적으로 수행하기 위한 추진체계 및 법제도, 그리고 민관협력 및 국제협력 활동을 어떻게 수행하고 있는지를 살펴보고자 한다. 북유럽 국가인 스웨덴이 러시아의 군사안보위협과 러시아를 비롯한 사이버 적대국들로부터의 사이버 공격에 대항하여 사회 안정과 국가 기능을 탄력적으로 운용하기 위한 스웨덴의 국가안보전략으로서 사이버 안보전략을 재구성하고자 한다. 스웨덴의 국가 사이버 안보전략을 국가 차원의 기능적, 구조적 측면에 대한 8개의 주요 질문으로 이뤄진 분석틀로 체계화하고, 타 국가들과의 향후 비교 연구를 위해 유형화를 시도하는 이 연구는 동북아 한국의 국가전략 및 정책적 차원뿐만 아니라, 학술적 차원에서도 의미를 갖는 기회가 될 것이다.

　이 장의 구성은, 제2절에서는 스웨덴 사회에 급속도로 확산되고 있는 사이버 위협 사례들을 검토하여 분석적 논의의 기반을 마련한다. 그리고 스웨덴의 사이버 안보전략을 구체화하기 위한 일련의 질문들로 이뤄진 분석틀을 제안하고 유형화 방식을 논의한다. 제3절에서는 스웨덴 정부가 추진하는 국가전략으로서 사이버 안보전략의 형성과 변화 추이 등을 분석하며, 특히 사이버 국방 측면에서 사이버 안보위협에 대한 원인 인식 및 대응 과정을 살펴본다. 그리고 사이버 안보의 국제협력 측면에서 중요한 의미를 가지는 '노르딕 협력 모델'에 주목해본다. 제4절에서는 스웨덴의 사이버 안보를 책임지고 있는 실무담당기관의 수행체계를 분석하고 이를 지속적으로 지원하고 수행하기 위한 법제도를 살펴본다. 또한 사이버 안보 분야의 정보공유 및 민관협력 사례를 구분하여 살펴본다. 마지막으로 제5절에서는 제2절에서 제기된 질문에 대해 제3절과 제4절의 내용을 정리하여 스웨덴의 사이버 안보전략을 유형화하고자 한다. 마지막에는 이 연구의 주장을 종합하고, 북유럽 스웨덴의 사이버 안보전략에 대한 분석 연구를 통해 동북아시아 한국에 주는 함의를 도출하고 국가전략을 구상하는 데 있어서 염두에 두어야 할 사항을 밝히고자 한다.

II. 스웨덴의 현황 및 분석

1. 논의의 배경

스웨덴은 역사적으로 19세기 후반까지 전 인구의 약 25%가 해외로 이주할 정도로 유럽 내 최빈국 중 하나였으나 1890년대부터 산업화를 통해 제1차 대전 직후 철강·제지산업을 중심으로 국내 산업이 급속히 발전함으로써 경제적 부를 축적하게 되었다. 하지만 급격한 산업화로 인해 스웨덴 사회는 극심한 빈부격차와 격렬한 노사분쟁이 빈번했고 결국 민주화 운동이 발발하고 1918~1920년 헌법 개정을 통해 의회주의에 기초한 민주주의 제도가 실시되게 되었다. 이후 입헌군주제를 채택한 스웨덴은 1973년 즉위한 칼 구스타브 16세(Carl XVI Gustaf) 국왕이 재위하고 있지만, 실제 국정 운영은 총리(statsminister, prime minister)가 주도한다. 중앙 정부의 내각은 총리실, 11개 부처, 22명의 각료(복수 장관제) 그리고 행정부처로 구성되어 있다. 그리고 행정 조직은 21개 주(Län, county), 290개 군(Kommun, municipality)으로 구성되어 있다.

스웨덴의 국내정치는 1920년 이래 사회주의계 정당(사회민주당 및 좌파당)과 보수계 정당(보수당, 중앙당 및 자유당)으로 구성된 양대

세력에 의해 주도되어 왔다. 그동안 스웨덴의 정치 상황은 북유럽 국가들 중 가장 안정적으로 평가되었는데, 이는 군소정당의 난립을 제도적으로 방지하고 있는 독특한 정당정치에 기인한 결과였다. 그러나 2018년 9월 총선에서 노골적 반이민, 백인우월주의 기치의 스웨덴 민주당이 10% 가까이 득표하고 의회에 진출하면서 정부구성에 어려움을 겪는다. 총선을 치르고 구성된 스웨덴 의회는 같은 해 9월 25일 스테판 뢰벤(Stefan Löfven) 총리가 총리직에서 사임한 이후 두 차례 차기 총리 후보자에 대한 인준 투표를 실시했으나 모두 부결되었던 것이다. 결국 다음 해인 2019년 1월 스웨덴 하원에서는 뢰벤 총리가 주도하는 소수파 연정이 정부구성안 표결을 통과시켜 총선 후 4개월 만에 정식 정부를 출범하게 되었다.

대외적으로 스웨덴은 19세기 후반 이후 유럽 대륙에서 발발한 어떠한 패권전쟁에도 관여하지 않고 자국이든 외국에서든 적극적인 전쟁 행위에 참여하지 않겠다는 비동맹 중립[2] 정책을 채택하였다. 제1차 세계대전 당시 북유럽 3국(스웨덴, 덴마크, 노르웨이)이 상호 공조하에 중립 유지에 성공하여, 스웨덴의 비동맹 정책 또한 성공적으로 확립되었다. 제2차 세계대전에도 중립국 체제를 견지하였으며, 1950년 한국전쟁 이후로는 '전시에는 중립, 평시에는 비동맹'이라는 외교 기조를 유지한다. 미국이 주도하여 1949년 결성된 북대서양조약기구(North Atlantic Treaty Organization, NATO)에도 가입하지 않고 전통적인 중립정책을 계속 유지하는 등 현재에 이르기까지 약 200년간 전쟁의 회

---

2   중립이란 "특정 지역에서 특정한 국가행동의 침해를 규제하기 위해 마련된 특수한 국제적 지위를 지칭하는 개념으로서, 중립화될 국가의 자체 중립화의 요소와 국제적 보장 또는 승인의 요소에 의해서 성립 · 유지되는 국제 체계의 세력관리 방안"이라고 정의한다 (강광식 1989, 13)

오리에 휘말리지 않았다.

국내적으로 비교적 안정적인 정치 상황과 대외적 중립국 체제임에도 불구하고, 스웨덴을 겨냥한 사이버 위협 및 공격은 공공·정부기관, 주요기반시설, 일반인 등 대상을 가리지 않고 무차별적으로 가해지고 있다. 2017년 10월 스웨덴 교통국(Trafikverket, Swedish Transport Administration)은 클라우드 업체에 데이터를 전송하며 대부분의 도로와 교량 등의 데이터가 노출됐다고 밝혔다(데일리시큐 2017/07/27). 이는 스웨덴 관련 법규에서 데이터 서버를 본국이 아닌 타국에 두는 것을 허용하고 있다는 점과 연관되어 있다. 즉 스웨덴 정부 소속 모든 경찰과 군인 등이 사용하는 공용차량 데이터를 체코 소재의 IBM 관리자가 접근 가능하다는 점이다. 뿐만 아니라 스웨덴 내 공공기관의 방화벽과 네트워크 관리를 세르비아에 위탁하고 있다. 이러한 데이터 유출 사태는 데이터 서버의 국외 설치규정의 허점뿐만 아니라, 담당 관리자가 적절한 보호 절차를 따르지 않아 발생한 것으로 스웨덴 검찰은 발표하였다. 또한 도로와 교량 데이터뿐만 아니라, 스웨덴 공군이 전시에 사용하는 데이터도 고스란히 노출됐다는 점을 지적했다. 여기에는 정부 및 군사 차량의 세부 사항과 전투기 조종사 및 경찰과 군대 비밀 조직원들의 개인 정보, 그리고 스웨덴 증인보호 프로그램에 관여한 사람들의 개인 정보 등이 포함된 것으로 조사되었다. 해당 데이터 유출 사건의 배후에 대해 '과연 누가 공격하였는가'를 식별하는 것은 곤란함에도 불구하고, 대다수 사이버 보안 전문가들은 스웨덴의 교통 인프라를 철저하게 조사하려는 의도를 지닌 특정 국가 혹은 국가 후원 공격자가 관여한 것이라고 추정하였다. 왜냐하면 스웨덴 교통기관을 공격한 DDoS(서비스 거부, Distributed Denial of Service) 공격이 러시아의 Zapad 2017(공식 명칭은 West 2017) 훈련 실시후 바로 다음 주에 발생했기 때문이다. 해당 보안전문가들에 따르면, Zapad 훈련은 러시아가 자국의 사이버 능력을 테스트하고, 모든 발트 연안 국가들에 대한 공격을 시뮬레이션하기 위한 훈련으로서, 여기에 는 사이버 무기의 사용도 포함되어 있다는 것이다.

또한 국방전파국(FRA, Försvarets radioanstalt, Swedish National Defense Radio Establishment)에서는, 2017년 스웨덴 정부기관을 목 표로 하여 매달 10,000회 이상의 사이버 공격 시도에 있었다고 발표했 다. 해당 보고서에 따르면, 스웨덴 당국은 네트워크와 기반시설 보호 에 초점을 맞추고 있음에도 불구하고, 정작 기업과 실무조직의 IT 보 안에 대해 갖는 책임에 대한 명확한 지침이 결여되어 있다고 한다. 즉 정부 관할기관의 보안전문가와 대기업의 보안전문가 간 협업 및 업무 조율이 필요함을 권고했다. 이처럼 스웨덴의 공공·정부기관, 주요기 반시설에 대한 사이버 공격뿐만 아니라, 스웨덴 국민들의 직접적인 피 해도 발생하고 있다. 시만텍(Symantec)사는 2017년 기준, 스웨덴 국 민들의 28%, 즉 4명 중 1명꼴로 사이버 범죄에 노출되었다는 보고서 를 발표했다(Symantec 2018). 경제적 손실 규모는 39억 달러(32억 크 로나)에 이르고 있다고 전했다.

이러한 무차별 사이버 공격과 사이버 범죄에도 불구하고, 스웨 덴 국민의 사이버 위협의 심각성에 대한 인식은 〈그림 9-1〉과 같이 타 유럽 국가들에 비해 상대적으로 낮다는 보고서가 발표되었다(Pew Research 2019). 해당 보고서에 따르면, 스웨덴 국민들은 자국의 국가 안보 기밀(national security information)이 도난당할 수 있는 가능성 에 대해 우려하는 비율은 75%로 영국, 프랑스와 동일한 수준이지만, 이에 대한 심각성을 인지하는 비율은 23%로 영국보다 -12%, 프랑스 보다 -10% 등으로 적게 나타났다. 이는 공공 기반시설(public infra-

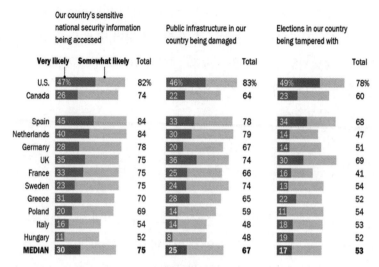

그림 9-1. 국가 기밀, 공공 기반시설, 선거 시스템에 대한 사이버 공격 가능성
출처: Pew Research 2019

structure)이 공격당할 가능성, 선거 시스템(elections)이 영향을 받을 가능성 항목에서도 비슷한 양상을 보였다. 한편, 이러한 사이버 공격 및 위협 인식은 세대 간에도 큰 편차를 보이고 있다. 보고서에 따르면 많은 유럽 국가들의 젊은 세대들이 전력망(power grids)과 인터넷 시스템과 같은 공공 기반시설(public infrastructure)에 대한 잠재적인 사이버 공격에 대해 50세 이상 세대만큼 염려하고 있지 않은 것으로 조사되었다. 이러한 세대 간 인식 차이는 스웨덴에서 가장 컸으며, 50세 이상의 82%가 염려하고 있는 것에 비해, 18세~29세 사이의 53%만이 기반시설에 대한 공격 가능성을 걱정하고 있다.

　이와 같은 설문 결과는, 스웨덴이 평균적으로 보유한 디지털 기술력에 비해 국내의 지역 간, 산업 및 기업 간에 나타나는 불균형 현상을 반영한 것으로 볼 수 있다. 앞서 OECD의 보고서에서, 스웨덴은

2018년 전국 68%의 사람들이 100Mb/s의 광대역 인터넷을 이용할 수 있지만, 시골지역으로 가면 21%로 가파르게 떨어진다. 또한 민간 기업과 국·공영기업 간의 보유 기술 및 시설의 편차도 심한 것으로 조사되었다. 특히 스웨덴 공공 기반시설의 낙후된 보안 시스템에 대한 우려도 가중되고 있다.

2. 분석틀

이 연구에선 국제정치학의 시각에서 주요국의 사이버 안보전략을 분석한 연구(김상배 2017)에서 제안된 비교국가전략론의 분석틀과 분석기준과 항목을 제시한 후속 연구(김상배 2018)를 원용하여 스웨덴의 사이버 안보전략의 유형화를 시도하고자 한다. 이는 미·일·중·러 강대국의 사이버 안보전략 연구에 이은 후속연구인 동시에, 새로운 후속연구의 토대라는 성격을 띤다. 즉 스웨덴의 사이버 안보전략뿐만 아니라, 스웨덴이 스웨덴의 사이버 공간에 대한 복합적 전략으로의 확장, 스웨덴이 위치한 노르딕 국가들과의 지역 간 비교, 스웨덴과 유사한 위상을 지닌 중견 국가들과의 비교 연구 토대가 되고자 한다.

전통안보에서는 국가 행위자의 역할이 가장 중요했고, 국가의 위계조직에 기반하여 국가 자원의 집중적 투입을 통해 타 국가와 안보 상황을 대응하여 해결했었다. 하지만 사이버 안보에서는 국가 행위자뿐만 아니라, 비국가 행위자, 시스템 자체 등 다양한 행위자들로부터의 공격 및 위협이 존재하며, 그 피해의 형태, 성격, 규모 등도 변화하고 있다. 이러한 안보 상황에서 사이버 안보를 더 이상 전통 국가모델로서 대응하기에는 무리가 따르는 것이다. 그러기에 사이버 안보는 네트워크 국가의 메타 거버넌스 기능을 필요로 하는 대표적 분야가 되어

가고 있다. 김상배의 연구(2017) 또한 네트워크 국가(network state)와 메타 거버넌스(meta governance)의 개념과 이론에 인식론적 뿌리를 두고 있다. 네트워크 국가란 대내적으로는 위계적 관료국가, 대외적으로는 영토적 국민국가의 모습을 하는 기존의 근대 국가모델이 글로벌화와 정보화 및 네트워크 시대의 변화하는 환경에 맞추어 자기변화와 구조조정을 해나가는 국가이다. 변화하는 국가의 모습은 중앙정부와 지방정부 내의 공조, 국가-민간기업-시민사회의 협업, 지역 및 글로벌 차원에서 진행되는 정부 간 협력, 초국적 차원의 연결망 구축 등에서 다양하게 나타난다. 이렇게 다층적인 네트워크가 형성되어 작동하는 과정에서 중요한 국가의 역할은, 다양한 행위자들의 이해관계를 조정하고 협력을 이끌어내는 중심성(centrality) 제공의 역할, 즉 메타 거버넌스이다(김상배 2017. 12). 이러한 네트워크 국가의 메타 거버넌스는 행정조직들의 관할권의 경계를 넘어서 또는 공공영역과 사적 영역의 구분을 넘어서, 그리고 국가의 경계를 넘어서 이루어진다(Jessop 2003; 김상배 2014).

　따라서, 해당 연구(김상배 2017)의 분석틀은 사이버 안보전략에서 나타나는 국가변환의 추세와 국가별 차이를 분석적으로 이해하기 위해서 두 가지 기준을 제시하였다(그림 9-2). 첫째 국가의 기능적 측면에서 본 대내외 정책지향성인데, 이는 주로 사이버 위협에 대한 기본인식과 역량강화의 전략, 사이버 국방의 전략과 역량 및 조직, 사이버 안보 분야 국제협력에 임하는 원칙, 프라이버시 보호와 국가안보 추구의 비중 등을 고려하여 판단하였다(김상배 2017. 73). 이러한 요소들의 복합정도에 따라서 볼 때, 사이버 안보전략의 대내외 정책지향성은 크게 기술경제적 논리를 바탕으로 정보인프라와 지적재산의 보호를 위한 글로벌 메커니즘을 지향하는 '거버넌스(governance) 프레임'을 가

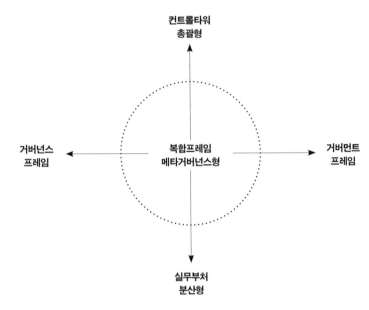

그림 9-2. 사이버 안보전략의 유형화
출처: 김상배(2017), p.74

로축(X축)의 좌측에 두고, 정치사회적 논리를 바탕으로 내정불간섭과 국가주권의 원칙에 입각해 국내체제의 안전을 관철하려는 '거버먼트 (government) 프레임'을 우측에 두었고, 그리고 가로축의 중간은 '복합 프레임'을 위치시킨다.

둘째, 국가의 구조적 측면에서 본 추진주체의 구성 원리인데, 이는 주로 범정부 컨트롤타워의 설치 여부와 소재, 전담지원기관의 설치 여부, 각 실무부처의 역할과 상호 업무분장의 형태, 관련법의 제정 및 운용 방식 등을 고려하여 판단하였다(김상배 2017. 73). 이러한 요소들의 복합 정도에 따라서 볼 때, 사이버 안보전략의 추진체계는 크게 범정부 컨트롤타워 또는 전담지원기관이 존재하는 '컨트롤타워 총괄형'을 세로축(Y축)의 상단에 두고, 실무부처들의 상위에 총괄기관을 설치하지 않고 실무부처 중의 한 부처가 총괄하거나 또는 각 실무부처의 개별 거버넌스를 상호 간에 조정하는 '실무부처 분산형'을 하단에 두었고, 세로축의 중간은 '메타 거버넌스형'으로 위치시킨다.

앞서 두 가지의 기준에 기반한 후속연구(김상배 2018. 3)의 상술된 분석 항목은 〈표 9-1〉과 같이 정리할 수 있다. 이를 각 항목에 맞춰 제3절(대내외 정책 지향성)과 제4절(추진 주체의 구성 원리)로 나누어 스웨덴 사례에 적용하고자 한다.

표 9-1. 사이버 안보전략의 분석틀

대내외 정책 지향성	위상 및 성격	국가안보전략 전반에서 사이버 안보전략이 차지하는 위상, 방향, 강조점, 내용은 무엇인가?
	사이버 국방 전략	사이버 안보 위협의 원인(ex: 주적개념)에 대한 인식과 그 실천전략과 대응태세의 특징은 무엇인가?
	국제협력	사이버 안보 분야에서 주변국과의 공조체제 구축 및 지역차원의 국제협력에 참여, 그리고 국제규범 형성 과정에 대한 입장은 어떠한가?
추진 주체의 구성 원리	추진체계	사이버 안보 분야의 업무를 조정한 컨트롤타워의 설치 여부 및 실무전담기관과의 관계설정, 그리고 실무전담기관의 설치 위치는 어떠한가?
	법제	사이버 안보 대응력 강화를 위한 법제도의 정비 여부 및 그 형태(단일법 or 옴니버스법)는 어떠한가?
	정보공유 및 민관협력	사이버 위협정보 공유를 위한 민관협력 시스템이나 사이버 안보와 개인정보 보호의 조화로운 발전을 추구하는 방식은 어떠한가?

출처: 김상배(2018)를 수정

III. 대내외 정책 지향성

1. 위상 및 내용

스웨덴의 공식 안보전략 문서에서 '사이버 안보(cybersäkerhet, cyber security)'라는 표현을 다룬 것은 채 10년이 되지 않는다. 물론 이전에 사이버 안보 개념이 존재하지 않은 것이 아니라, 디지털 보안(digital-säkerhet, digital security)이라는 폭넓은 범주 안에 포함되어 있었으며, 정보 보안(informationssäkerhet, information security) 개념이 사이버 안보 개념으로 변화된 것이다. 더욱이 사이버 안보 개념을 포함한 디지털 보안 또한 전략적 차원에서 본격적으로 논의된 것조차 그리 오래 되지 않았다. 2002년 스웨덴 정부는 OECD 정보시스템과 네트워크의 보안가이드라인을 어떻게 이행해야 하는지에 대한 권고를 포함하여 "정보 보안" 정책에 대해 조사위원회(the Commission on Information Security)에 요청하면서 다음 해인 2003년 초가 되어서야 디지털 보안 정책에 대한 관심을 표시하였다.

정보 보안에 대한 국가 차원의 전략 구상은 시민 안전과 준비태세 법안(Bill 2001/02:158)과 비상 시 협력법안(Bill 2005/06:133)을 근거하여 2005년 정보보안위원회의 보고서(Secure information – proposals on information security policy, SOU 2005:42)를 근거로 하여 스웨덴 비상사태 관리국(Krisberedskapsmyndigheten, Swedish Emergency Management Agency 이하 SEMA)은 2008년 조직(organization), 경쟁력(competence) 기술(skills), 정보 공유와 협업(information sharing collaboration) 및 대응(response), 통신 보안과 제품 및 시스템 보안(communication security and security in products and systems) 등

에 중점을 둔 실행 계획(action plan)을 발표했다(SEMA 2008). 해당 실행 계획에는 SEMA를 중심으로 스웨덴 구조대(Räddningsverket, Rescue Services Agency)와 국립 심리국방위원회(Styrelsen för psykologiskt försvar, Swedish National Board of Psychological Defence)를 통합하여 새로운 기관인 민간비상국(MSB)을 출범한다는 내용도 담고 있었다. 다음 해 2009년 민간비상국이 출범하였고, 2011년 스웨덴의 사회적 정보 보안 전략을 담은 *Strategy for Societal Information Security in Sweden 2010-2015(Information Security 2010-2015)*를 발표하였다(MSB 2010). 서문에서, 정보화 사회에서 우리가 다루어야 할 정보량이 유례없이 증가하였고, 이렇게 많은 양의 정보를 처리하기 위해서는 공공 네트워크, 인터넷의 도움이 필요함을 지적한다. 따라서 정보 보안은 모두의 일, 즉 개인적 차원뿐만 아니라, 기관 차원에서도 중요하며, 이는 기밀성(confidentiality), 무결성(integrity) 그리고 가용성(availability) 등을 기반으로 이루어져야 하고, 민주주의, 개인의 존엄성, 경제적 성장과 정치적 안정성 등 사회의 중요한 가치와 목표를 세우는 것임을 강조하였다. 또한, 정보 보안 분야의 도전에 응하기 위해서는 '사회의 정보 보안에 대한 공통적 이해', 즉 전략의 중요성을 강조하였다. 그리고 문서의 내용은 〈그림 9-3〉과 같이 사회적 정보 보안을 확립하기 위한 장기적인 목표, 방향성 그리고 수행 방안을 담고 있다.

본문에 따르면, 사회의 적절한 정보 보안 수준을 달성하기 위해서는 6개의 전략 목표들, 즉 ① 시민의 자유와 권리, 그리고 개인의 존엄성, ② 사회의 기능성, 효율성, 우수성, ③ 범죄와의 전쟁, ④ 위기 사태를 방지 및 대처하는 사회적 능력, ⑤ 경제 발전, ⑥ 시민과 기업의 정보 처리 및 IT 시스템에 대한 지식과 신뢰 구축 등을 촉진해야 한다.

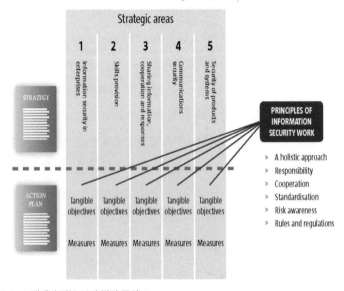

그림 9-3. 스웨덴의 정보 보안 전략 구성도

출처: *Strategy for Societal Information Security in Sweden 2010-2015(Information Security 2010-2015)*, p.4

이러한 전략 목표는 6가지 원칙들(principles), 즉 정보 보안 문제에 대해 총체적 시각(a holistic view)을 갖고, 책임감(responsibility) 있게 협력(cooperation)하고, 보유한 기술과 역량을 표준화(standardisation)시키고, 정확한 위기 인식(risk awareness), 그리고 효율성과 경쟁을 저하시키지 않는 규범(rules and regulations)을 제정하여 기업의 정보 보안(information security in enterprises), 기술확산(provision of skills), 정보 공유와 협력 및 대응(information sharing, cooperation and responses), 통신 보안(communication security), 그리고 제품과 시스템 보안(security of products and systems) 등 5개의 각 영역(strategic areas) 내에서 수행함으로써 달성되어야 함을 적시했다.

정리하자면, *Information Security 2010-2015* 전략의 주요 특징은 다음과 같다. 첫째, 사이버 안보 개념이 아닌, 정보 보안 개념을 중심으로 구상되었다는 점, 둘째, 정보 보안의 운영 및 총괄 주체로서 MSB를 지정하였으며, MSB는 관련 기관들과 협업하여 적어도 매 6년마다 전략을 갱신해야 한다는 점을 명시한 점, 마지막으로 스웨덴 정부는 EU 국가들과 노르딕 국가들, 그리고 개별 국가들과의 다층적인 정보공유 및 국제협력에 참여하는 것을 제안하고 있다.

2012년 MSB는 정보 보안 전략과 상황설정평가(situational assessment)를 기반으로 Sweden's Information Security National Action Plan 2012을 발표하였다. 해당 실행 계획에는 〈그림 9-4〉와 같이 전략(strategy), 실행계획, 진도관리(follow up) 그리고 상황설정평가로 이어지는 순환적 수립 과정을 명시하였다.

또한 해당 계획은 MSB의 상황설정평가와 정보 보안 협력단 (SAMFI, Cooperation Group for Information Security)을 포함한 유관 정부기관의 전반적인 인식 그리고 이해당사자들과의 협력을 통한 위협 평가에 기반하고 있음을 강조하였다.

이렇게 국가 전략적 차원으로 정보 보안에 대해 본격적으로 논의하는 과정에서 스웨덴 법무부는 2015년 제출한 *Information and cyber security in Sweden. Strategy and measures for secure information in the state*(Informations- och cybersäkerhet i Sverige. Strategi och åtgärder för säker information i staten, SOU 2015:23) 조

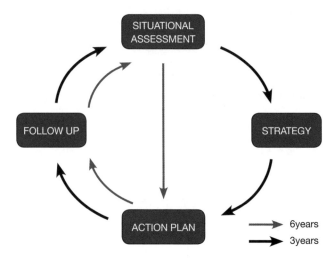

그림 9-4. 전략 작성(working with strategy), 상황설정 평가(situational assessment) 및
실행 계획(Action Plan) 수립 과정

출처: *Sweden's Information Security National Action Plan 2012*. p.9

사보고서에서 정보 보안과 사이버 안보와의 개념 논의를 제기하였다.

이 연구(보고서)의 두 가지 핵심 개념은 정보 보안(informationssäker-
het) 및 사이버 안보(cybersäkerhet)이다. 정보 보안은 정보가 필요할
때 항상 존재하는 가용성(tillgänglighet, availability), 정보가 정확하고
변조되지 않는 정확성(riktighet, correctness), 권한이 있는 사람만 접
근할 수 있는 기밀성(konfidentialitet, confidentiality), 그리고 정보를
보호하려는 노력을 의미한다. 또한 정보가 어떻게 그리고 언제 처리되
고 전달되는지 추적 가능성(spårbarhet, traceability)이 가능하다는 것
이다. 정보 보안에는 정보를 보호하기 위한 관리 및 기술적 조치가 모
두 포함된다. (스웨덴) 국내에서는, 정보 보안의 개념이 보고서에서 제
안된 대부분의 조치를 다루고 있는 반면, 사이버 안보 개념에서는 다른

위협과 스웨덴이 관련된 것으로 인식한다. 국제 정책 논의에서 사이버 안보는 정보 보안이라는 용어의 사용을 점차적으로 대체하고 있다. 스웨덴은 국제 관계에서 사이버 안보라는 용어를 사용해야 한다.[3]

2016년 스웨덴 법무부는 2016년 *National Cyber Security Strategy*(*Nationell strategi för samhällets informations- och cyber-säkerhet*, Skr 2016/17:213)을 발표하였다. 문서의 서두에서, 다음과 같이 사이버 안보 전략의 성격, 목표 그리고 국가안보전략 내에서의 위상을 밝히고 있다.

사이버 안보전략은 스웨덴 정부의 가장 중요한 우선순위를 표현한 것이며 스웨덴의 지속적인 개발 작업을 위한 플랫폼을 구성하는 것을 목표로 하고 있으며, 주요 목표로는 사회의 모든 이해당사자들이 사이버 안보 분야에서 효과적으로 참여할 수 있는 장기적 환경을 조성하도록 돕고 사회 전체의 인식 및 지식 수준을 제고하는 데 있다.

사이버 안보전략은 스웨덴의 국가안보 목표, 즉 국민의 생명과 건강 보호, 사회 기능, 민주주의, 법치, 인권 및 자유와 같은 기본 가치를 지지할 수 있는 능력에 기반을 두고 있다(Government Bill 2008/09:140, Committee Report 2008/09:FöU10, Riksdag Communication 2008/09:292). 이 전략은 또한 전반적인 IT 정책 목표, 스웨덴이 디지털 혁신의 기회를 활용하는 데 있어 세계적 리더가 되는 것을 기반으로 합니다.(Government Bill 2011/12:1, Committee Report 2011/12:TU1, Riksdag Communication 2011/12:87)

3   *Information and cyber security in Sweden. Strategy and measures for secure in-formation in the state*(SOU 2015:23). pp.14-15. 필자 번역.

이에 기반한 6대 전략적 우선순위(strategic priorities)는 다음과 같다. 1. 사이버 안보를 위한 체계적이고 포괄적인 접근 노력, 2. 네트워크, 제품, 시스템 보안 제고, 3. 사이버 공격 및 다른 IT 사고의 예방, 감지, 관리 능력 구축, 4. 사이버 범죄의 예방 및 대처 가능성 제고, 5. 지식 확충 및 전문성 조장, 6. 국제협력 추진 등이다. 또한 사이버 안보 수행체계를 효과적이고 적절한 방법으로 운영하기 위해서는 정부기관들 간뿐만 아니라, 민관협력과 실무 부처에 대한 감독(supervision)도 필요하다는 것을 명시했다. 정보 공유와 협업(collaboration)으로서, SAMFI와 MSB가 주도하는 FIDI 포럼 등을 제시하였으며, 이에 대한 자세한 내용은 4절 3항에서 다루기로 한다. 사이버 안보의 실무 부처를 감독하는 기관의 필요성을 제안한 감사원(Riksrevisionen, Swedish National Audit Office)의 보고서(*Informationssäkerheten i den civila statsförvaltningen, Information security in the civil administration*, RiR 2014:23)에 따라, 안보경찰국과 스웨덴군이 감독 역할을 담당하도록 하였다.

2. 사이버 국방 전략

근대 이래로 대규모로 진행된 세 차례의 전쟁, 즉 나폴레옹 전쟁(1792-1815), 제1차 세계대전(1914-1918), 제2차 세계대전(1939-1945)은 모두 유럽에서 발발했거나 유럽에서 발발하여 전 세계로 확산된 전쟁이었다. 이는 유럽지역이 군사적 패권 투쟁의 진원지이면서 각축장이며, 유럽의 국제정치는 전쟁과 전후처리의 정치였다고 해도 과언이 아닐 것이다. 사실, 북유럽은 단순히 지리적인 의미로서는 중요한 의미를 갖지 못하지만, 지정학적, 군사전략적인 가치의 측면에서는 중요한 의미를 갖는다. 즉 북유럽은 발트해(Baltic Sea)의 출입구이면서 대서양 연안지역이다. 또한 바렌츠해(Barents Sea)와 인접해 있는 주변지역이면서 아이슬란드, 그린란드와도 인접해 있기 때문이다. 이와 같은 북유럽의 지정학적·군사전략적 중요성을 고려한다면, 자국의 세력권 확대를 위해서는 미·소 양국 모두 상대국에게 결코 양보할 수 없는 전략지역이라고 할 수 있다(김진호·강병철 2007, 58-59).

이런 국제정치적 맥락에서 보면, 북유럽 국가들의 생존을 위한 다양한 정책들은 소련(현 러시아)의 군사적 위협을 방지하기 위한 다양한 고육책(苦肉策)들이라는 성격을 가지고 있다고 볼 수 있다. 오히려 북유럽 국가들의 정치적 입장은 어떤 식으로든 강대국의 이해관계로 인한 희생물이 되지 않으려는 공통된 목표를 가지고 있었으며, 단지 이를 위한 방식이 다양했을 뿐이라는 점이다(김진호·강병철 2007, 61). 따라서 북유럽 주요 국가들인 스웨덴, 핀란드, 덴마크, 노르웨이, 아이슬란드 등은 냉전구조하에서 자국의 안보를 유지하기 위해 다양한 대응방식들을 펼치면서, 이 지역에서는 자연스럽게 친 서구적 요인과 친소(親疏)적 요인의 공존에 의해서 형성된 '노르딕 밸런스(Nordic Balance)'⁴라는 지역체계가 존재하고 있다고 볼 수 있다. 즉 노르딕 밸런스는 냉전구조와 북유럽의 지정학의 상호작용 속에서 형성된 북유럽의 세력균형 지역체계를 의미하며, 이 지역 국가들의 안보와 평화에 대한 공통된 목표를 달성하기 위해 형성된 것이다. 그러나 이러한 특정한 형태의 세력균형은 결코 의도된 것이 아니라 자연스럽게 형성되

---

4   '노르딕 밸런스'란 용어는 본래 노르웨이의 랑게(H. Lange) 외무장관이 처음 언급하였으며 이후 브룬트랜드(A. O. Brundtland)가 이론화한 개념이다. 당초 랑게는 북유럽 국가들이 각기 독립적인 안보정책을 추구하면서도 북유럽 전체의 틀 속에서 보면 균형을 이루고 있다는 의미로 이 용어를 사용했다.

었으며, 그 골간은 바로 북유럽 국가들의 유사한 목표에 대한 상이한 역할 분담을 바탕으로 하고 있다.

노르딕 밸런스라는 특수한 북유럽 지역체계의 형성에서 가장 근본적인 요인은 러시아(구소련)의 안보 위협이라고 할 수 있다. 북유럽의 지정학적 상황에서 볼 때, 이 지역 국가들은 미국보다는 소련과 지리적으로 인접하고 있기 때문에 정치적, 군사적으로 소련의 영향을 주시하면서 소련을 자극하지 않는 외교 정책에 치중해왔다. 소련을 의식한 외교정책은 NATO에 가입한 친 서방 국가들만이 아니라 중립정책을 표명한 스웨덴에게도 예외는 아니었다. 소련의 무력위협에 대비하기 위해 스웨덴의 중립정책은 경제정책이나 국제협력 등에서도 일관되게 관철시켜 나갔지만, 무엇보다 강력한 방위능력이 뒷받침되는 이른바 '총력방위정책(Total Defence Policy)'에 기반을 두고 있다 (Lindgren 1959, 260, 264). 이는 기본적으로 '마지날 독트린(Marginal Doctrine)'에 근거하고 있다. 이것은 미·소가 군사적으로 대결하는 유럽에서 전쟁이 발생했을 경우, 양 진영의 주력부대가 투입되기 때문에 스웨덴으로 파급되는 전력은 한계가 있을 수밖에 없을 것이라고 예상하여 이것을 방어할 수 있는 전력을 갖추고 있으면 스웨덴의 안보를 지킬 수 있다는 논리에서 출발하는 전략이다.

냉전시기 최대 위협국가인 소련의 실체적 위협에 대항하여 군사안보 및 전략 차원에서 도입했던 스웨덴의 '총력 방위(Total defence)' 정책은 비단 전통안보 분야뿐만 아니라, 사이버 안보 분야에서도 여전히 적용되고 있다. 스웨덴 국방위원회(Försvarsberedningen, Swedish Defence Commission)는 2017년 12월 *Resilience, The Total Defence Concept and the Development of Civil Defence 2021-2025* (SDC 2017) 문서를 통해, 총력 방위 개념(total defence concept)은 전

쟁을 대비한 스웨덴의 준비와 계획으로서 정의되며, 정부가 가장 심각한 경보를 발령하는 경우, 의회, 정부, 정부기관, 자치, 사적기업, 자발적 방어조직뿐만 아니라, 개인을 포함하는 전방위 체계인 총력 방위 체제로 전환됨을 강조했다. 이러한 총력 방위 체제는 총리실과 긴밀하게 협조할 수 있는 국방부가 담당하도록 제안했다. 또한 대외적으로 다른 EU 회원국 혹은 노르딕 국가들이 재난이나 공격을 겪는다면, 스웨덴 정부는 이에 대해 더 이상 소극적으로 대처하지 않을 것이며, 해당 국가들도 스웨덴의 경우 유사하게 행동할 것이라 기대함을 덧붙였다. 그리고 스웨덴에 대한 무력공격에 대처하는 방안을 상세히 설명했으며, 적의 공격이 대규모 유럽 분쟁의 시발점이 될 수 있으며, 스웨덴 영토에서부터 강도 높은 전투가 벌어진다면 심각한 결과를 초래할 수 있다고 경고했다. 동 위원회는 2019년 *Defensive power–Sweden's Security Policy and the Development of its Military Defence 2021-2025*(SDC 2019)에서 러시아의 정치 발전 및 군사력 증강으로 인해, 군사전략적 환경이 급변하고 있음을 지적하고, 특히 러시아의 군사 능력은 유럽 및 인근 국가들과 비견할 수 없을 정도가 되었음을 경고했다. 따라서 스웨덴과 EU의 긴밀한 협력은 필수적일 수밖에 없는 상황이 되었으며, 스웨덴이 EU의 공동안보방위정책(Common Security Defence Policy) 내의 포함 여부에 대한 심층적 논의가 필요함을 주장했다. 이를 통한 NATO와의 파트너십 강화방안 또한 강조하였다.

스웨덴 뢰벤 총리는 2018년 안보정책에서, "러시아의 우크라이나 공격은 냉전 이후 유럽 안보질서에 가장 심각한 위협을 제기했으며, 러시아의 크림반도 불법 병합(2014년)은 국제법 위반이며 무력에 의한 국경선 변경은 허용될 수 없다. 따라서 변화하는 안보상황에 따라 국방비를 증대하고 군사력을 강화해 나갈 계획이며 아울러 국제협력도 심화해나갈 것이며, 특히 핀란드와의 협력을 주요 우선순위 정책으로 추진할 계획이다. 또한 테러리즘, 사이버 취약성, 전염병 및 기후 변화를 주요 위협 요소로 보고 있으며 이러한 위협에 대처하기 위해 초당적 합의를 도출"하겠다고 발표했다. 이러한 강경한 태도는 국방부의 발표에서도 동일하게 나타났다. 미카엘 바이덴(Micael Bydén) 스웨덴군 최고사령관은 2019년 국방 콘퍼런스에서 "스웨덴군은 방위 능력 강화와 새로운 도전을 해결하는 데에 집중하"며, 2020년까지 징병 인원을 현재의 4000명에서 5000명으로 늘릴 예정이며, 이 중 30명은 "(스웨덴의) 시스템을 보호하기 위한" 사이버 군인으로 훈련시킬 것이라고 밝혔다(The Local 2019/01/16). 이러한 군 당국의 발표는 모병제를 도입한 2010년 이후 급격히 변화된 대내외 군사안보 현실을 여실히 보여주고 있다. 스웨덴 정부는 동서 냉전 기간 동안에도 특정 진영에 가담하지 않고 중립을 유지하며 평화를 추구하였으나 최근 러시아의 군사위협에 대응하고자 냉전 종식 이후 처음으로 각 가정에 전쟁 시 대처 요령을 담은 책자를 배포하였던 것이다(연합뉴스 2018.01.18.). 이는 1961년 마지막 배포 이후 약 60년 만에 이루어진 것으로, 해당 책자(MSB 2018)에는 전쟁 상황뿐만 아니라, 사이버 전과 테러 공격, 기후 변화 등 다양한 혼란 상황에서 결전에 대한 의지뿐만 아니라, 대처 방법 및 생존에 필수불가결한 식수, 식량, 난방 확보 방법 등을 담고 있다.

　　최근 2019년 3월 18일~27일간 실시된 북풍 훈련(Exercise Northern Wind)에는 1,500명의 핀란드 병력과 3,000명의 스웨덴 병력이 여단(brigade)[5]을 구성하고 노르웨이 북부여단, 영국 그리고 미국으로부

5　사단보다는 작으나 연대보다는 큰 단위부대로서 본부와 2개 이상의 단이나 대대로 구성되며 전술작전을 수행할 수 있는 규모임.

터 파견된 인원을 포함하여 총 10,000명 규모의 대규모 군사훈련을 실시했다. 스웨덴 국방부의 발표에 따르면, 당해 훈련의 목표는 스웨덴 북방과 같은 극한의 기후 조건과 다국적 군인으로 구성된 여단 규모의 병력이 효율적으로 전투 작전을 수행할 수 있는 능력을 배양하기 위한 것이다. 세부적으로, 영국, 미국, 노르웨이 병력으로 구성된 공격 진영이 스웨덴-핀란드 방어 진영이 포진하고 있는 스웨덴 북부 영토를 공격하여 전투를 수행하는 것으로 기획되었다. 또한 2020년 1월 1일부터 발효될 예정인 법에 따라 스웨덴과 핀란드의 방어 병력은 상대국을 군사적으로 지원(예를 들면 잠수함 사냥 등)할 수 있게 될 예정이다. 해당 법에 의해 만약 핀란드가 전쟁 혹은 도움을 요청할 경우, 스웨덴 의회는 스웨덴 병력의 사용을 승인해야 한다(DN 2019/2/8).

3. 국제협력

스웨덴의 사이버 안보 국제협력은 양자 및 다자관계, 노르딕 지역 국가들 그리고 EU의 회원국 및 NATO와의 협력 관계 등 다양한 층위에서 활발하게 이루어지고 있으며, 특히 Euro-Atlantic Partnership Council(EAPC)을 통해 NATO와의 파트너십 관계를 유지하고 있다. 스웨덴은 영세중립국임에도 불구하고, 거세지는 러시아의 군사 위협에 대항하여 NATO 회원국 가입 가능성 또한 높아지고 있는 상황이다. 이 절에서는 북유럽 지역에서의 협력, 특히 노르딕 국가들(Nordic States) 간의 협력과 발틱 국가들과의 연계 관계를 주목해서 살펴보고자 한다.

지난 2014년 러시아의 우크라이나 내분 사태 무력 개입과 크림반도 강제병합 이후 유럽 국가들과 러시아 간 군사적 긴장이 조성되

는 가운데, 스웨덴과 덴마크는 러시아의 군사력 증강과 사이버 공격,
가짜뉴스(fake news) 및 가짜정보(disinformation)에 공동 대응하기
로 발표했다. 홀트크비스트 스웨덴 국방부 장관과 프레데릭센(Claus
Hjort Frederiksen) 덴마크 국방부 장관은 2017년 8월 스톡홀름에서
회담을 열고 공동성명을 통해 특히 러시아발 가짜뉴스가 양국을 불
안하게 하고 있다며 이에 관한 협력을 강화할 것을 전했다(SBS News
2017/08/31). 당해 회담에서 양국은 러시아의 하이브리드 전쟁 위협
에 맞서 협력을 강화하겠다고 밝혔지만, 구체적인 내용은 언급을 피
했다. 그리고 2018년에는 스웨덴은 전략 지정학적 이해(geostrategic
interest)를 공유하는 핀란드와 *Memorandum of Understanding on
Defence Cooperation*에 서명하고 심화된 양자방위협력을 진행하고
있다.

북구 지역(The Northern Dimension)[6] 협력 차원은, 노르딕 협력
(Nordic Co-operation), 발트해(Baltic Sea) 협력, 바렌츠 해역 협력,
북극권 협력 등으로 구분할 수 있다. 특히 노르딕 협력은 노르딕 국가
들 간의 정치, 경제, 문화, 환경 등 제반 분야에서의 협력증진을 위해
창설된 지역 협력체로서, 스웨덴, 덴마크(그린란드 및 Faroe 군도 포
함), 핀란드(Åland 포함), 노르웨이 및 아이슬란드 등 노르딕 지역 내
5개국이 참여하고 있다. 노르딕 협력의 역사를 살펴보면, 1952년 노
르딕 이사회(Nordic Council) 창설을 계기로 공식·개시되었으나, 기
후, 환경, 북극 등 공동의 관심사에 대한 긴밀한 협조를 공식적 체제로
서 수용한 것은 1962년 헬싱키 조약(The Treaty of Co-operation Be-

---

6   이 글에서는 북유럽, 북구 지역, 북극 등을 구분하기 위해 'the northen Europe'을 북유
     럽, 'northern'을 북구(유럽 지역)로, 스웨덴을 포함한 5개국을 지칭하는 'nordic'을 노르
     딕으로 표기한다.

tween Denmark, Finland, Iceland, Norway and Sweden, the Helsinki Treaty) 체결 이후부터이다. 주요 기구로는 노르딕 이사회(Nordic Council)[7]와 노르딕 각료이사회(Nordic Council of Ministers)[8]가 있다. 앞서 공식기구와는 별도로 노르딕 5개국들은 해마다 두 차례의 정상회의와 수시로 외교장관회의와 국방장관회의를 개최하여 상호 의견을 교환한다. 이와 같은 모임들을 통하여 외교, 안보, 국방 분야 등에서 긴밀한 협력관계를 유지하고 있다.

노르딕 5개국은 2009년 헬싱키에서 기존 3개의 협력체계들, NORDSUP(Nordic Supportive Defence Structures), NORDAC(Nordic Armaments Cooperation), NORDCAPS(Nordic Coordinated Arrangement for Military Peace Support) 등을 통합하여 안보와 정치 측면을 강화시킨 노르딕 방위협력기구(Nordic Defence Cooperation, NORDEFCO)를 창설하는 *2009 Memorandum of Understanding on Nordic Defence Cooperation*에 서명하였다. 2018년 11월 노르딕 방위협력기구는 *Nordic Defence Cooperation Vision 2025*를 발표하였다. 이 지침에서, 해당 기구(NORDEFCO)는 국가들 간의 새로운 군사

7　노르딕 이사회는 1952년에 발족하였으며, 각 구성국 의회에서 1년 단위로 선출되는 87명의 대표와 투표권이 없는 약 80명의 정부대표로 구성된다. 노르딕 이사회는 노르딕 각료이사회(Nordic Council of Ministers)에 각종 협력에 관한 권고를 행하고 있는데, 노르딕 각료이사회의 권고는 회원국의 의회와 정부에 상당한 영향력을 행사한다. 노르딕 이사회의 주요 기구로는 최고 결정기관인 총회(Plenary Assembly), 의장단(Presidium), 5개 상임위원회(경제, 법사, 통신, 문화, 사회, 환경), 상설위원회(Permanent Committee) 등으로서 이를 관할하는 예산통제위원회와 사무국(스톡홀름 소재)이 별도로 있다.

8　노르딕 각료이사회는 1971년 헬싱키조약 개정으로 창설되었으며, 1년에 두 차례 개최한다. 노르딕 이사회에서 이루어지는 제반 결정과 권고사항 등을 집행하는 정부 간 협력기구로서 그동안 외교와 국방 문제를 제외한 비정치 분야에서 회원국 정부 간 협력을 시행해 왔다. 이사회의 의결은 회원국 의회의 비준사항을 제외하고는 만장일치 제도를 따른다.

적 또는 정치적 동맹을 목표로 하지 않으며, NATO, EU와 UN 등에서 참가국들의 서로 다른 외교안보 정책 지향과 회원국의 의무에 부정적인 영향 없이, (참가국 간의) 역량 개발협력을 상호 강화하는 것은 이루어질 수 있고 오히려 역량 개발에 있어 더 긴밀하고 실질적인 협력을 통해 기존 연합(EU, UN) 및 기구(NATO)가 요구하는 역량과 군사력을 제공하는 보충적 접근방식을 구성한다고 한다.

최근 노르딕 국가들은 발틱 국가들, 에스토니아, 라트비아, 리투아니아 등에 대해 경제 및 군사안보적 지원을 강화하고 있다. 이들 발틱 국가들은 1991년 구소련으로부터 독립하고, 2004년 NATO에 가입하였으나, 2007년 에스토니아에 대한 러시아의 사이버 공격 등 러시아의 사이버 위협에 대해 발틱 국가들 간의 사이버 안보 분야의 국제협력을 증진하고 있다. 특히 에스토니아 정부는 수도인 탈린에 NATO 합동사이버방어센터(NATO Cooperative Cyber Defence Centre of Excellece, CCDCOE)를 유치하고, 사이버 안보 분야의 선도국으로서 활동하고 있다. 2017년 11월 노르딕과 발틱 국가 지도자들은 사이버 안보 영역 내의 하이브리드 위협에 대응하기 위해 사이버 기술과 역량 강화에 대해 집중 논의했다. 이러한 노르딕과 발틱 국가들의 국제협력은 북부 및 발트해 지역에 대한 러시아의 군사적 위협 때문이다 (ComputerWeeky.com 2017/11/13). 특히 노르딕 국가들은 방어 능력과 잠재적으로는 무기화된 공격 능력을 둘 다 갖춘 사이버 안보의 합동 시스템을 개발하기 위해 합동 접근법을 지지하고 있다. 그리고 사이버 안보 분야의 정보 공유를 강화하고 사이버 위협에 대한 대응을 민간, 기업, 주요 국가기반시설로 격상시키기로 했다. 이러한 정보 및 데이터 공유는 각국 국토안보기관과 군 조직이 운영하는 전담 사이버 부대 간 협업에도 직접적인 영향을 미칠 것으로 예상된다.

　이와 같은 사이버 안보 분야의 군사 협력은 각 국가의 군 조직 사이의 공동 연구 및 프로젝트를 위한 행정기관 역할을 담당하고 있는 NORDEFCO를 통해서도 심화·확산되고 있다. 그리고 NORDEFCO는 컴퓨터 긴급대응팀(CERT)의 개발을 주도할 수 있도록 핀란드 군(FAF) 사이버 방어유닛(FAF)에게 임무를 맡겼으며, 이들은 중요한 공공 및 군사 기반시설을 대상으로 한 적대적 사이버 공격을 감시, 식별, 대처하기 위한 최전방 부대로 운용하기 위한 것이다. 당해 기구의 범위는 2015년에 NATO 동맹국인 에스토니아, 라트비아, 리투아니아 등으로 확대되었다. 또한 러시아로부터의 사이버 공격과 연계된 하이브리전에 대한 NATO 차원의 국제 협력도 진행되고 있다. 하이브리드전 대응 유럽안보센터(European Centre of Excellence for Countering Hybrid Threats, Hybrid CoE)의 요리 아르보넨(Jori Arvonen) 운영위원장은 "하이브리드 사이버 위협은 핀란드와 북유럽 보안 환경의 영구적인 부분이 되었"고 "정부들은 점점 커지는 이 위협에 대응할 의무가 있다"고 언급했다. 2017년 10월부터 운영된 Hybrid CoE는 노르딕과 유럽 안보에 특별히 초점을 두고 하이브리드 위협에 대응하기 위한 민-군의 역량, 복원력 및 대비태세를 개선하기 위한 첨단 시스템을 개발하는 임무를 맡고 있다. 특히 Hybrid CoE는 NORDEFCO와 긴밀하게 연락망을 유지하고 있으며 NATO 및 EU가 운영하는 사이버 안보 기관과도 협력하고 있다. 발틱 국가인 에스토니아, 라트비아, 리투아니아 등과 노르딕 국가인 스웨덴과 노르웨이는 Hybrid CoE의 회원국이 되었으며, 덴마크 등 다른 노르딕 국가들도 곧 가입할 가능성이 커지고 있다.

　한편 스웨덴을 포함한 노르딕 5개국은 유럽 국가들뿐만 아니라, 미국과의 협력에도 만전을 기하고 있다. 2013년 스웨덴을 공식 방문한 미국 오바마 대통령은 노르딕 5개국 지도자들과 사이버 안보, 테러, WMD 확산방지 등 안보 분야에서 긴밀한 협력 추진과 기후변화, 청정에너지, 북극지역 등 범세계적 이슈에 있어 협력 강화를 요지로 한 공동 성명을 발표하였다. 또한 2016년 제3회 노르딕-발틱 + 미국 사이버 회담 공동성명(Joint Statement on Third Annual Nordic-Baltic + U.S. Cyber Consulatations)에 따르면, 사이버 공간에서의 안보, 안정성, 개방성, 혁신성, 경제적 유대, 민관협력의 중요성에 대한 미국을 포함한 참여국들의 공통된 확신에 뿌리를 두고 있음을 밝혔다. 참여국 당사자들은 사이버 안보, 사이버 공간에 대한 국제법과 규범의 적용, 인터넷 거버넌스를 포함한 사이버 공간 이슈가 중요한 정책 우선순위라고 언급했다. 그리고 사이버 위협이, 모든 이해당사자들(stakeholders)이 인터넷을 사용하여 경제 성장과 발전을 강화하는 동시에 사람들이 그들의 인권과 기본적인 자유를 행사할 수 있는 기반을 훼손한다는 것을 인정했다. 또한 다른 곳과 마찬가지로 사이버 공간에서도 국가들이 다른 국가들과의 안보, 안정성, 인권 및 경제적 유대를 증진시킬 특별한 책임이 있다는 것을 인정하였다. 그러한 목적을 지원하기 위해, 그들은 어떤 주도 기업이나 상업 부문에 경쟁 우위를 제공할 목적으로 영업 비밀이나 기타 기밀 사업 정보를 포함한 지적 재산의 사이버 사용을 수행하거나 고의로 지원해서는 안 된다고 단언했다. 이들은 UN GGE 2015년 보고서를 승인하고 기존 국제법이 사이버 공간에서의 국가 행위에 적용된다는 점을 확인했으며 모든 국가가 자발적이고 구속력이 없는, 사이버 공간에서의 책임 있는 국가 행동의 평시 규범에 따라야 한다는 입장을 고수했다.

IV. 추진 주체의 구성 원리

1. 추진체계 및 조직구조

국가는 자국이 보유한 사이버 기술 수준과 주요 기반시설 체계뿐만 아니라, 국내외 유해세력 및 잠재적 적대국가로부터의 해킹 및 사이버 범죄, 그리고 사이버 공격에 대한 위협, 피해 수준에 따라 자국의 사이버 안보전략을 수립하고 이에 따른 추진체계와 거버넌스 아키텍처를 구성한다.

스웨덴 정부 조직에서는 사이버 안보의 국가전략을 총괄 및 감독하는 범정부 차원의 컨트롤타워(control tower)[9]는 따로 설치되어 있지 않으며, 기존 안전보장법(*Protective Security Act* 1996:627)과 안전보장규정(*Protective Security Ordinance* 1996:633)에서는 사이버 안보 전략 및 정책을 추진하는 데 있어서 감독(Tillsyn, supervision) 업무를 스웨덴군과 안보경찰국이 주로 담당하였으나, 2019년 4월 1일 발효된 새 안전보장법(*new Protective Security Act* 2018:585)과 안전보장규정(*Protective Security Ordinance* 2018:658)에 의해 〈그림 9-5〉와 같이 민간비상국(MSB)을 중심으로 추가 실무부처들로 이루어진 사이버 안보의 정부조직을 구성하였다.

스웨덴의 사이버 안보를 담당하고 있는 주요 8개 실무기관들은 크게 3개 부처에 나눠져 있다. 국방부 산하 민간비상국(MSB), 국방군수청(FMV), 국방전파국(FRA), 스웨덴군(FM), 군사정보보안국

---

9   미·중·일·러 등 주요 국가에서 사이버 안보를 수행하는 각국의 체계는 다르게 나타나며, 특히 사이버 안보를 총괄 및 감독하는 컨트롤타워(관제기구)의 설치 여부 또한 각국의 고유한 정부 기능 및 거버넌스 아키텍처에 의해 영향받는다.

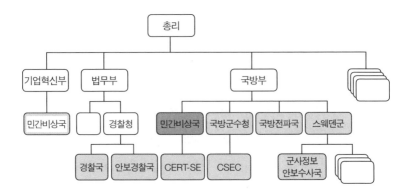

그림 9-5. 스웨덴의 사이버 안보 정부조직

(MUST) 등 5개 기관이며, 법무부의 경찰국(Polisen), 안보경찰국
(SÄPO), 그리고 기업혁신부의 우편통신국(PTS) 등이다. 이 중 통상
적인 기능을 담당하고 있는 경찰국과 스웨덴군을 제외한 6개 기관에
대해 살펴보고자 한다. 우선 스웨덴의 사이버 안보 업무를 실질적으
로 총괄하고 있는 민간비상국(MSB, Myndigheten för samhälskydd
och bereskap, Civil Contingencies Agency)은 2009년 1월 당시 스웨
덴 구조대(Räddningsverket, Rescue Services Agency)와 국립 심리국
방위원회(Styrelsen för psykologiskt försvar, Swedish National Board
of Psychological Defence), 그리고 비상사태 관리국(SEMA) 등 3개 기
관을 통합하여 출범하였다. MSB는 시민 보호(civil protection), 공공
안전(public safety), 긴급사태 관리(emergency management)와 민방
위(civil defence) 등과 관련한 업무를 담당하고 있다. 당해 기관의 책
임 범위는 다른 기관이 담당하지 않는 한, 포괄적으로 관할하고 있으
며, 책임 권한은 긴급사태 혹은 위기 상태뿐만 아니라, 그 이전과 이
후까지 포함한다. 따라서 MSB는 지방자치체(municipalities), 주 의회

(county councils), 다른 기관들(other authorities), 그리고 민간 영역 (private sector) 등과 긴밀하게 협력하고 있다. 특이한 점은 MSB가 국방부 산하 기관임에도 불구하고, 스웨덴의 정부 조직 운영방식에 의해, 해당 장관의 지시를 받지 않고 독립적으로 운영되고 있다는 점이다. 다만 스웨덴 정부는 MSB에 대해 지침(a body of instructions)과 연간 예산 책정액(an annual appropriation)을 통해 간접적으로만 영향력을 끼칠 수 있는 것이다. 즉 지침을 통해 MSB의 책임과 업무를 한정시키며, 예산 책정액은 MSB의 행정과 활동에 배정되는 자원뿐만 아니라, 목표와 보고 의무를 부과하는 것이다.

국방부 산하기관임에도 불구하고 민간기관의 성격을 가진 국방군수청과 국방전파국이 있다. 국방군수청(FMV, Defence Materiel Administration)은 미래 네트워크 기반 방어에 적응해야 하는 새로운 방어 장비의 설계와 조달에 대한 관리를 담당하고 있으며, 3,400여 명의 직원을 고용하고 있다. 다음으로 국방전파국(FRA. Försvarets radioanstalt, National Defense Radio Establishment)은 국방부 산하 정부기관으로, 군사정보비밀국(MUST)의 일부가 아닌, 민간기관이다. 당해 기관의 주요 업무는 신호정보(SIGINT)와 정부기관과 국영기업의 컴퓨터 보안 지원이다. 국방전파국의 주요활동은 4개의 부서로 나누어 이루어진다. ① 신호정보서비스(Signalunderrättelsetjänsten), ② 인터넷 작업부서(Avdelningen för cyberverksamhet), ③ 내부지원 서비스부서(Avdelningen för verksamhetsstöd), ④ 기술 개발과 기타 기술 지원부서 등이다. 또한 자체적으로 어떠한 감시를 시작할 수 없으며, 스웨덴 정부 및 총리실(Offices), 군(Armed Forces), 국립경찰위원회(Swedish National Police Board), 안보경찰국(SÄPO)으로부터 하달된 임무만을 운영한다. 해외 국가의 군사력, 해외 군사작전 지원, 타 국가의 대량살상무기의 개발 및 확산, 국제 테러리즘, 국내 민간 정보시스템에 대한 해외 IT 공격, 권위주의 국가의 인원법 등 정보 탈취와 관련한 결정과 감독은 국방정보법원(Defence Intelligence Court)와 국방정보위원회(the Defence Intelligence Commission)에 의하며, 개인정보 보호와 관련한 추가적인 감독은 데이터보호국(Swedish Data Protection Authority)에 의한다. 국방전파국의 활동은 입법에 의해 제한된다. 특히 국방전파국이 스웨덴 내에 송신자와 수신자의 신호를 획득하는 것은 법으로 엄격하게 금지하고 있다.

스웨덴의 정보기관으로서는 군사정보보안국(MUST)과 안보경찰국(SÄPO)이 있다. 국방부 산하 군사정보보안국(MUST, Militära underrättelse- och säkerhetstjänsten, Swedish Military Intelligence and Security Service)은 스웨덴군(FM) 중앙 사령부 소속 부서이다. 주로 해외 정보를 담당하며, 정부와 최고군사령관에게 정보를 제공하는 책임을 맡고 있으며, 군의 중요 부서들과 기관들의 보안을 관리하고 있다. MUST는 유관 기관들인 국방전파국(FRA), 국방연구소(FOI, Totalförsvarets forskningsinstitut, Swedish Defence Research Agency), 국방군수청(FMV) 등과 협력하고 있다. 그리고 법무부 산하 안보경찰국(SÄPO, Säkerhetspolisen, Swedish Security Service)은 1989년까지는 경찰청 산하 보안국(RPS/Säk, Rikspolisstyrelsens säkerhetsavdelning)이었으나, 2015년 1월 1일 이후 독립기관(autonomous agency)이 되었다. 당해 기관의 주 임무는 방첩(counter-espionage), 대테러(counter-terrorism), 현직 정부 인사의 경호, 그리고 헌법 수호에 있다. 즉 국가안보와 관련된 사건과 테러리스트 범죄를 주로 담당하지만, 이들은 범죄에 대한 수사보다는 이를 예방하는 데에 주력하고 있다. 당해 기관은 국장, 최고운영책임자(COO, Chief Operating

Officer), 부책임자 등 실무인원과 작전사무실, 4개 부서 및 사무국
으로 이루어져있다. 1974년 정부조직법(Instrument of Government
1974:152)에 의해, 정부(government) 혹은 각부 장관(minister)은 기
관 차원에서 특정 사건을 어떻게 결정할지, 혹은 어떤 법을 적용할지
결정하는 데에 영향을 끼칠 수 있는 권한을 가지지 못하게 하였다. 이
법은 안보경찰국(SÄPO)에도 동일하게 적용된다. 다른 정부기관들과
마찬가지로, 안보경찰국의 작전은 지침, 규제 서신 및 정부로부터 받
는 보조금에 의해 통제된다. 그리고 연례 보고서에서 정부에 일 년에
한 번 보고해야 할 의무가 부여되며, 주 규정에 따라 정부는 매년 예
산 기준을 제출한다. 다만 안보경찰국을 다른 정부기관들과 구별하는
점은 관리, 기획 및 보고와 관련하여 대부분의 문서들이 국가 안보와
관련하여 기밀로 분류된다는 것이다. 위에 열거된 서류들 중 보조금
을 제출하는 규정 및 규정의 일부만 공개된다. 안보경찰은 안보 업무
의 역량 내에서 정보(intelligence)와 안보 업무(security work)를 수행
하며, 당해 기관의 감독 기관은 의회의 옴부즈만(Riksdagens ombuds-
man or Justitieombudsmannen, Swedish Parliamentary Ombudsman,
JO), 법무부 장관, 감사국, 보안 및 청렴성 보호위원회(the Security
and Integrity Protection Board)이다. 안보경찰국의 활동을 규제하는
규정은 1984년 경찰법(Polislag 1984:387)이며, 경찰과 안보경찰국이
수행하는 경찰업무에 대한 규정을 담고 있으며, 경찰법시행령(Polis-
förordning 2014:1104)과 안보경찰에 관한 경찰법시행령(Förordnin-
gen (Ordinance with instructions for the Security Police) 2014:1103)
등이다.

　　마지막으로 법무부 산하 경찰국(Polismyndigheten, Police Au-
thority, Polisen)과 기업혁신부 산하 우편통신국(PTS, Post- och tel-

estyrelsen, Swedish Post and Telecom Authority)은 민간 영역을 관할하는 기관들이다. 우편통신국은 전자 통신(electronic communication)과 우편 업무를 담당하고 있으며, 특히 인터넷과 관련한 자원 및 보호를 주로 담당하고 있다.

2. 사이버 안보 법제도

스웨덴의 헌법(Sveriges grundlagar, Basic Laws of Sweden)은 절대 왕정 시대인 14세기 중반에 제정되었으나, 제정 당시 절대 왕권의 수호 및 왕위 승계를 골자로 한 비민주적 헌법이었으며, 근대적 의미의 헌법은 1809년에 제정된 것으로 본다. 이는 1968년 및 1969년에 각각 일부 수정되었으며, 현재 단일 체계가 아닌, 네 개의 기본법(basic law)으로 구성되어 있다. 즉 정부조직법(Regeringsformen, the Instrument of Government 1974),[10] 언론자유법(Tryckfrihetsförordningen, the Freedom of the Press Act 1766), 표현의 자유에 관한 기본법(Yttrandefrihetsgrundlagen, the Fundamental Law on Freedom of Expression 1991) 그리고 왕권계승법(Successionsordningen, the Act of Succession 1810) 등으로 이루어져 있다. 헌법의 주요 내용은 주권재민, 국민의 기본권과 완전한 자유보장, 대의제 민주주의, 의회에 대한 우월한 지위 부여 등을 골자로 하며, 내각을 통한 민주적인 권력 행사를 명시하고 있다. 헌법을 구성하는 4대 기본법에는 포함되지 않지만 의회와 관련된 제반 사항을 규율하는 의회법(Riksdag Act)이 헌법에 준하는 주요 법률로서 헌법과 일반법의 중간에 위치해 있다. 특히

---

10 정부조직법(Instrument of Government)에 의해 스웨덴의 군주(국왕)로부터 거의 모든 정부 권한을 박탈하여, 그를 거의 전적으로 의례적이고 대표적인 역할로 축소시켰다.

정부조직법에 의해, 정부 기관(agencies)은 다른 기관과 독립되어, 책임 있고 자치적인 직무를 담당하도록 하고 있다. 즉 조직 운영에 대한 두 가지 원칙인, 책임과 보충성의 원칙을 명시하고 있다. 우선 책임(responsibility)의 원칙은 해당 직무의 담당기관은 평상시뿐만 아니라, 위기 시에도 책임을 져야한다는 것이다. 그리고 보충성(subsidiarity)의 원칙은 해당 직무에 대한 결정은 직무에 최대한 가까이 있는 곳에서 이루어져야 한다는 것이다. 이러한 정부기관의 독립적이고, 자치적인 체계로 인해 사이버 안보의 수행 체계 또한 수직적 구조가 아닌, 수평적 구조에 기반하고 있다.

앞서 살펴본 헌법 체계와 유사하게 사이버 안보 법체계 또한 단일법이 아닌, '옴니버스법'[11] 형태로 이루어져 있다. 여러 관련 법 가운데 사이버 안보와 긴밀하게 연계되어 있는 법은 안전보장법(*Säkerhetsskyddslag, Protective Security Act* 2018:585)[12]과 안전보장규정(*Säkerhetsskyddsförordning, Protective Security Ordinance* 2018:658)이다. 이는 기존에 시행되던 안전보장법(Protective Security Act 1996:627)과 안전보장규정(*Protective Security Ordinance* 1996:633)을 대체하여 2019년 4월 1일부터 발효되었다. 종전의 안전보장법(1996:627)에서는 사이버 안보 개념이 논의되고 도입되기 전이었기 때문에 '정보 보안(information security)' 개념을 다루었으

---

11   '옴니버스법'은 이 글에서 해당 영역이나 행위를 관할할 때, 단일법 형태가 아닌, 여러 법(안)을 통해 다층적으로 관할하는 형태를 의미한다. 이와 구분하여 '옴니버스 법안'은 시간에 쫓겨 회기 내 법안 처리가 불투명할 경우 여러 법안들을 묶어 일괄 처리하는 방식을 의미한다.

12   스웨덴의 안전보장법을 해외 일부 사이트에서는 the Security Protection Act로 표기하는 경우도 있으나, 본문에서는 스웨덴 정부기관의 영문 표기에 따라 the Protective Security Act로 표기한다.

며, 정보 보안을 물리적 보안(physical security)과 보안 심사(security screening)와 더불어 주요 3대 기본 안전보장 영역 중 하나로 중요하게 다루고 있다. 또한 동 법은 스웨덴에서 가장 민감한 안보 행위에 적용되며, 다양한 보호 조치에 대한 광범위한 요건을 포함하고 있었고 동 법을 통해 안보경찰국(SÄPO)과 스웨덴 군(FM) 등 두 개의 기관이 국가안보와 관련하여 정보 보안을 총괄하였다. 하지만, 사이버 위협의 초국경성, 무차별성 등의 속성으로 인해 실무 기관들 간의 협업 및 민관협력, 그리고 국제협력의 필요성이 높아지면서, 2019년 4월 1일 발표된 새 안전보장법(2018:585)과 안전보장규정(2018:658)에 의해, 종전의 안보경찰국(SÄPO)과 스웨덴군(FM)을 포함하여, 민간비상국(MSB)과 다른 실무부처들이 보강된 사이버 안보의 정부 조직이 새로 구성되었다. 다른 정부 및 실무기관들은 비상사태 대비태세와 감시책임기관 조치에 관한 시행령(*Förordning om krisberedskap och bevakningsansvariga myndigheters åtgärder vid höjd beredskap, the Ordinance on emergency preparedness and guardianship authorities' measures in the event of emergency preparedness* 2015:1052)에서 정한 정보보안 요구조건에 따라 운용되고 있다. 이 외에 정보 보안에 관한 규정은 기록보관법(*Arkivlag, Archives Act* 1990:782), 개인정보법(*Personuppgiftslag, Personal Date Act* 1998:204), 전자통신법(*Lag om elektronisk kommunikation, Law on electronic communication* 2003:389)에 근거하고 있으며, 정보 보안에 대한 국가 전략은 시민 보호과 준비태세 법안(Regeringens proposition 2001/02:158)[13]과 비상

---

13 The objective should be to establish high information security throughout society, which entails that disturbances to critical societal functions will be possible to prevent or properly deal with. The strategy for achieving this objective should, as well

사태 협력 법안(Regeringens proposition 2005/06:133)[14]을 근거하였고, 2005년 정보 보안 위원회의 보고서(*Säker information. Förslag till informationssäkerhetspolitik*. Secure information – proposals on information security policy, SOU 2005, 42)에 근거하였다.

앞서 3절에서 언급하였듯이 스웨덴 법무부가 2015년 제출한 조사보고서(SOU 2015, 23)를 통해 정보 보안(information security)의 개념과 사이버 안보(cyber security) 개념을 논의하였다. 특히 2019년 새 안전보장법의 가장 두드러진 변화는 종전의 비밀정보(secret information) 개념을 극비(Top secret, qualified secret in case of a very serious injury), 비밀(Secret, secret in case of a serious injury), 기밀(Confidential, confidential in case of insignificant injury), 그리고 제한(Restricted, limited secret in case of only minor injury) 등 네 개의 등급으로 세분한 것이다(보고서 2장 5절 참조). 그리고 "기타 보안에 민감한 활동(other security-sensitive activities)" 항목을 추가하였는

as other civil emergency management, be based on the responsibility principle, the similarity principle and the proximity principle.

Fundamentally, the entity responsible for an information processing system is also responsible for the system having the necessary security for the system to function in a satisfactory manner. An important role for the government is therefore to attend to all of society's needs for information security and to take the measures that cannot be reasonably assigned to the individual system owner.

To prevent serious information-related attacks against Sweden, the work of the intelligence and security service should be strengthened.

14　The strategy for information security established by the government in 2002 should be further developed to also encompass the ability to detect, counteract and take action in conjunction with disturbances in critical societal IT systems. Trust and assurance in using IT should be increased. Increased security and improved integrity protection should be sought. An action plan for information security should be prepared based on a national strategy for information security work.

데, 예를 들어 의료, 에너지 공급 및 운송 분야와 같이 사회 기능에 있어 핵심적 중요성이 있는 IT 시스템을 포함하는 것이다. 즉 "기타 보안에 민감한 활동"이라는 용어 자체가 기밀정보(classified information)로 구성되어 있는 정보자산을 의미하지는 않는다. 하지만 이 용어는 정보의 접근성 및 정확성에 관한 안전 보장(a security protection regarding the accessibility and accuracy of the information)에 의해 보호되어야 하는 민감한 활동에 매우 중요한 IT 시스템을 가리키게 된다. 앞서 살펴본 대로 새로 발효된 안전보장법은 한편으론 최근 몇 년 동안의 기술 발전에 대한 대응이며, 또 다른 한편으론 보호할 가치가 있는 정보를 바라보는 우리의 시각 변화에 기인한다. 즉 기존 안전보장법(1996:627)은 국가안보에 특별히 초점을 두었던 반면, 새 안전보장법(2018:585)은 일반인을 포함한 개인의 활동도 국가안보의 틀 안에 포함시켜야 함을 명시한 것이다. 새 법에 대한 추가 주장은 다음과 같이 정리할 수 있다. ① 개념으로서 국가의 안보는 넓어져야 하며, 국가의 대내외 경계는 오늘날의 도전에 대응하는 방식으로 정의되어야 한다. ② 증가하는 사이버 보안 범죄 및 기타 비정부적 위협의 존재 ③ 디지털화가 정보 관리 및 데이터 보호에 미치는 영향 ④ 책임소재의 복잡성 증가, 예를 들어 아웃소싱, IT 공유 인프라 및 운영 ⑤ 사업 또는 기타 민간 활동의 일부로서 정보 공유 등이다. 따라서 새로 발효된 안전보장법을 통해 스웨덴의 사이버 안보 전략은 IT 시스템에 대한 위협 및 위험 분석, 운영 신뢰성 및 IT 사고 방지 및 관리 측면에서 변화하고 있다.

3. 정보공유와 민관협력

현대 정보사회의 복잡성과 다원적 성질, 기술 및 데이터의 급격한 발

전 등 사이버 안보가 다루어야 할 대상의 속성으로 인해 정부기관들뿐
만 아니라, 민간 분야와의 자율적이면서도 효과적인 협업을 필요로 한
다. 또한 사이버 안보 분야의 협력 관계는 평상시에도 중요하지만, 위
기 혹은 비상사태 등 심각한 사회적 기능의 차질이 발생하였을 경우
이를 대처하고 관리할 수 있는 운영능력을 배양하는 데 필수적일 것이
다. 여기에는 스웨덴 중앙정부 당국, 지방자치 및 주 의회, 무역 및 산
업 및 이익단체와 같이 스웨덴 내 서로 다른 이해관계자들 간의 협력
이 포함되며, 국제 협력도 포함된다. 이처럼 사이버 안보의 다양한 협
력 형태를 이에 참여하는 행위자들을 중심으로 살펴본다면, 정보 보
안 협력단(SAMFI)과 심각한 IT위협에 반대하는 공동협의회(NSIT)와
같이 정부조직 내 실무부처들 간의 정보공유 및 협력체계와, 정보보
안에 관한 정보공유포럼(FIDI)와 같이 정부실무부처를 포함하여 민
간 분야 및 이해당사자들로 구성된 민관협력으로 구분할 수 있다. 우
선 정보 보안 협력단(Samverkansgruppen för informationssäkerhet,
Cooperation Group for Information Security, 이하 SAMFI)은 스웨덴
의 사이버 안보 협력분야에서 정보자산 확보를 위한 작업을 통해 중
요한 역할을 담당하고 있다. 즉 SAMFI는 사이버 안보 분야에서 특별
한 임무(tasks)를 담당하는 중앙 정부 당국기관으로 구성되어 있으며,
MSB가 설치되기 이전에는 SEMA가 주도하였다. 당시에는 스웨덴군
(FM), 국방군수청(FMV), 국방전파국(FRA), 우편통신국(PTS), 경찰
청(Rikspolisstyrelsen, Swedish National Police Board, RPS) 그리고
Verva(Swedish Administrative Development Agency)가 참여하였다.
2009년 MSB가 설치된 이후에는 〈그림 9-6〉과 같이 FMV, FRA, PTS,
경찰국(Polisen)과 안보경찰국(SÄPO)으로 구성되었다. SAMFI는 다
음과 같은 역할을 담당하고 있다. 첫째, 정부의 사이버 안보 조정 활

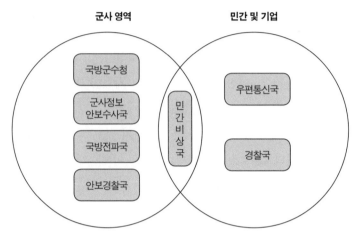

그림 9-6. SAMFI 구성

동을 공식화, 개발 및 심화한다. 둘째 사이버 위협과 위험에 대한 보
다 체계적인 분석과 시행된 보안 조치의 인식에 기여한다. 셋째, 정부
의 사이버 안보 부문에서의 취약점을 예방하고, 이를 준수하며, 시정
한다. 넷째, 정부 업무의 사이버 위협과 위험 수준에 대한 현황 보고를
받는다(Wallström 2015).

그리고 정부기관 내 안보협력 포럼의 형태로서, 심각한 IT위협에
반대하는 공동협의회(NSIT, the National Cooperative Council against
Serious IT Threats)는 가장 안보에 민감한 국익에 대한 심각하거나
적격한 사이버 공격과 관련한 위협과 취약성을 분석하고 평가한다.
NSIT는 MUST를 통해 안보경찰국(SÄPO), 국방전파국(FRA), 그리고
스웨덴군으로 구성된다.

한편 민관협력은 민관 이해당사자 간에 자발적이고 합의된 형태
로서 이루어지고 있다. 이 중 하나의 플랫폼은 MSB가 설립하여 운
영하는 정보 보안에 관한 정보공유포럼(Forum för informationsdeln-

ing om informationssäkerhet, Forum for information sharing about information security, 이하 FIDI)이다. 여기에는 FIDI 텔레콤, 스웨덴 CERT 포럼, FIDI 파이낸스, FIDI 건강 및 사회보장, FIDI 운영, 그리고 FIDI SCADA 등 분야별 FIDI 가 설립되어 운영되고 있다. 예를 들어, FIDI for suppliers of IT operations은 2016년에 설립되었으며 MSB와 Basefarm, CGI, DXC Technology, EVRY Sweden AB, Microsoft, IBM, Proact, Tieto Sweden AB 등 IT 운영 업체 및 CERT-SE 공급업체를 포함하고 있다. 참여한 이해당사자들과 MSB는 참가자들의 우선 순위에 따라 정보, 지식 및 고유 정보를 공유하고 있다. 그리고 전자통신 분야에서도 NTSG(National Telecommunications Coordination Group)를 두고 있다. NTSG는 사회의 유사시 국가 주요전자통신기반의 복원력을 지원하기 위한 자발적 협력 포럼이다.

V. 맺음말

앞서 제2절에서 제기된 2개의 카테고리, 6개의 질문에 대한 제3절과 제4절의 내용을 정리하고자 한다. 첫 번째 질문: 스웨덴의 사이버 안보 전략은 국가안보전략 전반에서 어떠한 위상, 방향, 강조점, 내용을 가지고 있는가? 스웨덴은 사이버 안보 전략에서 사회 안보(Societal security) 측면을 강조하고 있다. 이는 총력 방위라는 개념으로부터 파생 혹은 병렬 관계에 가깝다. 즉 총력 방위란 민간 방위(civil defense)와 군사 방위(military defense)가 유기적으로 협업하는 과정에서 이루어지는 것이다. 따라서 사이버 안보전략은 평화 시뿐만 아니라, 위기 상황, 그리고 전쟁 상태에서도 반드시 필요한 것이다.

두 번째 질문: 스웨덴의 국방전략, 특히 사이버 국방전략에서 사이버 위협으로 여겨지는 행위자(국가 혹은 비국가단체 등)는 누구인가? 이를 대응하는 실천전략과 대응태세의 특징은 무엇인가? 스웨덴에게는 러시아의 군사안보적, 실체적 위협뿐만 아니라, 사이버 공격 등 사이버 공간상 위협요인 존재한다. 군사안보적 차원의 국방안보전략과 사회안보적 차원의 사이버 안보전략을 병행하고 있다.

세 번째 질문: 스웨덴의 사이버 안보 분야의 국제협력은 어떻게 이루어지고 있는가? 사이버 안보 분야에서 주변국과의 공조체제 구축 및 지역 차원의 국제협력에 참여, 그리고 국제규범 형성 과정에 대한 입장은 어떠한가? 스웨덴의 사이버 안보에 대한 국제협력은 다양한 층위에서 이루어지고 있다. 즉 실제 국제협력이 이루어지는 국가 간의 관계는 양자관계, 북구지역 국가들 그리고 PESCO, EU 등 지역안보 및 연합 차원 등이다. 반면에 러시아의 군사적 긴장을 유발할 수도 있는 NATO와의 간격은 적절히 조정하면서 긴밀한 협력 관계 구축하고 있다.

네 번째 질문: 스웨덴의 사이버 안보에 대한 추진체계는 어떤 형태인가? 사이버 안보 분야의 업무를 조정하는 컨트롤타워의 설치 여부 및 실무전담기관과의 관계설정, 그리고 실무전담기관의 설치 위치는 어떠한가? 스웨덴 총리실 산하 컨트롤타워는 존재하지 않는다. 스웨덴 국가의 특성상 국방부의 영향력이 크기 때문에, 기존 스웨덴 군과 안보경찰이 담당하고 있는 사이버 안보 분야를 민간 및 기업 영역과의 공조 및 협업을 위해서 국방부 산하의 민간기관이라는 중층적 성격을 지닌 MSB가 담당하게 된 것은 당연할 수도 있다.

다섯 번째 질문: 스웨덴의 사이버 안보 대응력 강화를 위한 법제도의 정비 여부 및 그 형태는 어떠한가? 스웨덴의 사이버 안보에 대한

단일법은 제정되지 않았고, 정보 보안에 관한 기존 법을 개정하고 그 세부 시행령을 부설하여 새로이 부상한 사이버 안보 분야를 포괄하고 있다.

　여섯 번째 질문: 스웨덴의 사이버 위협정보 공유를 위한 민관협력 시스템이나 사이버 안보와 개인정보 보호의 조화로운 발전을 추구하는 방식은 어떠한가? 스웨덴의 사이버 안보 실무담당 정부기관들 간의 정보공유 및 협력을 위해 SAMFI를 설치하고 운영하고 있으며, 민관 협력에는 주요 분야에 FIDI를 설치 및 운영하고 있다.

　이상의 여섯 개의 질문과 답변을 고려하여, 앞서 제2절에서 제시한, 사이버 안보 전략의 유형화 모델에 따라 대내외 정책지향성을 의미하는 가로축(X축)과 추진 주체의 구성 원리를 의미하는 세로축(Y축) 등 두 가지 기준을 바탕으로, 이 연구에서 분석한 스웨덴의 사이버 안보 전략은 〈그림 9-7〉과 같이 위치시켜 볼 수 있다.

　스웨덴의 사이버 안보 전략에서는 민간비상국(MSB)의 총괄적 역할을 강조하고 있지만, 정보보안 및 사이버 보안을 규정하는 기존 안전보장법(1996:627)뿐만 아니라, 새 안전보장법(2018:585)에서는 안보경찰국(SÄPO)과 스웨덴군(FM)의 역할을 국가 안보와 관련하여 여전히 명시하고 있다. 또한 스웨덴의 사이버 안보 전략에는 스웨덴 왕국과 국민에 대한 보호, 국가 안보와 관련된 기밀 보호 등 정치사회적 논리를 바탕으로 한 타국에 의한 내정불간섭과 국가 주권(Swedish sovereignty)을 중시(*Sweden Defence Policy 2016 to 2020* 2015.)하는 '거버먼트 프레임'의 속성과, 정보 및 네트워크의 보안과 지식 재산과 개인 정보 보호에 대해 유럽 연합, 글로벌 메커니즘을 지향하는 '거버넌스 프레임'이 복합적으로 담겨져 있다. 따라서 MSB의 리더십을 중심으로 사이버 안보 분야의 정부기관 내 협의체인 SAMFI와 민관협

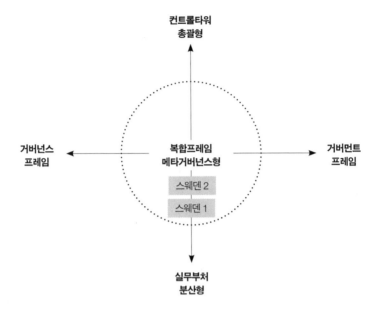

그림 9-7. 스웨덴의 사이버 안보전략
출처: 김상배(2017), p.74를 참조하여 수정

력을 위한 FIDI포럼을 분석해보면, '실무부처 분산형'의 스웨덴1로
부터 점차 정부기관과 민관협력에 유리한 구조인 '메타 거버넌스형'의
스웨덴2로 이동하고 있는 것으로 볼 수 있다.

스웨덴 사회를 표현하는 용어 중에 '스웨덴 방식(Swedish Way)'
이라는 것이 있다. 예를 들어, 스웨덴과 미국 각각 어느 지역에 터널을
건설한다고 한다면, 미국 정부기관과 지자체는 빠른 시일 내에 가장
빨리 공사를 시작하고 진행할 수 있는 공사업자와 계약하려고 한다.
만약 이미 시작한 공사에서 문제가 발생한다면, 이를 극복 혹은 제거
할 수 있는 최적이자 최단의 방법을 모색해서 적용함으로써 터널 공사
를 적정시일 내에 완료한다고 한다. 이에 비해 스웨덴에서 터널 공사

를 준비할 때에는 공사를 추진하는 기관과 지방 지차제, 해당 지역의 주민, 그리고 공사업자 등이 모두 모여서 터널 공사를 진행할 위원회를 설치하고 관련 논의를 시작한다고 한다. 이 논의는 전체 공사기간의 절반 가까이를 차지할 정도로 오래 걸린다고 한다. 오랜 논의가 끝난 후에, 비로소 공사를 시작한다. 만약 공사 중 문제가 발생했을 때, 그 문제는, 이미 시작 전 논의 과정 중에 나왔던 것이며, 물론 이에 대한 해결책 또한 나와 있다는 것이다. 결국 스웨덴과 미국에서의 터널 공사는 비슷한 시기에 완료된다는 것이다.

앞서 예시에서 볼 수 있듯이 스웨덴의 정부 기관은 수직적 구조가 아닌 수평적 구조로 구성되어 있으며, 개별 실무부처의 역할과 책임이 관련 기구법이나 수권법에 구분되어 있다. 즉 철저한 분업에 따른 책임과 의무로써 운영되고 있는 것이다. 하지만, 전 정부 기관들이 협업해야만 하는 사이버 안보 분야에서는 이러한 조직의 분절적 특성이 자칫 걸림돌이 될 수도 있다. 이러한 구조적 한계에 대해 스웨덴 정부는 사이버 안보에 대응하여 조직 개편이 아닌, 관련 정부기관들로 이루어진 여러 위원회와 협의체를 구성해서 자국의 사이버 안보의 거버넌스 체계를 모색하고 있다. 종전의 정보 보안 개념에서는 안보경찰국과 군 조직이 사이버 안보 등 국가안보를 주로 담당하였지만, 급변하는 기술 사회적 환경에 대응해야만 하는 사이버 안보 분야에서는 각 실무부처들과 이해당사자들 간의 오랜 논의 끝에 MSB를 중심으로 실무부처들 간 SAMFI와 민관협력을 위한 FIDI 등을 구성했다. 즉 스웨덴의 사이버 안보 분야의 실무를 담당하고 있는 정부기관들 간의 정보 공유 및 협업을 위해 SAMFI를 구성하여 운영하였고, 그 협의체의 리더십을 MSB에게 일임하였다. 이는 안보경찰국과 스웨덴군이 가졌던 사이버 안보 총괄 권한을 국방부 내 민간기관이지만, 민간 영역과 맞닿고 있는 MSB에게 부여함으로써, 보다 원활한 민관협력을 꾀하고 있다. 물론 안보 측면에서 가장 위협적인 러시아로부터의 실체적, 영토적 무력 분쟁이나 전쟁의 위험도 적지 않지만, 이와 연계될 가능성이 높은 사이버 공격, 심리전, 가짜뉴스 등의 하이브리드 전략 측면에서도 MSB의 역할은 다양해지고 있으며, 그에 따라 책임도 막중해지고 있다. 전략적, 조직적 변화에 맞춰 사이버 안보의 법제도 과정에서 기존 개념인 '정보보안'과 새 개념인 '사이버 안보' 간의 법적, 전략적 논의를 통해 사이버 위협에 대해 포괄적으로 대응하고자 하였다. 사이버 안보의 국제협력 차원에서는 스웨덴은 노르딕 협력을 기반으로 노르딕 국가들 간의 방위협력, 노르딕 방위협력(NORDEFCO)을 통해 사이버 안보와 관련한 기술 및 정보 공유를 강화하고 있으며, 역내 사이버 전문 인력에 대한 교육 및 훈련 또한 이루어지고 있다. 이러한 노르딕 협력 모델은 발틱 국가들에 대한 지원을 통해 노르딕-발틱 협력 모델로 확장되고 있으며, 이는 참여국의 공통적 위협 국가인 러시아에 대한 집단적 안보협의체를 구성하고 있다. 이러한 노르딕-발틱 안보협의체는 기존의 NATO 및 UN 체제를 대체하는 것이 아닌, 보충·보완적 성격을 취하고 있다. 따라서 노르딕-발틱 협력 모델은 안보위협 국가인 러시아에 대항하여 일관적인 안보 정책과 전략을 구사할 수 있으며, 국제협력을 통해 참여국들의 역량 강화뿐만 아니라, 방위 비용의 공동 부담을 통해 효율적인 국방 예산을 편성할 수 있다. 또한 미국과 주요 국가들과의 사이버 안보 협력관계에서도 상대적으로 소규모인 북유럽 국가 차원이 아닌, 노르딕-발틱 협력체를 구성하여 사이버 안보 분야에서 협상력을 높이고 있는 것이다.

참고문헌

강광식. 1989. 『중립화 정치론: 한반도 적용 가능성 모색』 서울: 인간사랑.
김상배. 2014. 『아라크네의 국제정치학: 네트워크 세계정치이론의 도전』 서울: 한울.
_____. 2017. 「세계 주요국의 사이버 안보 전략: 비교 국가전략론의 시각」.
　　『국제 · 지역연구』 26(3), pp.67-108
_____. 2018. 「중견국의 사이버 안보전략: 분석틀의 모색」. 2018년 9월 21일 발표.
　　서울대학교 국제문제연구소.
김진호 · 강병철. 2007. 「스웨덴과 핀란드의 중립화의 정치」. 『유럽연구』 25(3), pp.49-87.

국방일보. "적 항공기 방사신호 감지력 탁월." 2018. 4. 13.
데일리시큐. "스웨덴 교통국, 공공기관 정보 유출." 2017. 7. 27.
보안뉴스. "스웨덴, 총선후 131일 만에 뢰벤 총리의 중도좌파정 재출범." 2019. 1. 18.
_____. "全국민의 차량 등록정보 유출시킨 스웨덴 정부." 2017. 7. 25.
연합뉴스. "스웨덴 차기총리 후보에 뢰벤 지명…18일 인준안 통과 가능성." 2019. 1. 17.
_____. "신냉전 완연… 스웨덴 '전쟁대처요령' 반세기 만에 민간에 배포." 2018. 1. 18.
조선일보. "세계 최대 해운사 몰러머스크, 랜섬웨어 공격에 시스템 마비." 2017. 6. 28.
NEWSIS. "스웨덴, 러시아 위협 고조로 7년 만에 징병제 부활." 2017. 3. 3.
SBS News. "스웨덴 · 덴마크, 러시아 '가짜뉴스' 공동대응 위해 협력 강화." 2017. 8. 31.

Anderson, Stanley V. 1967. *The Nordic Council: A Study of Scandinavian Regionalism.*
　　Seattle: Univ. of Washington.
Brundtland, Arne Olav. 1966. "The 'Nordic Balance': Past and Present." *Cooperation and*
　　Conflict. No. 2, pp.30-63.
Helliwell, John F., Layard, Richard and Sachs, Jeffrey D. eds. 2019. *World Happiness*
　　Report 2019. Sustainable Development Solution Network.
Jacob Poushter and Janell Fetterolf. 2019. *International Publics Brace for Cyberattacks*
　　on Elections, Infrastructure, National Security. Pew Research Center.
Jessop, Bob. 2003. *The Future of the Capitalist State.* Cambridge: Polity Press.
Kunz, Barbara. 2015. "Sweden's NATO Workaround: Swedish security and defense policy
　　against the backdrop of Russian revisionism." *Focus strategique,* No. 64. November
　　2015.
Lindgren, R. E. 1959. *Norway-Sweden: Union Disunion, and Scandinavian*
　　Intergration. N.J.: Princeton University Press.
Stourch, Generals. 1971. "Some Reflection on Permanent Neutrality," August Schou &
　　Arne Olav Brundtland. eds. *Small States in International Relations.* New York:
　　Wiley Interscience Division.

Wallström, Peter. 2015. *Cyber Security Strategy in Sweden – work in progress.* Briefing at the 2nd ENISA National Cyber Security Strategies Workshop, May 13.

2017. "Big data means big risk, Swedish Transport Agency leak shows," ComputerWeekly. com, July 25.

2017. "Denmark and Sweden boost defence ties to fight Russian cyber-attacks," The Guardian, August 31.

2017. "Nordic states deepen cyber defence collaboration," ComputerWeekly.com, November 13.

2018. "Sweden steps up cyber defence measures," ComputerWeekly.com, January 08.

2018. "Finland, Sweden and US sign trilateral agreement, with eye on increased exercises," Defense News, May 9.

2019. "Sweden to train 'cyber soldiers' during military service," ComputerWeekly.com, January 16.

2019. "International defence forces complete Exercise Northern Wind," Military Simulation & Training Magazine, March 27.

2019. "FOI: Ryssland övar på storskaligt krig," *Svenska Dagbladet,* February 5.

2019. "Lag nästa år: Sverige och Finland får försvara varandra(Law next year: Sweden and Finland may defend each other)," *Dagens Nybeter,* February 8.

OECD. 2018. *OECD Reviews of Digital Transformation: Going Digital in Sweden.* OECD Publishing: Paris.

Symantec. 2018. Global Comparisons. 2017 Norton Cyber Security Insights Report.

World Factbook. 2019. List of Countries by GDP(nominal) per capita, *International Monetary Fund World Economic Outlook*(October-2018). The World Factbook.

SEMA. 2008. *Information Security in Sweden: Action plan 2008-2010.* Swedish Emergency Management Agency.

MSB. 2011. *Strategy for Societal Information Security in Sweden(Information Security in Sweden) 2010-2015.*

_____. 2012. *Sweden's Information Security: National Action plan 2012.*

_____. 2018. *If Crisis Or War Comes(om krisen eller kriget kommer). Important Information for the Population of Sweden.*

NDC. 2009. *Memorandum of Understanding between the ministry of defence of the Kingdom of Denmark and the ministry of defence of the republic of Finland and the ministry for foreign affairs of Iceland and the ministry of defence of the Kingdom of Norway and the Government of the Kingdom of Sweden on Nordic Defence Cooperation, MOU on Nordic Defence Cooperation.* Nordic Defence Cooperation.

_____. 2018. Nordic Defence Cooperation Vision 2025. Nordic Defence Cooperation.

SAMFI. 2019. *National Action Plan for Societal Information and Cyber Security.*

SDC. 2017. *Resilience, The Total Defence Concept and the Development of Civil Defence 2021-2025(Ds 2017:66).* Swedish Defence Commission secretariat.

_____. 2019. *Defensive power, Sweden's Security Policy and the Development of its Military Defence 2021-2025.* Swedish Defence Commission secretariat.

No.6262 *The Treaty of Co-operation Between Denmark, Finland, Iceland, Norway and Sweden(the Helsinki Treaty).* Agreement concerning co-operation.

N2017/03643/D. *För ett hållbart digitaliserat Sverige – en digitaliseringsstrategi (For a sustainable digitalized Sweden - a digitalization strategy.).* Regeringskansliet.

Committee Report. Försvarsutskottets(Defense) betänkande 2008/09:FöU10.

Committee Report. Trafikutskottets(Traffic) betänkande 2011/12:TU1.

Regeringens proposition 2001/02:158. *Samhällets säkerhet och beredskap (civil security and preparedness).*

Regeringens proposition 2005/06:133. *Samverkan vid kris - för ett säkrare samhälle (coordination in the event of emergencies).*

Regeringens proposition 2008/09:140. *Ett användbart försvar (A Useful Defense).*

Regeringens proposition 2017/18:89. *Ett modernt och stärkt skydd för Sveriges säkerhet – ny säkerhetsskyddslag (A modern and strengthened Protection for Sweden Security).*

Riksdag Communication 2008/09:292.

Riksdag Communication 2011/12:87.

Riksdag Communication 2017/18:289.

RiR 2014:23. Informationssäkerheten i den civila statsförvaltningen *Informationssäkerheten i den civila statsförvaltningen(Information security in the civil administration).* Riksrevisionen.

Skr 2016/17:213. *Nationell strategi för samhällets informations- och cybersäkerhet (National strategy for society's information and cyber security. National Cyber Security Strategy).* Ministry of Justice.

SOU 2005:42. *Säker information. Förslag till informationssäkerhetspolitik (Secure information. Proposals on information security policy).* Delbetänkande av InfoSäkutredningen. Statens Offentliga Utredningar.

SOU 2015:23. *Informations- och cybersäkerhet i Sverige. Strategi och åtgärder för säker information i staten(Information and Cyber security in Sweden. Strategy and measures for secure information in the state).*

SOU 2015:25. *En ny säkerhetsskyddslag (new Protective Security Act).*

SFS 1984:387. *Polislag.* Ministry of Justice.

SFS 1990:782. *Arkivlag, (Archives Act).* Ministry of Justice.

SFS 1996:627. *Säkerhetsskyddslag (Protective Security Act)*. Ministry of Justice.

SFS 1996:633. *Säkerhetsskyddsförordning (Protective Security Ordinance)*. Ministry of Justice.

SFS 1998:204. *Personuppgiftslag. (Personal Date Act)*. Ministry of Justice.

SFS 2003:389. *Lag om elektronisk kommunikation, Electronic Communication Act*. Ministry of Justice.

SFS 2014:1103. *Förordningen*. Ministry of Justice.

SFS 2014:1104. *Polisförordning*. Ministry of Justice.

SFS 2015:1052. *Förordning om krisberedskap och bevakningsansvariga myndigheters åtgärder vid höjd beredskap (the Ordinance on emergency preparedness and guardianship authorities' measures in the event of emergency preparedness)*. Ministry of Justice.

SFS 2018:585. *Säkerhetsskyddslag (the Protective Security Act)*. Ministry of Justice.

SFS 2018:658. *Säkerhetsskyddsförordning (Protective Security Ordinance)*. Ministry of Justice.

제3부

중견국의 사이버 안보전략(2): 아시아·태평양

제10장

캐나다의 사이버 안보전략*

유인태 | 전북대학교

* 이 글은 『문화와 정치』 제6권 제2호(2019)에 게재된 논문을 수정보완한 것임

I. 머리말: 캐나다 사이버 안보의 보편성과 특수성

본고는 캐나다의 사이버 안보/보안/안전(이하 '사이버 안보'로 통일)에 대해 조명한다. 특히 정부 행위자들에 초점을 맞추는데, 이는 사이버 안보 이슈가 점차 정부의 핵심 책임 영역으로 인식되어온 추세 때문이 다(Public Safety Canada 2014). 정부 행위자들과 관련해서는 국가전 략과 외교·국방전략을 다룰 뿐 아니라, 주변·동맹 국가들 그리고 지 구적 무대에서의 행태를 살펴본다. 또한 이러한 전략을 추진할 사이버 안보의 국내 대응 및 추진체계를 그려보고자 한다.

　본고는 위와 같은 내용을 중심으로 분석하며 캐나다의 사이버 안 보 관련 행태가 큰 맥락에서 어떤 함의를 가지는가에 대해서도 논의한 다. 캐나다 정부의 사이버 안보전략은 2010년도에야 처음으로 정리되 어 발표되었기 때문에, 서방 선진국 사이에서 선도적인 입장에 있지는 않으나 전 세계적으로 보았을 때 많이 뒤처진 편도 아니라고 할 수 있 다. 즉, 국가가 사이버 안보에 대해 책임의식을 인식하는 시점은 그리 늦다고 볼 수 없다. 그리고 캐나다와 동맹국들 사이에는 사이버 안보 에 대한 태도에 있어 유사점이 존재한다. 사이버 위협은 점증하고 있 으며, 국가 안보에 중대한 사안이며, 민관 간에 협조적 대응이 요구된 다는 것이다. 또한 개방적이며 자유로운 정보의 흐름에 대한 강조 그 리고 다양한 이해당사자의 참여를 요구한다는 점에서 공통적이다.

　그러나 캐나다의 특수성도 있다. 다른 나라들에 비해 국제 전략적 관점이 미비하고, 영국에 비해 경제적 이익이 상대적으로 낮게 피력되 며 사이버 안보의 군사적 측면이 덜 강조되는 모습을 보인다(Deibert 2012; Zajko 2015). 그래서 사이버 안보의 비군사적 측면 또한 강조되 기도 한다. 통신장비 제조 기업인 중국의 화웨이에 대한 대응에서 나타나듯이, 사이버 안보 위협에 대해서는 가까운 동맹국들과 다른 행보를 보이기도 했다.

본고는 다음과 같은 구성을 한다. 우선 캐나다 사이버 안보에 대해 우선 국가 안보전략 맥락에서 살펴보고 캐나다 사이버 안보에 나타난 위협 인식, 국제협력, 추진체계, 법제도 정비, 그리고 정보공유 및 민관협력의 순으로 서술한다. 결론에서는 상기의 내용을 요약 및 정리하며, 분석틀에 따라 캐나다 사이버 안보전략을 큰 맥락 속에 위치지우고자 한다.

II. 본론: 캐나다 사이버 안보의 국내 추진체계와 국제전략

1. 캐나다 국가 안보전략 맥락에서의 사이버 안보

캐나다의 사이버 안보전략을 알아봄에 있어 2010년 발간된 국가 사이버 안보전략(Canada's Cyber Security Strategy, CCSS)을 우선 주목할 필요가 있다. CCSS는 캐나다 최초의 사이버 안보전략이며, 그 전략이 본격적이고 체계적으로 나타난 정부 간행물이기 때문이다. 2010년에 이런 문서가 발행된 것은 미국, 영국, 그리고 호주와 같은 가까운 동맹국들이 차례차례 사이버 안보전략을 확립해 나가고 있었던 추세와 무관하지 않다. 이러한 추세를 반영하여 캐나다 정부는 우선 2009년에 Policy on Government Security에 몇몇 중요한 개정을 가한다. 전체 국가 차원의 안보전략에서 정부가 캐나다 국민에게 서비스를 제공하는 것의 중요성이 강조됐고, 이를 위한 정보 기술의 안보/보안/안전의 중요성이 강조되었던 것이다. 이러한 전략적 노선의 수정(혹은 기존 안보 영역에 대한 사이버 공간 영역의 추가)이 캐나다 정부의 사이버 안보전략의 토대가 되었다.

　캐나다 정부는 2010년 CCSS를 발간한 이후 여러 사이버 안보 관련 문서를 내놓지만, 다시 한번 전략을 업데이트하여 총체적으로 묶은 것이 2018년의 국가 사이버 안보전략(National Cyber Security Strategy, NCSS)이다. NCSS는 2010전략 발표 후 시행된 정책과 이니셔티브에서 얻어진 경험과 반성, 기술적 변화 그리고 국제정세의 변화를 반영하여 발간된 2018년 사이버 안보전략이다. 2010년도의 CCSS가 구체적으로 전략을 구축하여 제시한 것으로 보이는 반면, 2018년도 NCSS는 세련된 인터넷 안보 분야의 전문용어를 포함하며, 다양한 목표, 이니셔티브, 프로그램을 추가하고 있다. 그럼에도 양자의 사이버 안보전략의 목적과 국가 이익은 큰 변화 없이 지속적으로 유지된다.

　이러한 NCSS와 CCSS의 공통점에도 불구하고 주목할 만한 변화가 양자 간에 존재한다. 대체로 보아 NCSS는 CCSS의 핵심 요소들을 그대로 받아들이고 재확인하는 의미가 크지만, 핵심적이지는 않더라도 몇몇 새로운 요소(혹은 발전)들이 있다.

　첫째, 다중이해당사자주의에 대한 인식이 좀 더 구체화되었다. CCSS에서도 사이버 안보를 위한 여러 행위자들의 협력이 강조되긴 했지만, 누구를 지칭하는지 구체적이지 않을 때가 많았다. 언급되더라도, 연방정부, 주와 주준정부(법 집행 기관 포함) 그리고 민간 영역과 개인 정도였다. NCSS에서는 핵심 이해당사자(key stakeholders)에 포함되는 행위자들로 기존의 행위자들에 (사이버 안보 그리고 기술)전문가, 학계, 그리고 활동 중인 시민들이 추가로 명시되었다. 이러한 다중이해당사자주의에 대한 이해는 글로벌 인터넷 거버넌스에 참여하고 있는 국제기구들, 예를 들어 WSIS+10과도 맥락을 같이 한다. 사이버 안보가 더 이상 기술적 전문가들에게만 있지 않고, 모든 이들이 각각의 역할을 가지는 '집단적 사이버 안보(collective cyber security)'가 필요한 세계가 우리가 사는 환경이다. 이러한 다중이해당사자주의에 기반을 두어 NCSS에서는 사이버 안보 정의가 다음과 같이 단순하게 정의 내려진다. 사이버 안보란 디지털 정보의 보호와 디지털 정보가 있는 인프라(infrastructure)를 보호하는 것을 의미한다.

둘째, 사이버상에서 수호 혹은 증진해야 하는 가치에 온라인상에서의 권리(rights)나 자유(freedoms)가 명시되었다. 기존 CCSS(2010)에서는 법의 지배, 책임성 그리고 프라이버시만이 언급되었을 뿐, 이러한 가치는 언급되지 않았었다. 이러한 변화는 사실 가깝게는 미국, 좀 더 넓게는 소위 서방 세계 국가들의 가치와 맥락을 같이 한다.

셋째, 사이버 안보와 경제 성장이 더욱 긴밀히 결부되었다. CCSS에서도 사이버 안보는 경제행위와 밀접한 관련이 있었으며, 디지털 시대에 안정적인 경제 행위를 위한 환경 조성을 위해 매우 중요한 기초로 인식되었다. NCSS에서는 이러한 인식에서 더 나아가, 사이버 안보란 캐나다의 디지털 혁신 자원을 보호하기 위한 것뿐 아니라, 혁신 자원 그 자체가 되었다. 사이버 안보 관련 직업과 산업을 통해 경제적 효과 창출이 언급된다.

넷째, 사이버 안보 관련 예산이 늘었다. 2018년도 예산안에는 5년간 50만 달러가 배정되었다. 이전에 없던 가장 큰 금액의 투자다.

다섯째, 새로운 이니셔티브들이 출범했다. '사이버 안보 실천 계획(Cyber Security Action Plans)'이 NCSS의 전략을 보완하기 위해 만들어졌다. 이 계획 속에는 여러 구체적인 이니셔티브가 존재한다. 그 밖에 Funding for the new Canadian Centre for Cybersecurity가 캐나다(정부)의 리더십과 다른 행위자들과의 협력을 위해 시행되었고,

국가사이버 범죄 전담반(National Cybercrime Coordination Unit)이 왕립 캐나다 기마경찰대(Royal Canadian Mounted Police, RCMP)의 역량을 확장하기 위해 창설되었다.

마지막으로, CCSS를 통해 수립된 사이버 안보에서의 연방정부의 리더십이 재차 강조 및 구체화되었다. 정부는 외부 파트너들이 접촉할 수 있는 중심 포인트(focal point) 설립, 정부의 지속적인 메시지, 조언, 그리고 지침 제공, 정부의 기대와 요구사항을 명확히 하기 위한 사이버 안보 기준과 법제 제정, 사이버 범죄 대책 자원의 중앙화, 그리고 위에 언급한 전반적인 사이버 안보전략 목적 달성을 위한 리더십을 요구받는다.

덧붙여, 캐나다의 사이버 안보 관련 연구 그리고 개발 수준에 대한 자긍심을 강조하고 이를 유지하기 위한 방안들이 추가되었다. 예를 들어, 개인들의 디지털 역량(digital literacy)과 코딩과 위협 완화 대처 기술 증진, 캐나다 지역 공동체와 기본 및 고등교육 그리고 직장에서의 사이버 안보 관련 교육 들이 논의된다.

2. 캐나다 사이버 안보에서의 위협 인식

캐나다 정부는 2004년도만 해도 사이버 공격을 낮은 수위의 위협으로 보았다(Moens et al. 2015). 그러나 2012년에는 의회 토의에서 사이버 공격이 테러리즘과 비슷한 정도의 국가안보 위협 사안이라는 것이 언급될 정도로 사이버 위협에 대한 인식이 높아진다(Standing Senate Committee on National Security and Defence(SSCNSD 2012)).[1]

---

1   참고로 캐나다에 가해지는 사이버 공격은 많은 부분 중국에서 비롯된다.

캐나다는 사이버 안보의 대상이 되는 사이버 공간을 다음과 같이 인식하며 정의한다. 사이버 공간은 정보기술의 네트워크와 그 네트워크상의 정보들의 상호연결망에 의해 만들어진 전자적(electronic) 세계이다(Public Safety Canada(PSC) 2010). 사이버 공간은 지구적 공공재이며, 아이디어, 서비스 그리고 우정을 교환하는 곳이기도 하다. 이러한 폭넓은 인식에 기반을 두어, 이를 해치는 행위를 잠재적 공격의 행위로 간주한다.

캐나다 정부의 사이버 안보에 대한 위협은 어디서 비롯되는가. 캐나다 정부는 사이버 위협에 관해 폭넓은 인식을 가지며, 사이버 안보의 대상 또한 폭넓게 인식하는 것으로 보인다. 일례로, 캐나다의 국민안전처(Ministry of Public Safety, PSC)가 2010년 발간한 CCSS는 인터넷이 캐나다인들의 일상을 비롯하여 경제, 사회, 정치에 얼마나 광범위하게 그리고 깊이 스며들었으며, 빼놓을 수 없는 주요 인프라가 되었음을 보인다.[2] 동시에 이러한 인터넷에 기반을 둔 시스템이 여러 가해자들에게 매력적인 대상이 됨을 동시에 인식하고 있음을 언급한다. 가해자의 범위는 외국 군대, 첩보(정부 그리고 비정부)기관, 범죄자 그리고 테러리스트 네트워크에 이르기까지 실로 다양하고 광범위하다. 그들의 행위 또한 컴퓨터 시스템 침투 및 붕괴, 데이터 도난과 같이 다양할 수 있으며 그 가해 행위 대상도 산업 및 국가안보 비밀을 훔치거나 개인 신분 정보 도난과 같이 다양함을 인식한다. 이러한 폭넓은 인식을 보여주는 CCSS는 캐나다 정부의 사이버 안보정책의 핵심을 잘 보여주고 있다.

캐나다 정부의 사이버 전략이 지키고자 하는 대상은 누구인가. 캐

---

2   https://www.publicsafety.gc.ca/cnt/rsrcs/pblctns/cbr-scrt-strtgy/index-en.aspx
(검색일: 2018.06.01)

나다 정부는 사이버 공간에서의 행위자들을 크게 세 부류의 이해당사
자로 구분한다(PSC 2010). 첫째는 정부이다. 캐나다는 연방국가이기
때문에, 중앙정부 그리고 주들과 준주(provinces and territories)를 포
함한다. 캐나다 정부들은 이미 상당 부분을 인터넷에 의존하고 있다.
연방정부만 보더라도 130여 개의 일반적으로 제공되는 서비스가, 예
를 들어, 세금, 고용보험신청서, 학생융자금신청서 등이 온라인으로
제공되고 있다. 둘째는 사적 영역이다. 이는 산업 혹은 시장 행위자로
이해될 수 있다. 캐나다 사업자들의 87%(2007년도 기준)가 인터넷을
사용할 정도로 사이버 공간은 널리 침투해 있으며, 캐나다의 온라인
판매는 2007년도 기준으로 627억 달러에 육박할 정도로 상당하다. 마
지막으로 개인들이다.

사이버 위협/공격의 대상도 세 부류의 이해당사자로 구별된다. 첫
째, 정부(들)이다. 고도로 훈련된 사이버 범죄자들은 주요 사회적 공
공 인프라, 예를 들어, 전력 계통망, 정수처리 공장, 전자기통신 네트
워크와 같은 시설에 대한 전자적 통제/제어를 방해할 수 있다. 그리고
정부나 민간 영역에서 제공하는 기본적인 재화나 서비스의 생산과 운
송을 방해할 수 있다. 둘째, 민간영역이다. 캐나다 기업들이 사이버 공
격에서 받을 수 있는 피해가 작지 않다. 2008년도 조사에 따르면 86%
의 큰 조직들이 사이버 공격을 받았으며, 2006년에서 2008년 사이의
지적재산권 피해는 두 배 증가했다(CA Technologies 2008). 기업들도
다국적화되면서 그들의 전 지구적 공급 사슬에 있어서의 사이버 보안
문제가 심각해졌다. 셋째, 사용자 개인들이다. 개인들은 소셜미디어,
스마트폰, 온라인 쇼핑, 네트워크 디바이스, 클라우드 그리고 IoT 등
을 통해서 디지털 기술들과 연결되어 있다. 이러한 기술들에 대한 공
격은 적절한 재화나 서비스 제공을 방해할 수 있다. 나아가 사적 정보

가 탈취 혹은 오남용당해 프라이버시 침해를 겪을 수 있다.

캐나다 정부는 위와 같은 사이버 공격에 대한 일반적 인식을 보유한다. 다른 한편으로는 크게 세 가지 유형의 사이버 공격을 강조한다 (PSC 2010). 이는 곧 캐나다가 주목하는 세 부류의 위협의 근원을 밝힌다.

첫째, 국가 지원의 스파이행위(state-sponsored espionage)나 군사적 행위들이다. 공격자 대부분은 상당히 끈질기고 지원체계가 잘 갖춰져 있으며, 이들의 목적은 정치적, 경제적 혹은 군사적 이득을 취하는 것이다. 이들의 대상은 국가 및 산업 기밀, 사적 데이터 그리고 다른 귀중한 정보들이다. 다른 우방국들과 같이 캐나다도 이들 위협에 대응하여 군사 독트린을 현대화해야 한다는 것에 공감하며, 이를 위해, 나토(NATO) 및 군사동맹국, 그리고 캐나다의 국방부(Department of National Defence, DND), 군대(Canadian Forces)와 협조하고 있다.

둘째, 테러리스트에 의한 공격이다. 테러리스트들은 인원모집, 자금, 활동 선전을 위해 인터넷을 사용하고 있다. 근래에는 인터넷을 통해 그들의 웹사이트를 보호하고, 적들에게 사이버 공격을 하는 방법을 얻고 있다. 알카에다 같은 테러리스트 그룹은 사이버 공격의 의도를 공공연히 내놓고 있다. 이들의 역량은 앞으로 계속 발달할 것으로 예측된다.

셋째, 사이버 범죄이다. 조직적 범죄집단들이 인터넷을 통해 발달한 기술을 가지고 기존의 범죄행위, 예를 들어 신분탈취, 돈세탁, 그리고 갈취를 계속 추구하고자 한다. 나아가 근래에는 온라인에서 훔친 중요한 정보를 팔고 있다. 몇몇의 조직들은 그들만의 맞춤 사이버 공격 소프트웨어를 개발 중이고 최신의 암호화 기술을 사용하고 있을 정도이며, 국가에 필적할 만한 역량을 보유하고 있다고 인식한다.

상기한 바와 같이 사이버 안보전략이 2010년 처음으로 정리되어 발표되고, 2018년에 개정 및 보완된다. 2018년 전략에 의해 '캐나다사이버안보센터(Canadian Centre for Cyber Security)'가 수립되며, 기존의 전략서가 내놓는 폭넓은 규정보다 사이버 안보 위협 행위자들의 부류와 그들의 위협 동기는 더욱 구체화되었다.

사이버안보센터가 규정하는 사이버 안보 위협을 가하는 행위자들로는 여섯 부류가 있다. 국가, 사이버 범죄자, 핵티비스트,[3] 테러리스트 그룹, 스릴 추구자(thrill-seekers), 그리고 내부 위협이다. 이들의 동기를 또한 밝히고 있는데, 위의 행위자 분류 순서대로 각각, 지정학적, 이윤, 사상적, 사상 기반의 폭력, 만족, 그리고 불만이다. 그리고 사이버 위협의 정도 혹은 사이버 공격의 세련도도 행위자에 따라 다르다. 국가와 사이버 범죄자들은 상대적으로 위협적인 층위의 행위자들이며, '지능형 지속 위협(advanced persistent threat)'을 가할 수 있다. 물론 이들 부류가 상호 혼재할 수 있는 회색지대도 존재한다.

3. 캐나다 사이버 안보전략의 국제협력

비록 캐나다는 두 차례에 걸쳐 사이버 안보에 대한 정책적 문서를 내놓았지만, 사이버 외교정책 전략에 관해 공식적으로 문서화된 것은 없다. 이는 위에서도 언급하였듯이, 국제협력 및 외교 부문 캐나다 사이버 안보전략서에서도 소홀히 된 부분이었으며, 이는 여태까지 나온 두

---

3   해커, 핵티비스트, 사이버 범죄자는 구별된다. 구체적으로는 다음의 링크를 참조하라. https://blog.trendmicro.com/whats-the-difference-between-a-hacker-and-a-cybercriminal/ (검색일: 2018.06.01)

전략서 문서의 큰 단점이라 할 수 있다. 따라서 CCSS(PSC 2010)는 국내 문제에 초점을 두고 국제적 측면에 대해 소홀히 했다는 비판을 많이 받았다(Gendron 2013).

캐나다 외교부(Global Affairs Canada)도 사이버 안보에 대한 특별한 전략 혹은 정책을 아직까지는 내놓고 있지 않은 상황이다. 사실 캐나다 공공안전부(Public Safety Canada, PSC)는 캐나다 외교부에 2012년부터 사이버 안보 외교정책을 2013년까지 수립할 것을 요구해 왔다(PSC 2013). 그러나 사이버 안보 외교정책은 여전히 명확히 문서화되어 있지 않다.

다만 사이버 범죄에 대한 대응방침을 제시하고 있다. 사이버 범죄는 컴퓨터를 대상으로 하는 방식과 컴퓨터를 도구로 하는 방식이 존재하는데, 전자는 해킹, 피싱, 스패밍 그리고 후자의 예로는 아동 포르노, 혐오 범죄, 컴퓨터 사기 등을 들 수 있다. 이러한 사이버 범죄로부터 캐나다인을 보호하기 위한 국내적 그리고 국제적 이니셔티브가 존재한다.[4]

국내적 이니셔티브 차원에서, 사이버 범죄에 대응하는 정부 부서들로는 법무부(Department of Justice), 왕립 캐나다 기마 경찰대(RCMP), 캐나다 공공안전부(PSC) 그리고 외교부가 해당된다. 이들 사이 그리고 주·준주나 국제적 행위자들과의 파트너십이 개발되었는데, 대표적인 예가 캐나다 사기방지센터(Canadian Anti-Fraud Centre)이다.[5] 이 센터는 왕립 캐나다 기마경찰대, 온타리오 경찰청(Ontario

---

4   http://www.antifraudcentre-centreantifraude.ca/index-eng.htm (검색일: 2018.06.01)

5   http://www.antifraudcentre-centreantifraude.ca/index-eng.htm (검색일: 2018.06.01)

Province Police), 그리고 캐나다 경쟁총국(Competition Bureau of Canada)의 공동 합작이다.

국제적 이니셔티브로는 캐나다의 사이버 범죄에 관한 유럽회의 협정(Council of Europe Convention on Cybercrime) 혹은 부다페스트 회의(Budapest Convention)에 대한 강한 지지이다. 또한 사이버 범죄와 관련해서 국제적 공조를 위해, G7, 유엔 마약범죄사무소(UNODC), 미주기구(Organization of American State) 같은 장을 활용하기도 한다. 사이버 범죄 관련해서 타국에 지원하기도 한다.

캐나다 외교부에 의한 사이버 안보 관련 국제협력은 체계적으로 정리되어 있기보다는 산재해 존재한다. 더욱이 캐나다의 사이버 안보 관련 국제협력은 여러 부서와 공동으로 추진되어 온 것으로 보인다. 따라서 대체로 외교부는 캐나다 공공안전부(PSC) 혹은 국방부(DND)와 협력하여 사이버 안보 영역에서 역할을 수행해 왔다고 볼 수 있다.

캐나다 국방부 차원에서도 사이버 공간에 대한 개별적인 전략을 내세우고 있지는 않다는 점에서, 캐나다 외교부와 비슷하며, 사이버 안보 사안의 중요성을 인식하고 있으나 별도의 전략서 혹은 정책지침이 아직 마련되지 않은 것으로 보아, 부서 내에서 사이버 안보 이슈의 위상이 상대적으로 높다고 할 수 없어 보인다. 그러나 부상하는 사이버상의 위협의 중요성에 대해서는 명확히 인식하고 있으며, 이에 대해 대응을 하고 있다.

국방부는 전 지구적 위협으로 구체적으로 다음을 꼽고 있다. 극단주의자, 통신기술 발전에 의한 사이버상의 위협, 그리고 기후변화이다(DND 2017). 특히 테러리즘과 사이버 공격을 캐나다 국경을 넘어 닥쳐오는 위협으로 인식한다. 국가와 비국가 행위자들이 혼재되어 있는 하이브리드 방법이 사용되는 영역으로도 사이버 영역을 인식한다. 새로운 영역인 사이버상의 활동을 위한 새로운 인원의 충원의 필요성을 인식하고 있으며, 사이버 영역에서 공격적으로 활동할 것을 언급한다. 사이버 영역은 2017년 캐나다 국방 정책 속에서 중요한 하나의 방위 영역으로 자리매김하고 있다.

사이버 공간과 관련해서 두드러진 국방부의 이니셔티브라 한다면 Cyber Operator occupation을 들 수 있다. 캐나다 국가 안보를 위한 비전("Strong, Secure, Engaged")에도 새로운 Cyber Operator occupation을 설립하는 것이 포함되어 있다(DND 2017). 이에 따라 새로운 캐나다군에는 Cyber Operator occupation이 창설되었고 2017년 11월 3일부터 활동하고 있다. Cyber Operator는 방어 · 공격적 작전을 수행하며, 국방부와 캐나다군에 속하며, 국내의 다른 부서 및 기관들 및 해외 캐나다 동맹과 협동하며 연락창구로서 활동한다. 예비군이나 사이버 전문가들도 Cyber Operators에 파트타임으로 기여할 수 있다.[6]

캐나다는 외교부와 국방부 외에도 국제적인 사이버 안보 협력을 가지고 있다. 예를 들어, 미국과의 대표적 사이버 안보 협력으로는 PSC와 미국 국토안보부 간의 사이버 안보 실천 계획(Cybersecurity Action Plan)이다(PSC and Department of Homeland Security 2016).

또 다른 미국과의 사이버 안보 협력으로는 주요 인프라 관련된 협력이다. 주요 인프라 관련된 사이버 협력은, PSC가 미국국립표준기술연구소(National Institute for Standards and Technology, NIST)의 프레임워크를 받아들여 자국의 주요 인프라 관련된 사이버 안보 정책을

---

6   https://www.canada.ca/en/department-national-defence/services/caf-jobs/
    career-options/fields-work/other-specialty-occupations/cyber-operator.html (검색
    일: 2018.06.01)

수립하는 데에서도 볼 수 있다(PSC 2016).[7] NIST는 미국의 국토보안부와 연계해서 그 프레임워크를 개발했다.

캐나다가 실제로 행하고 있는 사이버 안보 관련 국제협력의 양상은 어떠한가. 기저에 깔린 원칙으로서 캐나다는 다양한 국내외 이해당사자들과의 협력을 강조함을 알 수 있다(PSC 2010). 실제적 대외협력과 관련하여 강조되는 군사 및 정보 동맹국으로는 미국, 영국 그리고 호주이다. 이들도 비슷한 시기에 자신들의 사이버 안보 계획을 발표한바 있으며, 캐나다의 것은 이들과 상대적으로 유사하다. 이러한 상호보완성은 이들 간에 정보 및 경험이 긴밀히 공유되고 있기 때문에 생겨날수 있었다. 국가 간 상호보완성이 중요한 이유는, 사이버 공격은 상호연결된 네트워크망을 따라 발생 및 확산될 수 있기 때문이다. 캐나다는주요 인프라 보호와 사이버 안보를 위해 상호작동성(interoperability)을 국가 간뿐 아니라, 기존의 다자적 국제무대에서도 추구한다.

이러한 국가 간 협력 차원에서 캐나다에 가장 중요한 관계는 미국과의 양국 간 협력 혹은 지리적 근접성으로 인한 지역적 협력이다. 양국은 공통적으로 중국을 최상위 사이버 위협 국가로 인식한다. 또한두 나라는 국경을 공유하며, 주요 물리적 그리고 사이버 인프라를 통해 긴밀히 연결되어 있다. 캐나다는 미국에 전력을 공급하는 주요 나라이며, 캐나다에 대한 어떠한 사이버 인프라의 붕괴 혹은 중단은 양국에 심각한 정치적·경제적 결과를 가져올 수 있다.

비록 지리적으로 근접하여 긴밀한 사이버 안보 협력을 양 국가 간에 추구하고 있지만, 캐나다와 미국의 사이버 안보 역량의 차이는 확연하다. 미국 행정관리예산국(US Office of Management and Budget)

---

7   https://www.nist.gov/cyberframework (검색일: 2018.06.01)

의 2012년 보고에 따르면, 연방기관들이 사이버 안보 관련 프로젝트 활동에 150억 달러 이상을 사용했다고 한다(Center for Strategic and International Studies 2013, 12). 미국 국방부만 홀로 해마다 사이버 안보에 30억 달러 이상을 투자하고 있다(Panetta 2012). 캐나다는 이에 훨씬 못 미친다. 2012년 자료에 따르면, 현재 진행되고 있는 1800만 달러와, 향후 5년간 9000만 달러를 투자할 예정이다.[8] 이러한 소극적 투자에 대한 국내외 비판이 잇따르자, 캐나다 연방정부는 2016년에 이르기까지 사이버 안보 역량 증강을 위해 5년 동안 1억 5800만 달러를 투자하겠다고 공표한다.[9]

이러한 추가적인 예산 배정에는 국제적인 맥락도 있다. 미국과 영국은 사이버 안보를 위한 예산을 이미 증강시키고 있는 추세였다. 또한 위의 캐나다 정부에 의한 예산 증가 발표는, 미국 의회 보고서가 중국 화웨이 기업을 잠재적 국가안보 위협이라고 지정한 지 1주일 후에 이루어졌다는 것도 흥미롭다. 미국 정보 관료들은 그 해 일찍이 캐나다 관료들에게 사이버 공격에 대한 캐나다의 잠재적 취약성에 대한 우려를 나타냈었다.[10] 미국으로서는 몇몇 미국의 북부 주들이 캐나다로부터 물이나 전기 등을 공급받고 있기 때문에, 사이버 공격이 이러한 공급에 영향을 미칠까 우려한 것이다. 미국과 영국의 공격적 투자에 의해 캐나다의 사이버 안보 대응이 견인되었다고 볼 수 있다.

또한 '파이브 아이즈(Five Eyes)' 공조 체제만 보아도, 사이버 안

---

8   https://nationalpost.com/news/canada/ottawa-doubles-investment-in-cyber-security-to-155-million (검색일: 2018.06.01)

9   https://www.wsj.com/articles/SB10000872396390444592704578062744030325244 (검색일: 2018.06.01)

10   https://www.wsj.com/articles/SB10000872396390444592704578062744030325244 (검색일: 2018.06.01)

보 관련 역할분담은 결코 대등하지 않다. 비록 '파이브 아이즈'가 세계를 5개의 지역으로 나누어 회원국마다 1개의 지역을 담당하고 있지만, 미국에는 압도적 기술 우위에 기반을 둔 사이버 첩보 역량 우위가 있고, 캐나다는 이에 의존하고 있다. 즉, 캐나다는 미국의 첩보 역량을 이용하여 자신의 담당을 수행하며, 이는 필연적으로 캐나다의 정보 수집에 미국이 영향을 미칠 수 있음을 의미한다. 혹자는 사이버 영역에서의 캐나다와 미국의 협력은 '파이브 아이즈' 체제의 부산물이라고도 한다(Moens et al. 2015, 21). 그만큼 캐나다에 있어 '파이브 아이즈'의 사이버 첩보에서 정보를 얻는 비중이 크다고 할 수 있고, 또 미국의 사이버 첩보 역량이 상당함을 알 수 있다. 파이브 아이즈 내에서 양국 간 협조는 미국의 국가안전보장국(National Security Agency, NSA)과 캐나다의 통신보안기구(Communications Security Establishment Canada, CSE)가 주로 담당한다.

캐나다와 미국의 사이버 영역에서의 협력은 첩보 사안에만 한정되지 않는다. 주요 인프라에 대한 사이버 공격은 캐나다와 미국 간에 공유된 사이버 위협이다. 이 영역은 캐나다와 미국 간에 가장 도드라진 사이버 안보 협력 영역으로 볼 수 있다. 이 부분에서의 협조는 PSC와 미국 국토안보부가 주도하고 있다. 이전 CSE 수장이던 존 아담스는 캐나다의 주요 인프라가 캐나다의 가장 약한 부분이라 언급한 바 있다. 마찬가지로 미국의 국가정보국장(Director of National Intelligence)도 의회에서 주요 인프라에 대한 공격이 테러리즘보다도 더 위협적이며, 미국에 임박한 가장 위험한 위협이라 언급한 바 있다(New York Times 2013).

주요 인프라에 대한 사이버 공격 우려의 일례로 전력공급망(power supply chains)에 대한 악성 프로그램의 침투를 들 수 있다. 실제로

2009년도에 미국과 캐나다의 연계 전력망에 대한 침투 시도가 있었다. 340,000킬로미터에 걸치며 3억 3천4백만 명에게 전력을 공급하는 고압전송 전력망에 대한 침투는 이후 캐나다와 미국 간에 주요 인프라 관련 협력에 추진력을 더하기에 충분한 사건이었다.

다른 양자 간 사이버 안보 협력으로는 EU와의 협력도 들 수 있다. 군사적으로는 나토(NATO)를 중심으로 하고 있으며, 2018년 11월을 기준으로 2개의 합동 선언(joint declaration)과 74개의 공동 프로포절을 수행한 바 있다.[11] 특히 유럽의 사이버 관련 센터들과의 협력도 포함되는데, 에스토니아의 탈린, 핀란드의 헬싱키, 라트비아의 리가, 그리고 이탈리아의 네이플을 들고 있다. 주목할 점은 2018년 6월에 열린 G7에서의 캐나다의 주요 결과물인, 캐나다 주도의 민주주의 과정에 대한 외국 간섭에 대항하기 위한 '신속대응메커니즘(the Canada-led Rapid Response Mechanism)'[12]에, 캐나다 · 유럽 전략 파트너십 협정에서 캐나다가 유럽의 참여를 독려하고 있는 점이다. 이러한 행보는 캐나다 사이버 안보 영역에서 나타난 중견국 외교정책 이니셔티브의 하나로 볼 수 있다.

그리고 캐나다와 일본 간의 협력도 있다. 이는 주로 캐나다 사이버사고대응센터(Canadian Cyber Incident Response Centre, CCIRC)와 일본의 비상대응팀(Japan Computer Emergency Response Team/Coordination Center) 간에 이루어진다(Pontbriand 2016). 그러나 협

---

11   https://www.international.gc.ca/world-monde/international_relations-relations_internationales/europe/2018-11-06-spa-aps.aspx?lang=eng (검색일: 2018.06.01)

12   이러한 목소리는 이미 국내에서 형성되고 있는 사이버 안보의 민주적 그리고 인권적 측면을 주목하고 있던 캐나다의 성격과 맥을 같이 한다. 예를 들어 CSE(2018)을 보라. https://www.canada.ca/en/democratic-institutions/news/2019/01/g7-rapid-response-mechanism.html (검색일: 2018.06.01)

력의 주체를 보더라도 이는 기술자들 간의 정보공유가 주를 이루고 있으며, 반드시 공권력을 수반하는 것은 아니며 군사안보 차원의 협력이 포함되는 것은 아니다.

앞서도 나타나듯이 캐나다는 사이버 안보 관련 다자협력에도 참여한다. 대표적인 것이 '파이브 아이즈' 참여이다. 이와 관련한 최근의 주목할 사건은 회원국이 중국의 네트워크 및 통신장비 공급 기업에 대해 취한 태도이다. 미국 하원 정보위원회는 2012년 중국의 화웨이, ZTE 통신장비 제조 그룹에 대해 국가안보가 그들의 스파이 활동 그리고 산업첩보 활동에 의해 침해될 수 있음을 경고하였고, 이에 따라 미 정부와의 계약에서 배제되도록 하였다.[13]

그러나 캐나다는 다른 파이브 아이즈 구성 국가들만큼 화웨이에 대해 배제적 태도를 취하지 않았다. 캐나다에서 화웨이는 5G 네트워크 모바일 사업에 참여할 수 있게 열려 있으며 이는 캐나다 연방 정보기관인 CSE의 권고에 따른 것이기도 하다.[14] 스콧 존스 캐나다 사이버 안보센터의 수장도 화웨이의 위협에 대응할 수 있는 역량이 캐나다에 있음을 강조하기도 하였다.[15] 그러자 미국 상원의원들이 캐나다 총리에게 캐나다의 5G 네트워크 사업으로부터의 화웨이 배제 청원 서한을 보냈을 정도이다.[16] 비록 현시점에서 확실한 배제의 방침을 취하지 않고 있지만, 캐나다는 파이브 아이즈와의 중국 화웨이에 대한 공조체제

---

13   첩보기관 간의 파트너십인 파이브 아이즈 외에도, 사이버 안보에 관해 5개국이 협조하고 있는 'Usual5'가 있다. CCIRC는 그 회원이다.

14   https://www.difesaesicurezza.com/en/cyber-en/all-five-eyes-countries-exept-canada-ban-huawey-over-security-fears/ (검색일: 2018.06.01)

15   https://www.theglobeandmail.com/canada/article-ottawas-top-cybersecurity-official-canada-has-layers-to-protect/ (검색일: 2018.06.01)

16   http://www.rcinet.ca/en/2018/10/12/canada-u-s-five-eyes-security-concerns-about-china/ (검색일: 2018.06.01)

를 어느 정도 취하고 있다. 캐나다는 미국의 요청에 의해 화웨이 창업
자의 딸이자 최고재무책임자(CFO)인 멍완저우를 체포했다. 이에 보복
하듯이 중국 당국도 캐나다 출신 전 외교관과 대북사업가를 체포했다.

그 밖에 국제연합(UN), 나토(NATO), 주요 8개국 정상회담(G8)
을 지목한다(PSC 2010). NATO와는 사이버상의 방어를 위한 협력 관
계를 수립하여, 방어적 워게임(defensive war game)을 정기적으로 해
오고 있으며, 2013년에는 나토의 국방부 장관들이 네트워크에 대한
방어를 제공하기 위한 '신속대응팀(Rapid Reaction Teams)'을 설립하
는 데 동의하였다. 또한 Consortium for Cybersecurity Action을 새
로운 이니셔티브로 제시하였다. 이 이니셔티브는 전 세계 정부기관 그
리고 민간 조직들을 모으고, 효과적인 사이버 안보를 증진하기 위해
사이버 방어 정보나 모범 사례를 공유하고자 한다. 그 밖에 캐나다는
유럽의 사이버범죄방지협약(Convention on Cybercrime)에 속해 있
으며, 글로벌 사이버 거버넌스나 유럽안보협력기구(Organization for
Security and Co-operation in Europe, OSCE)에 참여하며, 저개발국에
대한 사이버 안보 역량 강화를 위해 계속 지원을 하고자 한다.

이러한 캐나다의 국제적 행보 가운데 캐나다의 국제규범 형성은
어떠한 성격을 가지고 있는가. 캐나다는 다양한 국내외 이해당사자들
과의 협력을 강조한다(PSC 2010). 이러한 개방성은 2018년의 전략서
에도 계승되어, 국내외 다양한 이해당사자들과의 사이버 안보 협의를
추진하고자 한다(PSC 2018). 이러한 다중이해당사자주의에 가까운 사
이버 안보 영역에서의 전략적 이해는 캐나다가 내놓고 있는 여러 전략
서나 정책에 표명되고 있으며, 이는 서방 선진국의 입장과 대체로 맥
을 같이 한다.

캐나다의 전 지구적 층위에서의 사이버 안보에 대한 접근에서도

이를 볼 수 있다. 일례로 캐나다와 뜻을 같이 하여 2018년 유엔(UN)에서 공동성명('Joint Statement of Information and Telecommunications in the Context of International Security')을 발표한 국가로는 호주, 칠레, 에스토니아, 일본, 네덜란드, 뉴질랜드, 한국 그리고 영국이다.[17] 이들 국가의 대표로 공동선언을 발표한 캐나다는, 사이버 공간에서의 접근성, 개방성, 상호작동성, 신뢰성 그리고 보안성들을 강조하고, 사이버 공간이 인권과 정보의 자유로운 흐름을 억제하는 방식으로 사용되어서는 안 된다고 주장한다. 또한 UN정부전문가그룹(UNGGE), OAS, 유럽안보협력기구(OSCE) 그리고 아세안지역안보포럼(ASEAN Regional Forum)과 같은 다자간 국제회의에서 형성되는 규범들을 지지한다.

또한 사이버 안보 영역의 군사적 측면 외의 영역에도 역량을 두는 행태가 보인다. 예를 들어, 2018년 6월에 열린 G7에서의 주요 결과물인, 캐나다 주도의 민주주의 과정에 대한 외국 간섭에 대항하기 위한 '신속대응메커니즘(Canada-led Rapid Response Mechanism)'[18]에, 캐나다·유럽 전략 파트너십 협정에서 캐나다가 유럽의 참여를 독려하고 있는 점이다. G7에서의 민주주의 절차에서의 사이버 안보의 중요성에 대한 강조는, 캐나다와 같은 중견국의 경향성을 보인다고 할 수 있을 것이다.

---

17 https://www.international.gc.ca/world-monde/international_relations-relations_internationales/un-onu/statements-declarations/2018-10-26-info_telecommunications.aspx?lang=eng (검색일: 2018.06.01)

18 이러한 목소리는 이미 국내에서 형성되고 있는 사이버 안보의 민주적 그리고 인권적 측면을 주목하고 있던 캐나다의 성격과 맥을 같이 한다. 예를 들어 CSE(2018)을 보라. https://www.canada.ca/en/democratic-institutions/news/2019/01/g7-rapid-response-mechanism.html (검색일: 2018.06.01)

4. 캐나다 사이버 안보전략의 추진체계

캐나다의 사이버 안보 추진체계는 어떠한가. 미국에서는 여러 연방 기관들, 특히 NSA가 역량을 집중하고 있다면, 캐나다는 2018년까지 공공안전부(Public Safety Canada)가 사이버 안보 관련 캠페인들에 주도적이었다. 특히 주목할 만한 발전은 CCIRC의 설립과 Sector Networks의 설립이다. 전자는 연방, 주·준주정부와 사적 영역에서의 사이버 위협 정보를 수집, 분석, 그리고 공유한다. 후자는 정부와 산업 주체들 간에 정보의 공유와 자발적 협동을 촉진시키고자 설립되었다. 이는 미국의 정보공유분석센터(Information Sharing and Analysis Centers, ISACs)와 유사한 역할을 담당한다.

캐나다 사이버안보센터(Canadian Centre for Cyber Security, CCCS)는 2018년 2월 예산안에 책정되면서 설립이 확정되었다. 2018년 NCSS의 주요 이니셔티브의 하나였으며 세 부(Departments: Public Safety Canada, Shared Services Canada, Communications Security Establishment)의 사이버 안보 기능을 통합한다. 사이버안보센터는 세 부로부터 여러 기능이 이전·통합되어 조직된다. 우선, PSC로부터는 CCIRC의 모든 기능이 해당되며, '사이버 안전 확보하기'라는 대중인식증진캠페인도 사이버안보센터로 이전된다. 둘째, 쉐어드 서비스 캐나다(Shared Services Canada, SSC)로부터는 안보운용센터(Security Operations Centre)의 일부 기능이 이전된다. SSC는 또한 연방정부의 많은 데이터 센터를 담당하고 있었다. 셋째, CSE로부터는 IT 안보 담당 모든 부서들이 이전된다. 마지막으로 CCCS는 CSE 산하에 소속되며, '파이브 아이즈' 국가들과 국제적 협력뿐 아니라 국내 연방정부 네트워크를 위한 사이버 작전도 담당한다. 2020년을 완전 가동 역량이 갖추어지는 해로 잡고 있으며 2020년 이후에는 연간 4450만 달러의 예산이 제공될 것이며, PSC와 SSC에서 통합되는 인원까지 합쳐져 750명 정도의 인원이 배치될 예정이다. 사이버 범죄와 관련해서는 RCMP의 국가사이버범죄전담반(National Cybercrime Coordination Unit, NCCU)과 협력한다(그림 10-2 참조).

캐나다 사이버안보센터의 기능은 단적으로 말하자면 명확한 국가적 컨택 포인트이다. 즉, 사이버안보센터에서 모든 것이 처리될 수 있도록 하는 것이며 그간의 부서 간 중첩과 혼란을 없애고자 한다. 사이버 안보 사건에 대해 '지도자(operational leader)' 격으로, 국가적 사이버 안보 이슈가 제기될 경우 리더십을 제공하는 기능을 담당한다. 많은 면에서 캐나다의 사이버안보센터는 당시 2년 지난 영국의 국가사이버안보센터를 모델로 삼았다.[19] 구체적 기능으로는, 권위적인 사이버 안보 조언과 도움을 주고자 하는 것이 있다. 또한 사이버 안보 관련 대중의 인식을 높이고 교육을 제공한다. 그리고 사이버 안보 기술과 정보 공유를 향상시키거나, 더 나은 정책과 의사결정을 위해 정기적으로 사이버 위협을 진단하며, 민간 영역과의 파트너십과 프로젝트를 수행한다. 민간 영역으로는 이전부터 같이 일했던 전기통신, 금융업 그리고 제조업과 같은 거대한 10개의 핵심 기반 부문과 중소 규모의 사업을 아우른다.

이상에서는 사이버 위협에 대응하기 위한 통합적 추진체계를 보았다. 이하에서는 사이버 안보전략 추진체계에 해당하는 개별적 기관들을 살펴본다. 2010년에 출판된 전략서에 따르면, 캐나다 정부의 사이버 안보 관련 정부기관은 다음의 그림과 같다(그림 10-1 참조). 이하

19 https://www.itworldcanada.com/article/canadian-centre-for-cyber-security-opens-to-be-focus-for-federal-safety-efforts/409452 (검색일: 2018.06.01)

에서는 이 그림 안에 있는 몇몇 부서 및 기관들의 사이버 안보 관련 역할들에 대해 간략히 서술한다.

(1) 캐나다 공공안전부(PSC) 이 부서는 캐나다인의 보호 및 공공 안전유지 정책에 관한 행정, 규제 등의 업무를 담당한다. 2001년에 법안, 2003년도에 잠정적으로 설립되어, 2005년도 공공긴급대책법 안에 의해 설립의 법적 근거를 얻었다. 2001년도 미국의 동시다발테러 사건에 촉발되어 설립된 것으로 알려져 있다. 이 부서의 공식 명칭은 공안 및 비상 대비부(Department of Public Safety and Emergency Preparedness)인데 긴급대책부(Emergency Preparedness Canada)는 1988년 제정된 긴급대책법에 의해 설립되어 국방부 산하에 있었던 것이 후에 통합된 것이다. 미국의 국토안보부와 비슷한 역할을 담당한다고 볼 수 있다.

PSC는 사이버 안보전략의 시행을 중앙 조율하는 역할을 담당한다. 전 정부부서의 총체적인 접근을 설계하며, 창궐하는 복합적인 위협들을 평가하고, 총체적이고 조율된 해법을 개발한다(PSC 2010). 또한 사람들의 사이버 안보에 대한 의식 환기와 지역주민에 대한 지원활동을 이끈다. 이 부서는 '정부작전센터(Government Operations Centre)'를 가지고 있으며, '국가 긴급위기 대응 시스템(National Emergency Response System)'의 허브 역할을 지닌다. '캐나다 사이버사건 대응센터(CCIRC)'에서 국가적 중요성을 띤 사이버 사건사고를 GOC에 올리면, GOC는 국가적 대응을 조율한다.[20]

CCIRC는 사이버 위협의 감시, 조언 제공, 그리고 국가적 대응을

---

20   https://www.publicsafety.gc.ca/cnt/ntnl-scrt/cbr-scrt/fdrl-gvrnmnt-en.aspx (검색일: 2018.06.01)

지도할 주요 포인트였다.[21] CCIRC 파트너는 정부, 공공 및 민간 분야 조직들, 안보 연구자들, 타국의 컴퓨터 보안사고 대응팀(National Cyber Security Incident Response Teams, CSIRTs)을 포함한다. 1300여 개의 조직들로부터 주기적으로 경고(alerts)와 통신(communications)을 주고받고 있으며(PSC 2018), 이들과는 사이버상의 사건에 대한 예방, 준비, 대응 그리고 회복을 위한 정보를 공유할 수 있다. 또한 국내에 사이버 안보 이슈들에 대한 정보를 제공한다. CCIRC는 전 지구적 CSIRT 공동체의 일원으로서 활동하며, 국내 IT나 안보 전문가들은 연방정부의 사이버 안보 관련 이슈들에 관해 CCIRC에 연락할 수 있다.

연방정부의 사이버 사건 조율은 '쉐어드 서비스 캐나다(SSC)' 부서에 있는 '정보보호센터(Information Protection Centre)'와 '통신보안기구(CSE)'의 '사이버위협평가센터(Cyber Threat Evaluation Centre)'의 두 센터 간에 이루어진다. CCIRC는 이 센터들과 함께 실시간 작업하며, 위협과 취약성에 관한 정보를 필요한 이들에게 신속히 전달하는 기능을 수행했다.

CCIRC는 주, 주준, 시(municipality)와도 사이버 안보를 위한 협력을 이루고 있다. 주, 주준, 시는 상하수도, 교통과 같은 사이버 시스템에 기반을 둔 중요한 서비스를 제공하는 책임이 있다. 또한 개인이나 기업에 대한 중요한 디지털 정보를 보유하기 때문이다.

CCIRC는 주요 인프라(critical infrastructure) 담당 조직들과도 협력을 이루고 있다. 전기, 석유 생산, 물, 교통, 정보 통신, 에너지 관련 산업의 시스템의 안전한 유지를 위해 사이버 안보/안전/보안이 필수불가결하기 때문이다. 대학과 같은 연구 기관들도 민감한 연구 및 개

---

21   https://www.publicsafety.gc.ca/cnt/ntnl-scrt/cbr-scrt/ccirc-ccric-prtnrs-en.aspx
     (검색일: 2018.06.01)

인 정보를 가지고 있는 거대한 네트워크를 운영하기 때문에 CCIRC는 이들의 사이버 안보를 강화하기 위해 돕고 있다. 인터넷 서비스 제공자(Internet Service Provider)들과도 악성 소프트웨어 대처와 같은 활동에 긴밀히 협력하였다.

CCIRC는 국제적 협력 파트너들과 사이버 위협을 완화하고 주요 공공 인프라를 보호하기 위한 모범사례에 관한 정보를 공유한다. 예를 들어, 미국의 US-CERT, 영국의 CERT-UK, 호주의 CERT Australia, 그리고 뉴질랜드의 CCIP 등이 있다. 2003년 이후 '사고 대응 및 보안 팀 포럼(Forum of Incident Response and Security Teams, FIRST)'의 회원이기도 하다.

사이버 안보 전문가 커뮤니티와도 긴밀히 연계를 맺고 있다. 커뮤니티에는 사이버 안보 관련 회사, 온라인 그룹과 서비스, 정보기술회사, 안보 연구자들이 속해 있다. 사이버 안보 회사들은 악성 소프트웨어 분석을 위한 상당한 전문성과 자원을 보유하고 있으며, CCIRC는 악성 소프트웨어 관련 기술적 정보를 효과적 보호조치 개발을 위해 공유한다. 온라인 그룹이나 서비스 업체들과는 악성 활동의 탐지나 공격당한 시스템에 대한 주의 환기, 그리고 악성 내용의 파악을 분석하기 위해 협력한다. 중요한 정보기술 회사들과도 정보 시스템이나 네트워크의 안보/안전/보안을 위한 정보공유 등의 협력을 체결하였다. 안보/안전/보안 연구자들과도 취약성의 공개와 같은 영역에서 협력할 수 있도록 하고 있다.

(2) 캐나다 통신보안기구(CSE) 캐나다 최고 첩보 기관으로도 알려진 이 부서는 사이버 위협과 공격들에 대처함에 국제적으로 인정받은 전문가들을 보유한다. 이 부서는 위협의 탐지와 발견, 외국 첩보 기관 그리고 사이버 안보 부서들과의 공조, 그리고 정부 정보통신망에 대

한 위협과 공격에 대응하는 역량을 증강하고 있다. 캐나다에서 미국의 NSA와 같은 위상을 차지한다.

CSE는 2017년 6월에 국가보안법의 일환으로,[22] '방어적 사이버 작전'뿐 아니라 '공격적 사이버 작전'까지도 허용할 것을 주요 목적으로 하는 신규 보안법, CSE Act를 발의하였다.[23] 이로써 사이버 위협에 적극적·공격적으로 대응하고, 공격적 사이버 작전 대상을 규정하고, 사이버 공간에서 허용 또는 불허되는 활동을 명확히 했으며, 국내외 관련법의 영향 아래에 놓일 수 있게 규정하였다.

(3) 캐나다 안보정보청(Canadian Security Intelligence Service, CSIS) 이 부서는 국내외 위협을 분석하고 조사한다. 1980년대에 RCMP로부터 분리되어, 정보를 제공하는 것을 주 기능으로 한다. 법 집행 활동은 왕립 캐나다 기마경찰대(RCMP)가, 왕립 캐나다 기마경찰법(*Royal Canadian Mounted Police Act*)에 의거하여 담당하며 캐나다 네트워크와 주요 정보 인프라에 대한 범죄행위를 수사한다.

CSIS는 캐나다 보안정보법(*Canadian Security Intelligence Service Act*)에 의거하여 국가 안보 사항 조사와 캐나다 정부에 안보 위협에 관한 보고와 조언을 하는 부서로서, 사이버 위협과 사이버 위협을 가하는 행위자들의 의도와 역량을 분석한다. 이 기관의 정보에 의해 캐나다 정부가 전반적인 상황 인식, 사이버 취약성 파악, 사이버 위협의 예방 그리고 주요 공공 인프라의 보호를 위한 행동을 취할 수 있다.

(4) 캐나다 재무위원회 사무처(Treasury Board Secretariat, TBS) 이 부서는 정책, 표준, 평가 도구들을 개발함으로써, 정부의 사이버 사건 관리 역량을 보조하고 증강시킨다. 그리고 정보기술보안에도 책임을

---

22   https://www.cse-cst.gc.ca/en/group-groupe/cyber-defence (검색일: 2018.06.01)
23   https://www.cse-cst.gc.ca/en/cse-act-loi-cst/cyberop (검색일: 2018.06.01)

진다. 이런 면에서 TBS는 정부 사이버 안보 정책에 대한 총체적 접근을 수립하거나 전반적인 감독을 수행한다. 구체적으로는 정부 전반에 걸친 IT 시스템이나 네트워크 보호를 위한 방향성과 우선순위의 설정뿐 아니라, 안보/안전보안 관련 기구들을 지도하기 위한 제언/조언을 하며, 사후 점검과 교훈 습득을 위한 IT 사고 관리를 감독한다.

(5) 캐나다 외교부(Foreign Affairs and International Trade Canada, DFAITC) 이 부서는 사이버 안보의 국제적인 측면에 대해 조언한다. 또한 정부의 사이버 안보 외교정책 개발을 담당한다.

(6) 캐나다 국방부와 군(Department of National Defence and the Canadian Armed Forces) 이 부서는 캐나다의 네트워크를 수호하는 역량 강화에 집중한다. 그리고 다른 정부 부서들과 함께 위협과 가능한 대응을 규명하기 위한 작업을 공동으로 행한다. 또한 동맹국 군부서와 함께 정보와 모범사례를 공유 및 교환할 뿐 아니라, 군사적 관점에서의 정책 및 법 프레임워크를 개발한다. 이러한 국제적 활동은 캐나다 외교부(후에 Global Affairs Canada)의 국제적 노력들과 상호 보완된다.

DND는 동맹국으로부터 사이버 안보 정보나 IT 위협에 관한 감시와 보고를 통해서 정부의 상황 인식에 도움을 준다. 그리고 잠재적 군사적 대응의 옵션들을 제공한다. 대응의 범위, 방안, 절차 등은 *Government of Canada Information Technology Incident Management*를 기반으로 한다.[24] 2018년 1월 26일 새로이 개정된 이 방침은 2017년 초안이 작성되어 2015년 판을 대체했다.

(7) 왕립 캐나다 기마경찰대(RCMP) 일반적으로 타국에서는 경찰청

---

24 https://www.canada.ca/en/treasury-board-secretariat/services/access-information-privacy/security-identity-management/government-canada-cyber-security-event-management-plan.html (검색일: 2018.06.01)

이라 불리는 이 기관은 범죄 수사를 담당하며, 불인가된 컴퓨터 사용이나 데이터 관련 피해 관련 사이버 범죄 사건들을 관장한다. CSIS와 연계하여 국내 사이버 범죄 수사에 집중하는 기관이다.

(8) 산업부(Industry Canada) 주파수 관리와 지속적인 전기통신 시스템 유지를 담당한다. 안전한 온라인 시장과 위기 시에도 전기통신의 지속성을 담보할 수 있도록 정책을 세우며 연방정부를 돕는다.

(9) 국방과학연구소(Defence Research and Development Canada, DRDC) DRDC는 군사적 사이버 안보 과학과 기술을 개발함에서 주도적 역할을 하며, 캐나다 군대를 돕는 역할을 한다. DRDC의 안보과학센터(Centre for Security Science, CSS)는 어떤 부서나 기관에 부속되지 않지만, 캐나다 공공안전부(PSC)와 파트너십을 맺고 있다. 연방정부의 이런 연계와 DRDC CSS의 활동 등은 캐나다 안전보안프로그램(Canadian Safety and Security Program, CSSP)에 따른 것이다. CSSP는 연방 레벨의 프로그램으로서, 정부, 산업, 학계, 동맹국 등의 모든 레벨에서의 파트너십을 통해 자연재해, 심각한 사고, 범죄, 테러 등에 대해 과학과 기술의 발전을 도모한다.

(10) 쉐어드 서비스 캐나다(SSC) 이 부서는, 이메일, 데이터 센터, 네트워크 영역에서의 정보통신 기술들을 효율화하고, 다른 부서들에 제공되는 IT 서비스의 비밀성, 정합성, 그리고 가용성을 보장한다. 또한 IT 보안 서비스나 해결책들이 다른 부서들에 잘 제공되도록 하여 부서들이 시민, 기업, 그리고 고용자들과 정보 교환을 원활히 하도록 한다. SSC는 정부의 IT 서비스나 IT 주요 인프라와 관련한 위협이나 취약성 정보의 공유를 촉진하며, 관련 정보를 CCIRC나 다른 부서 혹은 사이버 보안 파트너에게 전달했다.

(11) 라디오TV통신위원회(Canadian Radio-television and Telecommunications Commission, CRTC) 방송통신정책을 운용하며, 인터넷, 오디오 그리고 동영상 관련 규제, 그리고 방송 및 통신 사업자 소유권 규제를 관장한다. 그에 비해 산업부(IC)는 방송통신 주파수 관리, 그리고 통신부문 주요 정책을 입안하고 시행하는 부서이다. 참고로, 방송 및 문화 콘텐츠 관련 정책 입안 및 시행 부서는 문화유산부(Department of Canadian Heritage)이다.

CRTC는 캐나다인들은 세계적 수준의 통신 시스템에 접속할 수 있도록 하는 것, 원하지 않은 통신 요청으로부터의 보호, 그리고 소비자와 사업자들에게 더욱 안전한 온라인 환경을 만드는 것에 기여하고자 한다.

(12) 개인정보보호위원회 사무국(Office of the Privacy Commissioner of Canada, OPC) 사이버 공간의 활용이 늘어나면서 프라이버시 보호가 더더욱 사이버 안보에 달려 있게 되었다. OPC는 연방정부의 개인정보 취급을 규정하는 프라이버시법(Privacy Act)과 사기업들의 개인정보보호 및 전자 문서법(Personal Information Protection and Electronic Documents Act)의 준수 여부를 감독한다. OPC는 부서나 기관들로부터 데이터 유출(breach)에 관한 정보를 얻으며, 기존의 또는 새로운 정부 이니셔티브의 프라이버시 규제 순응 여부를 심사한다.

(13) 캐나다 사기방지(대응)센터(CAFC) 사기에 관한 데이터, 정보, 자원 등을 보유하고 있다. 시민, 사업, 정부에 정확하고 유용한 사기 관련 정보를 제공하고자 한다. 주요 목표로는 캐나다 경제의 온전성을 위해, 교육과 의식을 통한 예방, 범죄 행위의 분쇄, 법 집행 보조 그리고 여타 다른 조직들과의 파트너십 강화를 든다.

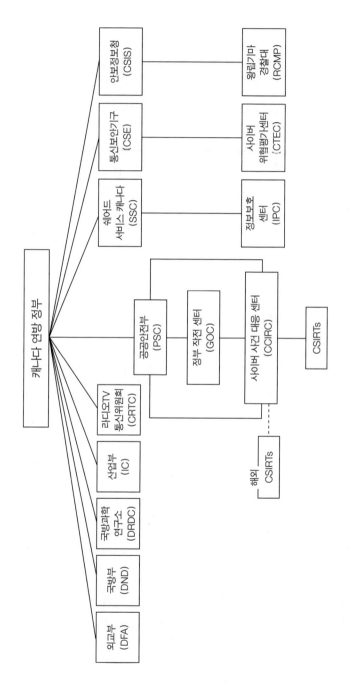

그림 10-1. 캐나다 정부의 사이버 안보 관련 부서 직제와 담당 기관들(2018년도 이전)

주: 점선은 국제적 협력 관계

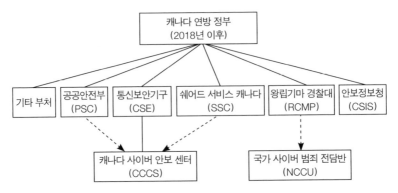

그림 10-2. 캐나다 정부의 사이버 안보 관련 부서 직제와 담당 기관들(2018년도 이후)
주: 사이버 안보와 관련해서 중심적인 부서만을 선별함. 그 밖의 나머지 부서들은 2018년도 이전과 같음.
점선은 해당 업무를 관련한 자원과 인력의 제공을 의미함.

5. 캐나다 사이버 안보전략의 법제도 정비

상기의 사이버 위협/공격 인식에 기반을 두어 캐나다 정부는 어떤 사이버 안보전략의 법제도와 추진체계를 구축하였는가. 법제도 정비의 기저에는 '캐나다의 사이버 안보전략(CCSS)'이 개진하는 캐나다 사이버 안보전략의 세 가지 핵심 목적이 있다. 세 가지 핵심 목적은 다음과 같다. (1) 정부 시스템을 지키기, (2) 연방정부의 핵심적 시스템을 지키기 위한 파트너 맺기, 마지막으로 (3) 캐나다인들이 온라인에서 안전할 수 있도록 돕기이다. 이들은 사이버 안보전략의 핵심 구성요소이며 동시에 캐나다 정부가 사이버 안보전략을 통해 지키고자 하는 핵심적인 국가 이익이기도 하다.

캐나다의 사이버 안보 관련 법제도 정비는 국제적인 흐름을 고려해 이해할 필요가 있다. 미국, 영국, 그리고 호주와 같은 가까운 동맹국들이 2000년대에 차례차례 사이버 안보전략을 확립해 나가고 있었고, 이에 대응하여 캐나다 정부는 2009년에 Policy on Government Security에 몇몇 중요한 개정을 가한다. 그 이후에 캐나다 최초의 사이버 안보전략서인 CCSS(PSC 2010)가 작성된다. 또한 2018년에는 CCSS의 업그레이드된 NCSS(PSC 2018)가 발간된다. NCSS를 통해 캐나다 사이버 안보 추진체계상의 중요한 변화가 일어나는데, 대표적인 것이 사이버안보센터의 설립이다.

NCSS는 그 전에 있었던 CCSS를 리뷰하여 생긴 결과물로 볼 수 있다. 2016년에 캐나다 정부는 새로운 사이버 안보전략을 개발하기 위해 '사이버 리뷰(Cyber Review)'를 론칭하였다. 이어 사이버 리뷰는 연방정부의 사이버 안보 공동체에 깊게 관여하며 2010년 사이버 안보전략 하의 활동들에 대한 평가를 했으며, 캐나다 최초의 사이버 안보에 대한 공공 협의(consultation)를 가졌다. 그 결과가 NCSS이다. NCSS에 기반을 해서 새로운 이니셔티브가 전개되었고, 그 결과 캐나다 사이버 안보와 관련해 중요한 기관들이 세워졌다. 대표적으로 캐나다의 사이버안보센터이다.

NCSS를 통해 사이버안보센터가 설립되는 과정 가운데 중요한 법안이 2017년 6월에 발의되어 2018년 6월에 통과한 법안으로 'Bill C-59'이다.[25] 이 법안은 기존에 있었던 일명 '대테러법'인 'Bill C-51' 내의 규정의 모호함과 감시·감독의 약함을 개정하여 문제점을 보완하고자 발의되었다. 이로 인해 CSE에게 새로운 권한을 부여하는데, 단순한 정보 수집을 넘어, 연방정부 내에서 그리고 정부 외(예를 들어 파이브 아이즈 회원국들) 행위자들과 위협 정보를 공유할 수 있도록 명백하게 허용하는 것이었다. 이 법은 또한 민간영역의 네트워크를 수호할

---

25   http://www.parl.ca/DocumentViewer/en/42-1/bill/C-59/first-reading (검색일: 2018.06.01)

수 있도록 하고, 특정 기간 동안 캐나다인들의 정보가 수집, 분석, 저장되도록 허가하여, CSE가 미국의 NSA와 같은 역할을 수행할 수 있게 되었다. 이 법안의 일환으로 신규 보안법 CSE Act가 발의되었는데, 이로 인해 공세적·방어적 사이버 작전 역량이 갖추어진 것으로 판단된다. 또한 'Bill C-59'를 통하여 National Security and Intelligence Agency Review Act가 제정되었으며, 이를 통해 해당 위원회가 대부분의 국가 안보 관련 기관들을 리뷰할 수 있다. 그러나 소수가 너무 많은 수의 리뷰를 해야 한다는 비판도 있다.

'방어적 사이버 작전'뿐 아니라 '공격적 사이버 작전'까지도 허용할 것을 주요 목적으로 하는 신규 보안법 CSE Act으로 인해 구체적으로 다음과 같은 역할이 가능하게 되었다.[26] (1) 사이버 위협에 적극적으로 공격적으로 대응할 수 있도록 하고, (2) 공격적 사이버 작전 대상을 규정하였으며, (3) 사이버 공간에서 허용 또는 불허되는 활동을 명확히 했으며, (4) 국내외 관련법의 영향하에 놓일 수 있도록 규정하였다.

구체적으로는 (1) 사이버 위협에 대한 공격적 대응을 가능: 공격적 사이버 작전이란 개인, 국가, 테러단체가 캐나다의 국방, 안보, 국제관계에 영향을 미치기 위해 개입하려는 것으로 글로벌 정보 인프라를 통해 사전 조치를 취하는 것을 의미한다. 기존에는 사이버 위험을 막을 때 캐나다 정부 네트워크 범위 밖에서는 온라인 작전을 펼치는 것이 불가능했으나, 신규 법안이 통과됨으로써 CSE는 범위 밖에서도 공격적 사이버 작전이 수행 가능해진다. 예를 들어, 캐나다 정부 네트워크에 저장된 개인정보를 훔치려는 외국 서버를 무력화시킬 뿐 아니

---

26 https://www.cse-cst.gc.ca/en/cse-act-loi-cst/cyberop (검색일: 2018.06.01)

라 역공할 수 있게 된다.

(2) 공격적 사이버 작전 대상에는 캐나다의 국가 안보 침해, 주요 인프라 공격, 캐나다인 대상 첩보활동 등 테러활동에 개입된 외국 집단, 조직, 국가 및 개인이 포함된다. 그러나 캐나다 국민, 거주자 및 글로벌 정보 인프라에 대한 공격은 불허하며, 인명을 살상하고 민주주의를 해치는 작전은 수행할 수 없다.

(3) 사이버 공간에서 허용 또는 불허되는 활동에 대한 불확실성이 해소된다. 캐나다 주도의 사이버 공격은 최후의 수단이 되어야 하며 국방부 장관과 외교부 장관 모두의 승인이 필요하다. 그러나 방어적 사이버 작전은 외교부 장관과의 협의를 거쳐 국방부 장관만의 승인으로 수행할 수 있다.

(4) 국내외 관련법의 영향을 받도록 엄격히 규정되도록 하였는데, 이로 인해 개입, 타겟팅, 부수적 피해 등의 원칙을 고려하도록 하였다. 이로 인해 외부 위협에 집중된 공격적 사이버 작전 수행 능력이 구축되도록 하였으며, 정부 승인하의 군사 활동의 하나로 되게 한다.

그 밖에도 사이버 범죄와 관련해서 NCSS에 개진된 국가 사이버 범죄 전담반(National Cybercrime Coordination Unit)의 설립을 들 수 있다. 또한 국내적 차원에서는 왕립 캐나다 기마경찰대, 온타리오 경찰청, 그리고 경쟁당국이 주축으로 사기방지센터(CAFC)를 설립했다.[27] 그 외에도 안티스팸법(Canada's anti-spam legislation)이 2014년 7월 1일부터 발효되어, 라디오TV통신위원회(CRTC)가 해당 법의 시행 책임을 지고 있다. 2015년에는 '온라인 범죄로부터 캐나다 시민 보호법(The Protecting Canadians from Online Crime Act)'이 발효되어

27　http://www.antifraudcentre-centreantifraude.ca/index-eng.htm (검색일: 2018.06.01)

법 집행 기관들이 인터넷 아동 성 착취나 온라인 범죄 행위 조직을 막기 위한 특수한 조사 권한을 지니게 되었다.

6. 캐나다 사이버 안보의 정보공유 및 민관협력

민관협력이 특히 잘 나타나는 영역이 사이버 안보 영역이다(유인태 2018). 캐나다 사이버 안보에의 정보공유 및 민관협력과 관련하여 기저에 깔린 캐나다의 가치를 우선 언급하지 않을 수 없다. 캐나다의 두 번의 전략서 모두에 나타나 있듯이 다중이해당사자 원칙은 전략서의 근간을 이루고 있다. 처음에 간행된 사이버 안보전략서인 CCSS는 연방정부, 주와 주준정부(법 집행 기관 포함) 그리고 민간 영역과 개인을, 그리고 NCSS는 더욱 구체화하여 핵심이해당사자에 포함되는 행위자들로 기존의 행위자들에 (사이버 안보 그리고 기술)전문가, 학계, 그리고 활동 중인 시민들을 중요한 협력자로서 언급한다. 2018년에 설립된 캐나다 사이버안보센터도 이들과의 정보공유 및 협력을 중시하고 있다.

캐나다 사이버안보센터의 민관협력과 관련해서는, 사이버 방어를 본 센터의 전략지침에서 나타나듯이 다중이해당사자원칙을 수용하여 여러 행위자들, 즉 정부, 산업, 학계, 그리고 시민사회가 협력하는 팀워크로서 이해한다. 사이버안보센터를 민관이 나란히 협력하는, 그리고 정보가 상호간에 공유되는 공간으로서 인식한다. 캐나다 사이버안보센터 이전의 CCIRC를 보더라도, CCIRC는 민관협력의 중심에 있었다.

주요 인프라 영역에서의 사이버 안보 협력도 캐나다의 민관협력을 잘 보여준다. 주요 인프라 영역에서의 의견은 기존에 존재했던 민관합동포럼인 'National Cross Sector Forum on Critical Infrastruc-ture'에서 형성되어 정부에 전달된다(PSC 2016). 이 포럼은 10개의 주요 인프라인 정부와 핵심기반 영역 간에 토의와 정보 교환을 위한 정기적 기회를 제공한다.[28] 이 10개의 주요 인프라 영역은 캐나다 사이버 안보센터에서도 지속된다.[29]

　　캐나다는 사이버 안보와 개인정보 보호의 관계를 어떻게 설립해 나가고 있는가. 캐나다의 개인정보와 관련한 추진체계와 우선순위 원칙은 다음과 같이 잘 갖춰져 있다고 볼 수 있다. 그 관계 설립의 중심에는 개인정보보호위원회 사무국(OPC)이 있다. OPC는 개인정보 보호에 관해 캐나다인들에게 조언하고 정보를 제공하는 역할을 담당한다. 2개의 연방 법과 협동하는 부서들이 캐나다 프라이버시와 관련해서 중추적 존재라 할 수 있다.

III. 맺음말: 캐나다 사이버 안보의 6가지 핵심 특징

캐나다의 정부 중심의 사이버 안보 행태와 구조를 보았을 때 다음과 같이 크게 두 측면으로 평가할 수 있다.[30] 두 측면은 다음과 같다. 첫째, 국가의 기능적 측면에서 본 대내외 정책 지향성; 그리고 둘째, 국가의 구조적 측면에서 본 추진주체의 구성원리이다. 이 두 측면은 각각 아래와 같이 더욱 세부적으로 나눌 수 있다.

28　https://www.publicsafety.gc.ca/cnt/rsrcs/pblctns/pln-crtcl-nfrstrctr/index-en.aspx#aB (검색일: 2018.06.01)

29　https://cyber.gc.ca/en/industry-collaboration (검색일: 2018.06.01)

30　이하 두 측면에 대한 논의는 김상배(2017: 2018)를 보라.

첫째, 기능적 측면은 다시 다음의 네 가지 세부 이슈 영역으로 나눌 수 있다. 네 가지 세부 이슈 영역은 다음과 같다. ① 사이버 위협에 대한 기본인식과 역량 강화 전략, ② 사이버 국방의 전략과 역량 및 조직, ③ 사이버 안보 분야 국제협력에 임하는 원칙, ④ 프라이버시 보호와 국가 안보 추구의 비중이다.

이러한 국가의 기능적 측면에 대한 조사는, 캐나다 사이버 안보전략이 다음의 세 가지 사이버 안보 모델 중 어디에 귀속될 수 있는가를 판단하는 데 용이하게 한다. 세 가지 사이버 안보 모델은 다음과 같다. ① 기술 경제적 논리를 바탕으로 정보 인프라와 지적재산의 보호를 위한 글로벌 메커니즘을 지향하는 '거버넌스(Governance) 프레임', ② 정치사회적 논리를 바탕으로 내정불간섭과 국가 주권의 원칙에 입각해 국내체제의 안전을 관철하려는 '거버먼트(Government) 프레임', 그리고 ③ 그 중간의 '복합 프레임'이다. 대체로 보았을 때, 캐나다는 정보의 자유로운 흐름이나, 정보의 국내외 이해당사자 간의 공유와 소통을 중시하는 '거버넌스(Governance) 프레임'에 가깝다고 할 수 있다.

둘째, 국가의 구조적 측면에서 본 추진주체의 구성원리와 관련해서는 다음 네 사항을 중점적으로 본다. 네 사항들은 다음과 같다. ① 범정부 컨트롤타워의 설치 여부와 소재, ② 전담지원기관의 설치 여부, ③ 각 실무부처의 역할과 상호 업무분담의 형태, ④ 관련법의 제정 및 운용 방식이다. 이에 따른 세 가지 거버넌스 형태는 다음과 같다. ① 범정부 컨트롤타워 또는 전담지원기관이 존재하는 '컨트롤타워 총괄형', ② 실무부처들의 상위에 총괄기관을 설치하지 않고 실무부처 중의 한 부처가 총괄하거나 각 실무부처의 개별 거버넌스를 상호 간에 조정하는 '실무부처 분산형', ③ 그 중간의 '메타 거버넌스형'이다.

위와 같은 프레임워크에 따라, 본고는 6개의 핵심질문과 함께 아래와 같이 요약될 수 있다.

(1) 캐나다의 사이버 안보전략이 국가안보전략 전반에서 차지하는 위상은 어떻게 되는가. 그리고 그 방향, 강조점, 그리고 내용은 무엇인가. 이에 대해 캐나다 정부의 사이버 안보는 정부가 제공하는 다양한 서비스의 하나로 특징 지어질 수 있다. 국민 개개인에 대한 정부의 다양한 서비스 중 하나가 사이버 안보이다. 일례로 캐나다 최초의 사이버 안보전략이 개진된 CCSS에서는 국가안보보다는 정보기술의 안전과 보안이 상대적으로 강조되었다. 후에 발전된 NCSS(2018)에서도 큰 변화는 보이지 않는다. 이러한 태도는 2018년도 사이버안보센터 설립 이후에도 큰 변화는 없어 보인다. 이는 PSC가 사이버 안보 담당 주 부서라는 점도 상관이 있다. 캐나다 외교부 차원에서도 사이버 안보 관련 대전략(Grand Strategy)을 내세우는 것도 아니며, 사이버 범죄 차원에서는 인지하나, 국가안보 차원에서의 인식은 희미하다. 이는 캐나다의 사이버 외교정책이 아직 부재한 데서도 나타난다. 캐나다 국방부 차원에서는 사이버 안보 사안에 대한 중요성의 인식을 보여주고 있다.

(2) 캐나다 사이버 안보에서 위협의 원인은 무엇인가. 위협의 원인에 대한 인식은 어떠하며, 대응태세와 실천전략의 특징은 무엇인가. 캐나다의 사이버 안보 위협 인식은 폭넓으면서도 포괄적이다. 크게 세 위협의 근원을 밝히고 있다(PSC 2010). 첫째, 국가 지원의 스파이행위, 둘째, 테러리스트에 의한 공격, 그리고 셋째, 사이버 범죄이다. 즉, 인식의 범위는 반드시 잠재적 적국의 군대나 첩보 기관만을 국한하지 않고, 범죄자 혹은 테러리스트 네트워크에 이른다. 또한 상정하는 사이버 공격 행위도 다양하여, 컴퓨터 시스템 침투 및 붕괴, 데이터 도난

뿐 아니라, 산업 및 국가안보 비밀을 훔치거나 개인 신분 정보 도난을
아우른다.

이에 대해 캐나다 정부는 2010년에 사이버 전략을 처음으로 정리
해서 발표하고, 2018년에 다시 한 번 내놓는다. 2018년 전략에 의해
캐나다 사이버안보센터가 수립되어, 그 전까지는 부처 간에 다소 산재
해 있던 사이버 안보 대응 태세가 좀 더 집중되어 컨트롤되는 양상으
로 변화하였다. 사이버안보센터는 사이버 안보 관련 사안들에 대한 국
가적 컨택 포인트로 자리매김하고 있다. 사이버안보센터가 규정하는
사이버 안보 위협 행위자들과 그들의 동기는 더욱 구체화되었다.

(3) 캐나다의 사이버 안보 분야에서 어떤 공조체제를 구축하며 지
역 차원의 국제협력에 참여하고 있는가. 그리고 국제규범 형성 과정
에 대한 입장은 어떠한가. 캐나다는 군사 및 정보 동맹국으로는 미국,
영국 그리고 호주를 강조한다. 이들과의 사이버 안보 계획도 대동소
이하여 상호보완성을 증진하고자 한다. 집단안보를 위해 다자적 무대
에서의 활동에도 역량을 쏟고 있는데, 예를 들어, 국제연합(UN), 나
토(NATO), 주요 8개국 정상회담(G8)을 지목한다(PSC 2010). 그 밖에
캐나다는 유럽의 사이버범죄방지협약(Convention on Cybercrime)에
속해 있으며, 글로벌 사이버 거버넌스에도 참여하며, 저개발국에 대한
사이버 안보 역량 강화를 위해 계속 지원을 하고자 한다.

규범 형성에 대한 입장은 크게 말해 서방세계 그리고 서방세계 중
심의 국제협의체의 규범들과 상당 부분 맥을 같이 한다. 이는 NCSS에
서 보이는 변화를 보면 명확하게 드러난다. 2010년의 CCSS에서에 비
교해서 2018년의 NCSS에서는 다중이해당사자주의에 대한 강조, 그리
고 온라인상에서의 권리나 자유의 수호와 증진, 그리고 사이버 안보와
경제 성장의 결부가 눈에 띄는데, 이는 서방 선진국들, 특히 미국의 사

이버상의 규범과 노선을 같이한다고 볼 수 있다. 그러나 동시에 중국의 화웨이에 대한 태도에서 보이는 파이브 아이즈 회원국과는 다른 모습은 캐나다가 서방 선진국들과 다른 점도 있음을 보인다. 또한 사이버 안보 영역의 군사적 측면 외의 영역에도 역량을 두는 행태가 있다. G7에서의 민주주의 절차에서의 사이버 안보의 중요성에 대한 강조는, 캐나다와 같은 중견국의 경향성을 보인다고 할 수 있을 것이다.

(4) 다음으로 사이버 안보의 추진체계와 관련해서, 사이버 안보 분야의 업무를 조장하는 컨트롤타워는 존재하는가. 실무전담기관의 설치 위치는 어떠한가. 컨트롤타워와 실무전담기관과의 관계는 어떠한가. 캐나다의 추진체제는 상기의 세 가지 거버넌스 형태를 시기에 따라서 이동해 온 것으로 볼 수 있다. 캐나다는 대체로 보아 2010년도 이전에는 조직된 구상 없이 각 부처가 필요에 따라 대응하는 '메타 거버넌스형', 그 이후부터 2018년도 이전까지는 CCIRC를 중심으로 하는 '실무부처 분산형', 2018년도 이후에는 캐나다 사이버안보센터를 중심으로 하는 통일된 사이버 안보 대응 체계를 수립함으로써 '컨트롤타워 총괄형' 방향으로 움직여 왔다. 그러나 컨트롤타워가 모든 것을 총괄하기보다는, 어느 정도의 부서 간에 역할분담이 존재하면서도, 상대적으로 역할 비중이 컨트롤타워로 옮겨 갔다고 보는 것이 맞을 것이다.

(5) 캐나다 사이버 안보 대응력 강화를 위한 법제도의 정비 형태는 어떠한가. 단일법 혹은 옴니버스 법의 형태 중 어느 쪽에 가까운가. 2018년 새롭게 제정된 국가보안법(Bill C-59)이 CSE에게 새로운 권한을 부여하는데, 그 권한은 민간영역의 네트워크를 수호할 수 있도록 하며, 정부 외 행위자들과 위협 정보를 공유할 수 있도록 명백하게 허용하게 되었다. 이로 인해 캐나다 사이버안보센터에 무게중심을 실으면서도 관련 실무부처들이 각각의 법을 지니는, 옴니버스 법제도 정비

의 성격을 가지고 있다고 판단된다.

(6) 캐나다의 정보공유 및 민관협력 체계는 어떠한가? 캐나다는 정부의 사이버 시스템을 보호하기 위해 부서와 기관을 가로질러 협력 (collaboration)을 추구한다. 우선, 주들과 준주들과의 협력은 이들이 캐나다 개인들에 대한 민감한 정보를 보유하고 있기도 하기 때문이지만, 그뿐 아니라, 이들과의 공조는 사이버 안보의 중요성에 대해 개인들에게 자각(awareness)을 일깨우기 위한 중요하다.

그리고 민간 영역과의 협동도 중요하다. 캐나다에서 민관협력의 역사는 오래된 만큼, 기존의 구조와 조직을 통해 더욱 강화될 것으로 보인다. 그리고 캐나다 정부는 캐나다의 학계, 비정부 기구들, 사적 영역 그리고 개인들이 정부에 참여하는 것이 필요하다고 인식하고 있다. 이들이 보유하는 뛰어난 기술적 분석적 능력이 시스템에 대한 보호 제공에 힘을 더할 수 있기 때문이다. CCSS에서 가장 치명적이라 생각되는 기계, 공장, 주요 인프라, 전력공급망, 교통통신 네트워크와 같은 프로세스 통제 시스템(process control system)에 대한 안보/안전/보안에도 민관 합작 이니셔티브가 중요함을 강조한다. 이러한 주요 인프라에 대한 사이버 안보와 관련해서는 민관을 잇는 민관합동포럼인 National Cross Sector Forum on Critical Infrastructure이 중요한 역할을 하고 있다. 사이버 안보에서의 프라이버시 사안에 대해서 2018년 새롭게 제정된 국가보안법(Bill C-59)으로 인해, 사이버 안보와 프라이버시 중에 사이버 안보 면으로, 즉 전통적으로 방향성을 같이한 유럽연합으로부터 이탈했다는 비판이 있다.

참고문헌

김상배. 2017. "세계 주요국의 사이버 안보전략: 비교 국가전략론의 시각." 『국제·지역연구』 26(3), pp.67-108.

_____. 2018. "중견국의 사이버 안보전략: 분석틀의 모색." 사이버 안보 2.5 첫모임.

유인태. 2019. 『사이비 안보에서의 다중이해당사자주의 담론의 확산』 22(1), pp.45-80.

CA Technologies. 2008. *Canada 2008 Security and Privacy Survey.*

Canada's Department of National Defence. 2017. *Strong, Secure, Engaged: Canada's Defence Policy.* Government of Canada.

Center for Strategic and International Studies (CSIS). 2013. *The Impact of Cybercrime and Cyber Espionage.* McAfee.

Communciations Security Establishment. 2018. *Cyber Threats to Canada's Democratic Process.* Government of Canada.

Deibert, Ron. 2012. "Distributed Security as Cyber Strategy: Outlining a Comprehensive Approach for Canada in Cyberspace." *Research Paper.* Canadian Defence & Foreign Affairs Institute.

Gendron, Angela. 2013. "Cyber Threats and Multiplier Effects: Canada at Risk." *Canadian Foreign Policy Journal* 19(2): 178-198.

Moens, Alexander, Seychelle Cushing and Alan W. Dowd. 2015. "Cybersecurity Challenges: For Canada and the United States." Fraser Institute.

Panetta, Leon. 2012. "Remarks to Business Executives for National Security." U.S. Department of Defense. http://archive.defense.gov/transcripts/transcript. aspx?transcriptid=5136

Pontbriand, Karine. 2016. "Canada-Japan Cyber Security Cooperation: Enhancing the Fight Against Cyber Threats." *Asia Pacific Foundation of Canada.* https://www. asiapacific.ca/canada-asia-agenda/canada-japan-cyber-security-cooperation-enhancing-fight

Public Safety Canada. 2010. *Canada's Cyber Security Strategy: For A Stronger and More Prosperous Canada.* Government of Canada.

_____. 2013. "Action Plan 2010-2015 for Canada's Cyber Security Strategy." Government of Canada. https://www.publicsafety.gc.ca/cnt/rsrcs/pblctns/ctn-pln-cbr-scrt/index-en.aspx

_____. 2014. "Public Safety Canada Quarterly Financial Report for the quarter ended June 30, 2013." Government of Canada. https://www.publicsafety.gc.ca/cnt/rsrcs/pblctns/qrtrl-fnncl-rprt-20130630/index-en.aspx

_____. 2016. *Fundamentals of Cyber Security for Canada's Critical Infrastructure*

Community. Government of Canada.

_____. 2018. *National Cyber Security Strategy: Canada's Vision for Secuyrity and Prosperity in the Digital Age.* Government of Canada.

Public Safety Canada and United States' Department of Homeland Security. 2016. "Cybersecurity Action Plan Between Public Safety Canada and the Department of Homeland Security." https://www.publicsafety.gc.ca/cnt/rsrcs/pblctns/cybrscrt-ctn-plan/index-en.aspx

Standing Senate Committee on National Security and Defence (SSCNSD) of Canadian Parliament. 2012. Transcript of Proceedings. 41st Parl., 1 st sess. Meeting No. 14.

New York Times. 2013. "Spy Chief Calls Cyberattacks Top Threat to the U.S." *New York Times*(March 13). https://cn.nytimes.com/world/20130313/c13cyber/en-us/

Zajko, Mike. 2015. "Canada's Cyber Security and the Changing Threat Landscape." *Critical Studies on Security* 3(2): 147-161.

제11장

호주의 사이버 안보전략*

이해원 | 목포대학교

*   이 글은 경북대학교 『법학논고』 제57집(2019)에 게재된 필자의 "사이버안보 법제도 개
선 방안의 제언: 호주의 사례를 중심으로"를 대폭 수정·보완한 것이다.

I. 들어가며

초연결 사회(hyperconnected society)의 도래를 목전에 둔 오늘날 사이버 안보는 가상공간을 넘어 현실공간에서의 국가 안보와 직결되는 문제로서 그 중요성이 날로 부각되고 있다. 본고는 우리나라의 사이버 안보 역량 강화 방안을 논의하기 위한 기초 연구의 일환으로, 호주(Australia)의 사이버 안보 추진체계, 전략, 법제 및 국제협력을 개괄하고 유의미한 시사점을 도출하는 것을 목적으로 한다.

사이버 안보는 국방, 정보, 치안, 외교와 같은 국가의 다양한 기능과 이를 수행하는 기구들에 중첩적으로 걸쳐 있는 문제이며, 중앙정부, 지방정부, 민간, 시민단체, 학계 등 사회 각계각층의 협력, 참여 및 이해관계 조정이 필수적으로 요구되는 분야로서, 각국은 자신의 정치적, 역사적, 문화적, 환경적 특성을 반영하여 고유의 '맞춤형' 체계 및 법제를 운영하고 있다. 따라서 호주의 사이버 안보체계를 이해하기 위해서는 호주 사회의 기본적인 특성 및 대외 관계에서의 특수성 등 호주가 처한 고유의 상황을 먼저 개략적으로 살펴볼 필요가 있다. 이하 본고에서는 호주라는 국가를 간략히 개괄하고(II), 호주의 사이버 안보 추진체계(III), 전략(IV), 법제(V), 국제협력(VI)을 각각 살펴본 후, 결론(VII)을 제시하고자 한다.

II. 호주의 개괄

1. 특징: 남반구에 위치한 서구 문화권의 중견국(middle power)

호주는 지정학적으로 아시아 국가들에 포위된 남반구의 국가이면서
도 정치적, 문화적, 인종적으로는 영국으로 대표되는 서유럽 국가라는
특성을 가지고 있다. 이러한 독특한 지정학적, 정치적, 문화적, 인종적
지위는 호주의 국제관계 및 외교정책에 지대한 영향을 미쳐왔다. 미
국과 소련의 냉전시대가 20세기 후반 종식된 후 국제환경은 큰 변화
를 겪게 되는데, 그 중에서도 호주가 위치한 아시아태평양 지역은 미
국의 지배적 패권과 중국의 급속한 경제·군사적 성장, 그리고 일본의
재무장과 같은 강대국 간의 힘의 정치와 경쟁구도가 다른 어느 지역보
다도 치열하게 각축을 벌이는 역동적인 지역이다. 토머스 크리스텐센
(Tomas Christensen), 케네스 왈츠(Kenneth Neal Waltz), 존 미어샤이
머(John Joseph Mearsheimer) 등 많은 국제정치학자가 아시아태평양
지역을 분쟁의 '발화점'으로 묘사한 가장 큰 이유가 여기에 있다(이희
진·문경희 외 2011, 101-102).

　호주와 같은 아시아태평양 지역의 중견국의 고민도 바로 여기에
서 비롯된다. 강대국에 비하여 외교적 역량이 떨어질 수밖에 없는 중
견국은 강대국 간의 대결, 특히 미국과 중국이라는 양 강대국 간의 경
쟁관계에서 위험한 줄타기 외교를 하거나 안정된 편들기 외교를 하는
경향이 있는데, 호주 역시 예외는 아니다. 오히려 호주의 경우 앵글로
색슨(anglo-saxon)이라는 서구의 문화적 특성을 가졌음에도 정작 그
러한 문화적 특성을 가진 동질적인 국가와는 지정학적으로 지구 반대
편인 남반구의 아시아태평양 지역에 위치하고 있다는 지리적 특성이

서로 충돌하고 있다는 특수성상 아시아태평양 지역에 위치한 다른 어느 나라와 비교해보더라도 그 고민의 정도가 크다 하겠다.

이러한 특수성을 반영하여 호주는 한편으로는 미국과의 기존 군사동맹을 유지, 발전시키면서도 다른 한편으로는 아시아태평양 지역 국가, 특히 중국과의 외교 및 무역관계를 확대하는 이중노선(dual-track) 외교정책을 펴고 있다. 정도의 차이가 있을 뿐 노동당 정부와 보수당 정부를 불문하고 호주는 역사와 지리(또는 문화와 지역) 사이에서 적절한 '타협점'을 추구해 왔다고 할 수 있다(Tow 2006, 88; 이희진 · 문경희 외 2011, 102 재인용).

2. 대외관계

(1) 대미국 관계

역사적으로나 전통적으로 호주에서 가장 중요한 동맹국이 미국이라는 점에는 의문의 여지가 없다. "미국과의 동맹이 없었다면 호주는 아시아태평양 지역에서 영향력 없는 '미미한' 국가로 전락했을 것이다"라는 폴 딥(Paul Dibb)의 발언은 호주의 외교 및 안보에서 미국이 차지하는 전략적 중요성을 극명하게 보여준다(이희진 · 문경희 외 2011, 109).

호주의 외교 및 안보 관계에서 가장 큰 역할을 하는 미국과의 군사동맹(공식명칭: Security Treaty between Australia, New Zealand and the United States of America, ANZUS Treaty)은 1951년 체결되었다.[1] 역사적으로 ANZUS Treaty는 제2차 세계대전 중에 일본으로부터

1   단 위 조약은 1984년 뉴질랜드가 자국 영해 및 영토에서 비핵화정책을 채택하면서 미국의 핵잠수함 및 핵무기 탑재 항공모함의 주둔을 금지하고, 이에 대응하여 미국이 1986

침략을 받은 경험이 있는 호주가 제2차 세계대전이 끝나더라도 일본이 재무장할 수 있다는 점을 경계하여 대일평화조약의 서명에 앞서 미국에게 적극적인 형태의 안전보장을 요구한 것에서 시작된다. 미국 입장에서도 위 조약은 동시기에 체결된 미·일 안전보장조약, 미·필리핀 상호방위조약과 함께 태평양에서의 미국의 방위망을 구성하는 조약으로서 그 중요성이 상당하다. ANZUS Treaty에 따라 호주는 냉전시대 한국전쟁과 베트남전쟁에 참전하는 등 미국의 공산주의 비확산 정책에 적극적으로 동참해 왔고, 냉전시대 종식 이후에도 미국을 가장 중요한 우방국으로 인식하고 미국의 안보정책에 적극 협력하고 있다. 호주는 냉전 후 미국이 주도한 3건의 전쟁(1991년 걸프전쟁, 2001년 아프가니스탄전쟁, 2003년 이라크전쟁)에 모두 적극적으로 동참해왔다. 데니스 필립(Dennis Phillips)이 "호주의 경우 어느 정당이 집권하는 것과 관계없이 미국과의 동맹에 대한 강한 충성도를 의심 없이 보이고 있다"고 언급하였듯이, 호주의 대미 정책은 집권당이 노동당이건 보수당이건 관계없이 유지되고 있다.

　　사이버 안보 측면만 놓고 보더라도 미국과 호주의 강력한 동맹관계는 쉽게 확인할 수 있다. 호주는 미국, 영국, 캐나다, 뉴질랜드와 함께 소위 '다섯 개의 눈(Five Eyes)' 동맹을 구성하는 국가로서 제2차 세계대전 종전 직후부터 전 세계를 대상으로 한 통신감청에 참여해 왔고 각종 정보를 공유해왔다(O'Neil 2016, 529-543). 미국이 진정한 동맹국가라고 인정하는 국가는 '다섯 개의 눈'에 참여하는 4개 국가(영국, 캐나다, 호주, 뉴질랜드)뿐이라는 말이 있을 정도이다. 사이버 안보 측면에서의 미국과 호주의 강력한 동맹관계를 명확하게 보여주는 가

년 방위의무정지를 표명함에 따라 1986년 이후에는 사실상 미국과 호주 양자 간 군사동맹조약이 되었다.

장 극명한 사례로는 2018년 불거진 소위 '화웨이(Huawei) 사태'를 들
수 있다. 미국 상원은 2018년 8월 18일 화웨이의 통신장비가 사용자
몰래 각종 데이터를 중국으로 빼돌려 국가 안보에 위협이 된다는 이유
로 자국 통신업체에 화웨이 장비 사용을 금지하는 내용의 국방수권법
수정안을 통과시켰는데, 그로부터 불과 6일 후인 8월 24일 호주 정부
는 미국의 화웨이 제재를 지지하며 자국에서도 화웨이 통신장비의 사
용을 금지한다고 선언하였다.[2]

(2) 대중국 관계

앞서 살펴보았듯이 제2차 세계대전 이후 호주의 외교 및 안보 정책에
가장 강력한 영향력을 행사해 온 국가는 미국이다. 그러나 지정학적,
정치적, 경제적으로 호주는 중국을 무시할 수 없는 상황이다. 호주의
인종 구성 중 백인 계열을 제외하고 가장 많은 비중을 차지하는 인종
이 중국인이며, 호주의 주력 산업인 광업(원자재) 시장에 있어 가장 큰
비중을 차지하는 구매자 또한 중국이다. 중국은 호주의 제1위 교역국
이며(대한민국 주호주대사관 2018), 최대 투자국이기도 하다(대한민국
주호주대사관 2016, 4.항).

　　호주는 인구가 적고 지리적으로 주요 경제적·군사적 파트너 국가
인 서구 국가와 멀리 떨어져 있다는 점 때문에 실용적이고 적극적인 대
외정책을 추진하여 왔다. 호주는 미국이 중국과 국교를 정상화하기 이
전인 1972년에 이미 중국과 공식 외교관계를 수립하였고, 1989년 천
안문 사태 이후에도 6개월 만에 중국과의 양자관계를 정상화시켰으며,
1992년 중국 고위층 인사의 방문금지 조치도 해제하는 등 역사적·전

2　정확하게는 5세대(5G) 통신장비의 도입을 금지한 것이다. http://news.einfomax.
　　co.kr/news/articleView.html?idxno=3464592 (최종접근일: 2019.2.6)

통적으로 중국과의 우호관계를 적극적으로 유지하였다. 중국과의 협력적 관계를 유지하기 위한 외교전략으로 호주는 중국이 민감해하는 약점인 '인권문제'에 다소 눈감는 모습을 취하기도 하였다. 일례로 1996년부터 2007년까지 집권한 하워드 총리는 재임 기간 동안 중국의 인권상황을 비판하는 발언을 하지 않았으며, 당시 호주는 국제연합 인권위원회(UNHRC)가 주도하는 대중국 비난 결의에도 참여하지 않았다. 호주는 중국과 1997년부터 군사안보 차원의 장관급 전략 회담(defence strategic dialogue)을 매년 개최하고 있기도 하다.[3]

이처럼 호주는 미국과 안보 측면에서 굳건한 동맹을 유지하는 한편 중국과도 경제적 측면에서 밀접한 우호관계를 유지하는 이중전략을 오랫동안 성공적으로 유지해왔다고 평가할 수 있다.

(3) 기타 아시아 국가와의 관계

호주에게 아시아는 경제적으로나 안보적으로 중요한 지역이다. 영국의 식민지로 출발하여 1901년 영연방국가의 일원으로 독립하였다는 역사적·문화적 전통상 호주는 오랫동안 소위 백호주의(white australia)를 표방하며 아시아 국가에 대한 외교적 관여(engagement)에 소극적인 입장을 취해왔다. 백호주의를 표방할 당시 호주의 주류적 입장은 호주의 정체성은 아시아가 아닌 서구이며, 서구는 아시아의 타자이고, 아시아인이 이민으로 급속히 사회에 유입되는 것은 호주 사회의 정체성에 위협이 된다는 것이었다. 그러나 이러한 백호주의는 1973년 공식적으로 폐기되었고, 이후 적극적으로 '아시아에 대한 관여' 정책을 추진하게 된다. 대표적인 사례로 1989년 당시 호크 총리가 주도한

---

3   https://news.defence.gov.au/media/media-releases/21st-annual-australia-china-defence-strategic-dialogue (최종접근일: 2019.2.6)

아시아·태평양경제협력체(APEC) 이니셔티브를 들 수 있다.

현재 호주는 아시아 주요 국가인 일본, 한국, 인도 등과의 양자 간 협력을 강화하고 있는 한편, 동아시아정상회의(East Asia Summit, EAS), 환인도양연합(Indian Ocean Rim Association, IORA)에 회원국으로 적극적으로 참여하는 등 다자간 협력도 강화하고 있다. 호주는 2007년 이후 인도–태평양 시대(Indo-Pacific Era)이라는 개념을 선도적으로 제시하며 해당 지역에서의 핵심 중견국으로서 외교적 이니셔티브를 차지하고자 노력하고 있다. 특히 사이버 안보 측면에서 호주는 2018년 4월 30일 태평양 사이버 안보 운영 네트워크(Pacific Cyber Security Operational Network, PaCSON)를 설립하여 환태평양 지역 국가들의 정부 차원의 사이버 안보 대응 및 협력 체계를 주도하고 있다. 현재 PaCSON에 참여하는 국가는 호주, 쿡 아일랜드, 피지, 키리바티 등 14개국에 달한다.[4]

III. 호주의 사이버 안보 추진체계

1. 개요

호주의 사이버 안보 추진체계와 관련하여 호주는 새로운 정부기관을 설치하기보다는 기존에 설치된 기관들에 새로운 기능을 부여하고 기존 기능을 재배치하며 기존의 정부 구조에 중대한 변화를 주지 않

---

4   호주, 쿡 아일랜드, 피지, 키리바티, 마샬제도, 뉴질랜드, 니우에, 팔라우, 파푸아뉴기니, 사모아, 솔로몬제도, 토케라우, 통가, 투발루, 바누아투이다. https://www.cert. gov.au/news/pacific-cyber-security-operational-network (최종접근일: 2019.2.6)

는 방법을 택하고 있다고 평가된다(Nevil 2018, 13). III절에서 상세히 살펴보겠지만 호주는 2016년 4월 국가 차원의 사이버 안보전략(Australia's Cyber Security Strategy : Enabling innovation, growth and prosperity)을 발표하면서 사이버 안보 추진체계를 개편하였고(Nevil 2018, 15), 이후 관련된 부처 및 기관들의 기능을 일부 세부 조정하였는바, 2019년 6월 기준으로 호주의 사이버 안보 추진체계를 도식화하면 〈그림 11-1〉과 같다.

〈그림 11-1〉에서 알 수 있듯이, 현재 호주의 사이버 안보 추진체계는 정부 수반인 총리를 최정점으로 ▲외교 등 국외 부문은 외무장관(Minister for Foreign Affairs) 소속의 외무부(Department of Foreign Affairs and Trade) 및 그 소속의 사이버 업무 대사(Ambassador of

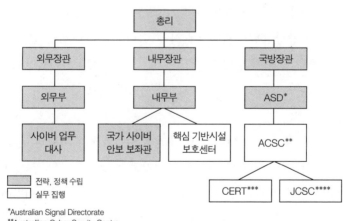

그림 11-1. 호주의 사이버 안보 추진체계(2019. 6. 기준)[5]

---

5   호주 정부 홈페이지[https://www.australia.gov.au/ (최종접근일: 2019.6.29)] 및 Nev-il(2018)을 기초로 필자가 재구성한 것이다.

Cyber Affairs)가, ▲안전, 치안 등 국내 부문은 내무장관(Minister for Home Affairs) 소속의 내무부(Department of Home Affairs) 및 그 소속의 국가 사이버 안보 보좌관(National Cyber Security Advisor)이, ▲국방 부문은 국방장관(Minister for Defence) 소속의 국외 통신정보(signal intelligence) 담당 기관인 ASD(Australian Signals Directorate)가 전략 및 정책을 각 담당하는 체계이다. 각 영역별로 수립된 전략·정책은 내무부가 총괄하여 국가 차원의 종합 전략을 수립, 점검하고 있다. 이렇게 수립된 사이버 안보전략·정책의 실제 집행은 ASD 소속기관인 호주 사이버안보센터(Australian Cyber Security Centre, ACSC)[6]가 담당하며, 그 외 국가 주요 기반시설에 대한 사이버 공격 대응 기관인 내무부 산하 기반시설보호센터(Critical Infrastructure Centre, CSC), 사이버 안보 위협의 상시 모니터링 및 실시간 대응을 담당하는 ACSC 소속의 사이버위기대응센터(Cyber Emergency Response Centre, CERT), 중앙정부와 지방정부 사이, 그리고 민간과 공공 영역 사이의 정보공유 및 협력 담당 기관인 ACSC 소속의 합동사이버안보센터(Joint Cyber Security Centre, JCSC)가 사이버 안보 업무 실무 집행에 관여하고 있다.

요컨대, 호주의 사이버 안보 추진체계는 ▲국가 차원의 전략 및 정책은 내무부가 총괄하여 수립 및 점검하고, ▲실무 집행은 국방부 소속 정보기관인 ASD 및 그 산하 기관인 ACSC를 중심으로 이루어지는 체계, 즉 전략 및 정책 수립과 실무 집행이 이원화(二元化)된 체계로 파악된다. 이와 같은 사이버 안보 추진체계는 기존 정부 부처 및 기관

6   ASD는 호주의 6대 정보기관(Intelligence Service) 중 해외 통신정보의 수집, 분석 및 호주 국내의 통신·전산 보안을 담당하는 기관이다. https://www.asd.gov.au/ (최종접근일: 2019.6.29) 참조.

들의 기능을 조정하고 함께 편성(co-location)한 것이며, 추진체계 개
편에도 불구하고 기존 부처 및 기관들의 정체성(Identity), 예산, 보고
및 명령 체계(chain of command)는 기존대로 유지되고 있다고 알려
졌다(Nevil 2018, 13).

2. 컨트롤타워(Control Tower)

2016년 4월 국가 사이버 안보전략 발표 당시 호주의 사이버 안보 추진
체계는 정책(Policy), 국제관여(International Engagement), 집행(Op-
erations)의 3대 축을 기반으로 국가 사이버 안보 보좌관(총리실 소속),
사이버 대사(외교부 소속), ACSC(국방부 소속)가 각 축을 담당하며, 국
가 사이버 안보 보좌관이 각 영역 간의 조정을 담당하며, ACSC의 수
장이 국가 사이버 안보 보좌관을 겸직하는 구조였다(Commonwealth
of Australia 2016a, 24). 즉 국가 사이버 안보전략이 수립된 2016년 4
월 당시에는 국가 사이버 안보 보좌관 및 그가 수장으로 있는 ACSC가
호주 사이버 안보의 컨트롤타워였던 것으로 보인다.

　그러나 2016년 4월 이후 호주 정부는 국가 사이버 안보 보좌관
을 총리실에서 내무부 소속으로, ACSC를 국방장관 직속에서 국방장
관 소속 정보기관인 ASD의 하위 기관으로 두는 조직개편을 단행하였
다.[7] 즉 조직의 계층적 위계질서 측면에서 국가 사이버 안보 보좌관 및
ACSC의 위상이 2016년 4월 사이버 안보전략 수립 시점보다 낮아진
것이다. 이러한 조직개편 후에도 국가 사이버 안보 보좌관 및 ACSC가

7　ASD 및 ACSC의 조직 개편 및 법정화는 Intelligence Service Act 2001, Part 3A.에 규
　정되어 있다. https://www.legislation.gov.au/Details/C2019C00018 (최종접근일:
　2019.4.8)

사이버 안보와 관련된 다수의 기관—특히 외교장관, 내무장관, 국방
장관과 같은 내각 각료 및 관련 중앙 부처—및 이해관계자들의 의견
을 조정하고 의사결정을 내려야 하는 컨트롤타워로서의 역할을 수행
하고 있다고 보기는 어렵다. 오히려 ▲2016년 4월 사이버 안보전략 수
립 이후 국가 사이버 안보 보좌관과 CSC가 모두 내무부로 이관된 점,
▲총리실 웹사이트에 속해 있었던 사이버 안보 관련 호주 정부 웹페이
지도 내무부 웹사이트로 이관되었고, 사이버 안보전략 관련 내용도 내
무부 웹사이트를 통하여 공개되고 있으며, '사이버 안보 정책 및 전략
의 수립 및 실천 여부 점검'이 내무장관의 핵심 소관 업무(portfolio)로
제시되고 있는 점 등에 비추어 보면, 2019년 6월 현재 호주의 사이버
안보 컨트롤타워는 내무부라고 보는 것이 타당하다고 생각된다.[8]

3. 실무기관

호주 사이버 안보전략 및 정책의 실무 집행은 ASD 및 그 산하 기관인
ACSC를 통하여 이루어지고 있다. 특히 사이버 안보 위협의 실시간 모
니터링 및 대응 담당 기관인 CERT와 중앙-지방정부 및 민-관 사이의
정보공유 및 협력을 담당하는 JCSC가 2018년 6월 ACSC 산하로 편제
되면서 실무 기관으로서의 ACSC의 위상과 영향력은 한층 강화되었
다.[9] ACSC는 사이버 범죄를 분석, 조사, 보고하고 사이버범죄, 사이버
테러, 사이버 전쟁에 대한 국가 보안 기능과 작전에 대한 조정 등 사

---

8   일례로 호주의 국가 사이버 안보전략을 소개하는 홈페이지도 총리실에서 내무부로 이
    관되었다. https://cybersecuritystrategy.homeaffairs.gov.au/ (최종접근일: 2019.5.26)
    참조.

9   https://www.cert.gov.au/news/cert-australia-moving-asd (최종접근일: 2019.5.26)

이버 안보 관련 범정부적인 허브 역할을 수행한다(이응용 2018, 55). ACSC는 공공 부문에 대하여는 보안 관제, 사이버 안보 기술 개발 및 적용, 교육 등을 직접 실시하고 있으며, 민간 부문에 관하여는 파트너십을 맺은 민간기관으로부터 사이버 안보 위협 정보를 제공 받아 공유하며 사이버 안보 위협 대응에 필요한 기술 지원 및 자문 제공 역할을 수행하고, 중앙정부와 지방정부 사이의 사이버 안보 협력 관련 창구의 기능을 담당한다. 특히 2018년 조직개편 이후 ACSC는 국가사이버안보 웹사이트(cyber.gov.au)를 신규 구축하여 개인에게는 'Stay Smart Online' 프로그램을 통하여 개인이 온라인에서 자신을 보호하는 방법에 대한 간단한 도움말과 조언을 제공하고, 기업에게는 주요 위협 정보, 지침 및 다양한 사이버 안보 프로그램을 제공하며, 정부기관을 대상으로 사이버 위협 정도, 기술적 자문, 전국훈련프로그램 등을 제공하고 있다(이응용 2018, 56).

ACSC 외에 사이버 안보 관련 주요 실무 기관으로는 에너지, 수도, 통신 등 기반시설의 보호를 담당하는 내무부 산하 CSC가 있다. CSC의 기능 중 주목할 부분은 기반시설의 소유자 및 운영자와 CSC 사이에 파트너십(partnetship)을 체결함으로써 사이버 안보 위협 관련 정보를 민관이 공유하는 네트워크(Trusted Information Sharing Network, TISN)를 운영하고 있다는 점이다.[10]

---

10   https://www.tisn.gov.au/ (최종접근일: 2019.6.29)

4. 통제 및 감독 기관

내무부에 대한 감독은 이를 관장하는 내무장관 및 정부 수반인 총리, 그리고 입법부인 호주 양원을 통하여 이루어진다.

정보기관의 권한 행사에 대한 통제 및 감독 기관으로 호주는 ▲정부 차원에서 중립성과 독립성이 보장되는 독립기관인 '정보기관 감사관(Inspector General of Intelligence and Security, IGIS)'[11]을 두고, ▲ 국회 차원에서 상원과 하원이 함께 참여하는 '통합정보위원회(Parliamentary Joint Committee on Intelligence and Security, PJCIS)'를 두어 [12] 행정부와 입법부 양 측면에서 이중의 통제 및 감독 장치를 마련하고 있다. IGIS는 정보기관에 대한 질문권, 감사권, 공공이익에 관한 정보공개권을 가지며, PJCIS는 정보기관의 예산 및 업무 수행에 관한 사전적, 사후적 통제권을 가진다. 정보기관에 대한 IGIS와 PJCIS의 통제 및 감독 결과는 기밀사항을 제외하고 IGIS 및 PJCIS의 웹사이트를 통하여 국민에게 투명하게 공개된다. 앞서 살펴보았듯이 호주 사이버 안보의 실무 집행은 정보기관인 ASD 산하 ACSC가 담당하고 있으므로, ACSC는 IGIS와 PJCIS를 통한 이중의 통제 및 감독을 받고 있다. 즉 호주의 경우 정보기관이 사이버 안보 실무를 담당함에 따라 발생할 수 있는 권한 오남용, 프라이버시 침해 등의 부작용을 방지할 수 있는 제도적 장치가 두텁게 마련되어 있다고 할 수 있다.

---

11   https://www.igis.gov.au/ (최종접근일: 2019.6.25)
12   https://www.aph.gov.au/Parliamentary_Business/Committees/Joint/Intelligence_and_Security (최종접근일: 2019.6.25)

IV. 호주의 사이버 안보전략

1. 개요

호주는 호주 전략정책연구소(Australian Strategic Policy Institute, ASPI)가 발표한 2017년 아시아-태평양 국가 사이버 성숙도(Asia-Pacific Cyber Maturity)에서 미국의 뒤를 이어 2위를 차지할 정도로 사이버 안보와 관련하여 국제적으로 높은 수준을 인정받고 있다(Hanson et al. 2017, 11). 2016년 기준으로 호주 인구의 3분의 2가 소셜미디어(Social Media) 계정을 가지고 있고, 호주 기업의 84%가 온라인에 연결되어 있는 등, 사이버 공간에서의 호주 국민들의 사회적, 경제적 활동이 급속히 증가하고 있다(Commonwealth of Australia 2016a, 14). 이에 비례하여 호주를 타겟으로 한 사이버 안보 위협 역시 급격히 증가하고 있다. 사이버 범죄로 인하여 호주에 발생하는 사회적 비용이 연간 10억 호주달러로 추산되는 실정이다(Commonwealth of Australia 2016a, 15).

사이버 공간에서의 사회적, 경제적 활동의 급격한 증가와 이에 비례하여 늘어나는 사이버 안보 위협에 대비하고자 호주는 2000년대부터 국가 차원의 사이버 안보 계획을 수립, 실행하여 왔다. 사이버 안보에 관한 호주 정부 차원의 최초의 유의미한 국가 계획이 언급된 문서는 2000년 국방백서(Defence White Paper)이다. 위 백서에서 호주의 중요 국가 정보 기반시설(National Information Infrastructure, NII)에 대한 사이버 공격을 새로운 안보 위협으로 인식하고 사이버 공격에 대한 효과적인 대응이 호주 국방의 핵심 기능이라고 보았다. 이어 2009년 호주 정부는 사이버 안보전략(Cyber Security Strategy, CSS)을 발

표하면서 중요 국가 정보 기반시설에 대한 정부의 전략적 우선순위로
서 위기대응팀(CERT Australia)과 사이버 보안운영센터(Cyber Secu-
rity Operations Centre, CSOC)라는 2개 조직의 설치 및 운영을 제시
하였다. 위 전략에 따라 2010년 1월에 CERT 및 CSOC가 각 설립되어
활동에 들어갔다. 2013년 1월 길라드(Gillard) 총리는 국가 안보전략
차원에서 사이버 안보 위협에 대응하는 새로운 조직인 ACSC를 설립
하였고, 2013년 4월에는 지속되는 사이버 공격에 대응하기 위하여 4
대 사이버 침입 대응 전략(Top 4 Strategies to Mitigate Targeted Cyber
Intrusions)을 수립하였다.[13]

　이러한 역사적 배경하에 2016년 4월 호주는 국가 차원의 새로
운 사이버 안보전략을 수립, 발표하였다(Commonwealth of Australia
2016a, 24).

2. 주요 내용

호주의 사이버 안보전략은 2016년부터 2020년까지 5년간 추진되는
계획으로, ① 국가 차원의 사이버 파트너십(A National Cyber Partner-
ship), ② 강력한 사이버 국방(Strong Cyber Defense), ③ 국제적 책
임과 영향력(Global Responsibility and Influence), ④ 성장과 혁신
(Growth and Innovation), ⑤ 사이버 스마트 국가(A Cyber Smart Na-
tion)의 5가지 대주제(Theme) 및 총 33개의 실천전략(Action Plan)으
로 이루어져 있다. 각각의 주제 및 주요 실천전략을 간략히 정리하면
다음과 같다.

13　https://www.aph.gov.au/About_Parliament/Parliamentary_Departments/Parlia-
mentary_Library/pubs/BriefingBook44p/Cyber (최종접근일: 2019.2.9)

(1) 국가 차원의 사이버 파트너십(A National Cyber Partnership)

- Co-leadership
  - 매년 총리, 산업계, 학계 리더들이 참여하는 사이버 안보 회의(Cyber Security Meeting)를 개최하고 해당 회의에서 전략적 어젠다를 세팅
- 더 강한 파트너십 마련
  - 사이버 안보 거버넌스를 간소화하고 책임을 명확히 함
  - ACSC에 사이버 안보 민관협력에 필요한 각종 자원(조직, 인력, 예산 등) 배분
- 비용/효과에 대한 이해 강화
  - 호주 경제에 대한 악의적 사이버 활동(malicious cyber activity) 연구 활동 지원

(2) 강력한 사이버 국방(Strong Cyber Defense)

- 사이버 안보 위협의 발견/방지/대응체계 강화
  - 민관협력 강화(민관 사이버 안보 위협 정보공유 강화, JCSC를 주요 주 수도에 설치, 온라인 사이버 위협 공유 포털 구축)
  - 정부는 ACSC에 대한 투자 및 ASD에 대한 기능 강화를 추진하며, 이에 관한 구체적 내용을 2016년 국방백서에 반영
  - 호주 연방경찰 등 관련 조직과 협력하여 사이버 범죄 대응 인력 및 전문가

(3) 국제적 책임과 영향력(Global Responsibility and Influence)

- 개방되고, 자유로우며, 안전한 인터넷 선두 국가 마련
  - 사이버 대사(Cyber Ambassador) 임명

  – 국제 사이버 협력 전략 수립 및 발표

  – 사이버 안보 관련 국제법, 국제관습, 규범 준수

• 사이버 범죄자의 피난처(safe haven) 철폐에 일조

  – 국제협력, 특히 인도-태평양 지역에서의 협력을 강화하여 사이버

  범죄자 피난처 철폐

(4) 성장과 혁신(Growth and Innovation)

• 사이버 안보 관련 혁신체계 지원

  – 사이버 안보 성장 센터(Cyber Security Growth Centre, CSGC)[14]를

  중심으로 사이버 안보 혁신, 사이버 디펜스 등 관련 분야 연구 개발

  – 성장과 혁신을 위해 5년간 총 3,000만 호주달러(한화 250억 원) 투자

  – CSGC를 사이버 보안 혁신 및 협력을 위한 국제적 허브로 성장시킴

  – 펀드 설정, 인큐베이팅 사업 등

  – 2015년 설립된 산관학 협력의 디지털 경제, 데이터 경제 연구조직

  인 Data61[15]과 사이버 안보 관련 기술개발 협력

(5) 사이버 스마트 국가

• 관련 기술/인재 양성

• 사이버 안보 중요성 인식 및 경각심 프로그램 마련, 전파

---

14 CSGC는 호주의 사이버 안보 관련 생태계 발전, 사이버 안보 기술 수출 등을 목적으
   로 2017년에 설립된 비영리 법인으로 호주 정부의 자금 지원(funding)을 받고 있다.
   https://www.austcyber.com/ (최종접근일: 2019.6.29)

15 https://www.data61.csiro.au/ (최종접근일: 2019.6.29)

3. 호주 사이버 안보전략의 특징

(1) 민관협력 강화

2016년 수립된 호주 사이버 안보전략의 가장 두드러진 특징은 민간과 공공 사이의 협력과 파트너십을 상당히 강조하고 있다는 점에 있다. 사이버 안보전략에서 명문으로 언급된 주요 민관 협력 강화 내용은 다음과 같다(Commonwealth of Australia 2016a, 58-62).

---

① 매년 총리와 민간 기업 리더들, 학계 리더들 사이의 사이버 안보전략 어젠다 및 전략을 논의하기 위한 정례 미팅인 사이버 안보 회의 개최

② 사이버 안보와 관련된 민간기업 연구 지원

③ 사이버 안보 위협에 공동 대응하고 정보를 공유하기 위한 민관 파트너십 구성

④ ACSC를 거점으로 한 파트너십 강화

⑤ 사이버 안보 위협 정보를 공유하기 위한 온라인 포털을 공동 디자인

⑥ 사이버 안보 모범 사례에 관한 가이드라인 공동 작업

⑦ 중소기업에 대한 사이버 안보 점검 지원

특히 사이버 안보 위협의 효과적인 민관 공유를 위하여 호주는 ACSC―JCTC―온라인 사이버 위협 공유 포털(Online Cyber Threat Sharing Portal, OCTS)의 3단계(Layer) 체계를 통하여 정부가 보유한 민감한 정보도 적극적으로 민간에 제공하고 사이버 안보 위협에 민관이 공동으로 신속히 대응할 수 있는 체계를 구축, 운영하고 있다(Commonwealth of Australia 2016a, 32).

(2) 경제와의 연계: 성장과 혁신 강조

호주의 사이버 안보전략의 특징 중 추가로 주목해야 하는 부분은 단순히 안보나 국방과 같은 전통적인 군사적, 안보적 시각을 넘어 경제성장, 기술발전, 혁신과 연계하고 있다는 점이다. 호주는 사이버 안보 관련 시장을 새로운 기회로 보아 관련 민간기업 및 사업을 육성하기 위한 각종 육성책을 제시하고 있다(Commonwealth of Australia 2016a, 45-49). 구체적인 내용은 다음과 같다.

---

① 사이버 안보를 9대 국가 중점 연구과제(Government National Science and Research Priority)의 하나로 선정

② 사이버 안보 관련 경영 및 기술 전문가를 끌어들이기 위한 사증(visa) 시스템 개선

③ 혁신적이고 고성장 잠재력을 지닌 스타트업에 대한 투자를 촉진하기 위한 각종 세제 혜택 마련

④ 향후 5년간 3,600만 호주달러(한화 300억 원)를 글로벌 혁신 전략(Global Innovation Strategy)에 투자

⑤ CSGC를 허브(Hub)로 사이버 안보 연구개발, 스타트업 비즈니스, 관련 정부 기관을 연계하여 영역을 초월한 교차적 협력(Cross-sector collaboration) 추진

---

4. 사이버 안보전략의 실천: 사이버 국방전략

호주의 사이버 국방전략과 관련한 개략적인 내용은 2016 호주 국방백

서에서 찾을 수 있다(Commonwealth of Australia 2016b). 위 백서에서 호주 정부는 향후 20년간 국방 문제에 있어 중요한 전략적 환경 변화는 사이버 공간 및 우주와 같은 국경을 초월한 환경에서의 위협이며, 특히 사이버 공격은 호주 국방 전력에 직접적인 위협이 되고 있다고 지적하고 있다(Commonwealth of Australia 2016b, 51-52). 이러한 위협에 대응하기 위하여 호주 정부는 2026년까지 국방 재정의 9%를 사이버 안보, 우주와 같은 국경을 초월한 위협 대응에 투입할 계획이다(Commonwealth of Australia 2016b, 85).

구체적으로 사이버 국방전략을 실행에 옮기는 소위 '사이버 군대' (Cyber military force)의 기능은 ASD가 주로 수행하는 것으로 보이고, 여기에 2017년 7월 국방부에 설치된 정보전(information warfare)실이 관여하고 있다. 호주의 사이버 국방전략, 특히 공격 전략(offensive cyber capability)의 상당수는 ASD에 근무하는 공무원과 민간인의 협력(partnership)을 통하여 이루어지고 있다고 알려졌다(Hanson and Uren 2018, 6-7).

한편 호주는 정부 차원에서 사이버전 군사전문가 양성에도 많은 노력을 기하고 있는데, 2017년부터 국방참모대학교(Australian Defence Force Academy)에 사이버 안보 학위과정을 개설하여 학사 및 석사 과정을 운영하고 있다(김재철 2017, 266). '컴퓨터 포렌식' 등 사이버 안보에 특화된 총 7개의 과목을 운영하고 있으며, 총 이수학점 144학점 중 전공만 132학점으로 구성하는 등, 전산과학적 기초를 탄탄히 갖춘 사이버 안보 군사전문가를 양성하기 위하여 노력하고 있다(김재철 2017, 270).

V. 호주의 사이버 안보 관련 법제

1. 개요

호주는 미국이나 일본과 달리 사이버 안보 관련하여 범정부 차원의 단일법 또는 기본법은 제정하지 않고 있다. 기본적으로 호주는 추진 체계, 중앙정부 및 지방정부의 역할, 중앙부처 및 기관 간 기능과 역할 등에 관하여 법률을 제정하기보다는 행정계획, 가이드라인 또는 민간과의 파트너십 등 연성적인(soft) 방법으로 접근하고 있는 것으로 알려졌다(Häger 2017, 7). 2019년 6월 기준으로 제정·시행중인 호주의 법률 중 사이버 안보와 관련된 주요 법률을 표로 정리하면 다음과 같다.

명칭	개요
Cybercrime Act 2001	사이버상의 범죄에 관한 구성요건 및 처벌을 규정한 형법
Telecommunications (Interception and Access) Act 1979	정보기관 및 수사기관이 행하는 통신검열, 감청, 장비접근 등을 규정한 법률[16]
Intelligence Services Act 2001	AGO(Australian Geospatial-Intelligence Organisation), ASD(Australian Signal Directorate), ASIS(Australian Secret Intelligence Service), DIO(Defence Intelligence Organisation) 등 호주 정보기관의 설치 근거에 관한 법률
Australian Security Intelligence Organisation Act 1979	각 정보기관이 수집한 정보 중 안보 관련 정보를 상호 비교하여 관련짓고 분석, 평가하는 기관인 ASIO(Australian Security Intelligence Organisation)의 설치 근거에 관한 법률

16   우리나라의 통신비밀보호법, 영국의 Regulation Investigatory Power Act(RIPA) 2000 등과 유사한 법률이라 할 수 있다.

Mutual Assistance in Criminal Matters Act 1987	국경을 초월한 범죄에 관한 사법공조 및 국제협력에 관한 법률
Surveillance Devices Act 2004	범죄 수사를 위한 감시 장비의 설치, 컴퓨터에 저장된 데이터의 압수 수색을 위한 컴퓨터 접근 영장 신청 및 발부 등에 관한 절차를 규정한 법률
The Security of Critical Infrastructure Act 2018	에너지, 수도, 항만 등 외부 세력으로부터 공격을 받아 파괴되거나 손상을 입을 경우 호주의 국가안보에 치명적인 영향을 줄 수 있는 기반시설(Critical Infrastructure)의 보호에 관한 법률
Telecommunications and Other Legislation Amendment (Assistance and Access) Act 2018	암호화된 통신을 통하여 이루어지는 각종 사이버 범죄 및 테러 대응력을 강화하기 위하여 ① 정보기관 및 수사기관이 통신사업자에게 자발적 또는 강제적 협조를 요청할 수 있는 권한에 관한 사항, ② 강화된 컴퓨터 접근 영장 청구 및 발부에 관한 사항, ③ 압수수색영장의 기간 및 권한을 강화하는 사항 등을 규정한 법률[17]

　이 중 본고에서는 ▲기반시설의 보호에 관한 법률인 The Security of Critical Infrastructure Act 2018(CIA) 및 Telecommunications Act 1997(TA), ▲암호화된 통신에 대한 접근 권한을 규정한 Telecommunications (Assistance and Access) Act 2018(TAA)을 살펴보고자 한다.

2. 기반시설 보호에 관한 법률: CIA, TA

(1) 개요

에너지, 수도(water supply), 항만, 통신, 정부시설, 금융, 보건 등 외

17　엄밀히 말하면 AaA 2018은 Telecommunication Act 1997, Surveillance Act 2004, Australian Security Intelligence Organisation Act 1979, Crimes Act 1914 등 기존 법률을 개정하는 형태로 제정된 법률이다.

부 세력으로부터 공격을 받아 파괴되거나 손상을 입을 경우 호주의 국가안보에 치명적인 영향을 줄 수 있는 기반시설에 대하여 해당 시설의 보유자 또는 관리자에게 보호 의무를 규정하고 국가 차원의 정보 수집권 및 행정권 발동 근거를 마련하기 위하여 제정된 법률이다(Commonwealth of Australia 2016c). CIA는 통신을 제외한 기반시설에, TA는 통신 기반시설에 각 적용된다.

(2) 주요 내용

CIA의 주요 내용은 다음과 같다.

- 기반시설의 범위: 이용자 및 이용량 등의 기준에 따라 법률에 규정된 전기, 가스, 수도 시설 및 법률에 열거된 항만 시설 또는 내무장관이 기반시설로 지정한 시설(s.9-s.12, s.51)
- 기반시설의 등록: 기반시설을 소유 또는 관리하는 자는 내무장관에게 기반시설을 등록할 의무가 있음(s.19-s.23)
- 보고 의무: 기반시설을 소유 또는 관리하는 자는 기반시설의 소유 및 관리에 관한 사항 또는 기반시설의 운영에 관한 사항이 변경되면 내무장관에게 이를 보고해야 함(s.23-s.27)
- 정보수집권: 내무장관은 CIA에 따른 권한의 행사를 위하여 필요하다고 인정되는 경우 기반시설의 소유 또는 관리자에게 관련 정보를 제출할 것을 요구할 수 있음(s.37-s.40)
- 행정명령권: 내무장관은 기반시설에 국가안보 관련 위협이 발생하였고 기반시설의 소유 또는 관리자와의 협력으로는 그러한 위협에 대

처할 수 없을 경우 기반시설의 소유자 또는 관리자에게 특정한 행동
을 하거나 하지 않을 것을 명할 수 있음(s.32-s.35)
- 평가권: 내무장관은 기반시설의 보안 상황을 평가할 수 있음(s.57)

TA의 주요 내용은 다음과 같다.

- '최선의 보호' 의무: 모든 통신사업자는 통신에서의 보안 강화를 위
하여 최선의 노력을 다하여 인증되지 않은 접근이나 간섭으로부터
통신 설비 및 네트워크를 보호해야 함[s.312(2A)]
- 통지 의무: 모든 통신사업자는 보안 의무 준수 사항에 위배될 소지가
있는 네트워크 및 서비스의 변경 계획에 관하여 호주 통신미디어 위
원회에 미리 통지하여야 함(s.314A-s.314E)
- 정보수집권: 검찰총장은 통신사업자의 보안 의무 준수 여부를 평가
하기 위하여 통신사업자에게 관련 정보 및 문서의 제출을 요구할 수
있음(s.315C-s.315G)
- 행정명령권: 검찰총장은 총리 및 내무장관과 협의한 후 국가안보에
해를 끼칠 위험이 있는 통신 서비스의 사용 또는 제공을 금지할 수
있고, 국가안보 위험을 방지하기 위하여 합리적으로 필요한 특정 행
동을 하거나 하지 않을 것을 명할 수 있음(s.315A-s.315B)

3. 암호화된 통신에 대한 접근: TAA

(1) 개요

암호화 기술이 보편화, 대중화되면서 테러리스트 및 범죄조직은 감청 등을 대비하여 암호화 기술을 사용하여 통신을 하고 있다. 2017년 호주 연방경찰의 감청 결과 90% 이상이 암호화된 통신인 관계로 감청의 효과가 사실상 미미하다(The Parliament of The Commonwealth of Australia 2018, 2). 테러조직과 범죄조직이 암호화된 통신을 보편적으로 사용하게 되면서 이에 맞서는 호주 정부의 활동이 심각한 도전을 받게 되었다. 한편 통신의 암호화 문제는 FiveEyes 동맹에서도 중요한 이슈로 부각하였다. 2018년 8월 29일 열린 FiveEyes 동맹국들의 검찰총장 및 내무장관 회담에서 암호화로 인한 통신의 불투명화('going dark') 문제가 논의되었고 이를 해결하기 위하여 정부와 민간이 협력하는 프레임워크인 '증거와 암호화된 통신에 접근하기 위한 원칙(Statement of Principles on Access to Evidence and Encryption)'에 합의하였다(Barker and Portillo-Castro 2018, 10).

이러한 문제인식하에 2018년 8월 14일 호주 정부는 기존의 통신감청 제도 및 데이터 압수수색 제도를 강화할 수 있는 새로운 입법인 TAA에 착수하게 되었다. TAA 법안은 2018년 9월 20일 호주 하원에 제출되어 2018년 12월 6일 하원 및 상원을 통과하여 2018년 12월 8일 시행되었다. 참고로 TAA는 기존 법률들의 개정 사항을 취합한 법률로서, 형식상 제정법이지만 실질은 TA와 같은 기존 관련 법률들을 일괄 개정하는 개정법에 해당한다.

(2) 주요 내용 1: 통신사의 자발적/강제적 협조 의무

TAA의 핵심은 '암호화된 통신에 대한 통신사의 자발적/강제적 협조 의무'이다(TAA schedule 1). 정보기관 및 수사기관은 암호화된 통신에 관하여 통신사에 ① 기술적 지원 요청(Technical Assistance Request, TAR), ② 기술적 지원 통보(Technical Assistance Notice, TAN), ③ 기술적 역량 통보(Technical Capability Notice, TCN)를 할 수 있다. TAR은 암호화된 통신에 관하여 통신사가 정보기관 및 수사기관에 기술적으로 지원이 가능하면 이에 자발적으로 응하도록 '요청'하는 것이지만, TAN과 TCN은 통신사가 정보기관 및 수사기관에게 가능한 기술적 지원을 하거나 지원을 넘어서는 행동(장비 설치 등)을 해야 할 의무를 규정한 '강제성' 있는 조항이다. 만약 통신사가 TAN이나 TCN에 응하지 않을 경우 최대 1천 만 호주달러에 달하는 과징금이 부과될 수 있다.[18]

(3) 주요 내용 2: 컴퓨터 접근 영장 강화

컴퓨터 접근 영장(computer access warrant)이란 컴퓨터, 휴대전화, USB와 같은 장비를 수색하고 해당 장비에 저장된 정보를 수집할 수 있는 영장을 말한다. TAA은 기존의 컴퓨터 접근 영장에 관한 호주 국내 정보기관(Australian Security Intelligence Organisation, ASIO)의 권한을 확대하고, 3년 이상의 징역형에 처할 수 있는 연방정부 차원의 범죄에 관하여는 정보기관이 아닌 수사기관도 컴퓨터 접근 영장을 발부 받을 수 있도록 규정하고 있다.[19] 물론 ASIO의 컴퓨터 접근 영장 발부 및 집행에 관하여는 앞서 살펴보았듯이 IGIS 및 PJCIS를 통한 감시

---

18   TAA에 의해 개정된 TA s.3172A(3), s.570(3).
19   TAA schedule 2.

와 통제가 이루어진다.

(4) 주요 내용 3: 수사기관의 압수수색 권한 강화

TAA 압수수색영장에 따라 수사기관이 압수한 전자적 장치의 조사 기간을 14일에서 30일까지로 연장하고, 수사기관이 수색영장을 가지고 소셜미디어 계정에 저장된 데이터를 접근할 수 있도록 허용하도록 하는 등 수사기관의 압수수색 권한을 강화하였다.[20] 특히 TAA 스케줄 3, 4는 수사기관이 개인에게 장비의 잠금장치(lock)를 풀도록 요구할 수 있고 이를 거부할 경우 최대 5년 또는 10년(중범죄의 경우)의 징역형으로 처벌할 수 있도록 규정하고 있다.

(5) 주요 내용 4: ASIO 협력자에 대한 면책 등

TAA는 통신사의 협조 의무, 컴퓨터 접근 영장의 발부 및 집행 등 ASIO가 TAA에 따라 행하는 권한 행사와 관련하여 ASIO가 검찰총장에게 정보를 제공하거나 협조하도록 특정인에게 명하여 줄 것을 요청할 수 있도록(즉, ASIO가 검찰총장을 통하여 간접적으로 특정인에게 자신의 정보수집에 정보를 제공하거나 협력할 것을 명하도록) 규정하고 있으며, ASIO에 자발적으로 협력한 자에 관하여 민사상 책임을 묻지 않도록 규정함으로써, ASIO의 권한을 강화하고 있다.[21]

20　TAA schedule 3, 4.
21　TAA에 의하여 개정된 Australian Security Intelligence Organisation Act 1979 section 34AAA.

VI. 호주의 사이버 안보 국제협력

1. 개요

호주는 2016년 사이버 안보전략에서 거버넌스의 3대 축 중 하나로 국제관여(International Management)를 상정하고, 사이버 대사를 임명하였다(Commonwealth of Australia 2016a, 24-25). 국가 사이버 안보전략 발표 직후인 2017년 호주는 국제 사이버 협력 전략(Australia's International Cyber Engagement Strategy)을 발표하였는데(Commonwealth of Australia 2017a), 위 전략에서 호주 정부는 2016년 사이버 안보전략과 궤를 같이하여 사이버 안보, 사이버 범죄, 국제적 안보 및 사이버 공간에서의 국제협력을 중요 의제로 다루고 있다. 2017년 발표된 호주 국제 사이버 협력전략의 주요 내용을 간략히 정리하면 다음과 같다(Commonwealth of Australia 2017a).

① 국제 파트너들과의 강한 협력 관계 유지
  - ACSC를 통하여 타국의 사이버 안보 기관, 법 집행 기관과 협력하고 정보 공유
  - 특히 인도-태평양(Indo-Pacific) 지역과의 네트워킹 강화 및 확장
  - 아시아-퍼시픽 CERT(APCERT)에 의미 있는 기여
② 혁신적인 사이버 안보 해결책 장려, 세계 최고의 사이버 안보 자문 제공
  - 호주 표준기구(Standard Australia)를 통하여 국제 사이버 안보 표준 제정에 기여

- 사이버 안보 관련 ASD의 8대 원칙(Essential Eight) 및 시행 계획
  에 관하여 아세안 멤버 회원국에게 번역문 제공
③ 인도-태평양 지역의 사이버 안보 능력 제고
  - 태평양 주변국과 PaCSON(Pacific Cyber Security Operational
    Network) 구성하여 해당국의 사이버 안보 대응 능력 향상 지원
④ 호주의 사이버 안보 산업 촉진
  - 호주의 사이버 안보 솔루션 수출
  - 호주 사이버 안보 산업에 대한 외국인 직접 투자 유치

한편 호주 정부는 2003년 이후 14년 만인 2017년에 외교 백서를 발간하였는데(Commonwealth of Australia 2017b), 위 백서에서 호주는 개방적이고 자유로우며 안전한 사이버 공간을 위하여 국제사회에서의 책임을 다할 것이며, 사이버 공간에서의 악의적 행동 및 범죄를 방지하고 대응하기 위하여 다른 나라들과 협력할 것"을 선언하고 있다(Commonwealth of Australia 2017b, 74-75).

이러한 전략 및 기조하에 호주는 사이버 안보와 관련하여 다양한 국제협력 방안을 전개하고 있는데, 특히 2016년 국가 사이버 안보전략 수립 이후에는 인도-태평양(Indo-Pacific) 지역에서의 협력에 방점을 두고 있다. 이하 양자 간 협력 및 다자간 협력의 틀에서 호주의 사이버 안보 관련 국제협력에 관하여 간략히 살펴본다.

2. 양자 간 협력

2016년 이후 호주는 미국, 영국, 프랑스, 일본 등 전통적인 우방과의

정상회담, 담화(Dialog), 정례 정책 회담(Policy Dialog), 공동선언문
(Joint Statement) 발표 등을 통하여 사이버 안보 관련 양자 간 협력을
지속적으로 추진해 왔다. 나아가 호주는 전통적인 우방국 외에도 중
국, 인도, 인도네시아 등 인도-태평양 지역에서의 영향력 있는 국가들
과도 담화, 회담 등을 통하여 사이버 안보 협력 방안을 꾸준히 논의하
고 있다. 2019년 들어 주목할 만한 양자 간 협력으로는 ▲사이버 안보
관련 정보 및 대응 모범 사례(best practice) 공유 등과 관련된 태국 정
부와의 양해각서(MOU) 체결,[22] ▲일본과의 사이버 정책 회담 및 공동
선언문 발표[23] 등을 들 수 있다.

3. 다자간 협력

사이버 안보 관련하여 가장 전통적이고 오래된 협력은 세계 제2차 세
계대전 이후 미국, 영국, 캐나다, 뉴질랜드와 결성한 소위 '다섯 개의
눈(Five Eyes)' 동맹이나, 이에 관하여는 기존의 연구가 상당 부분 축
적되어 있으므로(대한민국 주호주대사관 2018; McGruddy 2013, 214-
220), 본고에서는 2016년 국가 사이버 안보전략 발표 이후 새롭게 호
주가 추진하고 있는 다자간 협력인 '사이버 협력 프로그램(Cyber Co-
operation Program, CCP)'을 중점적으로 살펴본다.

　　호주는 2016년 국가 사이버 안보전략을 발표하면서 전략의 3대
축 중 하나인 '국제 관여'(International Enagement)의 핵심 실천 전략

22　https://dfat.gov.au/international-relations/themes/cyber-affairs/Pages/mou-on-
　　cyber-and-digital-cooperation-australia-thailand.aspx (최종접근일: 2019.6.29)
23　https://dfat.gov.au/international-relations/themes/cyber-affairs/Pages/australia-
　　japan-cyber-policy-dialogue-2019-joint-statement.aspx (최종접근일: 2019.6.29)

으로 CCP를 출범시켰다.[24] CCP는 인도–태평양 지역 국가들의 사이버 안보 위협 대응 능력을 향상시키기 위한 국제협력 프로그램으로, 인도–태평양 지역에 위치한 국가들뿐 아니라 산업계, 학계, 시민단체 등 다양한 이해관계자들의 국제적 협력을 추구한다.[25] 2019년 6월 기준으로 25개 파트너가 참여하는 40개의 CCP 프로젝트가 인도–태평양 지역의 국가들에서 추진되고 있다. 이와 관련하여 주목할 만한 다자간 협의체로 신설된 것은 PaCSON(Pacific Cyber Security Operational Network)이다. PaCSON은 2018년 4월 30일 호주가 주도하여 설립된 사이버 안보 협력체로서 호주 정부는 PaCSON의 설립 및 운영을 위하여 총 1,500만 호주 달러의 예산을 투자하였다. PaCSON은 인도–태평양 지역 20개 국가를 참가대상으로 삼고 있는데, 2018년 5월 현재 위 국가들 중 총 14개국(호주, 쿡 제도, 피지, 키라바티, 마샬 제도, 뉴질랜드, 니우에, 팔라우, 파푸아뉴기니, 사모아, 솔로몬 제도, 토케라우, 통가, 투발루, 바누아투)이 참여하고 있다.[26]

VII. 마치며

호주와 우리나라는 ▲국제정치학적 측면에서 전 세계적인 차원의 군사력·경제력을 가지고 있지는 않으나 지역 차원에서 유의미한 국력을 갖춘 '중견국(middle power)'이고, ▲지정학적 측면에서 미국과 중국

---

24 https://dfat.gov.au/international-relations/themes/cyber-affairs/cyber-coopera-tion-program/Pages/cyber-cooperation-program.aspx (최종접근일: 2019.6.29)

25 *Ibid.*

26 https://www.cert.gov.au/news/pacific-cyber-security-operational-network (최종접근일: 2019.6.29)

의 대결이 치열하게 펼쳐지고 있는 아시아태평양 지역에 위치하고 있으며, ▲외교적으로 미국과 군사안보동맹을 유지하는 한편 중국과도 경제적 측면에서 친밀한 우호관계를 유지하는 이중전략을 취해야 하는 상황이라는 공통점을 가지고 있다. 이를 감안하면 호주의 사이버 안보체계를 분석하는 것은 비교법적으로 우리에게 유의미한 시사점을 제공할 수 있을 것으로 생각하나 이를 다룬 기존의 학술적 연구는 찾아보기 어렵다.

이러한 문제인식 하에 본고에서는 추진체계, 전략, 법제, 국제협력이라는 4가지 관점에서 호주의 사이버 안보체계를 간략히 소개하였다. 호주의 사례가 갖는 함의와 우리나라에 주는 시사점에 관하여는 별도의 깊이 있는 연구가 필요할 것으로 보이나,[27] 추진체계 및 법제도 측면에서만 간략하게 살펴본다면, ▲전략·정책 수립과 같은 사이버 안보의 총괄 기능과 정책 집행의 실무 기능을 각 정부 부처(내무부 등)와 정보기관(ASD 및 ACSC)에 분리한 점, ▲사이버 안보 실무 기관인 ASD(및 ACSC)에 대한 통제 및 감시 수단으로 행정부에 독립된 감사 기관인 IGIS를, 그리고 입법부에 PJCIS라는 이중의 장치를 둔 점, ▲ 사이버 안보에 관한 일반법(또는 기본법)을 새롭게 제정하지 않고 기존 관련 법률들을 필요에 따라 개정하는 법체계를 취함으로써 사이버 안보 위협에 탄력적이고 신속하게 대응하는 점 등을 호주 사례의 주요한 특징으로 꼽을 수 있다고 생각된다.

---

27   이에 관하여는 후속 연구가 진행중이며 별도의 결과물로 발표할 계획이다.

참고문헌

김재철. 2017. "주요 국방 강국의 사이버전 교육 시스템 비교분석 및 공군사관학교에 대한 시사점." 『공사논문집』 68(1), 공군사관학교.

대한민국 주호주대사관. 2016. 『호주 외국인 투자 현황 분석』 5.

_____. 2018. 『호주 교역 동향』 4.

이응용. 2018. "호주 사이버보안 정책동향." 『KISA Report 2018』 Vol. 12, 한국인터넷진흥원.

이해원. 2018. "영국의 사이버 안보 법제 변천 과정 및 시사점." 『법학연구』 26(4), 경상대학교 법학연구소.

이희진 · 문경희 외. 2011. 『현대 호주사회의 이해』, 연세대학교 동서문제연구원 호주연구센터.

Barker, Cat and Portillo-Castro, Helen. 2018. "Bills Digest No. 49, 2018-19", Australian Parliament Library.

Commonwealth of Australia. 2016a. *Australia's Cyber Security Strategy.*

_____. 2016b. *2016 Defence White Paper.*

_____. 2016c. *Critical Infrastructure Centre Compliance Strategy.*

_____. 2017a. *Australia's International Cyber Engagement Strategy.*

Commonwealth of Australia. 2017b. *2017 Foreign Policy White Paper.*

Häger, Erica Wiking. 2017. *Cybersecurity Law Overview*, Mannheimer Swartling.

Hanson, Fergus and Uren, Tom. 2018. "Australia's Offensive Cyber Capability," Australian Strategic Policy Institute.

Hanson, Fergus et al. 2017. "Cyber Maturity In The Asia–Pacific Region 2017," Australian Strategic Policy Institute.

McGruddy, Janine. 2013. "Multilateral Intelligence Collaboration and International Oversight," *Journal of Strategics Of Security*, Vol. 6. No. 5.

Nevil, Liam. 2018. "Cyber Security Governance in Australia," Center for International Governance Innovation.

O'Neil, Andrew. 2016. "Australia and the 'Five Eyes' intelligence network: the perils of an asymmetric alliance," *Australian Journal of International Affairs*, Vol. 71, No. 5.

The Parliament of The Commonwealth of Australia. 2018. *Telecommunications and Other Legislation Amendment (Assistance and Access) Bill 2018 Explanatory Memorandum.*

Tow, Willam. 2006. "Evolving Australian Secutiry Interests in the Asia-Pacific: Policy Coherence or Disjunctinon?," Derek McDougall and Peter. Shearman eds., *Australian security after 9/11: New and old agendas*, Routledge.

제12장

대만의 사이버 안보전략과 체계:
'자주안보'와 '산업발전' 중점의 전략

차정미 | 연세대학교

I. 서론

사이버 안보가 세계국가들의 주요한 관심사로 부상한 가운데 약소국과 중견국의 사이버 안보정책에 대한 연구가 다수 발표되고 있다(Kim 2014 ; Burton 2013 ; Potii, Korneyko & Gorbenko 2015 ; Kouremetis 2015 ; Crandall & Allan 2015). 주로 강대국들의 사이버 안보 경쟁이 주목을 받고 있으나, 사이버 안보 분야의 국제협력을 주도하거나 규범 창출을 촉진하거나 하는 약소국이나 중견국의 사례도 관심 있게 조명되고 있다. 대만은 시기적으로 매우 일찍 정부 차원의 사이버 안보전략과 체계를 수립해서 중견국 사이버 안보전략의 주요한 사례가 될수 있다. 그러나, 중국의 '하나의 중국' 원칙에 의해 국제적으로 제한된 정치적 위상 때문에 독립적인 연구의 대상으로 주목받지 못해온 것이 사실이다. 대만의 경우 중국, 북한, 러시아 등 주요 해커들의 사이버 공격을 위한 '테스트 공간'으로 부상하면서 사이버 안보에 대한 경각심과 안보화의 정도가 매우 강하게 나타나고 있다. "사이버 안보가곧 국가안보"라고 강조한 차이잉원(Tsai Ying Wen) 대만총통의 정책기조는 현재 대만 정부의 사이버 안보에 대한 관심과 정책적 우선순위를 보여준다고 할 수 있다.

이러한 사이버 공간에 대한 높은 위협인식과 안보화로 인해 대만은 사이버 안보에 대한 정부정책과 조직, 예산투자 등에서 어느 나라보다도 더 일찍 더 강도 높은 대응을 해오고 있다. 대만은 2001년도에 공식적으로 '국가 사이버 안보체계 발전계획 2001-2004'를 발표하고, 2001년 1월에 국가 사이버 안보 TF(行政院國家資通安全會報, National Information and Communication Security Task force, NICST)를 설립하였다. 또한 2001년 이후 대만 정부는 4년마다 정부의 사이버 안보전략과 정책을 담은 보고서를 발표하고 있다.

따라서 본 논문은 정치적·국제적 제약 속에서 사이버 공간에 대한 높은 위협인식과 대응태세를 구축하고 있는 대만의 사이버 안보전략과 정책을 기타 중견국의 사이버 안보전략과 비교하여 분석한다. 대만은 UN회원국 193개국 중에 16개 국가와만 정식 외교관계를 가지고 있으며, 실질적으로 독립적인 주권국가임에도 불구하고 중국으로부터의 독립을 공식적으로 선언하지 못해 왔다(BBC, 2019.1.2). 대만 특색의 사이버 안보전략은 정치적·국제적 제약에 기인한 것으로, 대체로 다자외교와 국제규범 창출에 역할하고자 하는 기타 중견국들과 달리 안보적 자립을 목표로 정부체계 고도화, 기술역량, 산업발전에 주력하고 있다는 점에 주목한다. 본 연구는 사이버 공간의 자주안보와 산업발전에 중점을 둔 대만의 사이버 안보전략 분석을 위해 대만이 2001년부터 현재까지 4년마다 발표하고 있는 사이버 안보 계획과 관련 정부 조직, 사이버 안보법과 사이버 공간의 국방, 외교, 산업발전 정책을 구체적으로 살펴본다. 이를 통해 강소국과 중견국들의 사이버 안보전략이 각국의 정치적·국제적 환경에 따라 다양하게 나타날 수 있음을 설명하고, 중견국과 강소국의 사이버 안보전략 연구에 주요한 참고사례로 대만의 사이버 안보전략을 제시한다.

II. 대만의 사이버 안보에 대한 인식과 '안보화'의 특징

1. 적대관계와 사이버 위협의 높은 '안보화'

코펜하겐학파는 사이버 안보를 의도된 안보화의 대표적 사례로 규정하고, 실제 다른 안보이슈와 연계된 영향이 없음에도 불구하고 국방부가 핵심 인프라에 대한 사이버 공격의 위험성을 강조하면서 초래된 '의도된' 안보화라고 강조한다(Hansen & Nissenbaum 2009, 1156). 정책결정자가 무엇이 위협인지, 무엇을 보호해야 하는지를 규정하는 안보화의 과정을 통해 사이버 안보 담론과 전략이 구체화된다는 것이다. 결국 적대적 대외관계를 가지고 있으면서 사이버 공격에 상대적으로 더 노출되어 있는 국가의 정책결정자는 사이버 안보에 대해 높은 위협인식을 가지고 사이버 안보를 국가정책의 우선순위에 놓을 가능성이 높아진다. 결국 사이버 안보전략도 기존의 외교관계와 안보환경에 기반하여 그 전략 틀 내에서 수립된다는 것이다(Yau 2018, 14). 실재하는 국제질서 속의 대외관계가 사이버 공간의 대외관계에 영향을 미치기 쉽고, 따라서 적대적 대외관계를 가진 국가가 다른 국가들보다 사이버 공격에 대한 더 높은 위협인식을 가지기 쉽다는 것이다. 적대국 인식에 기반한 높은 사이버 안보화의 사례로 러시아로부터의 사이버 위협에 노출되어 있는 에스토니아, 우크라이나 등을 들 수 있다. 러시아는 크림반도에 대한 군사적 조치의 하나로 우크라이나에 대해 사이버전을 전개한 바 있다(Potii, Korneyko & Gorbenko 2015, 2). 2007년 에스토니아는 러시아로부터 대통령, 의회, 정부 부처, 은행과 뉴스 등이 사이버 공격을 당했다(Crandall & Allan 2015, 351). 이러한 소국(small states)들에게 사이버 안보이슈는 주권의 문제, 독립의 문제와 직접적으로 연계되어 있다. 에스토니아, 조지아, 우크라이나, 대만과 같이 잦은 사이버 공격과 적대적 관계의 강국으로부터 압력을 받는 경우 사이버 공간에 대한 안보화가 높게 나타나는 경향이 있다(Valeriano and Maness 2014). 한국도 적대관계를 가지고 있는 북한으로부터 잦은 사이버 공격을 받고 있으며 지난 3년간 10,000건이 넘는 랜섬웨어의 공격을 받았다(전자신문, 2018.2.26). 한국 또한 사이버 안보를 국가안보의 차원에서 대응하면서 조직과 제도 등을 구축하고자 하고 있다(정영애 2017, 106). 이렇듯 적대관계에 있는 국가로부터 사이버 공격을 받는 국가들은 사이버 공간에 대한 더 높은 위협인식과 안보화가 강하게 나타나고 있음을 볼 수 있다. 대만의 경우도 중국과의 정치적 긴장관계가 양국 간의 사이버 공격의 증대를 촉진하고 있다(Chang 2011, 27). 2016년 차이잉원 총통 취임 이후 양안 간 정치적 긴장관계는 '사이버 안보가 곧 국가안보'라는 담론과 함께 대만의 사이버 안보에 대한 중시와 경계를 더욱 높이고 있다.

2. 대만 특색의 사이버 안보 담론과 안보화 과정

대만은 중국의 '하나의 중국' 원칙으로 인해 유엔의 공식 회원국이 아니면서 국제적·정치적으로 독특한 환경을 가지고 있다. 이러한 특색은 사이버 안보의 담론과 안보화 과정에 반영되어 대만 특색의 사이버 안보 담론과 안보화 과정을 만들어내고 있다. 대만은 현재 세계 18개 국가와만 공식 외교관계를 가지고 있고 이러한 외교적 고립의 강화가 사이버 공격에 대한 높은 위협인식—국가의 자주성과 자율성에 대한 위협—과 사이버 안보 태세의 강화를 촉진하고 있다고 할 수 있다.

1) 정치적 압력과 사이버 안보의 정치화
부잔(Buzan)은 사이버 안보의 안보화 과정을 '정치화(politicalization)'로 규정했다. 이는 사이버 안보화 과정이 매우 정치적이라는 것이다[Buzan, Wæver, & Wilde 1998; 조화순 외(2016)에서 재인용]. 대만의 사이버 공간에 대한 위협인식과 안보화 과정은 현실 속에서 중국과의 정치적 관계에 영향을 많이 받아왔다. 중국은 대만에게 대외적 군사위협 혹은 대내적 정치 위협으로 인식되고 있다(Katzenstein ed. 1996, 14; Yau 2018, 3에서 재인용). 중국에 대한 이러한 인식은 사이버 공간에도 그대로 적용된다. 중국으로부터의 사이버 공격은 대만에게 안보적 위협이면서 한편으로 정치적 위협이기도 한 것이다. 대만의 사이버 위협인식은 정치적 자율성에 대한 위협인식과 연계되어 있는 것이다.

세계에서 첫 번째 '사이버 전쟁'으로 널리 알려진 사건은 중국과 대만 사이에 일어난 것으로, 대만의 리덩회이(Lee Teng-hui) 총통이 양안관계를 '국가 대 국가 관계(state-to-state relations)'로 규정한 데 대한 중국의 사이버 공격이 전개된 1999년의 일이다(The Sydney Morning Herald, 2014.12.8). 1990년 말 이후 대만의 지도자들은 사이버 위협에 대한 '안보화'에 주력하였으나, 그 안보화 과정은 어느 정파가 집권하느냐에 따라 다르게 나타났다. 야우(Yau)는 대만 정부가 중

표 12-1. 대만 역대정부의 사이버 안보 이슈와 정책

시기	총통	집권정당	사이버 안보 이슈와 정책
1996-2000	리덩회이	국민당	중국의 사이버 공격(1999)
2000-2008	천쉐이비엔	민진당	'Cyber Security Plan 2001-2004/ 2005-2008' NICST/ NCCST 설립 (2001)
2008-2016	마잉주	국민당	'Cyber Security Plan 2009-2012/ 2013-2016'
2016-	차이잉원	민진당	"사이버 안보가 곧 국가안보" 선언 'Cyber Security Plan 2017-2020' 독립된 사이버안보부 설립(2016) 사이버안보부대 설립(2017) 사이버 안보법 통과(2018)

국으로부터의 사이버 공격에 대한 위협인식에도 불구하고, 실제 1999
년 이후 사이버전쟁 부대가 설립된 것은 19년 이후의 일이라는 점을
강조하면서 2016년 차이잉원 총통 이전의 정부는 상대적으로 사이버
안보 조치에 소극적이었다고 평가하고 있다(Yau 2018, 2). 2008년부
터 2016년까지 국민당의 마잉주 총통 정부는 양안관계가 상대적으로
우호적이었던 시기로, 사이버 위협이 상대적으로 느슨해지고 이전보
다 안보화의 정도가 훨씬 더 약화되었던 시기이다. 그러나 민진당 차
이잉원 총통의 취임 이후 중국은 대만의 친독립 기조에 강한 불만과
강경한 자세를 내비치고 있다(Grossman 2018). 대만을 중국 영토의
일부로 강조하는 중국공산당은 2016년 이후 대만 정부에 대해 압박을
지속하고 있으며, 사이버 공격의 증대는 대만에 대한 중국의 이러한
강경정책의 일부라고 할 수 있다(Financial Times, 2018.6.25). 대만의
사이버안보부(The Department of Cyber Security, DCS)는 2017년 한
해 중국 정부가 배후에 있거나 관련되어 있는 것으로 보이는 288건의
사이버 공격이 있었다고 발표했다(Asia Times, 2018.4.6). 2018년 7월
3일의 대만 민진당에 대한 사이버 공격 등 중국이 주도하는 사이버 공
격은 지속적으로 증대하고 있다(Taiwan Times, 2018.9.20). 이러한 정
치적 긴장관계 속에서 2016년 친독립 기조를 취하고 있는 민진당 정
부의 출범 이후 사이버 공간에 대한 안보화는 극적으로 강화되고 있
고, 중국의 대만에 대한 사이버 공격은 정치적 압력 혹은 개입의 수단
으로 인식되면서 위협인식이 한층 높아지고 있다. 이렇듯 대만의 사
이버 안보 인식과 안보화는 양안관계, 대만독립에 대한 정치적 태도
에 영향을 받으면서 역대 정부별로 안보화의 강도가 다르게 나타나고
있다.

2) 주권과 영토안보에 대한 위협인식

대만은 독특한 정치적·국제적 환경으로 인해 자국에 대한 사이버 공격을 주권과 영토에 대한 위협으로 간주한다. '하나의 중국' 정책에 대한 중국의 강경한 태도는 대만이 중국의 사이버 공격을 주권과 영토에 대한 위협으로 인식하는 주요한 배경이 되고 있다. 1999년 대만의 리덩회이 총통이 양안관계를 국가 대 국가 관계로 규정한 이후 중국의 민족주의적 해커들은 대만 정부 웹사이트를 집중 공격하면서 그들의 분노를 표출하였다. 행정원, 입법원, 총통비서실 등의 홈페이지가 중국의 오성기와 '대만은 중국의 일부'라는 정치적 구호로 도배되었다(Chang 2011, 28). 중국의 사이버 공격은 대만의 친독립 기조 혹은 정책이 강화되면 될수록 더욱 거세지는 경향을 보여왔다.

1999년 이후 중국의 대만에 대한 사이버 공격은 대만의 친독립 노선을 겨냥한 정치적 압력과 밀접히 연계되어 왔다.[1] 2016년 차이잉원 민진당 총통 집권 이후 중국은 대만에 대한 주권을 더욱 강력히 강조하고 있다. 양안관계 개선 40주년 연설에서 중국 시진핑 주석은 대만국민들이 중국과 반드시 꼭 통일이 될 것이라는 것을 인정해야 한다고 강조하였다(BBC, 2019.1.2). 이렇듯 대만에서의 사이버 공간의 안보화 과정은 단순히 정치화의 문제뿐만 아니라 실질적인 주권, 영토의 문제와 직결되어 있다고 할 수 있다.

3) '사이버 공격 시험장(Test-bed)'으로서의 피해 인식

대만은 오랫동안 국내적·국제적으로 해커들의 사이버 공격 테스트베드(test-bed)로 인식되어 왔다(NBC News, 2013.7.19; Infosecurity,

---

1   In 2002, a website constructed by the "Taiwan Tea Party", which supports the independence of Taiwan, suffered consistent and serious DDoS(Chang 2011, 28).

2013.7.23). 이러한 해커들의 테스트 공간으로서의 대만이라는 인식은
사이버 공간에 대한 위협인식을 더욱 높이고 있다. 대만은 세계에서
가장 앞선 사이버 공격의 최우선 타겟 중의 하나로 기록되고 있으며
이는 주로 특정 정부가 주도하거나 정부가 배후에 있는 지능형 지속
공격(Advanced Persistent Threats, or APTs)이라고 할 수 있다(China
Brief, 2018.7.25). 중국, 러시아, 북한 등의 해커들은 미국이나 다른 국
가들을 공격하기 전에 대만을 상대로 사이버 해킹 기술들을 실험하는
경우가 늘어나고 있다(The Straits Times, 2018.9.21). 대만에 대한 사
이버 공격은 자주 정치적 개입 실험의 형태로 전개되고 있다. 중국, 러
시아, 북한이 2018년 대만의 지방선거를 서구 민주주의에 대한 공격
의 실험장으로 활용하였다고 대만 사이버안보부 장관 지안(Howard
Jyan, 簡宏偉)이 언급한 바 있다(Taiwan Times, 2018.9.20). 차이잉원
총통의 대변인도 "2020년 총통 선거 때까지 대만은 세계에서 가장 많
은 사이버 공격과 가짜뉴스의 공간이 될 것"이라고 언급한 바 있다
(Taiwan Times, 2018.9.20).

　　2013년 대만의 국가안보부(National Security Bureau, NSB)는 중
국의 사이버 부대가 10만명 이상으로, 한해 271만 달러의 예산을 사
용하고 있으며, 사이버 공격의 중점이 정부기관에서 싱크탱크, 기술기
업, 인터넷노드 시설, 클라우드 저장소, 교통신호 통제시스템 등으로
바뀌고 있다고 언급했다(eSecurity Planet, 2013.5.1). 그만큼 중국으로
부터의 사이버 공격이 점점 더 심화되고 있으며 대만사회 전체를 대상
으로 확대되고 있다고 인식하고 있는 것이다. 2017년 대만의 사이버
안보부도 중국의 사이버 부대가 대만 정부기관에 대해 288건의 성공
적인 사이버 공격을 감행했다고 밝혔고, 2018년 3월 대만 국가안보기
관의 수장도 입법원에서 중국의 대만에 대한 사이버 공격이 이전보다

훨씬 심해지고 있다고 강조하였다(China Brief, 2018.7.25). 대만은 이렇듯 대만 특색의 국제적·정치적 환경 속에서 중국은 물론 국제사회 해커들의 주요 활동공간이 되어가고 있다는 점에서 다른 국가들보다 사이버 공간에 대한 높은 위협인식과 강한 안보화의 양상을 보이고 있다고 할 수 있다.

III. 강소국, 중견국(Small-Middle Powers)의 사이버 안보전략과 대만

1. 사이버 공간에서의 강소국(Small Power), 중견국(Middle Power) 전략

약소국들과 중견국들이 자국의 정부와 핵심인프라에 대한 사이버 공격에 대응해 어떠한 사이버 안보전략들을 만들어가고 있는가? 어떠한 전략들이 이러한 약소국과 중견국들에게 효과적인 전략이 될 수 있을 것인가? 중견국과 소국이라는 개념에 대한 합의가 부재하긴 하나 사이버 안보에 대한 관심의 증대에 따라 중소국들의 사이버 안보전략에 대한 연구도 증가하는 추세에 있다. 현실주의자들이 국가의 규모와 역량에 중점을 둔다면 자유주의자들은 인식과 제도적 역할 등 연성권력에 중점을 둔다. 중견국(Middle powers)은 국제사회에서의 힘, 역량, 영향력 등의 측면에서 강대국도 아니고 소국도 아니면서 국제체제에서 통합과 안정을 촉진하는 경향이 있는 국가들이다(Jordan 2003, 165). 코헨은 국가의 지도자들이 자국 혼자서는 효과적으로 행동하기 어렵고 소수 집단 혹은 국제기구를 통해서 체계적인 영향력을 가질 수 있을 것으로 생각하는 국가들이 중견국이라고 하였다(Koehane 1969, 296). 소국(small states)의 개념 또한 명확한 합의가 존재하지 않는다. 여전히 양적으로 보면 영토의 크기, 인구수, 경제규모가 소국을 규정하는 주요한 기준으로 여겨져 왔을 뿐이다. 대부분의 학자들은 단순히 규모의 문제가 아니라 영향력의 부족 혹은 다른 나라들의 영향으로부터 벗어나기 어려운 환경이 소국을 규정하는 합리적 요소라고 강조한다(Marleku 2013, 289). 그러나 실제 소규모의 국가이지만 국제기구에서 규칙을 수립하고, 국제 안보이슈를 해결하기 위한 협력을 촉진하고자 하는 소국들이 존재한다(Burton 2013, 219). '강소국(small power)'이 이렇듯 소국과 강대국 중간의 국가들로서, 규모는 작지만 국제적으로 영향력을 발휘하면서 의미 있는 국가로 역할하고 있는 국가들을 일컫는 개념이다(Toje 2011, 46). 강소국은 다자제도에서 무엇인가 역할하고자 하는 의지와 역량을 가지고 있다는 점에서 소국과는 구별되는 개념이라고 할 수 있다.

이러한 강소국, 중견국들의 사이버 안보전략은 정치적, 경제적, 기술적 조건에 따라 다양하게 나타날 수 있다. 강소국들과 중견국들의 사이버 안보전략은 크게 두 가지로 유형화할 수 있다. 하나는 사이버 공간에 대한 다자적 외교적 접근, 그리고 제도적 협력과 규범 창출을 주도하거나 촉진하고자 하는 역할을 추구하는 유형이다. 이것이 대부분의 사이버 안보 분야의 강소국과 중견국들이 추구하는 일반적 전략이라고 할 수 있다. 다른 하나는 소수의 유형으로 자립을 추구하면서 독자적인 정부 대응체계, 기술역량과 산업발전에 주력하는 유형이다. 대부분의 사이버 안보 분야 강소국과 중견국들은 첫 번째 다자적 접근, 국제적 협력과 규범 창출 촉진의 역할을 추구한다. 테러리즘, 환경, 지역주의 등 다양한 분야의 강소국과 중견국들에 대한 연구 또한 이러한 역할에 주목하여 왔다(Kurmashev, Akhmedyanova, Zhol-dasbekova and Sadri 2018; Watson 2014; Wilkins 2016). 사이버 공간의 강소국과 중견국은 또한 촉진자 중재자로서의 국제적 역할을 추구한다고 할 수 있다. 이러한 설득력과 매력이라는 연성권력은 소국들이 효과적으로 도입할 수 있는 전략이다(Burton 2013, 219). 소국들은 국제안보에서 규범을 창출하거나 촉진하는 것에 대해 근본적인 관심을 가지고 있다(Burton 2013, 220). 이러한 경향은 중견국에서도 나타나고 있으며, 국제안보에서 강소국과 중견국의 역할에 대한 연구에서 사이버 안보 분야는 새롭게 부상하고 있는 주요한 연구 분야 중의 하나라고 할 수 있다.

사이버 안보 분야의 국제규범과 국제협력의 창출을 추구하는 유형으로 에스토니아, 뉴질랜드, 우크라이나, 한국 등이 있다. 특히 에스토니아는 사이버 안보의 국제규범 창출을 주도하는 강소국의 대표적 사례이다. 에스토니아는 EU 회원국으로서 정보화 이슈에 주력하면서 '정보화 위원장(Digital Presidency)'의 자리를 확보하고 정보화를 EU의 중요한 정책어젠다로 설정하는 데 성공하였다. 나토(NATO) 회원국으로서 에스토니아는 사이버 안보의 국제규범을 창출하는 데 중요한 이점을 가지고 있다. 나토는 에스토니아가 관심 있는 유형의 국제규범 창출을 추구하는 데 주요한 공간으로 역할하고 있다(Crandall & Allan 2015, 347). 우크라이나 또한 유럽과 지역기구들이 사이버 안보를 강화하는 데 적극적으로 참여하는 데 주력하고 있다(Potii, Korneyko & Gorbenko 2015, 7). 한국도 중견국으로서 사이버 안보 분야의 국제협력의 매개자, 촉진자로서의 전략적 역할을 추구하면서 사이버 안보의 중견국 역할을 추구하고 있다(Kim 2014). 이렇듯 다수의 사이버 안보 분야의 강소국, 중견국들은 국제무대에서 규범의 창출, 국제협력을 촉진하고 매개하면서 국제적 영향력, 리더십을 확보하는 것을 주요한 사이버 안보전략의 기조로 삼고 있다.

2. 대만의 사이버 안보전략: 선진적 정부대응체계와 기술적 우위, 산업경쟁력 추구

대만은 중국과의 관계로 정치적·외교적으로는 제약적 환경을 가지고 있으나, 기술적·경제적 측면에서 우월적 기반을 가지고 있다고 할 수 있다. 이러한 환경 속에서 대만은 국제무대에서 다자적 외교접근과 국제규범과 국제협력 창출에 역할을 하고자 하는 중소국들의 사이버 안보전략 경향과는 다른 사이버 안보전략 방향을 추구하고 있다. 자주안보와 기술권력, 즉 사이버 안보의 정부대응체계와 사이버 안보 분야의 산업발전에 주력하는 유형이다. 사이버 안보에 대한 정부의 공식 보고서인 '사이버 안보발전계획 2017-2020'에서도 "대만 특색의 정치적·경제적 환경과 국제적 사이버 안보 위협의 부상이라는 대외환경에 따라 대외의 위협에 대응하기 위해 지속적으로 사이버 안보를 강화하고 실천한다"고 강조하면서 대만 특색의 정치적·경제적 환경을 사이버 안보전략 수립의 주요한 고려요인으로 제시하고 있다. 대만 국가안보자문위원회(Taiwan National Security Council)의 위원인 리더차이(Lee Der-tsai)는 2017년 3월 대만 사이버 안보정상회의에서 "자주국방을 위한 사이버 안보연구"를 정부 전략의 최우선 과제로 제시한 바 있다. 그는 대만의 상황을 지속적인 사이버 공격의 대상인 이스라엘과 비교하면서 민군 간 보완적·협력적 관계를 구축하면서 정부정책을 통해 자국의 사이버 안보 산업 발전을 촉진하는 이스라엘 모델을 제시하였다(China Brief, 2018.7.25).

외교적·정치적 제약, 한편에는 기술적 발전이라는 환경을 가진 대만은 비슷한 환경을 가지고 있으면서 자립과 기술, 방위산업발전과 양자관계에 주력하는 이스라엘의 사례가 사이버 안보전략의 주요한 모델로 자주 언급되고 있다. 대만에서는 대만이 사이버 안보전략에서 이스라엘모델을 도입할 수 있을 것인가에 대한 논의가 지속되어 왔다. 2016년 말 대만의 한 기술잡지는 이스라엘의 사이버 안보 산업 시리즈를 연재하면서 대만의 국내 사이버 안보산업 발전에 적용할 수 있는 정책적 시사점들을 제시한 바 있다. 특히 이스라엘 군의 8200 신호정보부대가 사이버 안보 기업과 해커들을 육성시키는 선봉대로서 역할하고 있다는 점을 강조하고 있다(Taiwan Insight, 2018.11.12). 대만과 이스라엘은 영토 규모가 작고 정치적으로 독특한 위상을 갖고 있다는 점, 그리고 적대적인 이웃국가로부터 사이버 위협을 받고 있다는 점, 둘 다 기술 분야에서 강한 첨단산업과 기술 분야의 우수한 인적 자원

표 12-2. 대만의 사이버 안보전략과 핵심과제

목표	• 사이버 안보 분야의 통일되고 통합된 국가방어체계 구축 • 사이버 안보 분야의 전반적인 보호체계 제고 • 사이버 안보 분야의 국내산업 발전 촉진			
전략	사이버 안보 인프라 완성	사이버 안보의 통합된 방어체계 구축	사이버 안보 자주 발전 에너지 제고	사이버 안보 분야의 최고인재 양성
주요 과제	규제와 표준창출	핵심 인프라 보호	부상하는 사이버 안보 산업 발전 촉진	사이버 안보역량을 위한 인재 육성, 공급
	회복력 증대	통합된 방어체계 구축	다양한 사이버 안보 산업 고도화	정부 사이버 안보 요원의 전문역량 강화
	정부의 사이버 안보 거버넌스 모델 발전	사이버 범죄에 대비한 에너지 대비	혁신적인 사이버 안보기술발전을 위한 산업연구자원과 학교 양성	

출처: *National Cyber Security Program of Taiwan(2017-2020)*, 23.

이 존재한다는 점에서 공통점을 가지고 있다. 따라서 타이완은 이스라엘과 같이 사이버 안보 기술과 산업발전에 중점을 둔 사이버 안보전략이 타이완에 적합한 모델로 인식하고 있다. 그러나 타이완은 군이 민간산업을 이끌어가는 이스라엘과 달리 정부가 사이버 안보 분야의 민간산업과 기술, 인적 자원 육성을 촉진하는 방향에 주력한다는 점에서 차이점을 보이고 있다.

대만 정부는 2001년 공식적으로 최초의 '국가사이버 안보체계 발전계획(Developing a National Information and Communication Infrastructure Security Mechanism Plan) 2001-2004'를 발표한 이후 4년마다 사이버 안보 발전계획을 내놓고 있다. 이러한 정부의 공식적인 사이버 안보전략 보고서에서도 사이버 안보 산업과 기술발전, 자주안보를 위한 정부대응체계의 고도화라는 대만의 사이버 안보전략의 두 가지 중점을 보여주고 있다. 대체적으로 중소국들이 추구하는 사이버 안보전략의 주요한 부분인 외교적 접근과 규범창출 노력은 대만의 사이버 안보전략의 주요 내용이 아님을 정부의 공식 보고서에도 명확히 볼 수 있다. 대만 특색의 정치적·국제적 환경이 대만의 사이버 안보전략이 다자적 접근이나 국제규범창출을 주요한 옵션으로 제시하지 않는 주요한 배경이 되고 있다.

1) 사이버 안보의 자주성과 자립강화를 위한 기술과 산업 발전 전략

'사이버 안보가 국가 안보'라는 현 정부의 구호 아래 대만 정부는 자주적인 사이버 안보체계와 역량 구축을 최우선 정책과제로 제시하고 있다. 대만 정부는 "사이버 자주(cyber autonomy, 資安自主)"를 내세우면서 국내 사이버 산업 발전을 위해 주력하고 있다. 사이버 안보산업의 독자적 역량 강화가 정부의 '국가사이버 안보 프로그램 2017-2020'

의 핵심적 과제로 제시되고 있다. 대만은 국가의 사이버 안보 역량 촉진을 위한 강한 민간 산업 역량을 가지고 있다. 대만의 군사력이 중국을 상대하기에는 부족하나, 첨단 정보기술 산업에서의 역량이 사이버 공간에서의 경쟁에 있어 중요한 이점으로 작용할 수 있다(Yau 2018, 13). 이러한 측면에서 대만 정부는 사이버 안보를 산업경쟁력 강화의 주요한 기반으로 더 강화하고 있다. 대만 정부의 사이버 안보전략은 대체로 사이버 분야의 기술과 산업 발전에 밀접히 연계되어 있다. 2014년 민진당의 싱크탱크인 New Frontier Foundation은 최초로 사이버 안보를 우주, 조선 산업과 함께 대만의 '핵심 안보 산업'으로 명시하면서, 대만 국방부가 사이버 안보산업 발전을 지원해야 하고 중소규모의 사이버 관련 기업들과 사이버 안보 계약을 체결하여 국내시장을 창출해 주어야 한다고 강조하였다(China Brief, 2018.7.25). 차이잉원 총통도 "대만의 사이버 안보 위협이 증대함에 따라 정부가 국가안보 강화를 위해 관련 인프라와 전문가를 육성하는 데 더 많은 재원 투자를 해야 한다"고 강조한 바 있다(Taipei Times, 2018.11.14). 이러한 전략은 이스라엘의 사이버 안보전략과 유사한 것으로 이스라엘 또한 사이버 안보 분야의 스타트업 기업들을 육성하고 있다. 이스라엘의 사이버 안보 기업은 지난 4년 동안 5배가 증가하여 300개에 이르고 있다(The Economist, 2015.8.1).

대만 정부의 사이버 안보 산업 육성 정책으로 대만은 사이버 안보 기술 혁신과 국내 사이버 안보 산업 발전에 많은 성과를 거두어 오고 있다. 국내 사이버 안보 시장이 2013년부터 매해 12.2%의 성장률을 기록하여 2017년 현재 14억 4천만 달러의 시장규모로 확대되었다. 2017년에는 민간기업을 위한 정부 전체 IT예산의 11.6%가 사이버 안보 분야에 배정되어 2013년 3.4%에 비해 급격히 증대된 것을 볼 수 있다(Taiwan Business Topics, 2018.5.11). 대만 기업은 세계 최고 브랜드의 사이버 안보 기업들에게 부품을 제공하고 있으며, 상당한 시장 점유율을 기록하고 있다. 대만은 핵심역량과 R&D 역량 측면에서 세계 4위를 기록하는 등 사이버 안보 산업 발전의 주요한 토대를 보유하고 있다(World Economic Forum 2018, 545). 이러한 기술적 이점은 대만의 사이버 안보 산업 가치를 증대시키고 있으며, 산업기술연구원 (Industrial Technology Research Institute, ITRI)에 따르면 대만의 사이버 안보 산업의 가치는 2017년 12억 6천만 달러를 기록하여 미래성장의 주요한 성장동력이 될 것으로 보인다(Security Asia, 2018.11.22). 대만은 또한 국제 해킹대회 'HITCON'을 개최하면서 사이버 안보 분야의 기술강국, 선두주자로서의 역할을 추구하고 있다. 이렇듯 대만의 사이버 안보전략은 기술강국, 사이버 산업 발전국으로서의 도약에 중점을 두고 있다.

2) 사이버 안보 대응의 효과적 거버넌스 모델 구축 주력

대만 사이버 안보전략의 주요한 또 하나의 중점은 종합적이고 일원화된 정부대응체계 구축에 있다. 대만 정부는 2001년 '국가사이버안보체계 발전계획 2001-2004' 보고서를 발표하고 국가사이버안보 TF(National Information and Communication Security Task force(行政院國家資通安全會報, NICST)를 구축하였다. 대만의 사이버 안보전략이 국제적으로 제한된 국가 위상이라는 특색에 기반하고 있어, 사이버 안보가 매우 초국적인 문제임에도 불구하고 대만의 사이버 안보전략은 국제협력에 일정한 제약을 받을 수밖에 없다. 따라서 대만의 사이버 안보는 자국의 노력과 자립적 대응체계 구축에 의존할 수밖에 없는 것이다(Yau 2018, 3). 이러한 차원에서 대만은 사이버 위협에 대응하

는 정부체계를 상대적으로 일찍 매우 체계적으로 발전시켜왔으며, 통
합된 자주안보 체계 구축에 주력해 왔다.

　이러한 대만에서 국가사이버안보TF(NICST)는 사이버 안보정책
의 지휘부 역할을 수행해 왔다. 국가사이버 안보전략과 정책을 수립하
고, 보고서와 대응체계를 만들고, 주요 프로젝트에 대한 협의와 자문
의 역할을 수행하고, 부처 간 협력을 촉진하고 사이버 안보이슈를 관
장하는 등 다양한 책임을 수행하고 있다. 2001년부터 대만 국가사이
버안보TF(NICST)는 사이버 안보와 관련된 기본적 전략과 체계를 구
축하는 데 핵심역할을 수행하고 있다. 대만은 2001년 최초의 사이버
안보 발전계획 발표 이후 사이버 안보전략보고서를 4년마다 발표하면
서 단순히 정부 체계의 발전뿐만 아니라 산업과 기술 발전 등 전략적
경쟁역량 강화를 위한 다양한 정책들을 체계화 · 고도화하고 있다.

IV. 대만의 사이버 안보정책과 제도: 정부 체계, 법, 분야별 정책

1. 사이버 안보 대응 정부체계

대만은 사이버 안보 대응에 있어 중앙 집중적이고 복합적인 대응체
계를 갖추고 있다. 대만사이버 안보 정책의 지휘부 역할을 하는 국가
사이버안보TF(NICST)는 국가 사이버 안보 정책에 대한 자문을 제공
하는 것은 물론 사이버 안보정책, 대응체계, 프로그램, 부처 간 조정
과 감독의 역할까지 사이버 안보와 관련된 전반적인 책임을 모두 가지
고 있다.[2] 2001년 국가사이버안보TF가 설립된 직후 '대만 국가 컴퓨터
긴급대응팀(Taiwan National Computer Emergency Response Team,

TWNCERT)'인 사이버 안보기술센터(National Center for Cyber Security Technology, NCCST)도 창설되었다.[3] 사이버 안보기술센터는 사이버 안보 사건에 즉각적인 대응과 모니터, 관리하는 정부 역량을 제고하기 위하여 설립되었다. 현재는 사이버안보부 산하에서 단순히 정부 지원 뿐만 아니라 핵심 기반시설, 교육기관, 국영기업, 정부출연연구원 등에 까지 서비스를 확대하고 있다.[4] 대만교육네트워크 긴급대응팀(Taiwan Academic Network Computer Emergency Response Team, TACERT)은 2010년 교육부에 의해 설립된 기관으로 교육 네트워크의 안보 문제를 예방하고 적극적으로 지원하는 역할을 담당하고 있다.[5] 전자상거래컴퓨터 긴급대응팀(Computer Emergency Response Team, EC-CERT)은 2011년 재경부에 의해 설립되어, 전자상거래 네트워크에서 일어나는 사이버 안보문제에 대응하고 적극적으로 예방하는 역할을 담당하고 있다.[6]

사이버 안보자문위원회(Information and communication security

2   National Information and Communication Security Taskforce(行政院國家資通安全會報).
     https://www.nicst.ey.gov.tw/en/News_Content.aspx?n=11B0E260E6E03508&sm
     s=C22B05A29C978D0F&s=A88A5340E446C672

3   National Center for Cyber Security Technology. "About NCCST" https://www.nc-
     cst.nat.gov.tw/About?lang=en

4   This ICST has been changed the name to National Center for Cyber Security Tech-
     nology (NCCST) after establishment of the Department of Cyber Security(DCS) on
     August 1, 2016in order to fulfill the goal of "Cyber Security is National Security" and
     raise the cyber security protection levels in Taiwan. in Taiwan National Computer
     Emergency Response Team(TWNCERT, 國家電腦事件處理中心) Homepage. http://
     www.twncert.org.tw/Mission

5   Taiwan Academic Network Computer Emergency Response Team(TACERT, 臺灣學術
     網路危機處理中心) http://tacert.tanet.edu.tw/prog/aboutus-eng.php

6   Electronic Commerce-Computer Emergency Response Team(EC-CERT, 臺灣常務咨文
     服務中心) http://ec-cert.org.tw/

advisory committee) 또한 다양한 분야의 사이버 안보전문가들, 학자들이 사이버 안보전략과 정책을 강화하기 위한 체계, 기술, 정부–산업–연구 협력 등 정책자문을 제공하기 위해 구성되었다. 2001년 국가사이버안보TF(NICST) 설립 이후 대만은 각 정부기관의 사이버 안보 관련 책임을 명확히 하는 것, 정부부처 내에 사이버 안보 책임자를 두는 것, 국가안보 운영센터를 구성하는 것, 사이버 안보 사건 관련 보고서와 대응체계를 발전시키는 것, 정부부처와 다른 기관 간의 통합된 사이버 안보보호체계와 정보공유체계를 발전시키는 것 등 국가 사이버 안보 대응 태세를 효과적으로 제고하기 위한 정보체계 발전을 지속적으로 전개해 왔다.[7] 대만은 기술 단위와 대응 단위의 기관들을 함께 발전시키면서 국가사이버안보TF 산하에 통합된 사이버 방어체계를 구축하는 데 주력해왔다.

2016년 차잉이원 총리의 선출 이후, 사이버 안보의 정책적 우선순위가 높아짐에 따라 대만 정부는 사이버 안보의 정부 관리 및 대응 체계를 한층 격상시켰다. 행정원은 2016년 8월 국가사이버안보TF의 행정업무를 지원하던 사이버 안보실 대신 독립된 정부부처인 사이버안보부(the Department of Cyber Security, DCS)를 신설하여 국가사이버안보TF의 운영업무를 총괄하도록 하였다.[8] 사이버안보부는 행정원 산하에 설립되어 사이버 안보를 점검하고 사이버 안보 관련 사항을 실질적으로 책임지는 역할을 담당하고 있다. 대만은 또한 2017

---

7   National Information and Communication Security Taskforce, Executive Yuan, Republic of China. 2017. *National Cyber Security Program of Taiwan(2017-2020)*, 16.

8   National Information and Communication Security Taskforce, Executive Yuan, Republic of China. 2017. *National Cyber Security Program of Taiwan(2017-2020)*, 13.

년 1월 군에 독립된 사이버안보부대(Information Communication Electronic Force Command, ICEF)를 설립하여 사이버 전쟁 수행 역량을 강화하였다. 대만 차이잉원 총통은 2018년 11월 국가사이버 안보센터(National Communications and Cyber Security Center, NCCSC)를 별도로 설립하면서, 개원식 축사를 통해 "시간이 많지 않다"고 강조하고 다양한 정부부처의 협업을 통해 사이버 안보 분야의 인재를 양성하고, 정보기술 보호체계를 구축하도록 당부하였다(Taiwan News, 2018.11.15). 대만의 사이버 안보 거버넌스는 2016년 이후 더욱 체계화되고 격상되면서 〈그림 12-1〉과 같은 구도를 보여주고 있다.

위 그림에서 아래 각 그룹들은 맡은 역할에 대한 권한과 책임을 지닌다. 국가사이버안보TF는 행정원 부총리가 위원장을 맡고, 정무장관과 지명된 부처 장관이 부의장을 맡는다. 위원들로는 각 부처 차관, 지방자치단체의 부시장, 국가안보기관의 차관과 사이버 안보 분야의 학자와 전문가들로 이루어진다. TF는 위원장을 포함하여 총 18명에서 35명의 위원들로 구성되며 사이버안보부가 실질적인 운영을 총괄한다.[9] 사이버 보호체계는 사이버안보부 산하로, 사이버 안보보호 자원을 통합하고 사이버 안보정책의 밑그림을 그리는 책임을 지닌다. 사이버 보호체계는 5개의 세부 단위로 구분되는데 핵심정보기반시설보호그룹(Critical Information Infrastructure Protection Group), 산업발전촉진그룹(Industrial Promotion Group), 정보커뮤니케이션 안보 보호그룹(Information and Communication Security Protection Group), 표준화그룹(Standards and Specification Group), 교육과 인재양성그룹(Awareness Education and Personnel Training Group) 등이다. 사이

---

9   NICST(行政院國家資通安全會報). https://www.nicst.ey.gov.tw/en/News_Content.aspx?n=11B0E260E6E03508&sms=C22B05A29C978D0F&s=A88A5340E446C672

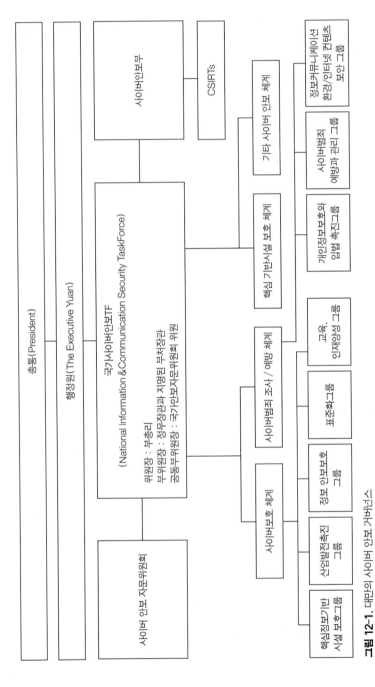

그림 12-1. 대만의 사이버 안보 거버넌스

출처: National Cyber Security Program of Taiwan(2017-2020), 14.

버 범죄 조사 및 예방 시스템은 내무부와 법무부가 책임을 맡고 있으며 사이버 범죄 예방과 개인의 정보보호, 정보커뮤니케이션 환경 활성화, 인터넷 컨텐츠 보호 강화 등의 업무를 관장한다. 사이버 범죄 조사 및 예방 체계는 3개의 세부 그룹으로 구성되는데, 개인정보보호와 입법촉진그룹(Personal Information Protection and Legislation Promotion Group), 사이버 범죄 예방과 관리그룹(Cyber-crime Prevention and Control Group), 정보커뮤니케이션 환경과 인터넷컨텐츠보안그룹(Information and Communication Environment and Internet Content Security Group) 등이 있다. 총 8개의 세부 그룹은 〈표 12-3〉과 같이 각각의 책임부처와 세부 역할이 규정되어 있다.

국가사이버안보TF는 6개월에 한 번 공식 개최되고, 필요한 경우 수시로 개최될 수 있다. 적극적으로 국가 사이버 안보전략과 정책을 수립하고 수행하기 위해 사이버 안보 경험 공유를 촉진하고 민간 분야와 정부, 학계와 연구기관 간 교류를 촉진한다. 본 TF는 사이버 안보 자문위원회를 구성하고, 자문위원회는 위원장이 지명한 기관이나 학계의 전문가들로 약 17명에서 21명의 위원으로 구성된다. 각 위원의 임기는 2년이나 계속 연임이 가능하다.[10] 차이잉원 총통 취임 이후 대만 정부는 "사이버 안보가 곧 국가안보"라는 정책어젠다에 기반하여 정부 대응체계와 기구들을 급격히 강화하고 있다.

National Information and Communication Security Taskforce. https://www.nicst.ey.gov.tw/en/News_Content.aspx?n=11B0E260E6E03508&sms=C22B05A29C978D0F&s=A88A5340E446C672

표 12-3. 각 그룹의 책임부처와 역할

그룹	책임부처	책임
핵심정보기반시설 보호그룹	행정원 사이버 안보부	핵심정보기반시설보호(CIIP) 체계 기획 및 촉진 / 안보보호 감독 및 실행/ 다른 업무들에 대한 감사와 훈련
산업발전촉진그룹	재경부	사이버 안보 산업 발전 촉진 / 혁신적 응용 발전을 위한 '산업–정부–학문'의 연구자원 통합 등
정보커뮤니케이션 안보 보호그룹	행정원 사이버 안보부	정부 정보커뮤니케이션 서비스 보안을 위한 기술적 지원 기획 및 촉진 / 정부 부처의 사이버 안보 보호 체계 감독 및 사이버 안보 사건에 대한 보고, 대응 / 안보 감사, 사이버 공격 훈련, 정부 부처의 사이버 보호 역량과 효율성 제고를 위한 지원 활동 등
표준화그룹	행정원 사이버 안보부	사이버 안보 관련 법령 및 조례 혹은 규칙 등을 제정하고 개정하는 역할 / 사이버 안보 운영 표준, 정부 부처 가이드라인을 수립하고 관리하는 역할
교육과 인재양성 그룹	교육부	기본적인 사이버 안보교육 추진 / 교육시스템에 대한 사이버 안보 강화 / 사이버 안보에 대한 개인의 이해를 제고하고 사이버 안보서비스를 제공 / 국제적 사이버 안보경쟁력으로 통합적 기능을 갖춘 플랫폼 구축 / 산학 간 소통 강화 / 사이버 안보 인재 양성 등
개인정보보호와 입법촉진그룹	법무부	개인정보보호, 국민의 사생활 보호, 사이버 범죄에 대한 규정과 기준 재정 및 개정 등
사이버범죄 예방 및 관리그룹	내무부/법무부	사이버 범죄 조사 / 컴퓨터 범죄 예방 / 디지털포렌식 수행 등
정보커뮤니케이션 환경과 인터넷 컨텐츠 보안그룹	국가커뮤니케이션위원회	정보커뮤니케이션 환경 보안 강화 / 인터넷 컨텐츠 보안 강화 / 사이버 범죄 예방 지원 등
핵심기반시설 보호체계	국토안보부	
기타 사이버 안보체계	해당 부처	

출처: *National Cyber Security Program of Taiwan(2017-2020)*, 14-16.

2. 사이버안보관리법

차이잉원 정부는 사이버 안보에 대한 높은 위협인식을 기반으로 사이버 안보 역량강화를 위한 법제도를 완비해 가고 있다. 2018년 5월 11일, 대만 입법원은 최초의 사이버 안보 입법안인 사이버안보관리법(Cybersecurity Management Act, 資通安全管理法)을 통과시켰다. 본 법안은 2018년 6월 공표되고 2019년 1월부터 시행되었다. 사이버안보관리법은 대만 정부 부처와 핵심기반시설 관리자들에 대한 사이버 안보 관리 책임을 명시하고 있어 차이잉원 정부의 사이버 안보가 곧 국가안보라는 정부의 정책기조를 반영한 대표적 노력이라고 할 수 있다 (China Brief, 2018.7.25). 사이버안보관리법은 정부의 대응체계 강화와 사이버 안보 산업 발전에 중점을 두는 대만의 사이버 안보전략을 그대로 반영하고 있다.

사이버안보법 제1조는 대만 정부가 본 법을 입법화하는 취지를 설명하면서 국가안보와 사회의 이익을 보장하기 위해 사이버 안보정책과 역량을 적극적으로 강화하기 위한 것이라고 명시하고 있다. 본 법의 책임과 권한은 행정원에 있다. 사이버안보관리법 제4조는 사이버 안보 역량강화를 위한 정부의 역할에 대한 것이다. 사이버 안보를 강화하기 위해 정부가 민간과 산업 역량을 통합해야 한다고 명시하고 있다. 또한, (1) 안전을 위한 전문역량의 배양, (2) 사이버 안보 기술에 대한 연구과 발전, 산업에의 적용, (3) 사이버 안보산업의 발전, (4) 사이버 안보의 기술적 소프트웨어적 표준과 관련된 서비스와 체계의 발전 등을 목표로 하고 있다. 본 법은 정부 부처가 사이버 위협에 대한 대비태세와 회복력을 강화하는 데 주력해야 한다고 강조하고 있다. 사이버안보관리법 2장은 공공기관의 사이버 안보 유지 책임을 규정하고 있다. 본 법에 따르면 공공기관은 정보보호 정책을 수립하고 사이버 안보담당팀장을 임명해야 한다. 또한 사이버 안보 계획과 관리 상황을 상부기관에 매해 보고해야 한다. 그리고 사이버 안보 사건이 발생하면 공공기관은 반드시 상부기관에 보고하고 상부기관으로부터 조사를 받아야 한다(China Brief, 2018.7.25). 본 법은 정부의 사이버 안보 관리 책임을 강조하고 정부의 통합된 방어체계를 발전시켜야 한다고 강조하고 있다.

사이버안보관리법은 공공기관뿐만 아니라 민간의 핵심기반시설의 책임 또한 명시하고 있다. 본 법의 3장은 민간 분야 사이버 안보에 관련된 내용을 담고 있다. 민간 분야의 규제는 대체로 지정된 핵심기반시설 운영자에게만 한정된다. 핵심기반시설로 지정된 민간기관의 운영자는 본 법의 규제를 받으며, 민간기관에 대한 책임 규제담당자는 공공기관 담당자, 민간 대표, 전문가들과 협의를 해야 한다. 예를 들어, 재경부는 어떠한 전력시설이 공공기관, 민간분야, 전문가와 협의를 해야 하는 핵심기반시설인지를 지정해야 한다. 왜냐하면 재경부가 에너지 생산시설 분야의 책임 규제기관이기 때문이다(Fahey, 2018.7.17). 지정된 핵심기반시설 운영자는 사이버 안보정책을 이행해야 하고, 사이버 안보 사건에 대해 공공기관에 보고해야 한다. 지정된 핵심기반시설 운영자는 입법과정에서 행정원의 입법초안에 기반하여 사이버 안보정책을 청취해야 한다. 사이버 안보 사건이 발생할 경우 핵심기반시설 운영자는 담당 규제기관에 최초 보고해야 하고 추후에 사이버 안보 사건과 관련하여 개선한 점들을 제시해야 한다(中華民國總統室 2018, 4-5).

사이버안보관리법은 벌금규정을 포함하고 있어 더욱 강제력을 갖는다. 4장은 이러한 벌금규정에 해당한다. 공공기관 인사가 본 법에 규정된 법을 위반했을 경우 사건의 경중에 따라 훈련을 받거나 처벌을 받게 된다. 지정된 핵심기반시설 운영자가 본 법을 위반했을 경우,[11] 대만달러 NT\$100,000(US\$3,300)에서 NT\$1million(\$33,000)까지 벌금을 부과할 수 있다. 사이버 안보 사건에 대해 보고하지 않을 경우 대만달러 NT\$300,000에서부터 NT\$5백만 달러까지 벌금이 부과될 수 있다(中華民國總統室 2018, 5-6). 많은 다른 대만 법들과 마찬가지로 사이버안보관리법은 광범위한 원칙들을 설정하고 있을 뿐 많은 구체적인 핵심 내용들은 규제기관이 정한 규정으로 정하고 있다. 행정원의 사이버안보부는 이미 사이버안보관리법 하에 6개의 규정을 제시한 바 있고, 이 중 4개는 지정된 핵심기반시설에 대한 규정이다.[12] 사이버안보관리법은 이렇듯 사이버 안보에 대한 제도적 기반을 확대하고 강화하는 데 주요한 출발점이 되고 있다고 할 수 있다.

3. 사이버 국방정책

대만은 오랫동안 자주국방(Defense Self-Reliance, 國防自主)을 안보정책의 핵심기조로 추구하여 왔다. 이러한 국방정책 기조와 연계하여 대만은 사이버 자주안보(Cybersecurity self-reliance, 資安自主) 발전을 위해 노력하고 있다. 약소국들은 대체로 사이버 안보 역량의 부족으로

11　1. 사이버 안보정책 위반, 2. 사이버 안보 사건에 대한 보고와 대응체계 이행 미흡, 3. 사이버 안보 사건에 대한 조사와 관리, 개선에 대한 이행 실패와 사이버 안보 사건에 대한 보고 미흡 등.

12　1. The Cyber Security Act Enforcement Rules; 2. The Regulations for Classification of Cyber Security Responsibility; 3. The Regulations for Reporting and Responding to Cyber Security Incidents; 4. The Regulations for Inspecting Implementation Status of Special Non-official Agencies' Cyber Security Maintenance Programs.

인한 안보적 취약성을 보완하기 위해 더 강한 국가들과 동맹에 참여하는 경향이 있다. 이것은 약소국들이 위협을 느끼는 국가를 상대로 군사협력을 통해 세력균형을 하는 방법의 하나라고 할 수 있다(Burton 2013, 216-238). 그러나 대만은 특유의 정치적 · 대외관계적 환경으로 인해 동맹을 맺거나 다자안보체제에 참여하기 어려운 구조에 있다. 이것이 대만이 사이버 국방정책에서도 자주국방, 자립에 중점을 두는 이유라고 할 수 있다. 대만은 중국의 부상하는 해군력에 비교하여 점점 더 열세에 놓이고 있는 중국에 대해 비대칭 균형에 초점을 맞출 수밖에 없다.[13] 이러한 상황에서 사이버 안보는 비대칭 전략의 주요한 부분이고, 대만은 사이버 공간의 국방정책과 작전체계를 더욱 강화하고 있는 이유라고 할 수 있다.

대만은 2017년 6월 독립된 사이버안보부대(Information Communication Electronic Force Command, ICEFC)를 창설하였다. 이 사이버 부대는 약 6천 명의 군인들로 구성되었으며, 다양하게 분산된 각 부대의 자원들을 통합하여 사이버 부대를 창설한 것이다. 사이버 부대는 또한 대만군의 핵심 연구소인 중산국립과학기술연구소(National Chung-Shan Institute of Science and Technology)뿐만 아니라 대학 연구소와 민간 분야의 전문가들을 영입할 것으로 알려졌다(Taiwan News, 2017.7.4). 중산국립과학기술연구소는 대만 국방부의 핵심연구

---

13 Taiwan could assemble a potent defense force using a combination of small but stealthy fast-attack boats armed with the new anti-ship missiles such as the enhanced HF-3 and robust cyber capabilities that could target command, control, communications, computers, intelligence, surveillance and reconnaissance capabilities (C4ISR). "To Counter China's Military Build-Up, Taiwan Must Go Asymmetric," *World Politics Review.* Nov. 29, 2012. https://www.worldpoliticsreview.com/articles/12529/to-counter-chinas-military-build-up-taiwan-must-go-asymmetric

소로 방어와 공격프로젝트의 산실이다. 대만군은 국가 사이버 방어를 강화하기 위해 전문가들을 영입하여 증가하는 중국으로부터의 사이버 공격에 대응하고자 한다(Taiwan News, 2018.12.31).

　이러한 군 조직의 정비 이외에도 대만 정부는 사이버 안보 분야의 국방비를 계속 증가시키고 있다. 적극적 방어, 기반시설 강화, 사이버 정보에 예정된 투자 예산은 4년간 대만달러 NT$330억 달러(약 11억 달러)이다(NBR, 2017.8.24). 사이버안보부대는 2018년 약 7100만 달러의 예산이 중국 사이버 스파이들의 공격 대상이 되는 웹사이트와 데이터베이스를 보호하는 데 배정하였다(The Straits Times, 2018.9.21). 2019년에는 대만 정부가 대만의 사이버 방어 역량을 강화하는 데에 4836만 달러가 넘는 예산을 배정하였다(Taiwan Times, 2018.9.20). 이렇듯 대만은 사이버 공간의 국방정책에 있어서도 군조직과 국방예산 등을 강화하면서 사이버 안보의 자립, 자주국방에 주력하고 있다.

4. 사이버 안보 기술, 산업 육성 정책

사이버 안보 관련 기술과 산업을 발전시키는 것은 대만 사이버 안보전략의 핵심과제이다. 대만의 민간 분야, 특히 산업 분야는 대만의 사이버 안보전략을 실천하는 데 주요한 역할을 하여왔다. 최근 대만 정부는 수백만 건의 중국 해커들의 공격정보를 민간 기업들과 공유하여 미래의 사이버 공격을 예측하고 예방하기 위한 인공지능 프로그램을 구축할 것이라고 강조하였다(Financial Times, 2018.10.23). 이렇듯 정부와 민간 간의 정보공유와 협력은 정부의 사이버 안보 역량뿐만 아니라 민간의 사이버 안보 산업을 발전시키는 데 주요한 기제로 작용할 수 있다. 대만 정부는 이스라엘과 같이 자국의 사이버 안보 기업들의 '클러스터'를 발전시키는 데 주력해 왔다. 이스라엘의 베에르셰바 사이버 안보 산업클러스터(the Beersheba cybersecurity industrial cluster)와 같이 대만은 새로운 사이버안보관리법과 비군사예산을 활용하여 민간 사이버 산업 분야 지원을 통합하고자 하고 있다(Taiwan Insight, 2018.11.12). 이러한 노력은 대만 재경부에 의해 주도되고 있으며, 재경부는 대만 사이버 안보 발전에 주요한 역할을 담당하는 부처 중 하나이다.[14]

대만 정부는 '국가 사이버 안보전략 2017-2020'을 포함하여 사이버 안보 산업 발전을 대만 5+2 산업혁신 계획에 포함시키면서 사이버 안보 산업 발전을 강화하기 위한 주도적 노력을 단행하고 있다(Taiwan Business Topics, 2018.5.11). 대만은 '국가 사이버 안보 산업발전 행동계획(資安産業發展行動計畫)'을 도입하여 사이버 안보 산업 발전을 위한 행동계획들을 수립해 가고 있다. 이 계획의 목적은 사이버 산업 분야에서 글로벌 기업들을 창출하고 대만 사이버 안보 산업의 글로벌 브랜드를 양산하겠다는 것이다. 이 계획은 사이버 안보산업에 대한 대만달러 NT$110억의 투자를 포함하고 있다(資通安全處, 2018.3.22). 대만 정부는 사이버 안보에 대한 예산을 2013년 전체 IT예산의 4.2%에서 2017년 8.8%까지 증대시켜 2배 이상 늘렸다. 정부가 구매한 안보기술 또한 안티바이러스보호(89.7%), 방화벽(89.3%), 메일필터링 기기(44.9%), 메일침투 방어체계(39.9%), 웹컨텐츠 필터(26.7%) 등

14 This was the remarks of Taiwan National Security Council Member Lee Der-tsai, who has become one of the primary spokespersons for the Tsai government's cybersecurity initiatives in the Taiwan Cyber Security Summit in March 2018. China Brief, "Taiwan's Emerging Push for "Cyber Autonomy"" James Town Foundation, July 25, 2018. https://jamestown.org/program/taiwans-emerging-push-for-cyber-autonomy-2/

으로 사이버 안보 분야가 다수를 차지한다(The New Lens, 2018.5.5). 대만 정부의 사이버 안보 산업에 대한 투자는 국가의 새로운 경제성장 동력으로 이어지고 있다. 이것은 경제성장뿐만 아니라 새로운 일자리 창출에도 기회가 될 수 있다. 대만의 사이버 산업 발전이 가져올 기회에 대한 자신감은 대만 사이버 안보 기업의 수출 증대에서도 나타나고 있다. 대만 정부는 향후 3년간 대만달러 110억을 세계 사이버 안보 산업 발전 촉진에 배정하였다(Taiwan Business Topics, 2018.5.11). 사이버 안보 산업은 막대한 수출 잠재력을 가지고 있는 것으로 향후 사이버 안보전략에 있어서 산업발전은 핵심적 전략과제가 될 것이다.

대만 정부는 또한 사이버 안보 분야 기술역량 강화를 위해 인적 자원 투자에 주력하고 있다. 2018년 4월 대만 정부는 정부 부처급의 사이버 안보대학을 설립하여 정부의 사이버 안보 인재들을 양성하고자 하고 있다. 사이버 안보는 새로운 일자리 창출과 경제성장, 자주적 국가안보의 동력으로 간주되고 있는 것이다(Taiwan Insight, 2018.11.14). 2018년 12월 대만 정부는 또한 정부 사이버 안보 훈련 프로그램을 개설하여 민간과 비정부기관의 IT요원들을 교육시키기 위해 매해 150명의 학생들에게 장학금을 주기로 계획하였다(The Straits Times, 2018.9.21). 대만에서 매해 화이트해커들의 경쟁대회 ―the Hacks in Taiwan Conference (HITCON) ―를 개최하는 것도 사이버 안보 기술과 인재들을 양성하기 위한 주요한 공간으로 역할하고 있다. 이렇듯 대만 정부의 사이버 안보전략은 사이버 안보 기술과 산업발전이 핵심 중점과제가 되고 있다.

5. 대만의 사이버 안보 외교전략

대만 정부는 제약된 정치적 · 국제적 위상 속에서도 국제사회에서 사이버 강국으로 인정받고 여러 협력을 이끌어내기 위한 나름의 외교적 노력을 전개하고 있다. 대만의 정부보고서는 "우리의 사이버 안보 상황이 독특하고, 다양한 사이버 공격을 받고 있다는 것이 다른 국가들의 관심과 협력을 촉진할 수 있을 것으로 본다"고 강조하고 있다.[15] 그만큼 사이버 공격의 실험장으로서 대만이 갖는 독특성이 사이버 안보에 관심을 갖고 있는 세계 국가들의 주목과 협력을 이끌어낼 수 있을 것이라는 판단이다. 대만의 사이버 안보 외교전략은 이러한 측면에서 두 가지에 중점을 두고 있다. 하나는 미국과의 협력을 강화하는 것이다. 차이잉원 총통은 미국 의회대표단과의 면담에서 미국과 타이완의 사이버 안보 협력을 기대한다고 강조한 바 있다(Focus Taiwan, 2017.9.22). 미국이 최근 대만에 대한 군사적 협력을 제고하고 있다는 점에서 사이버 안보 협력은 주요한 협력 분야로 부상하고 있다. 대만과 미국 간 사이버 안보 협력은 중국요인으로 인해 정부 간 협력이라기보다는 산업 측면의 협력에 중점을 두고 있다. 미국-대만기업협력위(The US-Taiwan Business Council)와 대만방위산업발전연맹(Taiwan Defense Industry Development Association)이 공동주최하는 대만미국방위산업포럼(台美國防産業論壇)은 2018년 5월 회의에서 대만의 방위산업이 방위공급 체인에 참여할 수 있는지와 미국-대만 간 사이

---

15   National Information and Communication Security Taskforce, Executive Yuan, Republic of China, 2017. *National Cyber Security Program of Taiwan(2017-2020)*, 23.

버 안보 산업 분야 협력에 대한 중점 토론이 이루어졌다.[16] 대만 정부
는 또한 일본, 미국 등과 사이버 공격, 사이버 스파이, 주요 데이터 침
투 등과 관련한 주요 정보를 공유하고 있다(Asia Times, 2018.4.6).

　대만의 사이버 안보 외교전략의 또 다른 하나는 기술 네트워크이
다. 규범창출과 국제기구에서의 역할이 제한되는 만큼 대만 정부는 기
술력에 기반하여 기술협력과 대응을 중점으로 다자제도에 접근하고
있다. 대만의 국가컴퓨터긴급대응팀(TWNCERT)은 아태컴퓨터긴급
대응팀(Asia Pacific Computer Emergency Response Team, APCERT)
에 가입하여 회원국으로 활동하고 있다.[17] 2013년 타이완CERT가 사
이버 공격과 방어훈련(CODE)을 최초로 주최하였고, 2014년 APCERT
컨퍼런스를 개최한 이후 APCERT 운영위원회 멤버로 역할하고 있
다.[18] 이렇듯 대만의 사이버 안보 외교전략은 정치적·국제적 환경의
제약으로 인해 양자적 접근, 기술적 접근의 특징을 가지고 있다.

V. 결론

사이버 안보가 강대국 간 권력경쟁의 주요한 공간으로 부상하는 반면,
강대국이 아닌 중소국들에게 사이버 안보문제는 생존의 문제일 수 있
다. 대만은 중국은 물론 다양한 국가들의 사이버 공격의 실험장이 되
면서 실제 사이버 안보 위협이 주권과 영토의 위협, 사회불안의 위협

16　The U.S.-Taiwan Defense Council. http://www.ustaiwandefense.com/mission/
17　APCERT is a regional community for Computer Emergency Response Team(CERTs)
　　to help create a safe, clean and reliable cyber space in the Asia Pacific Region
　　through global collaboration. https://www.apcert.org/about/index.html
18　http://www.twncert.org.tw/milestone

요인으로 인식되고 있다. 사이버 안보 공간에서 전개되고 있는 중국을 포함한 강대국 간 군사력경쟁은 이러한 위협인식을 더욱 강화시키고 있으며, 2016년 차이잉원 총통 취임이후 양안 간 정치적 긴장관계는 사이버 안보의 중요성과 대만 정부의 정책적 우선순위가 강화되는 정치적 환경을 제공하고 있다. 이러한 위협인식의 제고는 독립된 사이버 안보부의 설립, 사이버안보부대의 창설, 최초의 사이버안보법 통과 등 대만 정부의 다양한 제도적 법적 조치들로 이어지고 있다. 대만은 사이버 공간에 대한 '안보화'가 그 어느 국가보다도 강하게 전개되고 있으며 실질적이고 구체적인 조치들이 병행되고 있는 모습을 보인다.

사이버 안보에 대한 점증하는 관심에도 불구하고 중소국들의 사이버 안보전략에 대한 비교연구는 취약한 것이 현실이다. 중소국들의 사이버 안보 연구는 대체로 다자적 외교접근, 규범창출의 역할 등 주로 매개적, 촉진자적 역할을 중심으로 연구되어 왔다. 대만과 같이 정치적·국제적으로 특색의 환경을 가지고 자주국방, 정부체계 고도화, 산업발전 등에 중점을 두고 기타 중소국들과는 다른 사이버 안보전략을 추진하는 다양한 사례들에 대한 연구는 사이버 안보 비교연구의 지평과 내용을 확대하는 데 주요한 사례 연구가 될 수 있다. 중국의 '하나의 중국 정책'으로 인해 국제적·정치적으로 제약된 환경에서도 자국의 정부대응력, 기술경쟁력, 산업경쟁력을 바탕으로 사이버 안보를 강화해가는 대만의 전략은 세계 국가들의 사이버 안보전략에 주요한 정책적 시사점을 제공할 수 있다. 사이버 안보전략에 대한 좀더 다양하고 광범위한 인식과 이해를 제공하고 세계 중소국들에게 자국 특색의 사이버 안보전략을 발전시켜가기 위한 학문적 정책적 참고로서 다양한 국가들의 사이버 안보전략을 비교연구하는 과제는 앞으로도 지속적인 관심과 연구가 필요한 분야라고 하겠다.

참고문헌

정영애. 2017. "사이버 위협과 사이버 안보화의 문제, 그리고 적극적 사이버 평화." 『평화학 연구』 18(3).

中華民國總統室. 2018. "資通安全管理法."

Bracken, Paul. 2016. "The Cyber Threat to Nuclear Stability," *Orbis* Volume 60, Issue 2: 188-203.

Burton, Joe. 2013. "Small states and cyber security: The case of New Zealand," *Political Science* 65 (2): 216–238.

Buzan, B., Wæver, O., & Wilde, J. D. 1998. *Security: A New Framework for Analysis.* Boulder: Lynne Rienner.

Chang, Yao-Chung. 2011. "Cyber Conflict between Taiwan and China," *Strategic Insights* 10 (1): 26-35.

Cooper, Andrew F. 2016. "Testing middle power's collective action in a world of diffuse power," *International Journal.* 71 (4): 529-544.

_____. 2018. "Entrepreneurial states versus middle powers: Distinct or intertwined frameworks?" *International Journal* 73 (4): 596-608.

Cooper, David A. 2011. "Power Influence: Implications of the Proliferation Security Initiative for "Middle Power Theory," *Foreign policy analysis* 7 (3): 317-336.

_____. 2013. "Somewhere Between Great and Small: Disentangling the Conceptual Jumble of Middle, Regional, and 'Niche' Powers," *Journal of Diplomacy and International Relations* 14 (2): 23-35.

Crandall, Matthew & Allan, Collin. 2015. "Small States and Big Ideas: Estonia's Battle for Cybersecurity Norms," *Contemporary Security Policy* 36 (2): 346-368.

DeVore, Marc R. and Lee, Sangho. 2017. *The Journal of East Asian Affairs.* Seoul Vol. 31, Iss. 1,(Spring/Summer 2017): 39-64.

Emerson, Guy R. 2016. "Limits to a cyber-threat," *Contemporary Politics.* 22 (2): 178-196.

Gashi, Bejtush. 2016. "The Role and Impact of the Small States' Diplomacy on Regional and International Security," *Iliria international review* 6 (1): 145-156.

Goddard, Stacie E. 2009. "Brokering Change: Networks and Enterpreneurs in International Politics," *International Theory* 1 (2): 249-281.

Hansen, L. & Nissenbaum, H. 2009. "Digital disaster, cyber security, and the Copenhagen School," *International Studies Quarterly* 53: 1155–1175.

Hwang, Ji-jen. 2017. "China's Cyber Strategy: A Taiwanese Perspective," *Korean journal of defense analysis* 29 (1): 95-111.

Jordan, Eduard. 2003. "The Concept of a Middle Power in International Relations: Distinguishing between Emerging and Traditional Middle Powers," *South African Journal of Political Studies* 30 (1): 165-181.

Katzenstein, P. J. Ed. 1996. *The culture of national security: Norms and identity in world politics.* New York, NY: Columbia University Press.

Keohane, Robert O. 1969. "Lilliputians' Dilemma: Small States in International Politics," *International Organization* 23 (2): 291-310.

Kim, Sang-Bae. 2014. "Cyber Security and Middle power Diplomacy: A Network Perspective," *The Korean Journal of International Studies* 12 (2): 323-352.

Kouremetis, Michael. 2015. "An Analysis of Estonia's Cyber Security Strategy, Policy and Capabilities (Case Study)," *European Conference on Cyber Warfare and Security;* Reading : 404-412.

Kurmashev, Aidar, Akhmedyanova, Dana, Zholdasbekova, Akbota and Sadri, Houman. 2018. "Kazakhstan's Middle Power Response to Terrorism," *Insight Turkey* 20 (4): 111-128.

Lawson, Sean. 2013. "Beyond Cyber-Doom: Assessing the Limits of Hypothetical Scenarios in the Framing of Cyber-Threats," *Journal of information technology & politics* 10 (1): 86-103.

Marleku, Alfred. 2013. "Small states foreign policy: The case of Kosovo," *Mediterranean Journal of Social Sciences* 4 (2): 287-300.

Nye, Joseph S. 2016. "Deterrence and Dissuasion in Cyberspace," *International security* 41 (3): 44-71.

Panke, Diana and Gurol, Julia. 2018. "Small States as Agenda-setters? The Council Presidencies of Malta and Estonia," *Journal of common market studies* 56 (S1): 142-151.

Potii, Oleksandr V., Korneyko, Oleksandr V., & Gorbenko, Y. I. 2015. "Cybersecurity In Ukraine:Problems and Perspectives," *Information & Security* 32 (1): 1-25.

Rawnsley, Gary. 2005. "Old Wine in New Bottles: China-Taiwan Computer based 'information-warfare' and Propaganda," *International Affairs* 81 (5): 1061-1078.

Ross, Robert S. 2006. "Explaining Taiwan's Revisionist Diplomacy," *Journal of Contemporary China* 15 (48): 443-458.

Shackelford, Scott J. 2017. "The Law of Cyber Peace," *Chicago Journal of International Law* 18 (1): 1-47.

Shekhar, Sidharth. 2016. "Why Cybersecurity is a Top Concern in Asia-Pacific Region?" PCQuest; Gurgaon (Oct 17, 2016).

The Economist. "Cyber-boom or cyber-bubble?; Israel's computer-security firms,"416:8949, Aug 1, 2015. 56-57.

Toje, Asle. 2011. "The European Union as a Small Power," *Journal of Common Market Studies* 49 (1): 43-60.

Valeriano, Brandon and Maness, Ryan C. 2014. "The dynamics of cyber conflict between rival antagonists, 2001–11," *Journal of Peace Research* 51 (3): 347-360.

Watson, Iain. 2014. "Environmental Security and New Middle Powers: The Case of South Korea," *Asian security* 10 (1): 70-95.

Wilkins, Thomas. 2016. "Australia and middle power approaches to Asia Pacific regionalism," *Journal Australian Journal of Political Science* 52 (1): 110-125.

Wong, Ernest Y., Porter, Nan, Hokanson, McKinnon, and Xie, Bing Bing. 2017. "Benchmarking Estonia's Cyber Security: An On-Ramping Methodology For Rapid Adoption and Implementation," International Annual Conference of the American Society for Engineering Management. 1-8.

World Economic Forum. 2018. Global Competitiveness Report 2018.

Yau, Hon-Min. 2018. "Explaining Taiwan's Cybersecurity Policy Prior to 2016: Effects of Norms and Identities," *Issues and Studies* 54 (2): 1-30.

Asia Times. "Taiwanese under siege from blitz of Chinese cyber attacks," April 6, 2018. http://www.atimes.com/article/taiwanese-siege-blitz-chinese-cyberattacks/

BBC. "Xi Jinping says Taiwan 'must and will be' reunited with China," 2 Jan., 2019. https://www.bbc.com/news/world-asia-china-46733174

China Brief. "Taiwan's Emerging Push for "Cyber Autonomy," July 25, 2018. https://jamestown.org/program/taiwans-emerging-push-for-cyber-autonomy-2/

eSecurity Planet. "Taiwan Says China's Cyber Army Now Numbers 100,000," May 1, 2013. https://www.esecurityplanet.com/hackers/taiwan-says-chinas-cyber-army-now-numbers-100000.html

Fahey, Michael R. "Taiwan enacts Cyber Security Management Act," July 17, 2018. http://www.winklerpartners.com/?p=8933

Financial Times. "Taiwan hit by jump in cyber attacks from China," June 25, 2018. https://www.ft.com/content/8e5b26c0-75c5-11e8-a8c4-408cfba4327c

_____. "The cyber secrets of Taiwan," October 23, 2018. https://www.ft.com/content/fca36400-d69e-11e8-ab8e-6be0dcf18713

Focus Taiwan. "President Hopeful of U.S.-Taiwan Collaboration on Cyber Security," (2017/09/22).

Grossman, Derek. "Beijing's Threats Against Taiwan Are Deadly Serious," RAND, May 22, 2018. https://www.rand.org/blog/2018/05/beijings-threats-against-taiwan-are-deadly-serious.html

Infosecurity. "China Uses Taiwan as Test-Bed for US Cyber-Espionage Attacks," July 23, 2013. https://www.infosecurity-magazine.com/news/report-china-uses-taiwan-as-test-bed-for-us-cyber/

National Center for Cyber Security Technology. "About NCCST" https://www.nccst.nat.gov.tw/About?lang=en

National Information and Communication Security Taskforce(行政院國家通信安全會報).
    https://www.nicst.ey.gov.tw/en/News_Content.aspx?n=11B0E260E6E03508&sms=
    C22B05A29C978D0F&s=A88A5340E446C672

NBC News. "For hackers in China's cyber army, Taiwan is a test target," July 19, 2013.
    https://www.nbcnews.com/technology/hackers-chinas-cyber-army-taiwan-test-
    target-6C10679979

NBR. "Taiwan sees its cyber capabilities as the hard reality of soft power," Aug. 24, 2017.
    https://www.nbr.org/publication/taiwan-sees-its-cyber-capabilities-as-the-hard-
    reality-of-soft-power/

Security Asia. "Innovation is empowering Taiwan's cyber security capabilities," November
    22, 2018. https://www.networksasia.net/article/innovation-empowering-taiwans-
    cyber-security-capabilities.1542886073

Taipei Times. "Government to increase cybersecurity investment," Nov. 14, 2018. http://
    www.taipeitimes.com/News/front/archives/2018/11/14/2003704182

Taiwan Business Topics. "Taiwan Wakes Up to the Need for Stricter Cybersecurity," May
    11, 2018. https://topics.amcham.com.tw/2018/05/taiwan-wakes-up-to-the-need-
    for-stricter-cybersecurity/

Taiwan Insight. "Developing Taiwan's Cybersecurity Industry: Is Israel a Good Model,"
    12 November 2018. https://taiwaninsight.org/2018/11/12/developing-taiwans-
    cybersecurity-industry-is-israel-a-good-model/

_____. "Cybersecurity as national security, and economic opportunity, in Taiwan," 14
    November 2018. https://taiwaninsight.org/2018/11/14/cybersecurity-as-national-
    security-and-economic-opportunity-in-taiwan/

Taiwan News. "Ministry of National Defense launches new cybersecurity command," July
    4, 2017. https://www.taiwannews.com.tw/en/news/3202752

_____. "Opening of a national cyber security center in Taiwan a landmark: President
    Tsai," 2018/11/15. https://www.taiwannews.com.tw/en/news/3576232

_____. "Taiwan expands cyber defense; Taiwan to expand defensive and offensive cyber
    capabilities," 2018/12/31.

Taiwan Times. "China to escalate Taiwan cyberattacks ahead of local elections," Sep 20,
    2018. https://www.taiwannews.com.tw/en/news/3534081

The New Lens. "Taiwan Gets Its Act Together on Cybersecurity," May 5, 2018. https://
    international.thenewslens.com/article/95683

The Straits Times. "Taiwan expects more Chinese cyber attacks as polls near," Sep 21,
    2018. https://www.straitstimes.com/asia/east-asia/taiwan-expects-more-chinese-
    cyber-attacks-as-polls-near

The Sydney Morning Herald. "Taiwan a canary in the coalmine of cyber warfare," 8
    December, 2014. https://www.smh.com.au/technology/taiwan-a-canary-in-the-
    coalmine-of-cyber-warfare-20141205-120v73.html

資通安全處. "資安產業發展行動畫," Mar. 22, 2018. https://www.nicst.ey.gov.tw/News_
        Content3.aspx?n=E8A3CADF59C2DC49&sms=C254FFD10CAFF809&s=98AF440FD
        BD4EEBD
전자신문. "3년간 랜섬웨어 피해 1만건 넘어,"(2018/02/06). http://www.etnews.com/
        20180206000358

제13장

싱가포르의 사이버 안보전략의 형성과 변화:
허브(hub) 국가의 실용적 접근

이승주 | 중앙대학교

I. 서론

싱가포르 정부는 사이버 안보가 자국의 생존과 번영에 커다란 영향을 미친다는 점을 일찍이 간파하고, 효과적인 대응 능력을 기르기 위해 적극적인 노력을 기울여왔다. 그 결과 싱가포르는 유엔 국제통신위원회(UN International Telecommunication Union)가 공표한 글로벌 사이버 안보 지수(2017 Global Cybersecurity Index)에서 세계 1위를 기록한 데서 나타나듯이, 사이버 안보 능력을 강화하기 위해 적극적인 노력을 기울이고 있는 대표적인 국가로 인정받고 있다.[1]

싱가포르 사이버 안보전략의 특징은 국내적 차원의 사이버 역량 강화와 대외적 차원의 사이버 협력을 추진하는 데 있어서 매우 실용적인 접근을 한다는 점이다. 싱가포르의 실용적 접근은 정책 결정의 속도, 예산 투입 규모의 증가, 인력 양성 프로그램 등 정책적 지원의 신속성 등에서 나타난다. 우선, 국내적 차원에서 싱가포르 정부는 사이버 위협의 변화를 반영하여 사이버 안보전략을 주기적으로 업데이트하는 한편, 이를 제도적으로 뒷받침하기 위해 사이버안보법을 제정하고, 이에 근거한 사이버 안보 추진체계를 구축하기 위한 노력을 경주해왔다. 싱가포르 정부는 이 과정에서 매우 신속하게 정책을 수립하고 실행에 옮길 뿐 아니라, 추진체계를 탄력적으로 변화, 운용하는 모습을 보이고 있다. 예를 들어, 싱가포르 정부는 사이버 위협이 특정 부문에 국한되기보다 여러 부문에 걸쳐 동시다발적으로 발생하는 경향이

---

1   싱가포르에 이어 미국이 2위, 말레이시아가 3위를 기록하였다. 오만, 에스토니아, 모리셔스, 호주, 조지아, 프랑스, 캐나다 등이 뒤를 이었다. (https://www.billingtoncyberse-curity.com/singapore-ranks-number-1-cybersecurity-un-survey-top-cybersecurity-leader-keynote-321/)

있다는 점에 주목하여, 전 정부적 접근을 가능하게 하는 사이버 안보 추진체계를 비교적 성공적으로 구축하였다.

싱가포르 사이버 안보전략에서 군사안보 분야와 경제 분야 사이의 차별성이 발견되는 것도 실용적 접근으로 인해 초래된 결과라고 할 수 있다. 싱가포르는 기하급수적으로 증가하는 사이버 위협이 주로 아시아 지역 내 허브 국가로서의 지위에 미치는 영향이라는 관점에서 접근하는 특징을 보였다. 싱가포르 정부는 사이버 위협에 대한 효과적이고 선제적인 대응이 금융, 운송 등 분야에서 역내 허브 국가로서 싱가포르의 지위를 유지, 향상시키는 데 사활적 중요성을 가진 것으로 인식하고 이러한 국가 목표에 부합하는 추진체계를 수립하고, 필요에 따라 주기적으로 개선해왔다.

한편, 2017년 국방사이버조직(Defence Cyber Organisation, DCO)이 신설된 데서 나타나듯이 싱가포르 정부는 군사안보적 분야에서 전 정부적인 추진체계를 구축하는 데는 다소 사후적으로 대응하는 모습을 보이고 있다. 이는 싱가포르 정부가 사이버 위협을 군사안보 차원보다는 경제적 번영과 생존의 차원에서 접근한다는 징표이기도 하다. 그럼에도 싱가포르 정부가 군사안보 분야의 사이버 안보전략에서도 실용적인 접근을 한다고 평가할 수 있는 이유는 정책의 방향성이 확정되면 현실의 다양한 제약을 극복하기 위해 정책 결정의 속도를 높이고 전략을 구체화하는 과단성을 보인다는 점이다.

대외적 차원에서 싱가포르 정부가 추구하는 국제협력에서도 실용적 접근의 특징이 나타난다. 싱가포르는 사이버 안보 관련 가치 또는 원칙을 고수하기보다는 다양한 국가들이 협력을 논의할 수 있는 장을 제공하는 역할을 하는 데 초점을 맞추고 있다. 이러한 측면에서 싱가포르의 사이버 국제협력은 다차원적 양상을 보이고 있다. 우선, 아세안과의 협력은 싱가포르 사이버 협력의 핵심적인 위치를 차지하고 있다. 여기에서도 싱가포르는 자국이 선호하는 원칙과 규범을 고수하기보다는 아세안 국가들 간 차별성에 대한 명확한 인식의 토대 위에 사이버 협력을 추구하고 있다. 이를 위해 싱가포르는 아세안 국가들의 역량 강화를 위해 다양한 지원을 제공하고 있다.

싱가포르 정부는 역외 국가들과의 협력을 추진하는 데 있어서 미국, 일본, 호주 등 전통적인 우방 국가들과의 사이버 안보 협력을 우선 추구하고 있다. 이를 기반으로 싱가포르는 사이버 안보 협력의 범위를 확대해 나가는 모습을 보이고 있다. 싱가포르는 역외 국가들 가운데 비록 전통적인 강대국이 아니더라도 싱가포르와 마찬가지로 역내에서 허브의 위치를 점하고 있는 국가들과의 협력에 높은 우선순위를 부여하고 있다. 네덜란드와 양자 협력을 추진하는 것도 이러한 배경이다.

본 연구는 이러한 문제의식에 착안하여 싱가포르의 사이버 안보전략을 중견국 외교의 관점에서 검토하고 이론적, 정책적 시사점을 도출하는 데 목표가 있다. 이를 위해 국내적으로 싱가포르 사이버 안보전략의 기원 및 형성 과정과 싱가포르가 이에 기반하여 대외적으로 사이버 안보전략을 추구한 과정을 검토한다.

II. 사이버 위협 인식과 사이버 안보전략

1. 위협 인식

싱가포르 정부는 사이버 위협을 금융 부문의 주요 인프라, 정부기관, 기업, 개인에 대한 위협으로 구분한다(Cyber Security Agency of Singapore 2017). 경제 분야에 대한 사이버 위협 인식의 상대적 중요성이 부각되어 있는 것이 싱가포르의 특징이다. 특히 싱가포르 정부는 금융 부문에 대한 사이버 위협을 최우선순위에 놓고 있는데, 아시아 지역의 금융 허브의 위치를 유지하기 위해서는 필수적이기 때문이다. 실제로 2017년 8월 139개 금융기관에 대한 사이버 공격이 가해진 바 있는데, 이러한 유형의 공격에 대비하여 싱가포르 은행연합회(Association of Banks in Singapore, ABS)는 싱가포르 통화국(Monetary Authority of Singapore, MAS)과 협력하여 정기적인 훈련을 실시하고 있다(Cyber Security Agency of Singapore 2017).

2. 사이버 안보전략

싱가포르의 사이버 안보전략은 세 개의 축을 중심으로 구성되어 있다. 첫째, 싱가포르 정부가 2005년부터 작성하기 시작한 사이버 안보 마스터플랜이다. 이 계획은 정보통신개발위원회(Info-communications Development Authority, IDA)가 주도적으로 작성하는 전 정부적 차원의 사이버 안보 종합계획으로 정부 부처 간 정책 조정에 우선순위를 두었다. 최초의 사이버 안보 마스터플랜은 2005년 '정보통신 보안 마스터플랜 2005~2007(Infocomm Security Masterplan 2005~2007)'으로 발표되었다. 이 계획의 핵심은 사이버 위협을 완화, 대응하는 공공 부문의 기본 역량을 강화하는 데 있다. 싱가포르 정부는 이 마스터플랜을 주기적으로 개정함으로써 변화하는 환경에 능동적으로 대응하기 위해 노력하고 있다. 2008년 싱가포르 정부는 두 번째 종합계획인 '정보통신 보안 마스터플랜 2008~2012(2008 Infocomm Security Masterplan 2008-2012)'를 발표하였다(Cybersecurity Agency of Singapore

2016). 이 계획은 1차 계획의 성과를 바탕으로 주요 정보 인프라의 보안을 강화하고 싱가포르를 '안전하고 신뢰할 수 있는 허브(Secure and Trusted Hub)'로 육성하는 데 초점이 맞추어졌다(Cybersecurity Agency of Singapore 2016).

　2009년에는 내무부 산하에 싱가포르 정보통신기술 보안위원회 (Singapore Infocomm Technology Security Authority, SITSA)가 설치되었는데, 이 위원회는 사이버 공격과 사이버 첩보 활동에 대응하는 것을 주 임무로 하고 있다. SITSA는 특별위원회로서 사이버 위협으로부터 주요 정보 인프라의 보안을 담당하고 있다. 2013년에는 세 번째 종합계획인 '국가 사이버 안보 마스터플랜(2013 National Cyber Security Masterplan, NCSM)'이 작성되었다. NCSM은 기존의 주요 정보 인프라뿐 아니라, 기업과 개인을 포괄하는 광범위한 정보통신 생태계를 관리하는 데 초점이 맞추어져 있다. 이를 바탕으로 싱가포르를 '신뢰할 수 있고 견고한 정보통신 허브(Trusted and Robust Infocomm Hub)'로 육성해 나가겠다는 전략이다(Cybersecurity Agency of Singapore 2016).

　싱가포르 정부는 사이버 안보 역량과 R&D 전문성을 향상시키기 위해 2013년 10월 국가 사이버 안보 연구개발(2013 National Cybersecurity R&D, NCR) 프로그램을 출범시켰다. 이 프로그램은 보안, 신뢰성, 복원력, 사용편의성 등을 포괄하는 사이버 인프라의 전반적인 신뢰성을 제고하는 것을 목적으로 하며, 국가연구재단(National Research Foundation)과 사이버안보청(Cyber Security Agency of Singapore, CSA)이 공동 관리한다. 싱가포르 내무부는 사이버 범죄에 대한 정책 우선순위를 높여 2016년 국가 사이버 범죄 행동 계획(2016 National Cybercrime Action Plan, NCAP)을 발표하였다. 이 계획에는 사이버 공간상의 안전을 위한 공공교육, 사이버 범죄 대응을 위한 역량 개발, 사이버 범죄법의 강화, 지역 및 국제 파트너십의 구축 등이 포함되어 있다(Cybersecurity Agency of Singapore 2016).

싱가포르 정부의 사이버 안보전략의 두 번째 축은 국가사이버안보 종합계획이다. 2013년 싱가포르 정부는 2018 국가사이버안보 종합계획을 수립한 바 있다. 이 계획은 싱가포르의 사이버 환경을 증진하는 데 목표를 둔 것으로 개별 부처가 아니라 다수 부처의 공동 노력(multiagency effort)으로 사이버 안전을 확보할 것을 지향하고 있다. 이 계획에 따라 2015년 4월 사이버안보청(CSA)을 신설하여 사이버 위협에 대응하는 전략을 수립하였다. 이 전략은 특히 발전, 운송, 통신, 금융 등 사이버 위협이 점증하고 있는 10대 주요 부문을 선정하여 민관협력을 조정하도록 하였다(National Cyber Security Masterplan 2018).

마지막으로 싱가포르 정부는 사이버 안보전략을 추진하는 데 있어서 법적 기반을 갖추기 위해 2018년 2월 사이버안보법안(No. 2/2018)을 통과시켰다.[2] 이 법안은 사이버안보청과 통신정보부(Ministry of Communications and Information)의 주도로 작성된 것으로 주요 정보 인프라에 대한 기존 규제를 한층 강화한 것으로 평가된다. 2018년 2월 통과된 사이버안보법은 싱가포르의 사이버 안보를 감독, 유지하는 법적 틀로서 의미를 갖는다. 이 법에서는 네 가지 목표를 명시하고 있는데, (1) 주요 정보 인프라에 대한 보호 강화, (2) CSA에 사이버 위협과 사고를 예방 대응할 수 있는 권한 부여, (3) 사이버 안보

---

2   사이버안보법의 주요 내용에 대해서는 Republic of Singapore(2018)를 참조할 것. 사이버안보법에 대한 개괄적 설명을 위해서는 Cybersecurity Act, Explanatory Statement 를 참조할 것.

정보 공유를 위한 프레임워크 수립, (4) 사이버 안보 서비스 사업자를 위한 간소화된 면허 프레임워크의 수립 등이다. 이 법안의 통과로 싱가포르는 주요 정보 인프라를 지정하는 데 그치지 않고,[3] 주요 정보 인프라의 소유자들이 사이버 공격에 대비하여 적극적인 보호 조치를 취하도록 하고, 사이버 안보 커미셔너에게 사이버 위협과 사고를 조사할 수 있는 권한을 부여하는 등 사이버 위협에 적극적으로 대응할 수 있는 법적 프레임워크를 갖추게 되었다.

III. 정책결정구조

싱가포르의 국가안보 프레임워크는 다층적으로 구성되어 있다. 최상위에는 국가안보조정사무국(National Security Coordination Secretariat, NSCS)이 총리실 직속으로 설치되어 기획, 정책 조정, 정보 업무를 담당하고 있다. 국가안보조정사무국의 규모는 소규모이나 싱가포르의 안보전략 전반을 조정하는 역할을 수행한다(NSCS 홈페이지, https://www.nscs.gov.sg/about-us.html). 기존의 국가안보조정센터(National Security Coordination Center)를 개칭하고 합동대테러센터(Joint Counter Terrorism Centre)와 기능을 통합하여 새롭게 편제되었다. 원래 1999년 국방부 내에 국가안보조정센터로 설치되었을 당시에는 군(Singapore Armed Forces, SAF), 경찰(Singapore Police Force), 치안국(Internal Security Department), 보안정보국(Security and Intel-

---

3   싱가포르 정부는 주요 정보 인프라를 필수 서비스의 제공에 직접적으로 관련된 컴퓨터 시스템으로 규정하는데, 에너지, 수자원, 금융, 보건, 운송, 긴급 서비스, 정부기관 등이 이에 속한다("Cybersecurity Act" https://www.csa.gov.sg/legislation/cybersecurity-act).

ligence Division) 등과의 정책을 조정하는 역할을 담당하였다. 이러한 차원에서 싱가포르 정부는 사이버 안보 관련 정부기관들의 전략의 차이를 좁히고, 정부 간 연계를 강화하는 것이 주요 임무였다. 특히, 비전통 전투 및 초국적 테러 등 신흥안보 위협에 대한 정부기관의 대응을 지휘하는 역할을 부여받았다.

한편, 싱가포르는 국가안보 관련 정책 조정 능력을 높이기 위해 국가안보조정장관(Coordinating Minister for National Security)이 담당하는 안보정책검토위원회(Security Policy Review Committee, SPRC)를 설치하였다. SPRC는 산하에 국가안보조정위원회(National Security Coordinating Committee, NSCC)와 정보조정위원회(Intelligence Coordinating Committee, ICC)를 중심으로 국가안보와 정보 정책 관련 정책 조정을 하고 있다. 여기에는 독자적인 정책 영역을 가진 정부 부처 수준의 10개 위원회가 참여하고 있다.[4] 10개 위원회의 구성을 보면 전통안보보다는 정보안보, 주요 인프라 등 신흥안보, 특히 싱가포르의 경제적 생존력을 보호하는 데 우선순위를 부여하고 있음을 알 수 있다. 싱가포르는 사이버 안보도 경제적 번영과 생존이라는 차원에서 접근하는 것으로 평가할 수 있다. 싱가포르의 사이버 안보 추진체계는 이와 같은 국가안보 체제 내에서 운영된다.

---

4   10개 위원회는 공급사슬(Supply Chain), 항공(Aviation), 대중운송(Public Transportation), 해양(Maritime), 통신해로(Sea Lanes of Communication), 안보민감물질(Security Sensitive Materials), 국방부-총무부 협력(MINDEF-MHA Collaboration), 식량안보(Food Security), 주요 인프라(Critical Infrastructure), 정보 안보(Infocomm Security)로 구성되어 있다. https://www.nscs.gov.sg/national-security-coordinating-structure.html

1. 국가사이버안보센터(NCSC)

2001년 9·11 이후 국가안보조정사무국에 새로운 기능이 잠정적으로 추가되었는데, 주로 항공, 육로 운송, 해양 안보 관련 분야의 조정을 담당하는 것이었다. 그러나 이러한 잠정적 조치로는 새로운 안보 환경에 대응하기에 부족하다는 판단이 지배적이었다. 안보 관련 부처들 사이의 협력만으로는 새로운 위협에 대응하기 어렵기 때문에, 전 정부적 접근(whole-of-government approach)이 개발·강화될 필요가 있다는 것이 싱가포르 정부의 판단이었다. 따라서 NSCS는 2003년 이후 총리실이 관리하는 소규모 단위(small coordination unit)로서 통합 조정 역할을 수행하는 부처로서 역량이 강화되었다.

사이버 안보와 관련, 2014년 싱가포르 정부는 국가사이버안보센터(National Cyber Security Centre, NCSC)를 SITSA의 일부로 신설하였다. 국가사이버안보센터(NCSC)는 사이버 상황에 대한 인식을 제고하고 미래 위협을 예측하기 위해 사이버 위협 전경(cyber threat landscape)을 모니터하고 분석하는 임무를 수행한다. NCSC는 또한 사이버 관련 상황에 대한 인식을 공유하고, 개별 부처를 뛰어넘는 사이버 안보 사건을 연계하며, 개별 부처와 조정을 통해 대규모, 횡단적 사이버 사고에 대한 국가 수준의 대응을 제공하는 역할을 한다. 여러 부문을 대상으로 한 대규모 사이버 공격이 발생할 경우, NCSC는 부문별 규제 당국과 협력하여 국가 수준의 대응책을 마련하고 횡단적 위협에 대한 조기 경보를 발령한다. 싱가포르 정부는 국가사이버안보센터의 세 가지 기능―위협 발견, 위협 분석, 사건 대응―을 강화하고 통합할 수 있는 기술과 시스템에 대한 투자를 통해 횡단적 사이버 사태에 대한 위협 발견과 작전 능력의 향상을 추구하고 있다(Cyber Security

Agency 2016).

2. 사이버안보청(CSA)

2015년 싱가포르 정부는 사이버안보청(Cyber Security Agency of Singapore, CSA)을 총리실 직속으로 창설하였다. 이로써 기존 3개 부서—싱가포르 컴퓨터 응급 대응팀(Singapore Computer Emergency Response Team: SingCERT), IDA의 국가사이버안보 종합계획과 개발 기능, SITSA—로 산재되었던 사이버 안보 기능이 CSA로 통합되었다.[5] 기능 면에서 사이버안보청은 국가사이버안보 기능에 대한 중앙감독의 기능을 수행하는 한편, 에너지 및 금융 등 국가 주요 서비스 기능의 보호를 위해 공공 및 민간 행위자들과의 협력을 추구한다. 구체적으로 사이버안보청은 사이버 안보정책의 개발, 주요 정보 인프라와 핵심 서비스의 보호, 대규모 사이버 사고에 대한 정책 조정 등의 업무를 담당한다. 사이버안보청은 이 외에도 사이버 안보 관련 규제와 정책을 개발, 실행하는 권한을 갖고 있으며, 정부기관은 물론, 산업, 학계, 기업과의 조정과 국제협력을 담당한다(https://www.csa.gov.sg/about-us/our-organisation).

3. 국방사이버조직(DCO)

싱가포르 정부는 2017년 온라인 공격에 대한 사이버 방위를 강화하는 차원에서 국방사이버조직(Defence Cyber Organisation, DCO)을 신

---

5   CSA는 행정 편제상 정보통신부의 관리를 받는다.

설했다.[6] 이 조직은 싱가포르 국방부의 편제에서 최상위 조직으로 편성되었다. 싱가포르 정부가 국방사이버조직을 신설한 것은 2017년 2월 국방부 서버에 대한 조직적 공격이 발생한 데 따른 것이다. 싱가포르 정부가 경제 관련 사이버 안보와 국제협력에 있어서 매우 선제적인 대응을 한 것과 비교할 때, 군사 방위 분야에서 DCO를 설치한 것은 사후적 대응의 성격이 강하다는 면에서 대조적이다.

　　DCO는 사이버안보국(Cyber Security Division), 기획정책사무국(Plans and Policy Directorate), 사이버안보검사국(Cyber Security

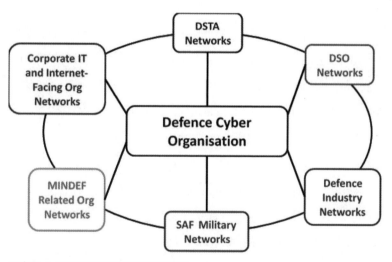

그림 13-1. 국방사이버조직(DCO)의 조직도
출처: Defence Cyber Organisation 홈페이지.
출처: https://www.mindef.gov.sg/web/portal/mindef/about-us/organisation/organisation-profile/defence-cyber-organisation

6　싱가포르 정부는 데이비드 고(Dvaid Koh)를 국방사이버조직의 수장으로 임명하였는데, 데이비드 고는 CSA를 관장하고 있기 때문에 양 기관 사이의 실질적인 협력이 이루어질 것으로 보인다. 에너지와 금융 등 민간 주요 인프라를 보호하기 위해 민관협력을 담당하는 CSA는 2016년 10월 싱가포르의 사이버 전략을 개정하였다.

Inspectorate)으로 구성되어 있으며, 싱가포르군 산하의 사이버 방위 그룹(Cyber Defence Group)은 참모총장과 사이버 방위 참모장에게 보고하게 되어 있다. 사이버안보국은 DCO의 작전 수행 기관으로 군사 방위 관련 기관들의 사이버 안보를 감시, 감독하고, 사이버 공격이 발생할 경우 최초 대응을 하는 임무를 담당한다. 기획정책사무국은 DCO의 사이버 방위 능력을 개발하고 군사 부문의 거버넌스 정책을 관장하는 한편, 국제협력을 촉진하는 역할을 주도한다. 사이버안보 검사국은 취약성 평가를 통해 군사방위 부문의 사이버 방어를 강화하는 업무를 수행한다. 싱가포르군의 사이버 방어 그룹은 군의 전투 관련 네트워크의 사이버 방어를 담당한다.

DCO는 군(SAF), 국방부(Ministry of Defence), 방위과학기술청(Defence Science Technology Agencyu, DSTA), 방위과학조직(Defence Science Organisation, DSO), 방위산업, 국방부 관련 기관(Defence Industry and MINDEF-Related Organisations, MRO) 등 군사방위 관련 모든 기관의 사이버 안보를 주도적으로 담당하는 임무를 맡고 있다. 싱가포르 정부가 DCO에 선도적 역할을 부여한 것은 국방부와 군 작전의 연속성을 확보하기 위해 사이버 공격에 대응하고, 군사방위 관련 네트워크와 시스템의 안전을 선도하는 데 군사 방위 관련 모든 조직의 사이버 역량을 통합할 필요가 있다는 판단에 따른 것이다.

한편, 싱가포르 정부는 DCO를 창설하는 과정에서 신속한 정책결정을 통해 예산을 확충하고, 인력 양성 계획을 구체화하는 등 의사결정과 정책집행 과정의 효율성을 보여주었다. 2018년 2월 싱가포르 국방부가 향후 10년간 약 2,600명의 사이버 요원을 양성하기 위해 군인들이 복무 기간 중 사이버 교육을 받을 수 있는 제도를 새롭게 만든 것이 대표적 사례이다. 싱가포르 국방부는 우선 군 내에 사이버 안보 병

과를 신설하여 긴급 대응과 포렌식 수사 분야의 사이버 교육과 훈련을
제공하기로 하였다.

국방부는 더 나아가 싱가포르군 네트워크를 방어하는 데 필요한
군 요원을 양성하기 위해 군인들 가운데 사이버 분야의 인재를 교육시
키는 사이버 군 교육 계획(Cyber NSF scheme)을 신설하였다. 이 계획
에 따라 파견된 군인들은 사이버 작전 요원으로 교육을 받고, (1) 사이
버 모니터링, (2) 위협 평가와 대응, (3) 취약성 감사 및 침투 테스트,
(4) 맬웨어 분석과 사이버 포렌식 등 다양한 업무를 담당하게 된다.[7]
이를 위해 DCO는 싱가포르 공대(Singapore Institute of Technology,
SIT)와 복부–학습(work-learn) 양해각서를 체결하였다.[8] 이러한 계획
을 빠른 시기에 실행에 옮기기 위해 싱가포르 정부는 사이버 안보 관
련 예산을 8% 증액하였다(Straits Times 2017/4/1).

4. 사이버범죄사령부(Cybercrime Command)

2015년에는 싱가포르 내무부는 사이버범죄사령부(Cybercrime Com-
mand)를 싱가포르 경찰부대(Singapore Police Force)의 범죄조사부
(Criminal Investigation Department, CID) 내의 단위로 설립하였다.
사이버범죄사령부는 법 집행 기관, 산업계 이해 당사자, 인터폴 글로
벌 혁신 콤플렉스(INTERPOL Global Complex for Innovation, IGCI)
등과 협조하여 사이버 범죄에 대한 수사를 진행하는 업무를 담당한다.

---

7   OpenGov 홈페이지 https://www.opengovasia.com/singapore-mindef-launches-
     cyber-nsf-scheme-to-bolster-cyber-defence-capabilities/
8   https://www.mindef.gov.sg/web/portal/mindef/news-and-events/latest-releases/
     article-detail/2018/cybernsf

5. RAHS

국가 안보 위협에 대한 대응 태세와 복원력을 지원하는 프로그램으로
질병, 금융 위기 등 모든 국가적 위험을 수집 및 분석하여 위험을 선제
적으로 관리하는 업무를 수행하고 있다. 국가안보 조정사무국 내에 설
치된 국가안보 조정센터는 특히 위험 평가와 환경 탐색(Risk Assess-
ment and Horizon Scanning, RAHS) 시스템을 운영하고 있는데, 이 시
스템의 목적은 질병, 금융위기 등 모든 국가적 위험을 수집 및 분석하
여 위험을 선제적으로 관리하고 있다. 이 프로그램은 싱가포르에 영향
을 미칠 수 있는 전략적 이슈들을 예측하고, 이를 위한 시나리오 계획
을 보완하기 위해 만들어졌다.[9] 구체적으로 RAHS는 정책결정자들이
(1) 국가안보와 관련한 위험과 기회를 파악하는 데 열의를 갖도록 하
고, (2) 전략적 예측 능력을 향상시키고 새로운 개념들을 탐색하도록
하며, (3) 새롭게 대두되는 과정과 기술을 RAHS 시스템에 통합시키기

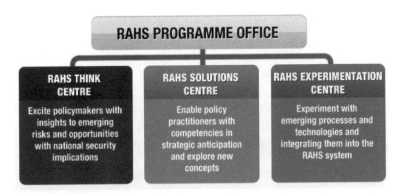

그림 13-2. RAHS 프로그램
출처: RAHS 홈페이지. http://www.rahs.gov.sg/public/www/content.aspx?sid=2952

9   http://www.rahs.gov.sg/public/www/content.aspx?sid=2952

위해 노력하는 것이다.[10]

RAHS는 싱크센터(Think Center), 솔루션센터(Solutions Center), 실험센터(Experimentation Center) 등 세 개의 센터로 구성되어 있다. 싱크센터는 대두되는 위험과 기회를 판별하기 위해 표면적인 쟁점들을 스캐닝함으로써 잠재적 위험을 예측하는 이슈 스캐닝(horizon scanning)과 교차 쟁점(crosscutting issue)에 대한 분석과 연구를 주로 수행한다. 솔루션센터는 역량 강화와 개별 정책을 담당하는 정부 부처와의 협력을 촉진하는 한편 정책결정을 향상시키는 새로운 개념들을 모색하고 관련된 과정을 도구를 개발하는 임무를 수행한다. 실험센터는 정책결정을 향상할 수 있는 새로운 기술적 도구들을 실험하고, RAHS 시스템의 지속적인 업그레이드를 통해 시스템을 관리하고 향상시키는 업무를 담당하고 있다.[11]

IV. 사이버 안보 외교

1. 싱가포르의 특수성과 국제협력의 필요성

싱가포르 정부는 지역 경제 허브로서의 명성과 지위를 유지하기 위해서는 사이버 안보를 강화하는 것이 긴요하다고 보고 지역협력에 적극성을 보이고 있다. 이를 위해 CSA는 프랑스, 인디아, 네덜란드, 영국, 미국, 독일 등과 사이버 안보 협력을 위한 양해각서를 체결하였다(Parameswaran 2016). 복원력 있는 인프라는 외국의 싱가포르에 대한

---

10   http://www.rahs.gov.sg/public/www/content.aspx?sid=2952
11   http://www.rahs.gov.sg/public/www/home.aspx

신뢰를 강화할 뿐 아니라 무역과 금융 중심지로서 싱가포르의 위상을 제고하는 데 긴요하다. 싱가포르에 대한 사이버 공격은 동남아시아 지역 및 세계적 영향을 줄 수 있기 때문에, 이러한 특수성을 반영하여 싱가포르 정부는 ICT 관련 정부 예산의 약 8%를 사이버 안보 분야에 지출하고 있다.

이러한 맥락에서 싱가포르는 동아시아 지역의 무역, 금융, 물류 중심지라는 점을 고려할 때, 주요 인프라의 보호와 복원력 강화는 싱가포르 경제와 사회뿐 아니라 동아시아에도 필수적이다. 이러한 점에서 싱가포르 정부는 사이버 공격에도 견딜 수 있는 복원력 있는 인프라(cyber-resilient infrastructure)의 구축이 매우 중요하다고 보고 있다.

싱가포르 정부가 특히 역점을 두고 있는 주요 정보 인프라는 서비스와 운송 분야이다. 우선, 싱가포르는 사이버 안보 정책에서 세계 주요 금융센터로서 안정성을 유지하는 데 높은 우선순위를 부여하고 있다. 싱가포르는 역내 은행 간 결제 시스템을 통해 매년 수조 달러 규모, 수백만 건의 금융 거래를 담당하고 있다. 뿐만 아니라 정부기술청(Government Technology Agency), 내무부, 보건부 지주회사(MOH Holdings), 정보통신미디어개발청(Info-communications Media Development Authority, IMDA), 싱가포르 통화위원회(Monetary Authority of Singapore) 등 싱가포르의 공공 서비스의 증가 역시 사이버 안보를 위한 시스템 안정성을 제고할 필요를 증대시키고 있다. 운송과 관련, 싱가포르는 또한 세계적 물류 허브로서 창이 국제공항의 경우, 연평균 5,500만 명의 승객, 13만 대의 항공편을 처리하고 있음을 감안할 때, 운송과 물류 서비스의 원활한 작동을 위해 사이버 역량을 강화하는 데 높은 정책적 우선순위를 부여하고 있다.

2. 국제협력 강화

사이버 안보는 초국적 협력이 필요하다는 점에서 싱가포르도 예외는
아니다. 싱가포르 정부는 사이버 안보와 범죄 관련 협력을 위해 국제
공동체(international community) 및 아세안과의 협력에 대한 강력한
의지를 밝히고 있다. 싱가포르는 특히 사이버 역량 강화 및 사이버 규
범과 법제화와 관련한 의견을 교환하는 국제협력을 촉진하기 위해 노
력하고 있다. 싱가포르는 또한 사이버 범죄 관련 국제협력을 크게 파
트너십과 국제적 관여(international engagement)로 나누어 접근하고
있다. 파트너십은 (1) 민간 부문의 사이버 범죄 인식을 제고하고, (2)
사이버 범죄 대응을 위한 역량을 제고하기 위해 산업계 및 학계와의
협력을 강화하는 데 초점을 맞추고 있다. 국제적 관여는 (1) 지역 및
지구적 차원의 협력을 촉진하고, (2) 지역 및 지구적 수준의 협력을 통
한 역량을 구축하며, (3) 세계적 전문가와 지도자들을 위한 장을 제공
하는 것이다.

1) 전통적 우방과의 협력

사이버 안보 분야의 국제협력이 전통적인 안보 협력과 분리되기는 현
실적으로 어렵다. 이러한 관점에서 싱가포르는 미국, 일본, 캐나다,
호주 등 전통적인 우방 국가들과의 사이버 협력에 상당한 우선순위
를 부여하고 있는데, 국가별 특성을 감안하여 협력의 내용을 달리한
다는 점에서 실용적 접근이라는 특징이 발견된다고 하겠다. 싱가포르
CSA는 2016년 8월 미국 국무부와 사이버 안보 협력을 위한 양해각서
를 체결한 바 있다. 싱가포르는 양해각서 체결 이후 후속 조치를 신속
하게 추진하여 2018년 사이버 안보 기술 지원 프로그램(Cybersecurity

Technical Assistance Programme)을 체결하였다. 이 프로그램은 미국과 아세안 사이의 사이버 안보 분야 협력을 구체화한 것으로 싱가포르가 아세안 회원국들을 대표하여 서명하였다(Kovacs 2018/11/9). 이 프로그램은 미국 측이 아세안 국가들의 사이버 기술 능력(technical capabilities)을 증진하기 위한 훈련을 제공하는 것을 주요 내용으로 삼고 있다.

싱가포르는 캐나다와도 사이버 안보 협력을 위한 양해각서를 교환하였는데, 양국은 특히 정보와 모범 관행 공유, 역량 강화를 위한 협력 등에 합의하였다. 이를 통해, 싱가포르와 캐나다 양국은 사이버 위협과 사이버 공격에 대한 정보 교환 및 공유, 인적자원 개발 관련 모범 관행 공유, 기술 및 인증 서비스 협력, 사이버 안보 표준 개발 등 다양한 분야의 협력을 추진할 계획이다.

호주와 사이버 안보 협력을 진행하는 데 있어서, 싱가포르 정부는 일반적 수준의 사이버 안보 협력을 포함하는 것은 물론, 호주가 역내 국가라는 점을 반영하여 지역 차원의 사이버 역량 구축과 신뢰 구축 조치를 위한 협력을 하자는 데 합의하였다. 이 외에도 싱가포르와 호주 양국은 주요 인프라에 대한 보호에 초점을 맞춘 사이버 안보 합동훈련, 사이버 안보 기술 훈련, 사이버 안보 혁신 촉진 관련 모범 관행 공유 등 보다 특화된 협력을 추구하고 있다("Singapore Signs MOU with Australia to Enhance Cybersecurity Collaboration" 2017/6/2).

2) 역외 허브 국가들과의 협력

싱가포르는 역외 국가인 네덜란드와의 협력도 강화하고 있다. 싱가포르 정부와 네덜란드 정부가 사이버 협력을 위한 양해각서를 체결한 것은 사이버 안보를 위해서는 국제협력이 필수적인데 싱가포르와 네덜란드는 사이버 안보와 혁신 등의 분야에서 많은 유사점을 공유하고 있기 때문에 양국의 협력이 상당한 성과를 낳을 수 있다는 판단에 따른 것이다. 싱가포르는 네덜란드가 유럽 지역에서 허브 역할을 하고 있다고 보고, 해양, 항공, 통신, 금융 등 다양한 분야에서 협력을 강화하고 있다.[12] 이와 관련, 데이비드 고(David Koh) 국방부 기술 담당 차관은 '주요 인프라에 대한 사이버 공격은 지역뿐 아니라 지구적 차원의 영향을 미치기 때문에 역외 허브 국가와의 필수적'이라고 언급한 바 있다. 사이버 안보를 향상시키고 사이버 공간에서의 복원력을 강화하기 위한 협력은 필수적이라는 것이다(CSA 2016/7/12).

3) 데이터 허브 조성을 위한 국제협력

싱가포르는 신뢰할 수 있는 데이터 허브로서 싱가포르의 위상을 제고하기 위하여 개인정보보호위원회(Personal Data Protection Commission, PDPC)를 설립하여 기관별 데이터 보호 관정을 인증하는 데이터 보호 신뢰 점수(Data Protection Trustmarks) 시스템을 개발하고 있다. PDPC는 해외의 데이터 보호 기관과의 협력 분야를 발굴하는 데 기여하고, 초국적 데이터 유통을 촉진할 것으로 기대된다. 싱가포르 정부는 또한 데이터의 초국적 유통을 촉진하기 위해 세계 각국의 데이터 보호 적정성을 상호 인정(mutually recognise)하는 다자 네트워크에 참여할 계획이다.

싱가포르는 이 외에도 사이버 안보 국제규범의 확립, 사이버 정책과 입법, 사이버 억제, 사이버 범죄 협력을 확대하기 위해 지구적 또는 지역 대화에 활발하게 참여하고 있다. 싱가포르는 INTERPOL Global

---

12   https://www.ncsc.nl/english/current-topics/news/singapore-and-the-netherlands-
      strengthen-cyber-security-cooperation.html

Complex for Innovation(IGCI)을 통한 사이버 협력을 적극적으로 추구하고 있는 것이 대표적인 사례이다. 싱가포르에 소재한 이 기구는 인터폴 회원국에 사이버 범죄에 대한 국제적인 공동 작전을 전반적으로 조정하고 이에 필요한 훈련을 제공하기 위한 협력을 하고 있다. 또한 이 기구는 사이버 범죄자에 대한 초국적 작전 수행을 위한 협력도 함께 수행한다.

싱가포르 정부는 이 밖에 다양한 차원의 국제협력을 추진하고 있다. 사이버 사고 보고 및 대응 연계를 위한 Asia Pacific Computer Emergency Response Team(APCERT)과의 협력, RSA Conference Asia Pacific and Japan, ASEAN Senior Officials Roundtable on Cybercrime(SORC), Singapore International Cyber Week(SICW), 사이버 규범과 법제화에 대한 교류 촉진, ASEAN Ministerial Conference on Cybersecurity and the International Cyber Leaders' Symposium, ASEAN Cybercrime Prosecutors' Roundtable Meeting 등에 적극적으로 참여하는 데서 나타나듯이 싱가포르 정부는 사이보 안보 관련 국제협력에 적극성을 보이고 있다.

3. 아세안과의 협력

1) 컨센서스와 합의에 기반한 협력

아세아지역포럼(ASEAN Regional Forum, ARF)은 싱가포르가 동남아 지역의 사이버 안보 협력을 추진하는 플랫폼 역할을 하고 있다. ARF는 아세안 국가들 간 공동의 관심사와 이익이 걸려 있는 대화와 협의를 촉진하는 역할을 수행해왔는데, 싱가포르는 사이버 안보 관련 신뢰구축과 예방 외교 차원에서 ARF를 활용하고 있다. 싱가포르는 아세안 협력을 통해 사이버 위협과 사이버 테러에 대한 공동 대처를 위한 협력 기반을 조성하는 데 힘을 쏟고 있다. 싱가포르는 사이버 범죄에 대한 지역적 접근을 포함하여 사고의 보고와 대응 관련 플랫폼과 절차를 강화하는 데 우선순위를 부여하고 있다. 싱가포르는 특히 인터폴의 자원을 동원하여 전 세계의 작전 네트워크와 대응 역량을 역내 사이버 범죄를 해결하는 데 활용하는 데 관심이 있다.

2) 역량 강화

2012년 설립된 아세안 네트워크 행동위원회(ASEAN Network Security Action Council, ANSAC)는 싱가포르가 아세안 국가들과 사이버 안보 협력을 추진하는 장으로서 역할을 한다. ANSAC은 다중이해관계자 접근에 기반하여 역내 사이버 안보 관련 긴급 대응과 전문성의 공유를 촉진하는 협의체로서 아세안과 아세안의 파트너 국가들 사이의 협력을 강화하기 위한 연례 훈련인 ASEAN CERT Incident Drill(ACID)을 시행하고 있다. 이 훈련을 통해 아세안 국가들의 사고 대응팀 간 조정과 사고 처리 절차를 테스트하는 단계에 있다.

　　싱가포르 정부는 2017년 아세안 사이버 역량 프로그램(ASEAN Cyber Capacity Programme, ACCP)을 출범시키는 데 주도적 역할을 하였다. 이 프로그램은 사이버 위협이 발전하는 현실에 대응한 아세안 회원국들의 사이버 안보와 복원력을 강화하는 역량을 증대하는 것을 목표로 한다. 싱가포르 정부는 이 프로그램에 향후 5년간 SGD 1천만을 투입하기로 하였다. 주요 협력 분야는 사고 대응, 사이버 정책, 입법, 전략 개발 등이다. 이 프로그램은 싱가포르 협력 프로그램(Singapore Cooperation Programme)과 같은 싱가포르가 주도하는 다른 프로그램과 연계하여 진행될 예정이다. 이처럼 싱가포르 정부는 역내 국가들의 사이버 역량을 강화하기 위한 포럼으로서 역할을 할 뿐 아니라, 필요에 따라서는 재정 지원에도 적극적인 모습을 보이고 있다.[13]

싱가포르는 이 밖에도 아세안 회원국들과 다양한 차원에서 사이버 역량 구축을 위한 협력은 진행하고 있다. ASEAN Network Security Action Council(ANSAC), ASEAN CERT Incident Drill(ACID), ASEAN Regional Forum(ARF) Mechanisms, ASEAN cybersecurity and cybercrime workshops 등의 사례에서 나타나듯이, 싱가포르는 아세안 차원의 협력과 ARF 등 아세안이 중심이 된 국제협력을 함께 추진하고 있다.

V. 결론

지금까지 싱가포르 사이버 안보전략의 형성과 변화 과정을 국내적 차원과 대외적 차원으로 나누어 검토하였다. 국내적 차원에서 싱가포르 정부는 위협 인식의 변화에 따른 전략의 지속적 업데이트, 법적 기반의 강화, 추진체계의 신속한 구축이라는 특징을 보이고 있다. 싱가포르는 사이버 위협과 공격이 급증하는 현실 변화를 빠르게 포착하여 사이버 안보전략을 주기적으로 업데이트 하는 모습을 보여주었다. 상당수 국가가 사이버 안보전략의 수립 및 개정 필요성을 절감하고 있음에도 불구하고, 정부 부처 간 입장 차이와 이해관계자들의 이해관계 대립으로 인해 현실의 변화를 반영한 사이버 안보전략의 수립에 어려움을 겪는 점과 비교할 때, 싱가포르의 사례에 주목할 만하다. 싱가포르

---

13   Factsheet on ASEAN Cyber Capacity Programme. https://www.csa.gov.sg/~/media/csa/documents/amcc/factsheet_accp.ashx

사이버 안보전략의 이러한 특징은 전략의 수립 단계뿐 아니라, 전략의 이행 단계와 추진체계의 수립 단계에서도 지속된다는 점에 특히 주목할 필요가 있다. 싱가포르 정부는 신속한 의사결정을 바탕으로 사이버 전략의 효과적 실행을 위한 법적 기반을 갖추고, 추진체계를 정비하며, 후속 조치로서 인력 양성 프로그램을 마련하는 등 매우 일관성 있는 정책 결정과 집행을 하고 있다. 싱가포르의 사례에 대한 체계적인 검토를 바탕으로 그 확장 가능성을 탐색할 필요가 있다.

　　대외적 차원에서 싱가포르 정부가 추구하는 사이버 안보 협력은 다층적 양상을 보이고 있다. 싱가포르 사이버 국제협력의 양대 축은 아세안과 미국, 일본, 호주 등 전통 우방과의 협력이다. 첫째, 국제협력에서 싱가포르가 보이는 특징은 아세안의 틀 속에서 대외 협상을 추진하는 한편, 아세안 국가들의 사이버 역량 강화를 위한 제도적, 재정적 지원을 과감하게 제공한다는 점이다. 둘째, 싱가포르는 전통 우방과 협력을 하되 상대에 따라 협력의 내용을 차별화한다는 점에서 실용적 접근의 특징을 보이고 있다.

참고문헌

Boonen, Kees Jan. 2017. Singapore's Approach to Cyber Security. FTI Consulting Inc.

Cybersecurity Act. Explanatory Statement.

Cybersecurity Agency of Singapore. 2016. Singapore's Cybersecurity.

_____. 2016. Singapore's Cybersecurity Stategy.

_____. 2016. Singapore and The Netherlands to Strengthen Cyber Security Cooperation: MOU to also focus on securing critical information infrastructures.

_____. 2017. Singapore Cyber Landscape 2017.Defense Cyber Oragnisation. https://www.mindef.gov.sg/web/portal/mindef/about-us/organisation/organisation-profile/defence-cyber-organisation.

Elina, Noor. 2014. "Securing ASEAN's cyber domain : need for partnership in strategic cybersecurity." RSIS Commentary. No. 236. November 26.

Factsheet on ASEAN Cyber Capacity Programme. https://www.csa.gov.sg/~/media/csa/documents/amcc/factsheet_accp.ashx

Heinl, Caitrolina H. 2013. Enhancing ASEAN-wide Cybersecurity: Time for a Hub of Excellence? RSIS Commentary. No. 133/2013. July 18.

_____. 2014. "Regional Cybersecurity: Moving Toward a Resilient ASEAN Cybersecurity Regime." Asia Policy 18: 131-160.

Kovacs, Eduard. 2018. "Singapore Signs Cybersecurity Agreements With US, Canada." Security Week. https://www.securityweek.com/singapore-signs-cybersecurity-agreements-us-canada.

"National cybersecurity strategy aims to make Smart Nation safe: PM Lee." 2016. Channel News Asia. <https://www.channelnewsasia.com/news/singapore/national-cybersecurity-strategy-aims-to-make-smart-nation-safe-p-7743784>. October 10.

"Parliament: Singapore to start first cyber-security start-up hub." 2018. Straits Times. <https://www.straitstimes.com/politics/parliament-singapore-to-start-first-cyber-security-start-up-hub>. March 6.

Republic of Singapore. 2018. Cybersecurity Act 2018. Government Gazett. No. 9. March 16.

Resolve Systems. The Definitive Gudie to Cybersecurity in Singapore: 4 Things You Need to Know About the New Singapore Cybersecurity Bill.

"Singapore and the Netherlands strengthen cyber security." 2016. <cooperationhttps://www.ncsc.nl/english/current-topics/news/singapore-and-the-netherlands-strengthen-cyber-security-cooperation.html>. July. 19.

"Singapore MINDEF launches Cyber NSF Scheme to bolster cyber defence capabilities." 2018. <https://www.opengovasia.com/singapore-mindef-launches-cyber-nsf-

scheme-to-bolster-cyber-defence-capabilities/>. February 13.

"Singapore names defence cyber chief." 2017. *Straits Times*. April 1.

"Singapore Signs MOU with Australia to Enhance Cybersecurity Collaboration." 2017. https://www.csa.gov.sg/news/press-releases/singapore-signs-mou-with-australia-to-enhance-cybersecurity-collaboration#sthash.B1gq5hJt.dpuf

Siu, Loon Hoe. 2016. "Defining a smart nation: the case of Singapore." *Journal of Information, Communication and Ethics in Society* 14 (4): 323-333.

"S'pore takes top spot in UN cyber security index." 2017. Strait Times. <https://www.straitstimes.com/tech/spore-takes-top-spot-in-un-cyber-security-index>. July 7.

Tham, Yuet Ming. 2018. "Singapore: The latest step in cyber security strategy." A Cecile Park Media. April.

Vu, Cung. 2016. Cyber Security in Singapore. RSIS Policy Report.

제14장

이스라엘의 사이버 안보전략

쉬만스카 알리나(Shymanska Alina) | 서울대학교

I. 서론

이스라엘은 오랜 시간 계속된 아랍권 국가들과의 분쟁으로 인해 국방
및 안보에 많은 자원을 투자하고 있다. 다른 국가들보다 직접적인 안
보 위협에 많이 노출된 이스라엘은 정부 조직 역시 국방 및 국가 안보
강화를 중심으로 구성되어 있다(송은지 2016). 이러한 맥락에서 2000
년대 초반부터 이스라엘은 물리적 안보 외에 사이버 안보에 주목해왔
다. 전자정부, 웹서비스 등 정보기술(IT) 영역에 자리한 잠재적 위협
을 이른 시기부터 인지한 이스라엘은, 세계 최초로 국가 사이버 안보
정책을 수립하였다. 특히 이스라엘 정부는 사이버 보안이 이스라엘방
위군(IDF)에만 머물러서는 안 된다는 사실을 인식했으며, 그에 따라
정보기구인 이스라엘안보기관(샤바크; Israel Security Agency)이 주
도하여 공공기관 및 민간기업 정보 시스템 보호 정책을 필두로 한 관
민협력의 균형점을 찾는 시도에 전력을 다해 왔다. 바로 이런 배경 속
에서 이스라엘 역사상 최초의 사이버 안보전략으로 알려진 특별 결
의 B/84(Special Resolution B/84)가 2002년에 채택되었으며, 이 결
의는 그로부터 9년 동안 이스라엘 사이버 안보전략의 중추가 되었다
(Tabansky and Ben Israel 2015; Housen-Couriel 2017).
　2010년의 스턱스넷 공격 이후, 이란과 시리아 등의 반이스라엘
국가들 역시 자국의 사이버 역량 강화에 힘을 기울이기 시작했다. 이
런 상황은 이스라엘에게는 위협과 동시에 기회로 작용했다. 2011년
베냐민 네타냐후 이스라엘 총리는 기존의 사이버 안보전략을 재정립
하고, 강화하려는 목적을 위하여 국가사이버구상 태스크포스(TF)가
전 우주국 회장 이삭 벤 이스라엘[Isaac (Yitzhak) Ben Israel]의 지도
에 의해 구성되게 함으로써, 이스라엘 사이버 국방 역량을 개발하는

것과 동시에 경제적·정치적 이익을 추구하는 방향으로 사이버 보안에 접근했다. 2011년에 설립된 총리실 산하 국가사이버국(Israel National Cyber Bureau, INCB)과 2014년에 등장한 국가사이버보안국(National Cyber Security Authority, NCSA)은 2017년까지 국가사이버구상 태스크포스의 임무를 실행했었고, 2017년 두 기관은 이스라엘 국가사이버안보부(Israel National Cyber Directorate)로 합병되었다. 2017년까지 이스라엘은 국가사이버구상 태스크포스의 주도하에 사이버 보안 교육부터 연구개발(R&D), 안보, 경제개발, 국제협력 등 전 분야를 아우르는 전략을 취함으로써 국가 안보와 경제 번영이라는 두 마리 토끼를 잡고자 했다. 그리고 이를 바탕으로 한국의 5분의 1에 지나지 않는 2만 770km^{2}의 영토와 760만 명에 불과한 인구를 가진 열악한 조건에도 불구하고 이스라엘은 세계 사이버 보안 시장의 5-8%를 장악하며, 미국에 이어 세계 사이버 보안 시장을 선도하는 사이버 강국으로 도약할 수 있었다.

이스라엘에서 국방에 관련된 대부분의 업무는 국방부 산하의 이스라엘방위군에서 주로 관할하고 있다(송은지 2016). 그 중에서도 최대의 규모를 갖고 있는 조직은 사이버 정보 부대인 유닛 8200(Unit 8200)이다. 이 부대에 소속된 이들은 군에서 창업과 혁신의 노하우를 습득해 전역 후 사이버 보안 스타트업을 설립하고 있다. 또한 이스라엘에서는 국방이나 안보를 담당하지 않는 부처라 해도, 해당 부처가 수행하는 업무의 궁극적인 목적이 국가의 보안 및 안보 능력 강화로 연결되는 경우가 많다. 가령 경제사업부가 보안 산업을 육성하거나 교육부와 국방부가 우수한 인재를 양성하는 궁극적인 목적은 핵심 기술과 인적 자원을 확보함으로써 안정적인 국정 운영을 도모하고 국가 경쟁력을 강화하려는 것인데, 이는 국가의 안보 강화로 귀결된다고 볼 수 있다(송은지 2016). 이처럼 '정부–군–대학–산업–벤처캐피털'로 이어지는 유기적 체계의 구축이 이스라엘이 갖고 있는 사이버 강국의 위치를 지탱하는 핵심 요소라 할 수 있다.

본 논문의 핵심 주장은 다음과 같다. 특유의 지정학적 조건으로 인해 심각한 안보 위협에 노출되어 있는 이스라엘은, 에스토니아 같은 국가와는 달리 다자주의적 군사동맹 네트워크에서도 배제되어 있어, 안보를 추구하기 위해서는 오직 자체 역량 강화를 통한 국방력 강화에 희망을 걸 수밖에 없다. 사이버 안보 분야에서도 이는 마찬가지로, 이스라엘은 여타 국가들과는 달리 국제규범 논의에 집중하기보다 국가적 사이버 역량을 육성하는 현실주의적인 전략을 택하고 있다. 이스라엘 사이버 역량의 기반은 국가 주도로 이루어지는 군사 기술의 연구개발에 있으며, 이를 위해 사이버 국방 산업과 학계에 집중적 투자를 실행하고 있다. 이스라엘은 이러한 현실주의적 접근을 통해 사이버 안보 분야에서 나름의 지위와 노하우를 획득하였으며, 건실한 사이버 산업 생태계를 구축하는 데 성공했다.

이 글의 제II절에서는 이스라엘이 처한 국제정치적 조건과 그에 따른 사이버 위협의 양상에 대해 간략히 설명하고자 한다. 이어 제III절에서는 이스라엘의 사이버 국가, 국방 및 외교 전략의 핵심 논리와 그 구성 과정을 서술한다. 다음으로 제IV절에서는 이러한 전략 목표를 달성하기 위해 이스라엘이 산업과 학계에 의한 사이버 보안 솔루션의 개발, 전문가 양성, 그리고 '정부–군–대학–산업–벤처캐피털'의 공조 체계 구축을 통해 자국의 사이버 역량을 강화하고 있음을 보이고자 한다.

II. 이스라엘의 국제정치적 조건 및 사이버 위협 인식

1. 이스라엘의 국제정치적 조건

이스라엘은 1948년 건국을 통해 공식적으로 외교의 무대에 등장한 후 지속적으로 위기를 겪어 왔다. 1949년 5월 11일 유엔(United Nations, UN) 총회 결의 273호에 의해 이스라엘은 대다수의 동의를 얻어 유엔 총회 회원으로 인정되었다. 반대국은 12개국에 불과하였으나, 그 국가 중에는 이란, 이라크, 레바논, 사우디아라비아, 시리아, 예멘과 이집트 등 이스라엘의 인접국이 포함되어 있었다. 또한 남아시아에서도 아프가니스탄, 파키스탄, 버마와 인도 등은 여러 정치적인 이유로 인해서 이스라엘 정부를 인정하는 것조차 꺼려했다(Kumaraswamy 2013, 144). 이스라엘의 존립 자체에 반대한 아랍연맹 국가들에 의해 1948년 이스라엘의 건국과 거의 동시에 이스라엘–아랍 전쟁이 발발했으며, 이스라엘은 전 국가 역량을 동원한 총력전으로 맞서 싸운 끝에 겨우 승리할 수 있었다.

이처럼 험난한 안보 환경 속에서 면적과 인구, 경제력 모두 부족한 소국인 이스라엘의 존립을 유지하기 위하여 이스라엘 최초의 총리인 다비드 벤 구리온(David Ben-Gurion)은 다음과 같은 생존 전략을 제안했다.

> 1) 이스라엘 방위군 창설: 일반적인 서구 군대의 규모가 총 인구의 0.4-0.5% 수준에 머무르는 데 비해, 이스라엘 방위군의 규모는 항상 성별에 관계없는 의무복무제를 통해 총 인구의 5%를 유지하도록 되어 있다.

2) 질에 대한 강조: 방위군의 규모를 늘리기보다, 개별 군인의 학력과 직무수행능력을 강조함으로써 벤 구리온은 군이 단순한 군대를 넘어 엘리트 양성 기관으로 기능할 것을 주문했다.

3) 군내 과학 기술 연구 개발의 촉진: 이스라엘 방위군 창설과 동시에, 무기 개발을 담당하는 과학기술군단(Scientific Corps)이 창설되었다. 방위군과 과학기술부의 협력은 현재 공기업인 방위산업체 라파엘사(RAFAEL, Rafael Advanced Defence Systems Ltd.)의 설립 및 활동으로 발전하였다.

현재 유엔 회원 193개국 중에서 이스라엘을 인정하는 국가는 163개국이며 그렇지 않은 국가는 30개국이다. 공식적으로 이스라엘에 반대하는 국가로는 알제리, 바레인, 이라크, 레바논, 리비아, 모로코, 사우디아라비아와 아랍에미리트 등 아랍연맹 17개국이 있고, 그 외에 파키스탄, 방글라데시, 인도네시아, 이란, 말레이시아 등 아랍협력기구의 9개국이 있다. 비(非)이슬람 반대 국가로는 부탄, 북한과 쿠바가 있다. 이들 국가는 일반적으로 이스라엘-팔레스타인 갈등에서 팔레스타인 편을 들고 있으며, 반이스라엘은 물론 반미 노선을 내세우고 있다.

20세기를 거치며 이스라엘과 그 존립을 인정하지 않는 아랍 국가들 사이에서 수많은 군사 충돌이 일어났다. 이런 과정에서 이스라엘에 우호적인 미국, 프랑스와 영국 등의 서구 강대국은 아랍연맹과 아랍협력기구가 반발할 것을 우려하여 이스라엘에 대한 외교적·물질적 지원에 비교적 소극적이었다. 그 결과 이스라엘은 심각한 안보 위협에도 불구하고 국제적으로 지지를 받지 못하였으며, 유사한 조건에서도 네트워크 외교 전략을 사용하여 국제사회의 지지를 획득한 에스토니아와는 대조적으로 국제적 천민(global pariah)이라 불릴 만한 입장에

처했다(Marzano 2013). 이러한 환경과 경험은 이스라엘로 하여금 사이버 분야의 국제규범 논의보다는 자국의 사이버 역량을 기르는 것에 중점적으로 투자하는 '현실주의 중견국'의 노선을 택하게 만들었다.

2. 이스라엘의 위협 인식

이스라엘의 국가 안보전략은 안보 위협의 성격에 따라 국가 존립을 좌우할 수 있는 근본적 안보[fundamental security; (bitahon yisodi)]와 국가의 존립을 위협하지는 않는 저수준 분쟁에 대한 지속적 안보[continuous security; (bitahon shotef)]를 구분하고 있다 (Raska 2015). 이스라엘 정부의 입장에서 사이버 안보는 상황에 따라 근본적 안보와 지속적 안보를 오가는 이슈로 인식되고 있다. 근본적 안보로 간주되는 사이버 안보 사안의 한 예로는, 2014년 이스라엘방위군이 프로텍티브 에지작전(Operation Protective Edge)을 수행했을 때, 하마스(Hamas)로 추정되는 세력에 의해 이루어진 이스라엘의 주요 정부기관 및 군 시설, 그리고 사회 인프라를 대상으로 한 대규모 디도스(DDoS) 공격 및 도메인 네트워크 시스템(DNS)에 대한 공격을 들 수 있다. 공격의 규모는 에스토니아가 2007년에 당한 사이버 공격과 비슷한 수준이었으며, 국가 인프라에 대한 공격을 바탕으로 군사 작전 수행에 지장을 주기 위한 의도를 띠고 있었다. 이러한 사이버 공격은 이스라엘의 입장에서 단순한 분쟁이 아닌 국가의 존립을 위협할 수 있으므로 근본적 안보 위협으로 분류할 수 있으나, 이처럼 예외적인 사례를 제외한 사이버 안보 전반은 대체로 지속적 안보의 일환으로 인식되고 있다(Tabansky and Ben Israel 2015, V).

이스라엘의 존립을 인정하지 않은 국가 및 비국가 행위자들이 많기 때문에 팔레스타인의 하마스 외에도 이스라엘을 위협할 수 있는 이들은 많다. 위에 언급한 바와 같이 이스라엘을 인정하지 않은 국가들은 30개국에 육박하며 그 중 다수는 아랍연맹이나 이슬람협력기구와 관련이 있다. 이처럼 이스라엘의 안보 환경은 "다수에 맞선 하나(The one against the many)"라고 요약할 수 있다(Raska, "The Six-Day War: Israel's Strategy and the Role of Air Power"). 이러한 안보 위협은 그 주체에 따라 아래와 같은 "세 가지 원형"으로 다시 분류할 수 있다.

1. 국경 안(Inter-perimeter): 팔레스타인
2. 국경(Perimeter): 이집트, 시리아, 요르단
3. 국경 외부 주요 안보 지역(Remote security commitments): 이란, 이라크

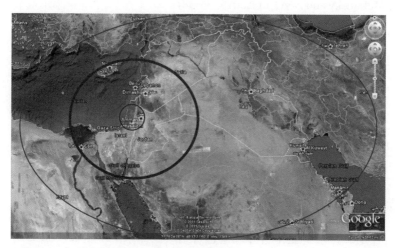

그림 14-1. 이스라엘 국가 안보와 위협의 "세 가지 원형"
자료: Raska, "The Six-Day War: Israel's Strategy and the Role of Air Power." p. 9.

III. 이스라엘의 사이버 안보전략

1. 사이버 안보 국가전략

이스라엘 정부가 사이버 공간을 전략적으로 이용하게 된 최초의 목적은 군사적인 것이었다. 2000년대 이전부터 이스라엘 공군과 정보기관은 사이버 공간을 통해 활발한 정보수집 활동을 벌이고 있었다. 하지만 2000년대에 접어들어 이스라엘이 전자정부 체계를 갖춤에 따라 민간 및 국가의 주요 인프라는 사이버 위협에 노출되었고, 이에 따라 사이버 보안의 필요성이 처음으로 인지되게 되었다. 이에 따라 이스라엘 방위군연구개발부(Ministry of Defence Directorate for Research and Development)는 네타냐후 총리의 지원하에 본격적으로 국가 주요 인프라 보호를 위한 사이버 안보전략의 필요성을 강조하기 시작했다 (Tabansky and Ben Israel 2015, 35-38).

그에 따라 2002년 이스라엘 정부는 국가 주요 인프라의 사이버 보안에 관한 특별 결의 B/84(2002)를 채택하였으며, 이스라엘 국가안보회의(National Security Council)와 이스라엘 국가 은행을 전자정부 등의 관리기관으로 그리고 이스라엘안보기관 샤바크를 국가 주요 인프라 담당기관으로 지정했다. 여기서 강조해야 하는 점은, 샤바크는 비록 그 이전에도 사이버와 관련된 사건을 일부 담당하기는 했지만, 전문적인 사이버 안보 담당기관이 아니라 미국의 연방수사국(FBI)과 같은 정보 및 수사 기관이었다는 것이다. 이스라엘 최초의 국가 사이버 안보전략이 굳이 샤바크 같은 수사기관에게 주요 인프라 보호 임무를 부여한 까닭은 무엇일까? 이스라엘의 독특한 안보 상황, 특히 오랜 시간 동안 지속된 이스라엘-팔레스타인 갈등에서 답을 찾을 수 있다. 이스라엘 총 인구의 21%를 구성하는 팔레스타인인들은 국적 상으로는 이스라엘 국민이지만 대부분 이스라엘의 존립을 거부하고 있다. 따라서 이들은 이스라엘에게는 국내적 안보 위협으로 작용할 수 있다. 정보 기술의 발전으로 사이버 공간에 대한 접근이 이전보다 자유로워지면서, 반이스라엘 팔레스타인인 집단에 의한 국가 인프라 테러의 위험도 점차 커졌다. 그리고 이를 미연에 방지할 수 있는 감시 및 수사 체계를 갖춘 공공기관은 경찰청과 샤바크밖에 없었던 것이다. 경찰청에 비해 상대적으로 사이버 공간에 더 익숙했던 샤바크는 결국 특별 결의 B/84에 따라 사이버 영역에서 국가 주요 인프라 보호를 책임지는 기관으로 명시되었다.

이스라엘 최초의 사이버 안보전략이 된 특별 결의 B/84에 따라 샤바크는 8년 가까운 시간 동안 사이버 영역에서의 안보를 전담했다. 하지만 2010년에 벌어진 스턱스넷 사건으로 인하여 이스라엘의 적대국 이란이 사이버 전력 양성을 선포하고 시리아 등 다른 인접국도 사이버 영역에서의 공격적 역량 강화에 동참하기 시작했다. 이처럼 중동에서 사이버 군사 경쟁이 벌어지면서, 결국 이스라엘은 불가피하게 군사적 차원에서 사이버 안보 및 공격 역량 강화에 투자를 강화하게 되었다. 그리고 자국 내 비국가행위자 뿐 아니라 다른 국가로부터도 사이버 공격이 가능하다는 인식은 이스라엘에게 있어서 사이버 위협의 영역이 국내적 위협으로부터 외부적 위협으로 전환되는 결과를 초래했다.

이처럼 2010년에 이르러 역내 사이버 군사 경쟁이 본격적으로 국가 존립을 위협할 수 있게 되면서, 사이버 안보에 관련된 각종 정부 문건이 발표되기 시작했다. 그 예로 2010년의 국가 사이버 이니셔티브, 정부 결의 3611호(Resolution 3611) 등을 들 수 있다. 이러한 일련의

정부 문건은 사이버 영역에서 이스라엘의 군사 역량을 양성하는 것 그
리고 5년 내에 세계 사이버 5대 강국의 반열에 드는 것을 정책 목표로
제시했다.

2010년, 주변 적성국으로부터의 사이버 공격을 우려한 네타냐후
총리는 당시 과학기술부(Ministry of Technology and Education) 연구
개발센터의 소장을 맡고 있던 이삭 벤 이스라엘에게 사이버 안보전략
을 위한 제안서 작성을 요청했다(Tabansky and Ben Israel 2015, 43).
네타냐후 총리가 답을 요구한 세 가지 사안은 다음과 같았다.

1. 이스라엘이 처한 사이버 위협에 대응하기 위해 어떤 조직을 만
   들어야 하는가?
2. 이스라엘의 주요 인프라 중 사이버 기술의 적용이 필요한 영역
   은 어디인가?
3. 이스라엘이 2015년까지 사이버 안보 기술을 포함한 사이버 기
   술의 순위에 있어서 세계 5위권 내에 진입하기 위해서는 어떤
   정책을 도입해야 하는가?(Tabansky and Ben Israel 2015, 44)

이삭 벤 이스라엘을 필두로 한 과학기술부 전문가 집단은 위의 세
질문에 대한 해법을 담아 이스라엘 사이버이니셔티브(The National
Cyber Initiative)라는 문서를 작성했다. 그 골자는 이스라엘 정부가 적
극적으로 정책적 수단을 사용하여 기업의 사이버 안보 영역 진출을
권장해야 하며, 또한 사이버 안보 기술 개발에 있어서 학계 전문가들
을 동원할 수 있는 국가 전략이 필요하다는 것이다(Tabansky and Ben
Israel 2015, 45). 그리고 기술적 · 군사적 영역에서 새로운 담당기관이
설립될 필요성을 인정함에 따라 2011년에 채택된 정부 결의 3611호에

의해 국가사이버국(Israel National Cyber Bureau)이 설립되었다.

창설 당시 국가사이버국은 민간 영역을 담당하던 샤바크와는 달리 군사 기술 영역에서의 사이버 안보를 담당하고 있었다. 그러나 곧 샤바크는 민간 영역에서의 사이버 안보 임무를 수행하는 과정에서 불가피하게 개인정보 침해와 관련된 비판에 노출되었으며, 사이버국도 이러한 비판에 적극적으로 가담했다(Tabansky and Ben Israel 2015, 57).

샤바크와 국가사이버국 간의 갈등을 해결하고 개인정보 보호와 국가 안보 사이의 갈등을 조율하기 위해 2015년 이스라엘 정부는 정부 결의 2443호를 채택했다. 이에 따라 민간 분야의 사이버 보안을 담당하는 국가사이버보안국(National Cyber Security Authority)이라는 새로운 기관이 발족했다. 그로부터 다시 2년 뒤, 여전히 일관성이 부족했던 사이버 안보 추진체계를 일원화하기 위해 국가사이버국과 국가사이버보안국이 이스라엘 국가사이버안보부(Israel National Cyber Directorate)로 통합되면서 이전까지 명확하게 군사와 민간 영역으로 분리되어 있던 사이버 안보 담당기관은 하나로 묶이게 되었다.

표 14-1. 이스라엘 사이버 안보전략의 진화

연도	전략 명칭	내용
2002	특별 결의 B/84	국가 주요 인프라 보호 전략 도입, 담당기관-샤바크
2010	국가 사이버이니셔티브	이스라엘이 2015년까지 사이버 기술 상위 5위권으로 진입하는 데에 필요한 정책 제안
2011	정부 결의 3611	기술 및 군사적 사이버 영역의 담당기관으로 국가사이버국 창설
2015	정부 결의 2443	민간 사이버 영역에서 샤바크를 대체하는 담당기관으로 국가사이버보안국 창설
2017	국가사이버안보부 등장	국가사이버국과 국가사이버보안국 통합

이처럼 여러 차례 굴곡과 변동을 겪은 이스라엘의 국가 사이버 안보전략의 진화 과정을 정리하면 〈표 14-1〉과 같다.

2. 사이버 안보 국방전략

1990년대에 미국 학계에서 군사 혁명(Revolution in Military Affairs)과 네트워크 전쟁(Network war) 개념이 등장한 이후 이스라엘 군사학계에서도 미래전과 네트워크 전쟁의 일환으로서의 사이버전에 대한 논의가 시작되었다. 이 무렵만 해도 사이버 분야는 독립적인 전쟁의 영역으로 인정받지는 못하였으나, 정보전(information warfare)과 아울러 분쟁에서 군사적 우위를 제공할 수 있는 요소로 인지되고 있었다(Raska 2015, 4). 그러나 최근 10년간 군사에 있어 사이버 영역의 중요성은 꾸준히 재인식되었고 오늘날에는 제5세대 전쟁의 주요 영역인 동시에 이스라엘 군사의 필수적 기능으로 여겨지게 되었다. 그 이유는 다음과 같다.

(i) 사이버 공간이 주요 국가 인프라 전반에 걸쳐 확산되면서, 국가의 모든 정치, 사회, 경제적 요소가 사이버 공간에 의존하게 되었다. 따라서 군 규모가 크지 않은 이스라엘에게 있어서 사이버 공간을 통해 적국의 중요한 인프라를 물리적 공격 없이 파괴한다는 개념은 매력적이다.

(ii) 신흥안보 이슈의 등장으로 안보 환경이 변환되는 가운데 이스라엘 주변국의 사이버전 역량도 점차 개선되고 있다. 따라서 이스라엘방위군은 이런 추세에 대응해 사이버 안보 역량을 강화할 필요성을 인식하고 있다(Raska 2015, 4).

이러한 이유로 사이버 영역을 포괄한 신흥안보 환경은 이스라엘에게 도전과 동시에 새로운 가능성을 제공하고 있다고 여겨졌다. 이스라엘방위군의 아모스 얄딘 장군(Major General Amos Yadlin)의 표현을 인용하면 "사이버 전쟁이 이스라엘에 잘 어울린다"라는 인식이 등장한 것이다. 사이버전에 대한 이런 이스라엘의 인식은 2010년 이스라엘과 미국이 협조하여 개발한 스턱스넷(Stuxnet) 악성 코드가 이란의 우라늄 농축 시설을 공격한 사례에서도 잘 드러난다(Katz and Bohbot, 2015).

2015년에 이스라엘 국가 역사상 최초로 기밀 내용을 제외한 이스라엘방위군 교리가 공개되었다. 해당 교리를 통해 이스라엘방위군에서 사이버 분야가 어떤 역할을 하고 있는지 알 수가 있다. 2015년 교리에 따르면, 사이버 공간은 전투의 공간이며, 그에 대한 도전을 잘 이겨내기 위해 사이버군의 존재와 과학 기술 분야에서의 사이버 역량 강화는 필수적이다(Belfer Center 2015, 44). 또한 해당 교리에서는 사이버 안보 및 공격 역량을 이스라엘방위군의 필수적인 기능으로 꼽고 있다(Belfer Center 2015, 21).

이스라엘방위군 내에서 사이버 안보를 담당하는 부서는 완전히 공개되어 있지 않다. 다만 가장 주목을 받고 있는 부서로는 맘람(Mamram)으로 알려진 정보컴퓨팅시스템센터(Center for Information and Computing Systems), C4I국, 그리고 유닛 8200(Unit 8200)이 있다. 유닛 8200은 2009년에 방위군첩보군단(Military Intelligence Corps) 산하에서 출범하였으며, 정보 수집과 암호 해석을 소관 업무로 두고 있다. 방위군 컴퓨터IT국(Computer IT Directorate) 산하의 C4I국은 네트워크 전쟁을 관할하며, 맘람은 이스라엘방위군의 ICT 기술 네트워크 전반을 담당하고 있다. 맘람은 또한 사이버 분야에서 경력을 쌓고자 하는 군 인력을 대상으로 하는 교육기관으로 컴퓨터전문학교

(School of Computer Professionals)를 운영하고 있다.

3. 이스라엘 사이버 외교전략

1990년대 중반부터 추진된 사이버 보안 정책을 통해 이스라엘은 미국에 버금가는 사이버 보안 강국으로 도약했으며, 이러한 역량을 바탕으로 미국과의 양자 협력도 활발히 진행하고 있다. 2018년 이스라엘과 미국은 사이버 공격이 발생했을 때 주요 인프라를 보호하고 공격자를 추적하기 위한 협력을 펼치기로 합의했다. 또한 외무부와 법무부 등 다양한 부처와 산하 사이버 보안 조직에서 미국과 이스라엘의 대표 요원들을 차출해 사이버 공격 공동 대응팀을 설립하기도 했다. 이는 주요 인프라 보호, 첨단기술 연구개발, 국제협력과 같은 다양한 사이버 영역의 이슈에서 이스라엘과 미국의 관계를 강화하는 첫걸음으로 평가된다. 미국 역시 이스라엘의 기민한 사이버 보안 개발 환경이 혁신적인 사이버 보안 강화 방안을 창출하고 이스라엘에서 시험된 보안 솔루션을 쉽게 미국에 도입할 수 있다는 기대를 바탕으로 이스라엘과의 협력에 접근하는 것으로 알려져 있다.

특히 2017년에 이르러 이스라엘과 미국의 사이버 협력은 한층 강화되었다. 2017년 이스라엘 국가사이버안보부(Israel National Cyber Directorate)와 미국 국가안전보장회의(U.S. National Security Council) 간 양자 안보 워킹 그룹(bilateral security working group)이 출범했다. 양국 대표는 워킹 그룹의 목표가 이미 이스라엘과 미국 간에 자리한, 국방부 등 정부기관 간의 쌍방 협력을 보다 더 강화시키기 위한 것임을 선언했다. 그 외에도 이스라엘-미국 사이버안보협력증진법(The United States-Israel Cybersecurity Cooperation Enhancement

Act of 2017)이 제정되었으며, 이처럼 사이버 안보 분야에서 미국은 이스라엘의 핵심적인 파트너로서의 역할을 수행하고 있다(Aipac News Hub 2017). 이 법은 짐 랭게빈(Jim Langevin) 미연방 하원의원의 제안에 의해 등장했고 이스라엘에 대해 미국이 갖고 있는 친밀함을 잘 보여 준다.

미국과의 협력은 이스라엘이 다른 친미 성향 국가와 사이버 안보 협조 체계를 구축하는 촉매로도 작용하고 있다. 일례로 미국과의 사이버 협력이 공식적인 협정을 통해 강화된 지 1년 만에 이스라엘은 일본과 사이버 보안 연구와 개발 및 정보 공유 그리고 양자적 사이버 안보에 관한 양해각서를 체결하였다(Solomon 2018).

사이버 안보 분야에서 또 다른 이스라엘의 파트너는 인도다. 냉전 시기부터 이스라엘-팔레스타인 갈등에서 팔레스타인을 지지하며 반이스라엘 감정을 수시로 표현해온 인도는, 2015년에 팔레스타인을 지지하는 3종의 유엔 총회 결의안 채택 과정에서 3번 모두 기권한 데서 볼 수 있듯 급작스럽게 태도를 전환했다. 전문가들은 이러한 태도 전환의 이유로 2014년 기준 이스라엘에서 인도로 100억 달러에 상당하는 양의 무기를 판매하는 등 이스라엘이 러시아의 뒤를 이어 인도에게 제2위의 군용 무기 제공자가 된 사실에 주목하고 있다(Katz and Bohbot 2017, 248). 이처럼 이스라엘이 보상적인 네트워크 권력 전략을 활용, 첨단기술 이전을 통해 인도의 태도에 영향을 준 사실은 언론사와 학계에서 화제가 되었다. 이전까지 인도가 이스라엘로부터 수입해 온 무기는 군용 드론이 다수를 차지했으나, 2018년 1월에 이스라엘의 베냐민 네타냐후 총리가 인도의 나렌드라 모디 총리와 만나 양국 간의 사이버 안보 협력에 대한 양해각서를 체결하고 이스라엘의 사이버 노하우 수출을 논의하는 등, 수출의 영역이 사이버 분야로도 확대될 조짐이 나타나고 있다(Agencia EFE 2018).

그 외 사이버 안보 파트너로는 싱가포르와 태국을 볼 수가 있다 (Opall-Rome 2016; United with Israel 2018). 이들 국가와의 협력은 주로 이스라엘 소재 사이버 보안 업체들이 수출하는 사이버 보안 솔루션(solutions)을 통해 이루어지고 있다.

사실 이스라엘의 군용 무기나 사이버 보안 솔루션의 이전은 오래 전부터 학계의 관심을 받고 있으며 이스라엘의 외교전략으로 여겨지기도 한다. 본 문제에 대한 관심을 가진 최초의 학자는 아아론 클리만 (Aaron Klieman)이다. 그의 주장에 의하면, 줄곧 중동의 안보 딜레마를 해결하지 못한 이스라엘은 자국의 방위산업을 설립하고 강대국의 기술 못지않게 고품질인 군용 첨단기술을 개발하게 되었다. 결국 타국은 스스로 개발하지 못한 군용 (또는 다용) 기술을 이스라엘로부터 이전받게 되었고, 이러한 기술력을 바탕으로 이스라엘이 취할 수 있는 매력 전략(charm offensive)의 메커니즘이 형성된 것이다. 이러한 전략을 잘 활용한 이스라엘은 이미 좋은 외교 관계를 맺고 있는 국가들에게 무기 이전을 함으로써 자국 방위산업에 대한 외부 투자를 유치하게 된다. 그리고 이스라엘과 관계가 원만하지 않았거나 공식적으로 수교하지 않았던 중국 및 인도 등의 국가들을 먼저 전략적으로 거론하고 그들에게 무기를 이전한 이스라엘은 새로운 파트너를 얻는다(Klieman 1989; 쉬만스카 2018).

이스라엘에게 사이버 보안 솔루션의 수출은 매우 성공적인 외교 전략의 수단으로 부상하고 있다. 무기 이전을 계기로 과거에 이스라엘 정부를 인정하지 않았던 인도와의 관계 회복을 이룬 것 외에도 이스라엘은 사우디아라비아 등 아랍연맹 회원국에 이스라엘산 군용 및 민간용 스파이웨어를 공여함으로써 지역 내 '이스라엘 로비'를 만들어내려 노력하고 있다. 한 예로 2018년 이스라엘산 스파이웨어 페가수스 (Pegasus)를 사우디아라비아 정부가 직접 수입하여 사용한다는 사실이 밝혀진 바 있다(Shezaf and Jacobson 2018; Zilber 2019).

IV. 이스라엘의 사이버 안보 추진체계 및 정부–군–대학–산업–벤처캐피털 사이버 전략

1. 사이버 안보의 추진체계

앞서 언급한 바와 같이, 2017년 이전 이스라엘의 사이버 안보 담당 정부기관으로는 총리실 산하 국가사이버국(INCB)과 국가사이버보안국 (NCSA)이 양립하고 있었다. 국가사이버국은 총리실 직속 기관으로 경제사업부, 국방부 등 타 부처와 연계 업무를 추진하는 컨트롤타워 역할을 수행하는 한편, 이스라엘 전반에 걸친 사이버 방어 역량을 강화하는 사이버 정책의 핵심을 이루는 사이버 공격 대응, 보안 산업 투자 촉진, 대학 R&D · 교육 · 산업 · 경제 연계 지원 등의 업무를 담당하고 사이버 기술 개발, 국제협력 등 사이버 안보 관련 업무를 총괄했던 것으로 분석된다(송은지 2016).

한편 사이버 안보 실무 전담기관으로 2015년에 설치된, 총리실 산하 국가사이버보안국(NCSA)은 공공기관, 각종 정부기관 및 장관실, 사회기반시설, 국방산업 등은 물론 민간기업과 국민 개개인이 최대한의 사이버 보안을 누리게 하는 것을 목표로 하고 있었으며, 위에 언급한 바와 같이 샤바크와 국가사이버국 간의 갈등을 통해 출범하게 되었다. 국가사이버보안국은 기존의 이스라엘 국가사이버국 및 샤바

크 등 사이버 및 보안 정책 기구의 책무를 일부 흡수했고, 이들 기관과
의 교류를 통해 이스라엘의 사이버 보안 역량을 향상시키는 기능을 수
행했다.

국가 보안 유지, 대테러 작전 수행, 그리고 테러 위험 요소 제거
등을 주요 업무로 하는 샤뱌크(Israel Security Agency, ISA)는 이스라
엘의 사이버 방어 강화 정책의 중추로 기능했으며, 이러한 기능은 그
후 설치된 국가사이버보안국에 이관되었다(송은지 2016). 국가사이버
보안국은 사실상 이스라엘의 모든 조직 및 개인을 대상으로 인터넷의
모든 영역을 보호하는데, 효과적인 업무 수행을 위해서 8개 부서로 나
뉘어져 있다. 기술 운영, 첩보, 인력 관리, 정책 및 훈련, 사이버 보안
관제, CERT, 가이던스, CI 가이던스 등이 그것이다. 특히 CERT는 교
육 및 의식 제고 프로그램을 통해 미래의 보안을 준비하고 있고, 정보
공유 및 공조를 통해 현재의 문제를 해결하는 한편, 당면한 보안 사고
를 처리하기도 한다.

2017년에 네타냐후 총리의 결정에 따라 국가사이버국과 국가사
이버보안국이 통합되면서 탄생한 이스라엘 국가사이버안보부(Israel
National Cyber Directorate)는 민군 두 영역의 사이버 보안을 담당하
고 있다. 한편 샤바크는 2002년의 특별 결의 B/84에 나온 바와 같이
사이버 안보 분야에서 주변적인 역할, 즉 첩보 활동과 관련된 사이버
보안만을 담당하고 있다.

경제사업부(Ministry of Economy & Industry)는 사이버 보안을
포함한 산업 전반의 R&D를 담당하고 있는 부처이며 R&D 펀드와 국
제 프로그램 운영 등을 통해 재원을 조달하는 것이 주 업무이다. 이러
한 R&D 업무는 경제부 산하 수석과학관실(Office of Chief Scientists)
이 수행하고 있다(송은지 2016). 또한 국방부 산하의 이스라엘방위군

은 인력 양성과 창업 지원 등을 통해 전반적인 국정 운영에 대해 타
국의 국방부보다 큰 영향력을 행사하고 있다. 법무부(Ministry of Jus-
tice)에 속한 법률정보기술당국(Law, Information and Technology
Authority)은 2006년에 설립되었고 이스라엘 국민들의 개인정보 보안
및 관리를 하고 있다.

이스라엘의 사이버 안보전략을 결정하는 핵심적인 기관은 바로
과학기술부 산하의 국가연구개발센터(National Research and Devel-
opment Center 또는 National Council on Research and Development)
이다. 이 기관은 2010년 네타냐후 총리의 요청에 따라 이스라엘 사이
버 이니셔티브를 작성하였으며, 2011년에는 이스라엘의 유일한 사이
버 안보전략인 결의 3611호 "사이버 공간에서의 국가역량 향상"의 초
안을 작성하기도 했다.

가장 복잡하게 조직된 사이버 안보 담당기관은 이스라엘 국방부
및 방위군이다. 특히 유닛 8200은 2009년 방위군첩보군단(Military
Intelligence Corps) 예하에 창설된 부대로 정보 수집과 암호 해석을

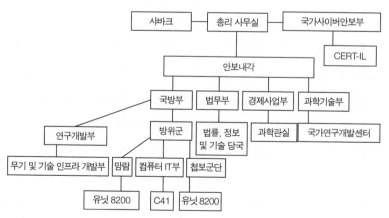

그림 14-2. 이스라엘 사이버 안보 추진체계

담당한다. 방위군 컴퓨터IT국(Computer IT Directorate) 산하의 C4I
국은 네트워크 전쟁을 관할하며, 맘람은 이스라엘방위군의 ICT 기술
네트워크 전반을 담당하고 있다. 맘람은 또한 사이버 분야에서 경력을
쌓고자 하는 군 인력을 대상으로 하는 교육 기관으로 컴퓨터전문학교
(School of Computer Professionals)를 운영하고 있다.

마지막으로 국방부 산하 연구개발부(MoD Directorate for Re-
search and Development)는 사이버 무기를 포함해 이스라엘 국방
에 필요한 기술을 선정하는 역할을 수행하며, 무기기술인프라개발부
(Administration for the Development of Weapons and Technological
Infrastructure)를 통해 새롭게 개발된 무기 체계를 군에 제공하는 역
할을 맡고 있다.

2. 이스라엘 산업화의 역사 배경

방위산업은 이스라엘 경제와 함께 출발했다 해도 과언이 아니다. 건국
초부터 불리한 지정학적인 조건 때문에 이스라엘은 방위산업에 치중
해 왔다(Rabkin 2013; Kumaraswamy 2013). 이스라엘 방위산업의 원
형은 건국 전 1930년대에 등장했다. 당시 영국 위임 통치령이었던 팔
레스타인에서 국가 수립을 위해 설립되었던 민족주의적 주 군사 조직
인 하가나(Haganah)는 비밀리에 무기 공장을 건설하고 운영하였으
며, 건국 후 1950년대에 이러한 산업 시설을 바탕으로 이스라엘항공
우주산업(Israel Aerospace Industries, IAI), 라파엘사(RAFAEL), 그리
고 엘빗시스템즈(Elbit Systems)를 비롯한 공영 대기업이 설립되었다
(Bahbah and Butler 1986, 27). 과거의 비밀 무기 공장이 현대 이스라
엘 방위산업의 모태인 셈이다. 그러나 이스라엘 방위산업이 오늘날 우

리에게 익숙한 형태와 규모를 갖추게 된 것은 1967년부터였다.

　　건국 초부터 이스라엘이 서구의 무조건적인 지원을 항상 받으면
서 성장해왔다는 잘못된 통념과는 달리, 서구 국가들은 이스라엘의 건
국을 응원했지만 중동에서의 지역 갈등을 부추기지 않기 위해 이스라
엘과 팔레스타인 사이에서 중도적 입장을 견지하고자 노력했다. 이에
따라 1949년 제1차 아랍-이스라엘 전쟁이 종결된 후 미국과 영국, 그
리고 그 동맹국들은 이스라엘과 아랍 국가들에 대한 무기 금수 조치를
도입했다. 강대국의 이러한 정책은 이스라엘에게는 국가 안보에 직결
되는 위협으로 인식되었고, 이에 이스라엘은 강대국의 군용 기술을 대
체할 수 있을 신기술을 국내에서 개발하는 방법을 모색하게 되었다.

　　이스라엘 방위산업의 성장 배경에는 안보 딜레마와 더불어 강대
국 공급자들의 무책임한 태도가 있었다. 중동의 안보 딜레마는 지역
내 군비 경쟁을 야기해 왔다. 비교적 면적과 인구가 작은 이스라엘은
역사적·종교적·이데올로기적 이유로 이스라엘 정부를 인정하지 않고
있는 이슬람 국가들에게 둘러싸여 있다. 뿐만 아니라 미국-이스라엘
동맹은 공식화된 것이 아니기 때문에 미국 측에서 많은 금전적인 지원
을 받는 현실에도 불구하고 언젠가 동맹이 방기될 수 있다는 우려가
있었고, 이는 군사 기술 혁신을 다른 국가보다 더 효율적으로 진행해
야 한다는 군사 교리를 개발하는 데 큰 자극이 되었다. 이스라엘의 특
정한 지리적 위치, 안보 문제 및 역사적 배경은 이스라엘이 미국 및 유
럽의 강대국 못지않은 군사 분야의 혁신자(innovator)가 되기를 강요
했다(Raska 2011).

　　강대국으로부터의 무기 수입에 의존하고 있었던 1960년대 초반
에 이스라엘의 국방비 총액은 2억 달러에 이르렀고, 이 중 국방 R&D
투자는 1천만 달러에 달했다. 그 후 1966년 국방 R&D투자는 3천만

달러까지 증액되었고 1969년에는 5천만 달러까지 증가했다(Bahbah and Butler 1986, 32). 이처럼 방위산업에 이루어진 정부 차원의 집중적인 투자는 안보 딜레마와 외국에 대한 높은 의존도 문제를 해결했을 뿐 아니라 경제성장에도 기여했다(Pustoviit 2018). 새롭게 부상한 방위산업체는 많은 일자리를 창출했다. 예를 들어 1967년 기준 이스라엘 노동자 중 무기 개발 및 생산에 종사하는 비중은 10%에 불과했지만 1980년에는 25%에 육박했다. 바로 이런 배경 속에서 이스라엘은 창업의 국가(start-up nation)가 되었고, 국내 기업들은 군용 기술 외의 분야에도 눈을 돌려 이른바 스핀오프(spin-off)가 가능한 민군 겸용 기술에 집중하게 되었다. 이스라엘 국내 시장의 수요 규모가 매우 작은 관계로, 방위산업과 이를 뒷받침하는 소규모 스타트업 기업들은 공통적으로 수출에 치중하고 있다(Tabansky and Ben Israel 2015, 22).

3. 이스라엘 정부의 사이버 산업 생태계, 그에 대한 정부와 군사 지원 및 벤처캐피털

상기한 바와 같이, 이스라엘의 독특한 산업 발전사적 배경으로 인해 사이버 산업 역시 군용과 민용의 구분이 모호하며, 대다수 기업은 민군 겸용 사이버 기술을 개발하고 있다. 이스라엘 정부 역시 이 점에 주목해 군의 기술적 역량을 강화시키면서 민간경제도 활성화하는 전략을 채택하고 있다. 대표적 사례로 MASAD 프로젝트를 들 수 있다. MASAD 프로젝트는 국가사이버국과 국방부연구개발부가 주도하고 있는, 국가적 차원에서 민군 양 측면의 수요를 동시에 만족시킬 수 있는 사이버 기술에 집중하는 개발 연구 과제로(Tabansky and Ben Is-rael 2015, 53), 저자에 따라 MESAD 또는 MEIMAD로도 불리고 있다

(Housen-Couriel 2017, 15).

또한 경제사업부의 수석과학관실(Ministry of Economy & Indus-try's Office of the Chief Scientists)은 사이버 분야 창업과 연구 개발을 지원하고 있다. 2011년에만 21개의 신규 기업을 위하여 6천 2백만 세켈을 투자했으며, 2012년에는 45개 기업에 대해 9천만 셰켈을 지원했다(Tabansky and Ben Israel 2015, 53). 2013년부터는 국가사이버국과 공동으로 8천만 셰켈을 투자하여 2년 기한의 KIDMA 사이버 산업 강화 프로젝트를 시작했으며, 1차 프로젝트가 완결된 2015년에는 재차 KIDMA 2.0을 시작해 매년 약 2천만 달러를 창출하고 있다(Israel Ministry of Foreign Affairs 2015).

1950년대에 등장한 이스라엘 방위산업계의 공기업 역시 사이버 분야의 신규 기업에 상당한 투자를 지속하고 있다. 예를 들면 이스라엘항공우주산업(IAI)은 2016년에 경제사업부와 협력하여 이스라엘 사이버산업컨소시엄(Israel Cyber Companies Consortium, IC3)을 창설했다. 이러한 투자를 통해 이스라엘의 스타트업 기업들은 방위산업 분야 공기업 및 정보기관과의 협조하에 국내 사이버 보안 역량을 강화하는 한편, 정부 결의 3611호가 천명하고 있는 것처럼 국제무대에서 이스라엘의 지위를 확보할 수 있는 사이버영역의 경쟁력을 제고하고 있다(Housen-Couriel 2017, 15).

국가사이버국, 국방부 산하 연구개발부, 경제사업부 산하 과학관실 등의 정부기관이 주도하는 적극적인 지원 및 투자 정책에 힘입어 현재 이스라엘에서는 430여 개에 달하는 사이버 관련 기업이 활동하고 있다. 이 중 연간 수입이 1천만 달러를 상회하는 업체의 비율은 9%에 불과하며, 46%의 기업은 아직 자체적으로 수익을 내지 못하는 창업 초기 단계(non-commercial start-up phase)에 있다. 이처럼 성숙했다고 보기 어려운 이스라엘의 사이버 기업들이 그럼에도 불구하고 세계 사이버 보안 시장의 5-8%를 점유하고 있다는 점에서 앞으로의 가능성을 전망할 수 있다.

4. 이스라엘 학계와 사이버 기술의 개발 및 전문가 양성

2012년 이스라엘 과학기술부(Ministry of Science and Technology)는 집중 투자 대상으로 뇌과학, 슈퍼 컴퓨팅 및 사이버 보안, 해양학, 대체 연료 등 네 분야를 선정했다(Tabansky and Ben Israel 2015, 52). 이처럼 사이버 보안은 이스라엘 학계에서도 높은 중요성을 인정받고 있다.

학계를 대상으로 이루어지는 사이버 기술 개발 지원은 국가사이버국과 과학기술부에서 관할하고 있으며 주로 인공지능, 클라우드 컴퓨팅 등의 미래 기술 개발에 초점을 맞추고 있다. 2012년과 2013년 사이 국가사이버국과 과학기술부는 20여 개 대학을 대상으로 총 5천만 세켈 규모의 다양한 사이버 연구 과제를 추진했다.

2014년 4월, 국가사이버국은 텔아비브대학교와 양해각서를 체결, 이를 바탕으로 블라바트닉 학제간 사이버 연구센터(Blavatnik Interdisciplinary Cyber Research Center, https://icrc.tau.ac.il/)를 설립했다. 이 센터는 사이버 보안에 관련된 기술에 대한 관심을 넘어서 사회과학 등 다양한 학문의 시각에서 사이버 안보를 연구하고 있다 (Tabansky and Ben Israel 2015, 52). 같은 해 국가사이버국은 유사한 양해각서를 벤구리온대학교와도 체결하였으며, 그 외의 다른 대학교 및 연구소와도 협조 네트워크를 구축하고 있다. 또한 이스라엘의 모든 대학교는 각각 기술 이전 중개 법인(technology transfer company)을 두고 있으며, 이를 통하여 기술 혁신과 관련된 지적 재산권을 정부기관, 공기업 혹은 민간업체에게 이전함으로써 혁신의 전파에 이바지하고 있다.

이스라엘의 사이버 안보전략에 있어서 군을 통한 사이버 안보 전문 인력의 양성은 매우 중요한 정책적 수단이다. 성별과 무관하게 18살 이상의 국민에 대한 의무복무제를 시행하고 있는 이스라엘에서 군대는 일반적인 사이버 안보 전문가들이 사이버 안보를 처음으로 경험하는 무대가 된다. 이러한 측면에 주목한 전문 인력 양성 프로젝트의 예로 이스라엘방위군이 실시하는 아투다(atuda)와 탈피엇(talpiot) 프로젝트를 볼 수 있다.

아투다 프로젝트는 매년 고등학교 졸업 시험 성적을 바탕으로 전국에서 1000명의 우수한 인재를 선발, 이들에게 대학교 재학 중 장학혜택을 제공하고 이들이 졸업 후에는 장교로 임관케 하는 제도다. 아투다 프로젝트에 참여하는 학생들은 조기 졸업으로 대학교 학업을 마친 뒤 장교로 입대한다. 일반적인 복무 기간인 3년에 더해 학생들은 의무적으로 3-5년 정도의 복무 기간을 연장하게 되며, 이 기간 동안 본인의 전문성을 발휘할 수 있는 직위에서 복무하게 된다.

한편, 탈피엇 프로젝트는 국방부 산하 연구개발부가 운영하고 있는 일종의 학군장교(ROTC) 제도다. 프로젝트 참가자들은 히브리대 컴퓨터학과, 수학과 또는 물리학과에 입학한 후 공군사관 후보생 신분으로 학업을 마치게 되며, 이후 본인의 전문적인 분야에서 의무 복무 기간을 채우게 된다.

18세 이상의 국민 전체를 대상으로 성별과 무관한 의무복무제를 시행하고 있는 이스라엘에서, 유닛 8200은 IT와 사이버 안보에 관심과 전문성을 갖춘 장병들이 한층 더 많은 경험을 축적하는 계기를 제공하고 있다. 이러한 경험을 바탕으로 유닛 8200 출신의 전역장병들은 사이버 기술 분야에서 활발한 창업 활동을 벌이고 있으며, 이는 다시 민간 영역에서의 사이버 기술 발전으로 이어지고 있다(van der Meer 2015).

V. 결론

이스라엘의 지정학적 조건과 이로 인한 특유의 안보 환경으로 인해 이스라엘은 국제안보의 네트워크로부터 다분히 배제되어 있다. 이로 인해 이스라엘은 구성주의 또는 자유주의적 관점에서 사이버 안보의 규범을 논의하기보다는 오직 자국의 역량 강화에만 집중하는 현실주의 중견국의 대표 국가로 자리 잡았다. 현실주의 중견국으로서 이스라엘은 사이버 안보 분야에서 세계 5위 내의 역량을 갖춘다는 전략 목표를 설정하였고, 이를 위해 부단히 사이버 영역에서의 군사 역량과 과학 기술 개발에 매진하고 있다. 이를 위한 정책적 수단으로서 국방부, 경제사업부, 과학기술부 등의 정부기관은 입대한 병사를 위한 특별한 사이버 안보 교육 프로젝트(아투다, 탈피엇), 적극적인 창업 지원 정책, 그리고 사이버 보안 학계의 교육 및 연구 기관을 지원하는 프로그램 등을 기획 및 실행하고 있다. 이러한 일련의 정책은 이스라엘의 사이버 안보 시장이 전 세계 시장의 5-8%를 점유하게 되는 데 기여했을 뿐 아니라, 이스라엘에게 좋은 외교적 도구를 마련해주기도 했다. 이스라엘과는 견원지간인 아랍 국가들조차 결국 사이버 보안 분야에서 이스라엘의 우월성을 인정하는 듯 이스라엘의 보안 소프트웨어 제품을 구매하고 있는 것이 그 좋은 예다. 한때 이스라엘이 무기 이전을 외교의

도구로 활용해 국제적 인정을 추구했듯, 오늘날 이스라엘에게는 사이
버 기술이 군사뿐 아니라 외교의 영역에서도 유용한 수단으로 부상하
고 있다.

참고문헌

한국어

송은지. 2016. "이스라엘의 사이버보안 정책 및 시사점─인력양성 및 산업육성 정책을 중심으로." 『정보통신방송정책』 28(18).

쉬만스카, 알리나. 2018. "중견국 (middle power) 전략으로서 군용 첨단 기술의 이전: 이스라엘 사례로." 한국국제정치학회 2018 하계학술회의.

우크라이나어

Pustoviit, R.F. 2018. "Становлення і розвиток оборонно-промислового комплексу Ізраїлю як провідного фактора ізраїльської інноваційної економіки"[Formation and Development of Defense-Industrial complex of Israel as a Leading Factor in Israeli Innovative Economy], p-ISSN 2306-4420. Accessed at: http://ven.chdtu.edu.ua/article/view/127350

영어

Agencia EFE. 2018. "Netanyahu, Modi increase cybersecurity cooperation between India, Israel," January 15, Accessed on April 20, 2019 at https://www.efe.com/efe/english/portada/netanyahu-modi-increase-cybersecurity-cooperation-between-india-israel/50000260-3492577/

Aipac News Hub. 2017. "Representatives to Bolton: Strengthen U.S.-Israel Cyber Cooperation," June 28, Accessed on April 19, 2019 at https://www.aipac.org/news-hub/articles/representatives-to-bolton

Bahbah, Bishara A. and Linda Butler. 1986. *Israel and Latin America: The Military Connection,* Macmillan Press Ltd. (electronic).

Belfer Center. 2016. "Deterring Terror: How Israel Confronts the Next Generation of Threats," English Translation of the Official Strategy of the Israel Defense Forces, Foreword by Graham Allison, Accessed on April 24, 2019 at https://www.belfercenter.org/israel-defense-forces-strategy-document#!introduction

Housen-Couriel, Deborah. 2017. "National Cyber Security Organization: Israel," NATO Cooperative Cyber Defence Centre of Excellence

Israel Ministry of Foreign Affairs. 2015. "Israel launches KIDMA 2.0 cyber-security program," Accessed on April 24, 2019 at https://mfa.gov.il/mfa/innovativeisrael/sciencetech/pages/israel-launches-kidma-2-cyber-security-program-21-dec-2015.aspx

Katz, Yaakov, Amir Bohbot. 2017. *The Weapon Wizards: How Israel Became a High-*

Tech Military Superpower, St. Martin's Press.

Klieman, Aaron. 1985. *Israel's Global Reach: Arms Sales As Diplomacy.* Pergamon-Brassey's International Defense Publishers.

Kumaraswamy, P.R. 2013. "China, Israel and the US: The Problematic Triangle." *China Report* 49:1.

Marzano, Arturo. 2013. "The Loneliness of Israel: The Jewish State' Status in International Relations," *The International Spectator* 48: 2.

Opall-Rome, Barbara. 2016. "Israel, Singapore Pledge Expanded Cyber Cooperation," Defense News, April 19, Accessed on April 19, 2019 at https://www.defensenews.com/global/2016/04/19/israel-singapore-pledge-expanded-cyber-cooperation/

Rabkin, Yakov M. 2013. "Russian, China and India and the Israeli-Palestine Conflict." *Holy Land Studies* 12: 1.

Raska, Michael. "The Six-Day War: Israel's Strategy and the Role of Air Power." Accessed on April 15, 2019 at http://www.michaelraska.de/research/Six_Day_War_M%20Raska_RSIS.pdf

_____. 2011. "Searching for the New Security Paradigms: Israel and South Korea' Defense Transformation." A Dissertation Submitted for the Degree of Doctor of Philosophy, Lee Kuan Yew School of Public Policy, National University of Singapore

_____. 2015. "Confronting Cybersecurity Challenges: Israel's Evolving Cybersecurity Strategy," Policy Report, January, S. Rajaratnam School of International Relations

Shezaf, Hagar and Johnatan Jacobson. 2018. "Revealed: Israel's Cyber-spy Industry Helps World Dictators Hunt Dissidents and Gays," *Haaretz,* Accessed on April 20, 1019 at https://www.haaretz.com/israel-news/.premium.MAGAZINE-israel-s-cyber-spy-industry-aids-dictators-hunt-dissidents-and-gays-1.6573027

Solomon, Shoshanna. 2018. "Israel, Japan sign cybersecurity cooperation accord," *The Times of Israel,* December 2, Accessed on April 10, 1019 at https://www.timesofisrael.com/israel-japan-sign-cybersecurity-cooperation-accord/

Tabansky, Lior, and Isaac Ben Israel. 2015. *Cybersecurity in Israel.* Springer.

United With Israel. 2018. "Israeli Experts to Help Thailand Boost Cyber Security," August 8, Accessed on April 10, 2019 at https://unitedwithisrael.org/israeli-experts-to-help-thailand-boost-cyber-security/

Van der Meer, Sico. 2016. "Medium-sized states in international cyber security policies," Clingendael, Netherlands Institute of International Relations, https://www.researchgate.net/publication/311518980_Medium-sized_states_in_international_cyber_security_policies

Zilber, Neri. 2019. "Gulf Cyber Cooperation with Israel: Balancing Threats and Rights," Policywatch 3066, *Policy analysis,* The Washington Institute, Accessed on April 15, 2019 at https://www.washingtoninstitute.org/policy-analysis/view/gulf-cyber-cooperation-with-israel-balancing-threats-and-rights

찾아보기

지은이

김상배 서울대학교 정치외교학부교수

서울대학교 외교학과 학사 및 석사, 미국 인디애나대학교 정치학 박사

『사이버 안보의 국가전략 2.0: 국제규범의 형성과 국제관계의 동학』. 2019.

『버추얼 창과 그물망 방패: 사이버 안보의 세계정치와 한국』. 2018.

『사이버 안보의 국가전략: 국제정치학의 시각』. 2017.

『아라크네의 국제정치학: 네트워크 세계정치이론의 도전』. 2014.

『정보혁명과 권력변환: 네트워크 정치학의 시각』. 2010.

유지연 상명대학교 휴먼지능정보공학과 교수

고려대학교 정보경영공학 박사

"위험커뮤니케이션 이론에 기반을 둔 정보공유 플랫폼 구조화 연구." 『융합보안 논문지』.
2019.

"주요기반시설에 대한 주요국 사이버보안 수준 비교·분석 연구." 『정보보호학회
논문지』. 2017.

"디지털 환경변화에 따른 주요기반시설 위험대응 정책방향에 관한 연구: 미국정책에 대한
비교 고찰." 『보안공학연구 논문지』. 2017.

"SNS 공간의 패러독스와 프라이버시: SNS 공간에서 프라이버시권 보호의 법적 쟁점."
『언론중재위원회』. 2016.

김주희 부경대학교 정치외교학과 조교수

독일 Freie Universität Berlin 정치학박사

"Cyber Security for Digital Economy in Asia-Pacific Region." Journal of APEC Studies
10(2): 49-63. 2018.

"지능제조생태계 구축을 위한 독일의 '하이테크 전략." Future Horizon, Vol. 36. 2018.

"개발협력 평가 비교 분석 연구: 노르웨이와 독일 사례." 『국제지역 연구』 제22권 2호.
2018.

"시민 정치참여의 제도화: 독일의 e-청원 사례를 중심으로."『국가정책 연구』제32권 제1호. 2018.

김도승 목포대학교 법학과 부교수
성균관대학교 법학박사

"프랑스의 사이버 안보 전략과 법제."『IT와 법연구』제19집. 2019.
"인공지능 기반 자동행정과 법치주의."『미국헌법연구』제30집 제1호. 2019.
"해양공간계획의 법제화 현상과 개선과제."『법학논총』제26집 제1호. 2019.
"프랑스 옥외광고물 규제에서 지방자치단체의 권한-예외적 허용 범위와 기준을 중심으로-."
『지방자치법연구』제17권 제3호. 2017.

양정윤 국가보안기술연구소 연구원
서울대학교 국제대학원 국제학과 석사, 서울대학교 외교학과 박사과정

"정보공간을 통한 러시아의 국가 영향력 확대 가능성 연구: 국가 사이버안보 역량 평가의 중요 지표를 중심으로."『세계지역연구논총』. 2018.
"타국의 전략적 사이버공격 대응에 대한 국가의 안보전략의 함의: 미 대선 러시아 개입사건을 중심으로." Crisisonomy. 2017.
"미국의 법제도 정비와 사이버안보 강화: 국가사이버안보보호법 등 제 개정된 5개 법률을 중심으로."『입법과 정책』. 2015.

유인태 전북대학교 국제인문사회학부 조교수
연세대학교 정치외교학과 졸업, 사우스 캐롤라이나 대학교 정치학 박사

"클라우드 컴퓨팅 기반 미국의 글로벌 플랫폼 구축 전략."『과학기술정책연구원』. 2018.
"미·중 무역분쟁 뒤에 숨겨진 첨단기술 경쟁."『자유마당』. 2018.
"디지털 보호무역주의의 국제정치경제."『동서문제연구』. 2018.

차정미 연세대학교 통일연구원 연구교수
연세대학교 학사 및 석사, 박사

"한중관계 초기 발전과 기업의 외교적 역할."『중소연구』. 2019.
"중국 특색의 사이버 안보 담론과 전략, 제도 분석."『국가안보와 전략』. 2018.

"China's threat perception and Response Strategy toward THAAD deployment in South Korea : Focusing on Power, Identity, and Geopolitics Factors."『통일연구』. 2017.

이해원 목포대학교 법학과 조교수
서울대학교 컴퓨터 공학 학사, 연세대학교 법학과 박사수료
"드론 촬영의 형법적 문제."『형사법의 신동향』. 2017.
"하이퍼링크와 저작권 침해 문제의 재고찰: '이용에 제공하는 것'의 해석론을 중심으로."
『인권과 정의』. 2017.
"테크노 크레아투라(Techno Creatura) 시대의 저작권법-인공지능 창작물의 저작권 문제를 중심으로-."『저스티스』. 2017.

이승주 중앙대학교 정치국제학과 교수
연세대학교 정치외교학과 학사 및 석사, 미국 University of California, Berkeley 정치학박사
『사이버 안보의 국가전략』. 2017.
"불확실성 시대의 국제정치경제: 자유주의 국제질서의 위기?"『국제정치논총』. 2017.
"동아시아 지역경제질서의 다차원화: 지정학과 지경학의 상호작용."『한국과 국제정치』. 2017.
"연하 형성과 중견국 외교."『국제지역연구』. 2016.
"동아시아 지역협력과 아세안의 리더십 전략: 대외적 대표성과 개별적 자율성의 동태적 상호작용을 중심으로."『평화연구』. 2016.

이종진 서울대학교
서울대학교 정치외교학부 대학원 석사 졸업, 동대학원 외교학전공 박사수료
"스웨덴의 사이버 안보전략과 추진체계."『4차 산업혁명 시대의 외교안보』. 춘계 정보세계정치학회 발표문. 2019.
"미국의 사이버 안보 국제협력 전략: 아 · 태지역전략과 미일 협력."『사이버 안보의 국제정치학적 지평』. 2018.
"미국-일본 사이버 안보정책과 아시아 · 태평양 지역 안보동맹."『미국, 일본, 한국의 사이버 안보정책』. 한국국제정치학회 60주년 연례학술회의. 2016.

홍지영 한국인터넷진흥원 연구원
서울대학교 외교학과 석사과정

쉬만스카 알리나(Shymanska Alina) 서울대학교
경희대학교 평화복지대학원 국제정치 석사, 서울대학교 외교학과 박사 수료
"The "Double Standard" of Nonproliferation: Regime Type and the U.S. Response to
Nuclear Weapons Program." *International Journal of Nuclear Security*. 2018.